아직도 가야 할 길

아직도 가야 할 길

THE ROAD LESS TRAVELED

M. 스캇 펙 지음 | 최미양 옮김

율리시즈

《아직도 가야 할 길》 25주년 기념판 서문

어떤 이방인일지라도 대가의 양식良識을 지닌 자라면
내일이면 정확히 말할 수 있을 것이다.
그동안 우리가 무엇을 생각하고 무엇을 느껴왔는지를.

—랠프 왈도 에머슨 〈자립〉 중에서

《아직도 가야 할 길》을 읽고 독자들이 보내준 편지에서 가장 공통적인 의견은 내 용기에 감사한다는 것이었다. 내가 어떤 새로운 것을 얘기해서가 아니라 그들이 오랫동안 생각하고 느껴왔지만 감히 드러내놓고 말하지 못한 것을 용감하게 말했다는 점 때문이었다.

하지만 나는 '용감하다'는 것에는 확신이 서질 않는다. 일종의 타고난 불감증이라는 표현이 더 적절할지도 모르겠다. 책이 출간된 지 얼마 되지 않아 나에게 치료받는 환자가 어느 칵테일파티를

갔다가 내 어머니와 어떤 중년 부인 사이에 오가는 대화를 듣게 되었다. 그 부인이 내 책에 대해 말하면서 어머니에게 "스캇이 무척 자랑스러우시겠어요"라고 했더니, 어머니는 나이 든 사람이 보여주는 특유의 신랄함으로 이렇게 대꾸했다고 한다.

"자랑스럽다고요? 뭐 별로. 저는 그 책과 아무 상관이 없는걸요. 그 책이야 그 애 생각이죠. 그렇잖아요? 그것은 타고난 것이에요."

내 책과 아무 관련이 없다고 말씀하신 것은 어머니가 틀렸다. 하지만 이 책은 타고난 재능의 결과 — 많은 차원에서 — 라고 말씀하신 것은 정확하게 보신 게 맞다.

내 재능의 일부를 말하려면 시간을 거슬러 올라가야 한다. 아내 릴리와 나는 우리보다 젊은 톰과 친하게 지냈다. 그와 나는 같은 휴양지에서 여름을 보내며 자랐다. 때문에 여름이면 그의 형들과 뛰어놀았고 톰의 어머니는 어린 시절의 나를 잘 아는 분이다. 《아직도 가야 할 길》이 출간되기 몇 년 전 어느 날 밤에 톰은 우리와 저녁 식사를 하러 왔다. 그때 톰은 어머니와 함께 살았는데 "어머니, 내일 저녁에 스캇 펙과 저녁 식사를 하기로 했어요. 그가 누군지 기억나세요?"라고 물었다.

그러자 톰의 어머니는 "스캇은 어렸을 때 사람들이 드러내놓고 말하지 못하는 것에 대해 말하기를 좋아하는 아이였지"라고 대답하셨다고 한다.

이 정도면 내 재능의 일면이 예전부터 나타났다는 것을 알 수 있다. 또한 어렸을 때 지배적이던 문화에서 나는 '이방인' 같은 존재였다는 것도 알 수 있을 것이다.

무명 작가였던 나의 책《아직도 가야 할 길》은 아무런 팡파르도 없이 출간되었다. 때문에 이 책의 놀라운 상업적인 성공은 아주 점진적으로 이루어졌다.《아직도 가야 할 길》은 1978년에 출간되었지만 5년이 지나서야 베스트셀러 목록에 오르게 됐다. 이 점은 내가 대단히 감사하게 생각하는 사실이다. 하루아침에 유명 인사가 되었을 때 그 갑작스러운 명성을 감당할 만큼 내가 성숙한 사람이었는지 의심스럽기 때문이다. 어쨌든 내 책은 출판 시장의 용어로 말하면 동면했고 소위 '입소문'으로 팔려 나갔다. 처음에는 천천히 몇 가지 경로를 통해 입소문이 나기 시작했다. 그 경로 중의 하나가 '알코올의존증환자협회Alcoholics Anonymous'를 통해서였다. 사실 나의 첫 팬레터는 이렇게 시작된다.

"친애하는 펙 선생님. 당신은 알코올의존증 환자가 틀림없습니다!"

오랫동안 AA(Alcoholics Anonymous) 회원이면서 알코올의존증으로 비참함을 맛보지 못한 사람이 이런 책을 쓸 수 있을 거라고는 그는 도저히 상상할 수 없었던 것이다.

《아직도 가야 할 길》이 20년 전에 출간되었더라면 절대로 성공하지 못했을 것이다. '알코올의존증환자협회'는 1950년대 중반이 돼서야 비로소 실질적으로 출범했기 때문이다(그렇다고 이 책의 독자들이 대부분 알코올의존증 환자라는 것은 아니다). 더 중요한 사실은 심리 치료가 시행된 것도 마찬가지 상황이었다는 것이다. 그 결과《아직도 가야 할 길》이 출간된 1978년에 이르러서야 미국의 수많은 남녀들이 심리적으로든 정신적으로든 성숙했으며 '드러내놓고 말해서는 안 되는 모든 종류의 것들'을 깊이 생각해 보기 시작했다. 그 주제들은 말 그대로 누군가 그것에 대해 큰 소리로 말해주기를 기다리고 있었던 것이다.

그렇게 해서 《아직도 가야 할 길》의 인기는 눈덩이처럼 불어났고 지금까지 인기가 계속 유지되는 것은 바로 그 점 때문이다. 순회강연 중 강의가 끝날 무렵 나는 청중에게 이렇게 말하곤 했다.

"여러분이 미국인의 단면을 보여주는 평균적인 사람들은 아닙니다. 하지만 여러분은 공통적으로 놀라운 점을 지니고 있습니다. 그중 하나는 12단계 프로그램이든 혹은 전통적인 교육으로 훈련받은 심리 치료사를 통해서든, 상당수의 사람들이 살면서 중요한 심리 치료를 받았거나 지금 치료중이라는 사실입니다. 이 자리에 계신 분 중에 심리 치료를 받은 적이 있거나 받고 계신 분은 손을 들어보시겠어요? 제가 이런 질문을 드린다 해서, 여러분의 비밀을 들춰낸 것처럼 느끼시지는 않을 겁니다."

당장 청중의 95퍼센트 정도가 손을 들었다.

나는 "옆을 보세요"라고 말했다.

"이것은 몇 가지 중요한 사실들을 시사하고 있습니다."

나는 계속해서 "그중 하나가 여러분은 전통적인 관습을 뛰어넘기 시작한 집단에 속해 있다는 것입니다"라고 말했다. 전통적인 관습을 넘는다는 말은 무엇보다도 그들이 드러내놓고 말하지 못하는 것들을 오래전부터 생각하기 시작했던 사람들이라는 의미다. 청중은 내가 '전통적인 관습을 뛰어넘는다는 것'과 그 현상이 지닌 특별한 의미를 상세하게 설명하자 거기에 동의했다.

몇몇 사람들은 나를 예언자라고 부른다. 거창해 보이는 그 호칭을 나는 기꺼이 받아들일 수 있다. 단, 예언자를 앞을 내다보는 능력을 가진 사람이 아니라 단지 시대의 징후를 읽을 줄 아는 사람이라고 생각하고 그 점을 강조한다면 말이다. 《아직도 가야 할 길》은 무엇보다 시대가 필요로 하는 책이었기 때문에 성공했고 독자들이 그 책을 성공으로 이끌었다.

25년 전 《아직도 가야 할 길》이 처음 출간되었을 때 나의 순진한 꿈은 이 책이 전국적으로 신문에 비평이 실리는 것이었다. 그런데 결과는 정말 은혜롭게도 딱 한 군데에 비평이 실렸다. 하지만 그것은 대단한 비평이었다. 따라서 책이 성공하게 된 이유의 상당 부분은 필리 테로에게 그 공을 돌려야만 한다. 당시 매우 훌륭한 작가이자 뛰어난 비평가였던 필리는 《워싱턴 포스트》 출판국에 쌓인 서평 촉탁본들 중 한 권을 우연히 발견했다. 목차를 훑어본 그녀는 책을 집으로 가져갔고 이틀 후 그 책의 비평을 요청했다. 편집자는 거의 마지못해 동의했고 이에 필리는 그녀의 말을 빌자면 '그 책을 베스트셀러로 만들 비평을 찬찬히 공들여 만들기'시작했다. 그리고 그렇게 했다. 비평이 나가자마자 채 일주일도 안 돼 《아직도 가야 할 길》은 《워싱턴 포스트》지의 베스트셀러 리스트에 올랐고 몇 년 후 전국적으로 모든 일간지의 베스트셀러 리스트에 올랐다. 그 출발에 필리의 비평은 정말 지대한 역할을 했다.

나는 필리에게 다른 이유로 감사한다. 책의 인기가 높아갈 즈음, 발을 땅에 딛고 있는 겸손함을 유지해주기를 다짐하는 마음에 그녀는 내게 말했다.

"그것은 당신 책이 아니에요, 아시죠?"

나는 바로 그 말뜻을 이해했다. 우리는 둘 중 누구도 《아직도 가야 할 길》이 말 그대로 신의 말씀이라거나 그렇지 않으면 신과 '교신하기 위한' 수단이라고 생각하지 않는다. 내가 책을 썼고, 책에는 더 나은 단어나 문구를 선택했으면 하는 아쉬움이 많다. 이 책은 완전하지 않으며 나는 전적으로 그 결함에 책임이 있다. 그런 결함에도 불구하고, 어쩌면 이 책이 필요했다는 이유 때문에, 좁은 사무실에서 고독하게 책을 쓰면서도 도움을 받았다는 사실에 대해서는 일절 의심이 없다. 그 도움에 대해서는 설명할 도리가 없지만 그러한 체험이 내게만 일어난 일이라고는 하기 어렵다. 사실, 그런 도움이 이 책의 궁극적인 주제다.

2002

M. 스캇 펙

서문

이 책의 내용은 대부분 환자를 치료하면서 얻은 것이다. 즉, 환자가 자신과 씨름하면서 보다 높은 차원으로 어떻게 성숙해 가는지 또는 그런 씨름에 실패한 환자는 어떤 길을 걷고 있는지를 관찰하면서 얻은 기록이다. 그러다 보니 이 책은 많은 실제 사례들로 이루어졌다. 환자의 비밀을 지키는 것은 정신과 의사의 가장 기본적인 윤리이므로 각 사례들을 설명할 때 당사자들의 이름을 가명으로 바꾸어 썼다. 또한 근본적인 것은 왜곡시키지 않으려고 애쓰면서 상담의 내용을 다소 고쳐 쓰기도 했다.

사례의 설명이 간결해지면서 혹시 왜곡이 생겼을 수도 있다. 나아가 심리 치료라는 것이 그렇게 단순한 과정은 아니지만 어쩔 수 없이 사례별 중요한 부분에 초점을 두어 설명하다 보니 독자는 심리 치료가 드라마틱하고 명쾌한 과정이라는 인상을 받을지도 모르겠다. 그런데 그 드라마는 실제로 일어난 것이고 끝에 가서야 모든 것이 명확해진 것이다. 다만 독자의 이해를 돕기 위해 대부분의 치료 과정에 동반되는 장기간의 혼란과 좌절에 대한 이야기는 생략했음을 양해해주셨으면 한다.

또한 하느님에 대해서 기술할 때 계속 전통적인 남성 이미지로 표현한 것은 내용을 간결하게 설명하기 위해서다. 하느님의 성性 문제에 대해 어떤 편견을 가지고 있는 것이 아님도 밝혀둔다.

우선 정신과 의사로서 이 책의 두 가지 기본 전제를 밝혀둔다면, 그 첫째는 정신적인 것과 영적인 것을 구별하지 않았다는 것이다. 따라서 정신적 성장과 영적 성장에 이르는 과정도 별도로 취급하지 않았다. 나는 이 둘을 동일한 개념으로 보고 있다.

두 번째 이 '영혼과 정신의 성숙 과정'이란 복잡하고 험난할 뿐만 아니라 오랜 시간이 걸리는 평생의 일이라는 것이다. 심리 치료가 정신적이고 영적인 성장 과정에 큰 도움을 주고자 한다면, 결코 단순하거나 짧은 과정이 될 수 없다. 나는 정신의학이나 심리 치료의 어떤 특정 학파에 속해 있지 않다. 프로이트Freud 학파도 아니고, 융Jung 학파도 아니고, 아들러Adler 학파도 아니며, 행동주의파도 경험주의파도 아니다. 나는 어떤 한 가지 간편한 해결책은 없다고 믿는다. 물론 이들 학파에서 제시하는 간단한 심리 치료가 도움이 될 수 있고 그들의 방법이 매도할 수 있는 성질의 것도 아니다. 그러나 그러한 도움은 어쩔 수 없이 피상적이다.

영적 성장에 이르는 길은 머나먼 길이다. 내 환자들이 그들 여정의 주요한 시기에 함께할 수 있도록 내게 특권을 준 데 대하여 감사드린다. 그들의 여행이 바로 나의 여행이었고, 이 책에 쓴 대부분은 우리가 함께 배운 것이기 때문이다. 또한 스승과 동료에게도 감사드린다. 그중에서도 특히 아내 릴리에게 감사한다. 아내는 항상 내게 큰 도움을 주었다. 그래서 나는 배우자로서, 어머니로서, 심리 치료로서, 인간으로서 그녀의 지혜가 그녀의 것인지 내 것인지 구별하는 것이 힘들게 돼버렸다.

차 례

1부 훈육

2부 사랑

3부 성장과 종교

4부 은총

THE
ROAD
LESS

THE ROAD LESS TRAVELED

1부

훈육

삶은 문제와 고통의 연속이다

삶은 고해苦海다.

이것은 위대한 진리다. 다시 말하자면, 이 세상에서 가장 위대한 진리 중의 하나다('생즉고'는 석가의 가르침인 '사성제四聖諦' 중 첫 번째 가르침이다). 이것이 위대한 진리인 까닭은 진정으로 이 진리를 깨닫게 되면 그것을 뛰어넘을 수 있기 때문이다. 진정으로 삶이 힘들다는 것을 알게 되면, 즉 진정으로 그 사실을 이해하고 받아들이게 되면, 삶은 더 이상 힘들지 않게 된다. 일단 받아들이고 나면 삶이 힘들다는 사실은 더 이상 문제가 되지 않기 때문이다.

대부분의 사람들은 삶이 힘들다는 이 진리를 제대로 깨닫지 못한다. 대신에 드러내놓고 또는 은근히 자신이 지닌 어려움, 걱정, 문제가 엄청나다고 끊임없이 불평한다. 그들은 마치 삶은 기본적으로 편안한 것처럼, 다시 말해 삶은 응당 편안해야 한다고 여기는 것 같다. 자신이 겪는 어려움이 특별히 자신이나 가족, 부족, 계급, 국가, 인종 혹은 인간에게만 들이닥친 유례없는 고통이라고 생각하고 있음을 드러내놓고 또는 은근히 발설한다. 나 자신도 그래본 적이 있기 때문에 이러한 불평이 어떤 것인지 안다.

삶은 문제의 연속이다. 우리는 이 문제들을 해결하고 싶은 걸까 아니면 그저 불평하고 싶은 걸까? 우리 아이들에게 이 문제들의 해결법을 가르치고 싶기는 한 걸까?

삶의 문제들을 해결하기 위해 필요한 기본적인 도구는 훈육이다. 훈육 없이는 아무것도 해결할 수 없다. 부분적인 훈육으로는 일부 문제만 해결할 수 있다. 온전한 훈육이 있어야 모든 문제를 해결할 수 있다.

삶이 힘들다는 것은 문제를 직면하고 해결하는 과정이 고통스럽다는 것을 말한다. 문제가 생기면 어떤 문제냐에 따라 절망, 비애, 슬픔, 외로움, 죄책감, 후회, 분노, 두려움, 걱정, 고뇌, 좌절 같은 감정을 느끼게 된다. 이러한 감정들로 인해 우리의 마음은 불편해진다. 종종 아주 불편해지고 육체적인 통증과 같은 고통을 느끼며, 그 고통은 때로 가장 심한 육체적 고통과 맞먹는다. 우리가 문제를 문제라고 부르는 이유는 사건이나 갈등이 야기하는 바로 이 고통 때문이다. 삶은 끊임없는 문제를 연속적으로 배출하고 있으므로 삶은 항상 힘들고 기쁨과 동시에 고통으로 가득 차 있는 것이다.

그런데 당면한 문제를 해결하는 이 모든 과정 속에 삶의 의미가 있다. 삶의 성패를 가르는 것이 이 문제들이다. 문제에 부딪히면 용기와 지혜가 필요해진다. 사실은 이때에 용기와 지혜가 생겨난다. 우리가 정신적으로 영적으로 성장하는 것은 오로지 문제를 통해서만 가능하다. 사람들이 영적으로 성장하도록 돕고 싶다면 문제를 해결하는 능력을 자극하고 지원해야 한다. 이는 학교에서 의도적으로 어린아이들에게 풀어야 할 문제를 던져주는 것과 같다. 우리가 무언가를 배우는 것은 바로 문제를 직시하고 해결하는 고통을 통해서다. 벤저민 프랭클린의 말대로 "고통을 느껴야 배운다." 이러한 이유 때문에 현명한 사람들은 문제를 두려워하지 않고 사실은 문제를 환영하며 실제로 문제가 주는 고통을 환영하는 법을 터득하려 한다.

우리는 대부분 그렇게 현명하지 못하다. 사람마다 다르지만 우리들 거의 대부분은 당면한 문제를 두려워하면서 피하려 든다. 문제를 질질 끌면서 문제가 저절로 사라지기를 바란다. 문제를 무시하고 잊어버리고 문제가 없는 것처럼 행동한다. 심지어는 문제를 잊기 위한 보조적인 수단으로 약을 복용하여, 결국에는 고통스러울 정도로 자신을 마비시킴으로써 고통을 안겨준 문제를 잊기도 한다. 우리는 문제와 정면으로 부딪치기보다는 주변에서 맴돌려고 한다. 문제 안에서 괴로워하기보다는 문제 밖으로 빠져나오고 싶어 한다.

문제와 이에 따르는 고통의 감정을 피하려는 이러한 성향이 정신병의 근본 원인이다. 대부분의 사람들이 크든 작든 이러한 성향을 지니고 있기 때문에 우리 대부분은 크든 작든 정신적으로 병들어 있다. 정신적으로 완전히 건강한 상태에서 벗어나 있는 것이다. 어떤 이들은 문제와 이에 따르는 고통을 피하기 위해 상당히 멀리 가버린다. 쉬운 길을 찾기 위해서 분명히 건전하고 지각 있는 모든 방법에서 아주 멀리 벗어나, 안주할 수 있는 환상을 최대한의 공력을 들여 만들어낸다. 때로 이러한 환상은 현실을 완전히 무시한 것이 되기도 한다. 칼 융Carl G. Jung의 간결하면서도 세련된 표현대로라면, "신경증(노이로제)이란 마땅히 겪어야 할 고통을 회피한 결과다."*

하지만 결국에 가서는 피하려고 했던 그 고통보다 피하려는 마음이 더 고통스러워진다. 신경증 자체가 가장 큰 문제가 되기 때문이다. 많은 사람들이 이 고통과 문제를 피하려고 시도하는 동안 신경증은 더욱더 쌓인다. 그런데 다행히 어떤 이들은 신경증에 대결할 용기를 지니고 있어서 (대체로 정신분석가의 도움을 받아서) 정당한 고통을 받아들이는 법을 배워나간다. 어느 경우든지 문제를 처리하는 과정에서 생기는 정당한 고통을 피하려 하면 역시 문제를 통해 우리가 얻을 수 있는 성장을 놓치게 된다. 우리가 만성적인 정신병 상태에서 더 이상 성숙하지 못하고 정체되는 것이 바로 이러한 이유 때문이다. 치유되지 않으면 인간의 영혼은 시들어간다.

그러므로 우리 자신과 자녀들에게 정신적·영적으로 건강해지는 법을 늘 가르치도록 하자. 고통을 겪는 것은 그만한 가치가 있으며, 문제에 직면하고 그에 따르는 고통을 겪을 필요가 있다는 것을 알게 하자는 뜻이다. 이미 나는 훈육이 삶의 문제를 해결하기 위해 꼭 필요한 기본적인 도구라고 말했다. 이것이 괴로움을

---

* 《융 선집》, 볼링겐 시리즈, No. 20, 두 번째 판. 프린스턴대학출판사, 1973

견디게 해주는 테크닉이고, 문제가 주는 고통을 겪으면서 끝까지 성공적으로 문제를 해결할 수 있도록 하는 도구다. 그 과정 중에 우리는 배우고 성장한다. 우리 자신과 자녀들을 훈육시킨다는 것은 괴로워하는 법과 동시에 성장하는 법을 가르친다는 의미다.

훈육은 괴로움을 감당하게 하며 문제로 인한 고통을 건설적으로 겪게 한다. 그렇다면 훈육이라는 이 도구는 과연 무엇인가? 훈육에는 즐거운 일을 뒤로 미루는 것, 책임을 지는 것, 진리에 대한 헌신, 균형 잡기 이렇게 4가지가 있다. 앞으로 분명해지겠지만 이것은 복잡한 도구가 아니므로 이를 사용하기 위해 대단한 훈련이 필요한 것은 아니다. 반대로 아주 단순해서 거의 모든 아이들이 열 살이 될 때쯤에는 사용법에 능숙해진다. 그런데 대통령이나 왕과 같은 힘 있는 사람들이 종종 이 단순한 사용법을 잊어버려 삶을 망치기도 한다. 문제는 이 도구의 복잡함이 아니라 이를 사용하고자 하는 의지가 있느냐 없느냐에 달려 있다. 이 도구들은 고통을 피하기 위한 것이 아니라 고통에 대항하기 위한 것이기 때문이다. 만일 누군가 마땅히 겪어야 할 고통을 피하려고 한다면 이를 사용하지 않을 것이다. 그러므로 앞으로 우리는 이 각각의 도구들을 분석해보고 그것을 사용하려는 의지, 즉 사랑이라는 것을 살펴볼 것이다.

즐거움을 나중으로 미룰 수 있는가

얼마 전 서른 살의 재무분석가와 몇 개월간 상담을 했다. 그녀는 일할 때 질질 끌면서 미루는 버릇이 있다고 하소연했다. 우리는 함께 직장 상사에 대한 감정을 검토하고 그것이 권위에 대한 그녀의 전반적인 감정과 어떠한 관계가 있는지, 특별히 그녀의 부모와 어떤 관계가 있는지 검토해보았다. 일과 성공에 대한 그녀의 태도를 살펴보고, 그러한 태도는 결혼, 성적 정체성, 남편과 경쟁하려는 욕망, 이러한 경쟁에 대한 두려움과 어떤 관계가 있는지 살펴보았다. 그러나 이러한 모든 정석적이고 고통스러운 심리분석 치료에도 불구하고 그녀는 계속해서 예전과 마찬가지로 일을 미루고 미적거렸다. 마침내 어느 날, 우리는 가장 분명한 사실부터 분석해보기로 했다.

"케이크를 좋아하세요?" 나는 물었다.

그녀는 좋아한다고 대답했다.

"케이크의 어떤 부분을 좋아하세요? 빵 부분인가요 아니면 크림 부분인가요?" 나는 계속해서 물었다.

"아, 크림 부분이요!" 그녀는 신이 나서 대답했다.

"그러면 케이크를 어떻게 드세요?"

나는 내가 이 세상에서 가장 바보 같은 정신과 의사일 거라고 생각하면서 질문했다.

"물론 크림을 먼저 먹어요." 그녀는 대답했다.

그렇게 우리는 케이크를 먹는 습관에서 출발해서 일하는 습관을 살펴보기 시작했다. 예상했던 대로 그녀는 하루를 시작하면서 처음 한 시간 동안은 좀 더 즐거운 일에 시간을 보냈고 그다음 여섯 시간은 하기 싫은 나머지 일로 채운다는 사실을 알아냈다. 그래서 나는 처음 한 시간 동안 즐겁지 않은 일을 억지로라도 해치우고 나서 나머지 여섯 시간을 자유롭게 즐기는 것이 어떻겠느냐고 조언했다. 나라면 한 시간의 즐거움 후에 여섯 시간의 괴로움이 뒤따르는 것보다는 한 시간의 괴로움 다음에 여섯 시간의 즐거움이 따라오는 것을 더 좋아할 것이라고 말했다. 그녀는 내 말을 알아들었고, 기본적으로 의지가 강했던 사람이었으므로 더 이상 일을 끌지 않게 되었다.

즐거움을 나중으로 미루는 것은 삶이 주는 고통과 즐거움을 맛보는 순서를 정한다는 것이며 이렇게 먼저 고통을 맞고 겪고 극복함으로써 즐거움은 배가된다. 이것이 품위 있게 살아가는 유일한 방법이다.

이렇게 순서를 정하는 방법이나 기술을 대부분의 어린아이들은 아주 일찍, 때로는 다섯 살이라는 어린 나이에도 배울 수 있다.

예를 들면 놀이를 할 때 다섯 살짜리가 동무에게 먼저 하라고 하고 기다렸다가 자기 차례를 즐기는 경우가 있다. 여섯 살 아이들은 케이크의 빵 부분을 먼저 먹고 크림은 나중에 먹기도 한다. 초등학교를 다니는 동안 즐거움을 뒤로 미루는 이러한 초보적인 능력은 매일 매일 발휘된다. 특히 숙제를 하는 동안에 그렇다. 열두 살에 이미 어떤 아이들은 때로 부모가 말하지 않아도 텔레비전을 보기 전에 책상에 앉아서 숙제를 마칠 수 있게 된다. 열다섯이나 열여섯 살이 되면 이러한 행동은 청소년의 당연하고 정상적인 행동으로 받아들여진다.

그런데 이 연령대의 청소년을 가르치는 교사들은 상당수의 청소년들이 이러한 행동 발달 기준에 크게 못 미치는 현실을 목격한다. 많은 청소년이 즐거움을 뒤로 미루는 능력을 잘 발달시킨 데 비해 어떤 열대여섯 살짜리들은 거의 그러지 못했다. 사실 어떤 아이들은 이러한 능력이 전혀 없다. 이런 아이들이 문제 학생들이다. 평균이거나 그 이상의 지능임에도 불구하고 성적은 형편없다. 전혀 공부를 하지 않기 때문이다. 단지 순간적인 기분으로 수업을 빼먹고 학교를 가지 않는다. 충동적인 이 아이들은 그러한 충동적 성향을 사회생활에서도 발휘하고 다닌다. 자주 싸움에 휘말리고 마약을 복용하고 경찰과 마찰을 일으키기 시작한다. 우선 지금 놀고 생각은 나중에 하자는 것이 생활신조다. 그러다 보면 심리상담가와 정신과 의사를 만나게 된다. 그러나 대부분의 경우 너무 늦어버린 감이 있다.

충동적인 삶의 방식에 조금이라도 간섭하면 아이들은 반항한다. 상담가의 따뜻하고 우호적이고 이해심 많은 태도로 인해 이러한 반항이 수그러들었을 때조차 그 충동은 너무 강해서 의미 있는 상담을 진행할 수 없다. 아이들은 약속을 어기고, 중요하고 고통스러운 모든 화제는 피해버린다. 그래서 대체로 삶에 개입하려는 시도는 실패하고 아이들은 학교를 중퇴하고 실패를 반복하다가 결국에는 비참한 결혼, 사고, 정신병원, 감옥 같은 곳에 정착하는 경우가 대부분이다.

왜 이런 일이 벌어질까? 왜 즐거움을 뒤로 미루는 능력을 갖춘 대다수의 사람들에 비해 상당수는 종종 회복할 수 없을 정도로 이러한 능력을 발달시키지 못하는 것일까? 이에 대해 절대적이고 과학적인 대답은 알려져 있지 않다. 유전적인 요소가 작용하는지도 명확하지 않다. 과학적인 증거를 얻기 위해 변수를 충분히 통제할 수도 없다. 그러나 대부분의 증거를 종합해보면 부모의 양육 방식이 결정적인 요인임은 거의 확실하다.

부모가 물려줄 수 있는 가장 값진 선물

자제가 안 되는 아이들이 가정에서 부모의 훈육을 받지 않은 것은 아니다. 오히려 이러한 아이들은 어린 시절 자주 심하게 벌을 받았다. 심지어는 사소한 실수에도 부모로부터 빰을 맞고, 주먹으로 맞고, 발로 차이고, 두들겨 맞고, 회초리로 맞았다. 그런데 이러한 훈육은 의미가 없다. 절제되지 않은 훈육이기 때문이다.

이러한 훈육이 무의미한 이유는 부모 자신들이 자제가 안 돼 있어서 아이들에게 그런 행동을 보여주었기 때문이다. 그들은 "내가 말한 대로 하고 내가 행동하는 대로는 하지 마라"라고 하는 부모다. 그들은 아이들 앞에서 자주 술 취한 모습을 보여주거나 위엄도 조심성도 분별도 없이 서로 싸우는 모습을 보여줄 것이다. 되는 대로 살고 지키지 못할 약속을 남발할 것이다. 부모의 삶이 무질서하고 정신없으면서 자녀들에게 절제된 생활을 가르치려는 것은 먹히지 않는다. 아버지가 어머니를 주기적으로 때리는 가정에서, 여동생을 때렸다는 이유로 어머니가 아이를 때리면 아이는 이것을 어떻게 이해해야 할까? 아이에게 화를 다스리는 법을 배워야 한다고 하면 아이는 그 말이 이해될까? 어릴 때는 비교할 기회가 없기 때문에 어린 눈에 비친 부모는 신과 같은 존재다. 그래서 아이들은 부모가 하는 대로 행동해야 한다고 생각한다. 만일 부모가 하루하루 자제하고 조심스럽고 품위 있게 행동하고 질서 정연한 생활 능력을 보여준다면 아이들은 마음속 깊이 이것이 사는 방식이라고 느끼게 될 것이다. 반대로, 매일을 무절제하게 제멋대로 사는 부모를 보아도 아이들은 마음속 깊이 이것이 삶의 방식이라고 믿을 것이다.

그러나 행동으로 모범을 보이는 것보다 훨씬 더 중요한 것이 사랑이다. 때로 무질서하고 정신 사나운 가정에도 진실한 사랑이 존재한다. 이러한 가정에서는 절제할 줄 아는 아이들이 나올 수 있다. 의사, 변호사, 여성 사업가, 자선 사업가와 같은 전문직에 종사하는 사람들은 대체로 아주 절도 있고 단정하게 생활하는 부모이기 쉽다. 그러나 만약 사랑이 부족한 경우 그런 부모들은, 가난하고 무질서한 가정에서 자란 여느 아이들처럼 무절제하고 파괴적이고 정리할 줄 모르는 아이들을 길러낸다.

결국 사랑이 전부다. 사랑의 신비함은 이 책의 후반부에서 검토할 것이다. 그러나 책 전체의 유기적인 관계를 위해 이 시점에서 사랑과 훈육과의 관계에 대해 부분적이나마 간략하게 이야기하는 것이 좋겠다.

어떤 것을 사랑한다는 것은 그것이 가치 있다는 의미이고, 어떤 것이 가치가 있을 때 우리는 그것에 시간을 투자한다. 그것을 즐기고 그것을 돌보면서 시간을 보낸다. 자신의 자동차와 사랑에 빠진 십 대를 유심히 보라. 아이는 그 자동차를 홀린 듯 바라보고 광을 내고 수리하고 튜닝하면서 시간을 보낸다. 혹은 장미를 사랑하는 노인을 보라. 그는 장미 정원에서 가지를 쳐내고 뿌리를 다독여주고 거름을 주고 정원을 자상하게 살피면서 시간을 보낸다. 자녀를 사랑할 때도 이와 같다. 우리는 아이들을 감탄하며 바라보고 돌보며 시간을 보낸다. 우리는 아이들에게 우리의 시간을 주는 것이다.

제대로 훈육하기 위해서는 시간을 들여야 한다. 자녀에게 줄 시간이 없거나 시간을 들일 마음이 없으면 가까이에서 아이들을 제대로 관찰하지 못하게 된다. 그렇게 되면 아이들에게 훈육의 필요성이 은근히 드러나는 순간을 놓치고 만다. 훈육이 정말 필요하다는 것을 확실하게 느낄 때도, 아이들을 그대로 내버려두는 게 더 편하다는 생각에 이를 무시해버릴 수도 있다. 그러면서 '그저 오늘은 아이들을 돌볼 에너지가 없을 뿐이야'라고 생각한다. 그런데 마침내 아이들이 잘못을 저질러 짜증을 돋우면 어쩔 수 없이 행동을 취하게 된다. 이때 무엇이 문제인지 알아보지도 않고, 그 문제에는 어떤 훈육이 가장 좋을지 시간을 들여 생각하지도 않고, 교육적 의도에서라기보다는 화가 나서 가혹하게 훈육하게 된다.

아이에게 시간을 투자하는 부모는 아이가 확실히 잘못을 저지르지 않았더라도 아이를 훈육해야 할 미묘한 순간도 알아차리고 애정과 배려로 부드럽게 타이르거나 야단치거나 방법을 알려주거나 칭찬한다. 그러한 부모는 아이가 어떻게 케이크를 먹고, 어떻게 공부를 하고, 어느 때 살짝 거짓말을 하는지, 어느 때 문제에 부딪치기보다는 문제에서 도망치는지를 알게 될 것이다. 그들은 아이의 말에 귀 기울이고, 대답하고, 이럴 때는 약간 조이고, 저럴 때는 약간 풀어주고, 조금 가르치기도 하고, 이야기도 좀 들려주고, 살짝 안아서 뽀뽀도 해주고, 훈계도 좀 하고, 살짝 등을 두드리면서 시간을 들여 이러한 사소한 문제를 고쳐주고 바로잡아준다.

그러므로 사랑이 넘치는 부모의 훈육 방식은 사랑 없는 부모의 그것보다 질적으로 월등하다. 그러나 이것은 단지 시작일 뿐이다. 사랑이 넘치는 부모는 아이의 욕구를 파악하고 그것을 생각할 시간을 가지면서, 결정을 내릴 때 괴로워하고 말 그대로 아이와 고통을 함께한다. 아이들은 시각장애인이 아니다. 부모가 자기와 고통을 함께한다는 것을 알고 당장 고마움을 표시하지는 않는다고 할지라도 아이들 역시 고통을 받아들이는 법을 배우게 된다. 아이들은 '부모님이 기꺼이 나와 함께 고통을 받고 있으니 고통은 그렇게 나쁜 것이 아닐 거야. 나도 기꺼이 괴로움을 견뎌야지'라고 스스로 생각할 것이다. 이것이 자기 절제의 시작이다.

부모가 아이에게 바치는 시간의 질과 양이, 아이에게는 자신이 부모에게 얼마나 소중한 존재인지를 가늠하는 척도가 된다. 근본적으로 사랑이 없는 부모는 부족함을 감추기 위해서 아이에게 자주 사랑을 고백하고, 정말 친밀하고 의미 있는 시간을 함께하지도 않으면서 습관적이고 기계적으로 아이가 얼마나 소중한지를 강조한다. 아이들은 결코 이러한 공허한 말에 속지 않는다. 자신이 사랑받고 있다고 믿고 싶어 하면서 의식적으로 그 말에 집착하지만 무의식적으로는 부모의 말이 행동과 다르다는 것을 안다.

이와 반대로, 진정으로 사랑받는 아이들은 기분이 안 좋을 때는 무시당했다고 주장하고 억지를 부릴지라도 무의식적으로는 자신이 소중하게 여겨지고 있음을 스스로 알아차린다. 이러한 인식은 황금보다도 가치가 있다. 자신이 소중히 여겨진다는 것, 다시 말해 마음속 가장 깊은 곳에서 자신이 진정으로 소중하게 여겨지고 있음을 느낀다면, 스스로 소중하다고 느낄 것이기 때문이다.

"나는 소중한 사람이야"라고 말할 수 있는 느낌은 정신 건강에 필수적이며 자기 절제의 초석이다. 그것은 부모가 주는 사랑의 직접적인 산물이다. 이러한 믿음은 어린 시절에 획득해야만 한다. 성인이 돼서 그것을 얻기란 참으로 어렵다. 역으로 어렸을 때 부모의 사랑을 통해 자신이 소중하다는 생각을 하게 된 사람은 어른이 되어 시련을 겪더라도 그러한 느낌이 사라지지 않는다.

가치 있는 사람이라는 이 느낌은 자기 절제의 초석이다. 자신을 소중하게 여기면 어떻게 해서든 자신을 돌보게 된다. 자기 절제는 스스로 자신을 돌본다는 것이다. 즐거움을 뒤로 미루고 계획을 세우고 일의 순서를 정하는 방법을 이야기해왔으니 시간의 문제를 예로 들어 살펴보자. 만약 자신이 소중하게 여겨지면 시간을 소중하게 느끼게 되고 시간이 소중하게 생각되면 시간을 잘 이용하고 싶어진다. 앞서 소개한, 일을 미루기 일쑤였던 재무분석가는 자기 시간을 소중하게 생각하지 않았다. 소중하게 생각했더라면 하루의 대부분을 그렇게 비생산적이고 불행하게 보내도록 자신을 내버려두지 않았을 것이다. 그것은 우연히 벌어진 현상이 아니

물론 그것은 버림받음이고 죽음이다. 이러한 부모는 아이를 조정하고 지배할 필요 때문에 사랑을 희생한다. 그 대가로 아이들은 미래에 대해 지나친 두려움을 갖게 된다. 그래서 이러한 아이들은 심리적으로든 실질적으로든 버림받은 채, 세상은 안전하고 보호받을 수 있는 장소라는 뿌리 깊은 의식 없이 성인에 이른다. 그들은 반대로 세상을 위험하고 무서운 곳으로 인식하고 미래에 더 큰 즐거움이나 안전을 보장받는다 해도 현재의 어떤 즐거움이나 안전을 포기하려 하지 않는다. 그들에게 미래는 참으로 미심쩍기 때문이다.

요약하자면, 즐거움을 나중으로 미루는 능력을 기르기 위해 아이들은 스스로 훈육할 줄 아는 역할 모델과 자기 존중감이 있어야 하고 존재의 안전함을 신뢰해야 한다. 이러한 '자산들'은 부모의 자기 절제와 순수하고 일관된 보살핌을 통해서 획득된다. 이것이 어머니와 아버지들이 물려줄 수 있는 가장 값진 선물이다. 부모에게서 이러한 선물을 받지 못할 경우 다른 곳에서 획득하는 것은 가능하다. 하지만 그런 경우 그 획득 과정은 힘든 투쟁이 된다. 때에 따라서는 평생 걸릴 수도 있고 그나마 성공하지 못할 수도 있다.

시간을 낼 마음만 있다면 문제는 해결할 수 있다

지금까지 부모의 사랑 유무가 일반적으로 자기 훈육의 발달, 특히 즐거움을 뒤로 미루는 능력에 끼치는 몇 가지 영향을 살펴보았다. 이제는 즐거움을 뒤로 미루지 못하는 것이 성인의 삶에 끼치는 더욱 미묘하면서도 매우 파괴적인 몇 가지 영향들을 살펴보자. 다행스럽게 우리들 대부분은 즐거움을 뒤로 미룰 줄 아는 능력을 충분히 길러서 고등학교나 대학을 무리 없이 마치고 감옥에 가는 일 없이 성인이 된다. 그렇다 하더라도 우리의 발달 상태는 불완전하고 미숙해서 삶의 문제를 해결하는 능력은 여전히 불완전하고 미숙하다.

나는 서른일곱의 나이에 물건 고치는 법을 배웠다. 그 이전에는 할 줄 아는 일이라고는 수도 파이프를 고치는 일, 장난감을 수선하는 일, 함께 동봉된 그림 설명서를 보고 상자 속에 담겨 있는 가구를 조립하는 일 등이 고작이었는데 그나마도 대부분이 혼란에 빠지고 실망하면서 실패로 끝났다. 의대를 무리 없이 마쳤고 그럭저럭 성공한 경영자에 정신과 의사로서 가족을 부양해왔을지라도 나는 스스로를 기계치라고 생각했다. 유전적으로 무언가 부족하거나 천성적으로 문제가 있어서 기계를 다루는 데 필요한 어떤 신비스러운 재주를 타고나지 못했다고, 스스로 믿고 있었다. 그런데 서른일곱 살이 끝나가던 어느 봄날 일요일, 산책을 하다가 잔디 깎는 기계를 고치던 이웃을 보게 되었다. 나는 그에게 인사를 건넸다.

"참으로 대단하십니다. 전 그런 것들을 고치는 능력이 전혀 없어요, 아니 한 번도 고쳐본 적이 없어요."

내 말에 그 이웃은 한치의 머뭇거림도 없이 쏘아붙였다.

"그건 시간을 들여서 해보려 하지 않았기 때문이에요."

도를 깨친 사람 같은 간결하고 자연스럽고도 명확한 대답에 나는 할 말을 잃었다. 그리고 묵묵히 산책을 계속했다.

'그 사람이 맞는다고 생각하지 않지? 그렇지?'라고 나는 스스로에게 물었다.

어찌 됐든 그 말은 뇌리에 새겨졌고 후에 간단한 수리를 해야 할 기회가 찾아왔을 때 나는 시간을 들여야 한다는 사실을 기억해냈다. 어느 날 환자의 자동차가 주차 브레이크 고장으로 꼼짝도 하지 않았다. 내 환자는 그것을 풀려면 대시보드 아래로 들어가서 뭔가 처치하면 된다는 것을 알고 있었지만, 그것이 정확하게 무엇인지를 몰랐다. 그래서 나는 차 앞좌석의 아래로 들어가 바닥에 누웠다. 그리고 천천히 내가 편하게 느껴질 때까지 여유를 가졌다. 그리고 나서 찬찬히 차의 상태를 살폈다. 몇 분을 들여다보았다. 처음에는 무엇에 쓰이는지 도무지 알 수 없는 선과 튜브와 막대들이 서로 엉켜 있는 것이 보였다. 그러나 점차 천천히 브레이크 장치에 시선을 고정할 수 있었고 그것이 어떻게 연결되었는지 알아볼 수 있었다. 그러자 브레이크의 풀림을 방지하는 작은 걸쇠가 확실히 눈에 들어왔다. 나는 찬찬히 이 걸쇠를 살펴보았고 마침내 손끝으로 걸쇠를 위로 올리면 그것이 쉽게 움직여 브레이크를 풀어줄 것이라는 확신이 생겼다. 단 한 동작, 즉 손가락 끝으로 조금만 힘을 주자 문제는 해결되었다. 나는 숙련된 수리공이었다!

사실 고장 난 기계들을 수리할 수 있는 지식을 쌓기 시작한 것도, 그런 지식을 얻기 위해 시간을 내려고 한 것은 아니다. 나는 기계와는 관련 없는 것들에 시간을 집중투자하기로 선택했다. 그래서 나는 여전히 가까이 있는 수리공에게 달려간다. 그러나 이제는 안다. 이것은 내 선택이었지 내가 저주를 받은 것도 유전적으로 결함이 있는 것도 그렇다고 무능한 것도 아니라는 것을. 또한 이제 나뿐만 아니라 정신적으로 결함 없는 어떤 이도 기꺼이 시간을 낼 마음만 있다면 무슨 문제든 해결할 수 있다는 것을 안다.

이 주제는 중요하다. 왜냐하면 기계적인 문제를 해결하기 위해 시간을 들이지 않았던 나처럼 많은 사람들이 삶의 지적 · 사회적 · 영적인 문제를 해결하는 데 필요한 시간을 들이지 않기 때문이다. 기계에 관한 깨달음을 얻기 전이었다면 나는 환자의 자동차 대시보드 아래서 서툴게 머리를 부딪치고 내가 뭘 하는지 조금도 알아차리지 못한 채 곧바로 선 몇 개를 홱 잡아당겼을 것이다. 그러고 나서 아무런 효력이 나타나지 않으면 두 손을 들고 "이건 제가 할 수 없는 일이네요"라고 선언해버렸을 것이다. 아주 많은 사람이 매일 매일 생활하면서 문제에 접근하는 방식은 바로 이와 똑같다. 앞에서 언급한 재무분석가는 두 어린 자녀를 사랑했고 헌신적이었지만 다소 무기력한 엄마였다. 그녀는 충분히 깨어 있고 자녀에 대한 관심도 높아서 아이들에게 어떤 정서적인 문제가 생겼을 때나 자녀교육에서 뭔가 제대로 되지 않을 때를 알아차릴 수 있었다. 그럴 때 그녀는 반드시 다음 두 가지 중에서 하나를 이행한다. 우선 곧바로 머릿속에 떠오르는 첫 번째 방법으로 일상을 바꾼다. 즉, 아이들에게 아침을 더 먹게 한다든가 더 일찍 잠자리에 들게 한다든가 하는 것인데 정작 이러한 조치들이 문제와는 아무런 상관이 없다는 것에는 개의치 않는다. 다른 한 가지는 나(수리공)와 만나는 그다음 치료 시간에 와서 "그건 내가 할 수 없는 일이에요. 어떻게 할까요?"라고 실망을 털어놓는 것이다.

완벽하게 예리하고 분석적인 사고를 지닌 그녀는, 질질 끌지 않을 때는 직장에서 복잡한 문제를 해결하는 데 매우 유능했다. 그러나 개인적인 문제에 부딪치면 마치 분별력이 전혀 없는 사람처럼 행동했다. 개인적인 문제를 의식하게 되면 곧바로 아주 쩔쩔매면서 즉각적인 해결을 원했다. 문제를 분석하기 위해 지체되는 시간 동안의 불편함을 견디려 하지 않았다. 그녀에게 있어 문제해결은 즐거움을 의미했기에 그 즐거움을 일이 분 이상이나 뒤로 미룰 수 없었다. 결과적으로 그녀의 해결책은 거의 적절한 것이 아니었고 가족은 만성적인 혼란에 빠지게 되었다. 다행히 치료를 받으며 인내를 발휘해서 그녀는 점차로 자기 절제를 배울 수 있었고, 효과적인 해결책을 찾기 위해 충분한 생각을 거쳐 가족의 문제들을 분석하는 데 필요한 시간을 낼 수 있었다.

우리는 지금 확실하게 정신장애를 보이는 사람들에게서만 나타나는 신비한 문제 해결 능력의 부재를 논하고 있는 것이 아니다. 재무분석가는 보통사람이다. 우리 중 누가 자녀의 문제나 가족 간의 갈등을 분석하기 위해 충분히 시간을 바쳤다고 말할 수 있겠는가? 아무리 자기 절제에 능한 사람이라도 가족 문제에 직면해 "그건 내가 할 수 있는 일이 아니야"라고 체념해본 적이 전혀 없다 할 수 있겠는가?

사실, 문제 해결에 있어 즉각적인 해결책을 찾느라 성급하게 아무 조치나 취하는 것보다 더 유치하고 파괴적인 결함이 있다. 그 결함은 더 보편적이고 어디서나 찾아볼 수 있다. 그것은 바로 문제가 저절로 사라지기를 바라는 마음이다. 어느 소도시의 집단치료에 참여한 서른 살 된 미혼의 영업사원이 있었다. 그는 같은 집단에 소속된 은행원의, 최근에 헤어진 부인과 데이트를 시작했다. 청년은 그 은행원이 자신을 떠난 부인에게 매우 분개해 있고 만성적으로 화를 내는 사람이라는 것을 알고 있었다. 자신이 부인과의 관계를 고백하지 않는 것은 그 집단이나 은행원에게 정직하지 않은 일이라는 것도 알고 있었다. 또한 조만간 은행원이 그들의 계속된 만남을 반드시 알게 되리라는 것도. 이 문제의 유일한 해결책은 집단에게 관계를 고백하고 그들의 지지 하에 은행원의 화를 감당하는 것임을 그는 알고 있었다. 그러나 그는 아무것도 하지 않았다. 3개월 후에 은행원은 그들의 관계를 알게 됐고 예상대로 격분했으며 그 일을 빌미로 집단 치료를 그만두었다. 집단 구성원들이 그의 파괴적인 행동을 문제 삼자 그는 이렇게 말했다.

"그것을 고백하는 것이 얼마나 골치 아픈 일인지 알고 있었어요. 가만히 있으면 아마도 골치 아플 일 없이 그 문제를 넘길 수 있지 않을까 생각했던 것 같아요. 진득하게 오래 기다리면 그 문제가 사라지리라 생각했던 것 같습니다."

문제란 사라지지 않는다. 문제는 부딪쳐서 해결하지 않으면 그대로 남아 있어서 영혼의 성장과 발전에 영원히 장애가 된다.

그 집단 구성원들은 문제가 사라지기를 바라면서 문제를 외면하고 해결을 피하려는 성향 자체가 청년의 주된 문제점이라는 사실을 본인이 알 수 있도록 분명히 지적해주었다. 4개월이 지난 이른 가을이었다. 그 영업사원은 갑자기 영업직을 그만두고 더 이상 출장 다닐 필요가 없는 가구 수리점을 시작함으로써 자신의 꿈을 이루었다. 집단 구성원들은 그가 모든 계란을 한 바구니에 넣었다는 사실을 안타까워했고 겨울이 다가오는데 직업을 바꾸는 것이 현명한 일인지 의문을 제기했다. 그러나 그는 새 사업에서 충분히 벌 수 있다고 장담했다. 이후로 더 이상 그 문제는 거론되지 않았다. 그런데 이듬해 2월 초 그는 더 이상 치료비를 낼 수 없어서 집단 치료를 그만두겠다고 말했다. 빈털터리 신세가 되었으며 다른 직장을 구하지 않으면 안 되었던 것이다. 5개월 동안 그는 통틀어 여덟 개의 가구만을 수리했을 뿐이라 했다. 왜 더 일찍 직업을 구하지 않았느냐는 질문에 그는 이렇게 대답했다.

"6주 전, 돈이 빠르게 빠져나가는 것을 알았지만 이 지경까지

올 것이라고는 생각하지 않았어요. 상황이 그렇게 절박하다고 생각하지 않았는데, 이젠 정말 절박합니다."

그는 또다시 자신의 문제를 무시해버린 것이다. 문제를 무시해버리는 자신의 문제점을 해결하기 전에는 한 발짝도 앞으로 나아갈 수 없을 것이며, 어떤 치료를 병행해도 같은 결과일 것이라는 사실이 분명해지기 시작했다.

문제를 무시해버리는 이러한 태도는 즐거움을 뒤로 미루겠다는 의지가 없음을 말해준다. 이미 말했듯이 문제와 직면하는 것은 고통스러운 일이다. 어쩔 수 없는 상황이 오기 전에 자발적으로 문제와 직면한다는 것은, 더 고통스러운 것을 위하여 덜 고통스럽거나 즐거운 일을 제쳐놓는다는 것을 의미한다. 미래의 고통이 꼭 겪지 않아도 되는 것이기를 바라면서 현재의 즐거움을 지속하는 쪽을 선택하기보다는 미래의 즐거움을 기대하면서 차라리 지금 고통을 선택하는 것을 의미한다.

이렇게 확실한 문제를 무시해버린 영업사원은 감정적으로 미숙하거나 심리적으로 유치할 수 있다. 그러나 다시 말하지만, 그는 보통사람이고 그의 미숙함과 유치함은 우리 모두에게도 해당된다. 군대 사령관인 한 장군이 이런 이야기를 해준 적이 있다.

"군대나 어떤 조직에 있어서나 가장 큰 문제점은 대부분의 지휘관들이 부대에 앉아서 문제를 바라만 보고 있다는 것입니다. 오랫동안 거기에 앉아 있으면 문제들이 사라질 것처럼, 문제를 똑바로 바라만 보고 아무것도 하지 않으면서 말입니다."

장군은 정신적으로 나약하거나 비정상적인 사람들을 말한 것이 아니었다. 훈련이 잘돼 있고 능력을 인정받은 장군과 대령들을 지칭했던 것이다.

부모도 지휘관과 같다. 대체로 준비가 안 돼 있다고 할지라도 그들의 임무는 어느 모로 보나 회사나 기업을 지휘하는 것만큼 복잡할 수 있다. 군대의 지휘관처럼 대부분 부모는 간혹 어떤 효과적인 조처를 할 때도 그러기 전에 몇 달이고 몇 년이고 아이들의 문제나 아이와의 관계에 존재하는 문제를 알고 있기만 한다. 5년이나 끌어온 문제를 갖고 소아정신과 의사에게 와서 부모는 이렇게 말한다.

“아이가 자라면 문제가 저절로 없어질 줄 알았어요.”

부모 노릇이 복잡한 일임을 감안할 때 부모로서 어떤 결정을 내리기란 힘들다. 또한 사실 아이들이 자라면서 문제에서 벗어나는 경우도 있다. 그러나 아이가 문제에서 벗어날 수 있도록 성장을 돕고 더 가까이에서 문제점을 살펴본다고 해서 다치는 부모는 없다. 아이들이 자라서 문제에서 벗어나는 예도 있지만 그렇지 않은 예도 있다. 많은 문제와 마찬가지로 더 오랫동안 아이들의 문제를 무시해버리면 그것은 더 커지고 더 해결하기 어렵고 고통스러워진다.

그건 내 탓이 아닙니다

삶의 문제를 해결하는 것 말고는 문제를 해결할 방법이 없다. 마치 바보처럼 같은 이야기를 되풀이하거나 뻔한 이야기를 하는 것처럼 들리지만, 대부분 사람들은 이것을 이해하지 못하는 것 같다. 그 이유는 우리가 문제를 해결하기 전, 먼저 문제에 대한 책임을 인정해야 하기 때문이다. "그것은 내 문제가 아니야"라고 말하면서 문제를 해결할 수는 없다. 다른 사람이 우리를 대신해 문제 해결을 해주기를 바라면서 문제를 해결할 수는 없다. 그런데 많은, 아주 많은 사람은 이렇게 말하면서 문제로 인한 고통을 피하려고 한다.

"이 문제는 다른 사람 때문에, 아니면 내가 통제할 수 없는 사회적 상황 때문에 생겼어. 그러니 다른 사람이나 사회가 나 대신 이 문제를 해결해주어야 해. 이건 정말로 내 개인의 문제가 아니야."

사람들이 심리적으로 개인 문제에 대한 책임을 회피하는 모습은 항상 슬프면서도 때로 우스꽝스러울 지경이다. 오키나와에 주

둔했던 한 직업 군인은 지나친 음주 때문에 심각한 문제가 생겨 정신과 진단을 받아 내게 보내졌다. 그는 알코올의존증 환자라는 것을 부인할 뿐만 아니라 음주가 자신의 문제인 것도 부인하면서 이렇게 말했다.

"오키나와에서는 술 마시는 일 외에 저녁에 할 수 있는 일이 아무것도 없습니다."

"독서를 좋아하세요?" 나는 물었다.

"네 그럼요. 책 읽는 것 좋아합니다. 정말입니다."

"그럼 왜 술 마시는 대신 저녁에 책을 읽지 않습니까?"

"막사에서는 너무 시끄러워서 읽을 수 없어요."

"그러면 도서관에 가보지 그래요?"

"도서관은 너무 멀어요."

"도서관이 술집보다 더 멀리 떨어져 있나요?"

"글쎄요, 저는 책을 그리 많이 읽지 않습니다. 책이 제 관심사는 아니거든요."

"낚시는 좋아하세요?"

"그럼요. 좋아합니다."

"그럼 술 마시는 대신 왜 낚시하러 가지 않으세요?"

"하루 종일 일해야 하니까요."

"밤에도 낚시는 할 수 있지 않나요?"

"아뇨, 오키나와에서는 밤에 낚시하지 않습니다."

"아니에요, 여기에 있는 밤낚시 동호회를 몇 군데 알고 있어요. 그분들을 소개해드릴까요?"

"글쎄요, 사실 낚시를 좋아하지 않습니다."

"지금까지의 얘기를 들으니 오키나와에서는 술 마시는 일 외에 다른 할 일들도 있지만 당신이 오키나와에서 가장 하고 싶은 일은 술 마시는 것이라는 말이네요."

"네, 그런 것 같네요."

"그런데 음주는 당신을 곤란에 빠뜨렸고 그래서 당신은 지금 정말로 문제에 처해 있습니다. 그렇죠?"

"이 빌어먹을 섬에서는 누구라도 술을 마시지 않을 수 없을 겁니다."

나는 한동안 계속 노력해보았지만, 그 군인은 음주를 해결 가능한 자기 문제라고는 전혀 생각하지 않았다. 그래서 안타깝지만 그는 도움을 받아도 고칠 수 없는 상태라고 사령관에게 전달했고 그 후로도 그는 계속해서 술을 마시다 중도에서 퇴역당했다.

역시 오키나와에 살던 어떤 젊은 부인이 면도칼로 손목을 살짝 그어 응급실로 실려 왔다. 나는 부인에게 왜 이런 짓을 했느냐고 물었다.

"물론 자살하려고요."

"왜 자살하려고 하십니까?"

"이 섬이 답답해서 견딜 수가 없어요. 나를 미국으로 돌려보내주세요. 여기에 더 있어야 한다면 자살하고 말 겁니다."

"오키나와에서 사는 게 무엇이 그렇게 힘듭니까?" 내가 묻자 그녀는 투정하듯이 울기 시작했다.

"여기엔 친구가 아무도 없어요. 나는 늘 혼자예요."

"그것참 안됐군요. 어쩌다 친구를 사귀지 못했나요?"

"나는 재미없는 오키나와 사람들 거주 지역에 살 수밖에 없는데, 이웃 사람 중에 영어를 하는 사람은 아무도 없어요."

"차를 몰고 미국인 거주 지역으로 놀러 가든지, 낮에 주부 클럽에 가서 친구들을 사귀어보지 그러세요?"

"남편이 직장에 차를 갖고 가기 때문에 안 돼요."

"남편을 직장에 데려다 줄 수 있잖아요? 혼자 있으면 하루 종일 심심할 텐데요."

"안 돼요. 차가 스틱이에요. 나는 스틱 차는 운전할 줄 몰라요. 오토매틱만 운전해요."

"스틱 차를 운전하는 법을 배우면 어떨까요?"

그녀는 눈을 부릅뜨면서 말했다.

"이런 도로에서요? 제정신이 아니시군요."

신경증과 성격 장애

정신과 의사를 찾아오는 대부분 사람은 소위 신경증(노이로제)이 아니면 성격 장애로 고생하고 있다. 간단히 말해 이 두 부류의 사람들은 모두 책임감에 장애가 있다. 그런데 세상과 문제를 대하는 태도는 상반된다. 신경증인 사람들은 너무나 많은 책임을 지려 하고 성격 장애인 사람들은 응당 져야 할 책임조차 피하려 든다. 신경증인 사람들은 세상과 갈등이 생기면 곧바로 자신에게 문제가 있다고 생각해버린다. 성격 장애가 있는 사람들은 곧바로 세상이 잘못됐다고 생각한다. 조금 전에 예를 든 두 사람은 성격 장애자들이다. 직업 군인은 술버릇이 오키나와 탓이지 자기 탓이라고 느끼지 않았고, 젊은 부인은 자신의 고독한 상태에 대해 자기는 아무런 책임이 없다고 여겼다. 반면에 오키나와에서 고독과 외로움으로 힘들어하는 신경증을 앓고 있는 한 여성은 불편한 심사를 이렇게 이야기했다.

"나는 하사관 부인 클럽에 매일 차를 몰고 가서 친구를 찾았어요. 하지만 거기서는 별로 편안한 기분이 들지 않았어요. 다른 부인들이 저를 좋아하지 않는다는 생각이 들어요. 내가 뭔가 잘못됐나 봐요. 친구를 더 쉽게 사귈 수 있어야 하는데. 좀 더 외향적이 돼야겠죠? 내가 그렇게 인기가 없는 이유를 알고 싶어요."

이 여성은 모두 자기 잘못이라고 느끼면서 외로움은 전적으로 자기 책임이라고 생각했다. 그러나 그녀는 치료 과정에서 자신이 남달리 지적이고 꿈이 많은 사람이라는 것을 알게 되었다. 그녀가 다른 사람보다 더 지적이고 꿈이 많기 때문에 남편과는 물론 다른 하사관 부인들과도 편안하지 않았던 것이다. 외로움이 문제이긴 하지만 반드시 자기 잘못이나 결함이 아니라는 것을 알게 되었다. 결국 그녀는 이혼했고 아이들을 키우면서 대학을 마쳤고 잡지사의 편집인이 되었으며 성공한 출판인과 결혼했다.

신경증인 사람과 성격 장애가 있는 사람들은 말하는 패턴조차 다르다. 신경증인 사람들은 "꼭 해야 했는데", "마땅히 하는 게 좋은데", "해서는 안 되는데"와 같은 표현을 즐겨 쓴다. 이것은 그들이 자신을 항상 수준 미달이고 늘 엉뚱한 선택을 하는 열등한 존재로 자각하고 있음을 말해준다. 그런데 성격 장애를 지닌 사람들은 "할 수 없어", "어쩔 수 없었어", "이렇게 해야만 해", "그렇게 할 수밖에 없었어"와 같은 표현을 심하게 사용한다. 이는 자신은 선택권이 전혀 없는 사람이고 자기 행동은 전적으로 자기 능력 밖에 있는 외부의 힘에 철저하게 통제되고 있다고 생각한다는 것을 보여준다. 짐작할 수 있듯이 신경증인 사람들은 성격 장애가 있는 사람들보다 치료가 쉽다. 그들은 자기 곤경에 책임을 지려고 하고 자신에게 문제가 있다는 것을 알기 때문이다. 성격 장애가 있는 사람들은 불가능하지는 않지만 치료하기가 더 어렵다. 그들은 자신을 문제의 근본 원인이라고 여기지 않으며 오히려 자기보다는 세상이 바뀌어야 한다고 생각하면서 스스로 자기를 분석할 필요성을 인정하지 않기 때문이다. 사실 많은 사람들이 신경증과 성격 장애를 둘 다 갖고 있는데 이들을 '성격 신경증 환자'라고 부른다. 이들은 어떤 경우에는 실제로 자기 책임도 아닌데 책임을 지려다 죄책감에 빠지고 어떤 경우에는 스스로 현실적인 책임을 다하지 못한다. 다행히 신경증적인 부분을 치료받으면서 치료에 믿음과 신뢰를 갖게 되면, 마땅히 책임져야 할 상황에서 그러지 않으려는 심리를 본인들이 검토하고 바로잡게 하는 것도 가능하다.

우리 중에 얼마간 신경증이나 성격 장애 증상을 앓고 있지 않은 사람은 거의 없다. 그래서 기본적으로 누구든지 성실하게 치료를 받으면 치료의 혜택을 받을 수 있다. 그래야 하는 이유는 사는 동안 책임져야 할 것과 그럴 필요가 없는 것을 분간하는 것이 실존의 큰 문제 중의 하나이기 때문이다. 하지만 그것은 절대 완전히 해결될 수 없는 문제다. 우리는 사는 동안 내내 끊임없이 새로운 사건들 속에서 우리가 무엇을 책임져야 하는지 계속해서 평가하고 재평가해야 한다. 하지만 우리가 제대로 양심적으로 이행한다면 이러한 평가와 재평가의 작업은 고통스럽지 않을 수 없다. 어떤 과정이든 제대로 이행하기 위해서는 지속적인 자기 분석을 감당할 의지와 능력이 있어야 한다. 이러한 능력이나 의지는 선천적인 것이 아니다.

어떤 의미에서 모든 아이는 성격 장애를 지니고 있다. 본능적으로 자기가 처한 많은 갈등에 대해 책임지려 하지 않는 경향을 보면 알 수 있다. 그래서 형제가 싸우게 되면 늘 상대가 싸움을 먼저 걸었다고 비방하고 자신이 범인이라는 것을 전적으로 부인한다. 마찬가지로 모든 아이는 신경증도 갖고 있다. 아이들은 어떤 상실을 겪고 납득이 안 되면 본능적으로 그것을 책임지려 한다. 그래서 부모의 사랑을 받지 못하는 아이는 부모에게 사랑할 줄 아는 능력이 부족하다고 생각하지 못하고 자신이 사랑받을 만한 아이가 아니라고 생각한다. 사춘기 초에 아직 데이트나 스포츠에 능하지 못한 아이들은, 꽃피는 것이 그렇듯 좀 늦거나 평균적으로 정말 제대로 성장하고 있는데도 스스로 심각하게 결함이 있는 사람이라고 생각한다. 세상과 그 세상 안에서 우리의 위치를 현실적으로 바라볼 수 있는 능력을 얻으려면 많은 경험을 쌓고 오랜 시간 동안 제대로 성장해야만 한다. 그래야만 우리 자신과 세상에 대해 어떤 책임을 질 것인지 실질적으로 판단할 수 있다.

부모는 이러한 성장 과정에서 많은 도움을 줄 수 있다. 아이들이 성장하는 동안에 도움을 줄 기회는 수없이 많이 생긴다. 자기 행동에 책임을 회피하려고 할 때 이를 지적해줄 수도 있고, 어떤 일이 벌어졌을 때 그것이 그들의 잘못이 아니라는 것을 거듭 확인시켜줄 수도 있다. 그런데 이러한 기회들을 놓치지 않으려면 앞에서 이야기했던 것처럼 아이의 욕구에 민감해야 하며 귀찮더라도 시간을 내 이러한 욕구를 충족시키려고 노력하려는 의지가 있어야 한다. 결국 사랑이 필요하다는 것이고 아이의 성장을 격려하기 위해서 부모로서 적절한 책임을 지려는 마음이 필요하다는 말이다.

반대로 평균 이상으로 무감각하고 무심한 부모는 이러한 성장 과정에 장애가 되는 경우가 많다. 신경증 환자들은 책임지려는 의지가 있으므로 매우 훌륭한 부모가 될 수 있다. 그러나 그것도 그 신경증이 비교적 약하고 불필요한 책임감에 지나치게 억눌려 있지 않아서 부모로서 당연한 책임을 질 만한 여력이 남아 있어야만 가능하다. 한편 성격 장애를 지닌 사람들은 자식을 망치는 부모가 된다. 그들은 의식하지 못하지만, 그들이 자식을 다루는 방식은 지독하게 파괴적이다. "신경증 환자들은 자신을 비참하게 만들고 성격 장애가 있는 사람들은 자신을 제외한 모든 사람을 비참하게 만든다"라는 말이 있다. 성격 장애가 있는 부모가 가장 비참하게 만드는 사람은 바로 그들의 아이들이다. 다른 상황에서도 그렇듯이 그들은 부모 노릇 하는 데에도 적절한 책임을 지지 못한다. 그들은 아이들에게 필요한 관심을 주기보다는 갖가지 핑계를 대면서 아이들을 밀쳐낸다. 자기 아이가 학교에서 비행을 저지르거나 문제가 생겼을 때, 성격 장애가 있는 부모들은 곧바로 학교 시스템을 탓하거나 다른 아이들을 탓하면서 그 아이들이 자기 아이에게 '나쁜 영향'을 끼쳤다고 주장한다. 이러한 태도를 지닌 사람들은 당연히 문제를 무시한다. 책임을 회피해버림으로써 성격 장애 부모들은 자기 아이에게 은연중에 무책임한 태도를 가르치게 된다. 결국 삶에 대한 책임을 피하려고 함으로써 그 책임을 아이들에게 부과하는 경우도 생긴다.

예를 들면 이렇게 말하는 경우다.

"얘들아, 너희 때문에 미치겠다."

"내가 아빠(엄마)와 이혼하지 않고 그대로 사는 건 오직 너희 때문이야."

"엄마가 너희 때문에 신경 쇠약에 걸렸다."

"너희를 돌볼 필요가 없었더라면 대학을 졸업하고 성공했을 거야"라는 식이다.

이러한 부모는 사실상 아이에게 이렇게 말하고 있는 것이다.

"내 결혼생활이 이 모양인 것도, 내 정신이 건강치 못한 것도, 내가 성공하지 못한 것도 다 너희 책임이야."

아이들은 이것이 얼마나 부당한지를 판단할 능력이 부족하므로 대체로 이런 책임을 그대로 받아들인다. 그런데 이렇게 되면 아이들은 신경증 환자가 된다. 바로 이런 식으로 성격 장애를 가진 부모는 거의 틀림없이 성격 장애나 신경증이 있는 아이들을 만든다. 즉, 아이들에게 죄를 덮어씌운 것은 바로 부모 자신이다.

성격 장애가 있는 사람들이 부모 노릇 할 때만 비효율적이고 파괴적인 행동을 하는 것은 아니다. 그들의 이러한 성격적 특징은 결혼생활, 친구관계, 업무적인 상황에서도 나타난다. 다시 말해서 삶의 모든 영역에서 자기 행동에 책임을 지지 못한다. 이것은 피해갈 수 없는 결과다. 이미 말했듯이 개인이 책임을 졌을 때 비로소 문제가 해결될 수 있기 때문이다. 성격 장애자들이 문제의 원인을 제3자인 남편, 아이, 친구, 부모, 사장에게, 외부 상황인 나쁜 영향, 학교, 정부, 인종차별, 남녀차별, 사회, 제도 탓으로 돌리는 한 문제는 지속될 것이고 아무것도 성취할 수 없다. 책임을 내던져버리고 그들 자신은 편안할지 모르나 삶의 문제를 해결하지 못함으로써 영적 성장이 멈추고 사회에 쓸모없는 짐이 돼버린다. 60년대의 한 유행어는 모든 시대의 모든 이들에게 필요한 말이다.

"당신이 해결에 참여하지 않으면 당신은 문제의 일부가 되고 말 것이다."

자유로부터의 도피

정신과 의사가 성격 장애라고 진단하게 되는 환자는 책임 회피의 정도가 비교적 심한 사람인 경우다. 그러나 대부분 사람이 종종 자기 문제를 책임지는 고통을 피하려고 애쓴다. 때로는 그것이 아주 알아차리기 힘든 형태로 나타날 수 있다. 나도 서른 살에 맥 배질리 씨 덕분에 잘 모르고 있던 성격 장애를 치료했다. 그 당시 맥은 내가 정신과 수련의 과정을 이수하고 있던 정신과 병원의 과장이었다. 이 병원에서 동료 수련의와 나는 교대로 새 환자를 맡았다. 아마 나는 대부분의 동료 수련의보다 내 환자와 교육에 더 헌신적이었던 탓에 그들보다 더 많은 시간을 일했던 것 같다. 다른 동료들은 보통 일주일에 한 번만 환자를 보았는데 나는 일주일에 두세 번 만나는 일이 잦았다. 결과적으로 동료들은 매일 오후 4시 30분에 퇴근하는 반면 나는 밤 8시, 9시까지 약속이 잡혀 있었고 이내 억울한 기분에 휩싸이게 되었다. 점점 억울함이 더해가고 더 지치게 되자 무슨 대책을 세워야 한다는 것을 깨달았다. 그래서 닥터 배질리에게 가서 상황을 설명했다. 나는 혹시라도 몇 주 동안은 새 환자를 맡는 차례를 빼줘서 그동안 밀린 일을 할 시간이 날지도 모르고, 아니면 그가 어떤 다른 해결책을 생각해낼 수도 있겠다고 생각했다. 맥은 한 번도 내 얘기를 중단시키지 않고 아주 열심히 귀 기울여 들었다. 내가 이야기를 끝내자 잠시 침묵을 지킨 후 그는 매우 공감한다는 표정으로 말했다.

"음, 자네에게 문제가 있다는 것을 알 수 있어요."

나는 그가 나를 이해해주는구나 싶어 기분이 좋아져서 말했다.

"고맙습니다. 이 일을 어떻게 해야 할까요?"

이 말에 맥은 대답했다.

"스캇, 말하지만 자네는 문제가 있다니까요."

이것은 내가 기대하던 답이라고 할 수 없었다. 나는 약간 화가 나서 말했다.

"네, 그렇습니다. 저도 제가 문제가 있다는 것을 압니다. 그래서 선생님을 만나러 온 것입니다. 제가 어떻게 해야 한다고 생각하세요?"

맥은 대답했다.

"스캇, 정말 내가 무슨 소리하는지 못 알아들은 것 같군요. 자네 이야기를 듣고 자네 말에 동의하고 있는 거라고. 자네는 문제가 있어."

내가 말했다.

"젠장! 제게 문제가 생겼다는 것을 압니다. 이미 알고 있으니까 여기 온 것입니다. 문제는 제가 어떻게 해야 할지입니다."

맥은 대답했다.

“스캇, 내 말을 들어보세요. 다시 이야기할 테니 잘 들어보세요. 자네 말이 맞아. 자네는 문제가 있어요. 특별히 시간에 문제가 있어요. 자네의 시간 말이야. 내 시간이 아니고, 내 문제가 아니에요. 자네의 시간에 생긴 자네의 문제란 말이죠. 스캇 펙, 자네의 시간에 문제가 생긴 거예요. 내가 할 말은 이것이 전부입니다.”

나는 분개하며 돌아서 맥의 사무실을 성큼 나와버렸다. 그리고 한참 동안 분한 마음을 가라앉히지 못했다. 나는 맥 배질리를 증오했다. 3개월 동안이나 그를 증오했다. 그를 심한 성격 장애자라고 생각했다. 어떻게 그렇게 냉담할 수 있을까? 겸허한 마음으로 그에게 가서 조금만 도와달라고, 약간의 충고를 요청했을 뿐인데, 그 나쁜 사람은 나를 돕는 것이 그의 일인데도 병원 과장으로서 책임을 지려는 마음이 전혀 없었다. 과장으로서 이런 문제 해결을 돕지 않는다면 도대체 그의 할 일은 뭐란 말인가?

그런데 3개월이 지난 후 결국 나는 맥이 옳다는 것을, 성격 장애가 있는 것은 나였지, 그가 아니라는 것을 알게 되었다. 내 시간은 내 책임이었다. 내 시간을 내가 어떻게 배정하고 사용하는가는 나한테 달려 있고 오직 나만이 정할 수 있는 문제였다. 동료보다 더 많은 시간을 일에 투자하기를 원했다면 그것은 내 선택이었고 선택의 결과는 내가 책임질 일이었다. 동료들이 나보다 두세 시간 일찍 퇴근하는 걸 보는 것이 고통스러울 수 있고, 가족과 시간을 충분히 보내지 않아 아내의 불평을 듣는 것도 고통스러울 수 있다. 그러나 이러한 고통은 내가 선택한 일의 결과였다. 그러한 고통을 당하고 싶지 않다면 나는 자유롭게 그렇게 열심히 일하지 않고 내 시간을 다르게 사용하면 되는 것이었다. 내가 일을 열심히 한 것은 무정한 운명 때문이라거나 무정한 과장이 지워준 짐이 아니었다. 그것은 내가 선택한 삶의 방식이었고 내가 정한 우선순위였다. 이러한 생각에 이르자 나는 내 삶의 스타일을 바꾸지 않기로 했다. 그러나 내 태도가 바뀌자, 동료들에 대한 분노는 사라졌다. 원하면 그들처럼 지낼 수 있는 완벽한 선택의 자유가 있는데, 그들이 나와 다른 스타일을 선택했다고 그들에게 화내는 것은 말이 안 된다는 것을 알았기 때문이다. 그들에게 화내는 것은 그들과 다르게 지내고자 한 내 선택에 화를 내는 것과 마찬가지였다. 더욱이 나는 내 선택에 만족하고 있었다.

우리가 우리 행동에 책임지는 것이 어려운 이유는 그 행동의 결과로 따라오는 고통을 피하고 싶어 하는 데서 비롯한다. 장시간 근무는 내 환자와 훈련에 충실하려 했던 내 선택에 따른 불가피한 결과임에도 내 시간활용에 대한 책임을 맥 배질리에게 돌리려고 했던 것은, 오랜 시간 일하는 데서 오는 고통을 피하려는 시도였다. 또한 그러한 행동은 나에 대한 맥의 권한을 더 배가시키는 어리석은 것이었다. 그에게 나의 권한과 나의 자유를 주려고 했던 것이다. 결국 나는 이렇게 말했다.

"나를 맡아주세요. 당신이 내 보스가 돼주세요!"

자기 행동에 대한 책임을 피하려고 할 때 우리는 항상 그 책임을 다른 사람이나 조직이나 존재에 떠넘기려고 한다. 그런데 그것이 '운명'이나 '사회', 혹은 정부나 기업이나 보스든 어느 것이든 간에 그러한 행동은 우리의 권한을 그 존재에 양도하는 것을 의미한다. 에리히 프롬Erich Fromm이 나치즘과 독재주의에 대한 연구서의 제목을 아주 적절하게도《자유로부터의 도피》라고 한 것은 바로 이러한 이유에서다. 책임이 주는 고통을 피하고자 수백만, 수천만의 사람들이 매일 자유로부터의 도피를 시도한다.

내가 아는 사람 중에 매우 명석하지만 성격은 까다로운 친구가 있다. 그는 기회만 되면 쉬지 않고 우리 사회의 억압적인 세력들, 즉 인종차별, 남녀차별, 군수산업조직, 머리가 길다고 자신과 친구들을 멈춰 세우는 지역 경찰관에 대해서 열변을 토한다. 몇 번이고 나는 그가 어린애가 아니라는 사실을 지적해주려고 했다. 어린아이였을 때는 부모에게 거의 모든 것을 의존하기 때문에 부모가 거의 모든 권한을 갖고 있다. 크게 봤을 때 부모는 실제로 우리의 안녕을 책임지고, 우리는 실제로 그들의 지배 아래 있다. 어떤 부모들이 종종 그러하듯, 어린아이로서 우리는 아무런 힘도 없어 어떻게 해볼 도리가 없다. 선택의 여지가 없는 것이다. 그러나 어른으로서 건강한 신체를 가졌다면 우리의 선택은 거의 무한하다. 선택이 고통스럽지 않다고 말하는 것은 아니다. 우리는 빈번히 두 가지 나쁜 것 중에서 덜 나쁜 것을 선택해야 하지만 여전히 선택할 힘을 지니고 있다. 그렇다. 나는 친구의 말에 동의한다. 세상에는 진정 억압적인 세력들이 있다. 그런데 우리에게는 매 순간 이러한 세력들에 대응하고 대처하는 방식을 선택할 수 있는 자유가 있다. '장발족'을 좋아하지 않는 경찰이 있는 시골에 살면서 계속해서 머리를 기르는 것은 그의 선택이다. 그에게는 도시로 이사하거나 머리를 자르거나 경찰서장 자리에 앉기 위해 선거운동을 할 자유가 있다. 그런데 명석한 두뇌에도 불구하고 그는 이러한 자유를 인식하지 못한다. 막대한 개인적 자유를 인식하고 이를 환호하는 대신, 그는 자신의 보잘것없는 정치적 파워를 슬퍼하는 것을 선택한 것이다. 자유를 사랑하며 자유를 방해하는 억압적인 세력에 대해 말하지만, 자신이 어떻게 이러한 세력의 희생자가 되는지를 말할 때마다 그는 사실 자신의 자유를 버리는 셈이다. 나는 그가 단지 이러한 선택들이 고통스럽다는 이유만으로 삶에 분통을 터트리는 일을 조만간에 그만두기를 간절히 바란다.*

힐드 브러치Hilde Bruch 박사는《심리요법 학습》의 서문에서 기본적으로 모든 환자는 '똑같은 문제, 즉 무력감, 다시 말해 상황을 대처하고 바꿀 수 없다는 두려움과 심적 믿음이라는 똑같은 문제'를 갖고 심리 치료사를 찾아온다고 말한다. 대다수 환자가 겪는 이러한 '무력감'의 뿌리에는 자유의 고통에서 부분적으로나마 완전히 도피하고 싶은 욕망과 부분적으로 완전히 자신의 문제와 삶에 책임지지 못하는 패배감이 깔려 있다. 사실 자신의 권한을 버렸기 때문에 무력감을 느끼는 것이다. 언제가 됐든 치유가 되려면, 그들은 성인의 삶이란 온통 개인적 선택과 결정의 연속이라는 것을 알아야만 한다. 완전히 이것을 받아들일 수 있으면 자유로워

* 알렌 윌리스Allen Wheelis는《사람들은 어떻게 변화하는가》(하퍼 앤 로우 사. 1973)의 "자유와 불가피성"이란 장에서 두 개의 악 사이에서 선택하는 자유를 다루고 있는데, 이 책만큼 이러한 주제를 설득력 있게 심지어는 시적으로 정의하는 책이 없다. 그 장을 통째로 인용하고 싶은 마음이 굴뚝같고 이 주제를 제대로 탐구하고 싶은 모든 사람에게 그 장을 추천한다.

진다. 이를 받아들이지 않는 한, 그들은 영원히 자신을 희생자라고 느낄 것이다.

현실을 바로 보고
바로 인식하는 것

문제를 해결하는 고통을 다루는 데 필요한 훈육의 세 번째 요소는 진실에 충실한 것이다. 건강한 삶을 영위하고 영혼이 성장하려면 이것이 항상 필요하다. 진실은 현실이므로 표면적으로 이 점은 누구에게나 명백하다. 거짓은 현실이 아니다. 세상의 현실을 명확하게 바라볼수록 세상에 대처할 준비를 더 잘할 수 있다. 세상의 현실을 덜 명확하게 바라볼수록, 다시 말해 우리의 정신이 거짓과 오해와 환상으로 혼란스러워질수록 올바르게 처신하고 현명하게 결정할 가능성이 작아진다. 현실에 대한 우리의 견해는 삶의 영역을 통과하는 데 필요한 지도와 같다. 지도가 진실하고 정확하면 기본적으로 우리의 현재 위치를 알게 될 것이고, 가고 싶은 곳이 정해질 때 그곳에 어떻게 가야 하는지 알게 될 것이다. 만약 지도가 잘못돼 있고 부정확하다면 대개 길을 잃을 것이다.

명백한 사실인데도 불구하고 대부분 사람은 정도의 차이는 있지만 이것을 무시해버린다. 현실로 난 길이 쉽지 않기 때문에 사람들은 이것을 무시한다. 우선 우리는 지도를 갖고 태어나지 않는다. 그래서 지도를 만들어야 하고 그 과정에는 노력이 필요하다. 현실을 제대로 파악하고 인식하기 위해서 노력할수록 우리의 지도는 더욱 커지고 정확해진다. 그러나 많은 사람은 이러한 노력을 기울이고 싶어 하지 않는다. 어떤 사람은 청소년기가 끝날 때쯤 이러한 노력을 멈춘다. 그렇게 되면 그 지도는 작게 대충 그려지고 말아 세상에 대한 견해는 편협하고 오류투성이가 된다. 그런데 대부분 사람은 중년 말기쯤 가면 노력하기를 포기한다. 그들은 자신의 지도가 완전하고 세계관은 옳다고(진정 신성불가침일 정도로) 확신하고는 더 이상 새로운 정보에 흥미를 갖지 않는다. 어떻게 보면 마치 지쳐버린 것처럼 보인다. 상대적으로 운이 좋은 몇 사람만이 죽는 순간까지 삶의 비밀을 탐구한다. 그들은 계속해서 세상과 진리를 깊이 이해하고 이를 수정하여 다시 정의를 내린다.

지도를 만드는 데 있어 가장 큰 문제는 우리가 무無에서 시작한다는 사실이 아니라 정확한 지도를 위해 계속해서 지도를 고쳐야 한다는 사실이다. 세상은 끊임없이 변한다. 빙하도 왔다 가고 문화도 생겼다가 없어진다. 기술이 너무 부족했던 때도 있었고 너무 과한 때도 있었다. 더욱 놀라운 것은 우리가 세상을 바라보는 관점도 끊임없이 그리고 아주 빠르게 변한다는 사실이다. 어렸을 때 우리는 의존적이고 무력했으나 어른인 우리에게는 힘이 있다. 그러나 병들거나 늙고 나약해지면 다시 무력하고 의존적이 될 것이다. 돌봐야 할 아이가 생겼을 때의 세상은 아이가 없을 때와는 달라 보인다. 아기를 기를 때와 청소년기의 자녀를 기를 때의 세상은 각각 다르다. 우리는 날마다 현실의 본질에 관한 새로운 정보의 홍수 속에서 살아간다. 이 새 정보들을 흡수하려면 지도를 계속해서 수정해야 한다. 때로 새로운 정보가 아주 많이 축적되었을 때는 지도를 대대적으로 수정해야 한다. 수정하는 과정, 특히 대대적인 수정은 고통스럽다. 때로는 고문을 당하는 것처럼 고통스럽다. 인류가 지닌 많은 병폐의 주요한 원인은 바로 여기에서 비롯된다.

오랫동안 노력해서 겉보기에도 유익하고 쓸 만한 세상에 대한 견해를 다듬어왔는데, 그것이 잘못됐다고, 지도의 대폭 수정을 암시하는 새로운 정보와 맞닥뜨리면 어떻게 될까? 그러한 작업에는 고통스러운 노력이 필요하므로 사람들은 이를 두려워하고 질려버린다. 그래서 대부분 무의식적으로 흔히 새 정보를 무시해버린다. 이렇게 무시하는 행동은 종종 그저 피하는 것 이상이 되어, 새로운 정보를 거짓되고 위험하고 이단적이며 악마의 산물이라고 헐뜯는다. 실제로 그것을 뿌리째 없애고자 운동을 벌일 수도 있고 심지어는 현실에 대한 견해에 맞추느라 세상을 뜯어고치려고도 할 수 있다. 지도를 바꾸려고 노력하기보다는 새로운 현실을 파괴하려 드는 것이다. 슬프게도 이러한 사람은 먼저 세상에 대한 자신의 낡은 견해를 수정하고 고치기보다는 그것을 끝까지 옹호하는 데 훨씬 더 많은 에너지를 쏟아붓는 것이다.

전이:
낡은 지도 옮겨오기

현실에 대한 낡은 견해에 이렇게 고집스럽게 집착하는 상태가 심각한 정신 질환의 원인이다. 정신과 의사들은 이를 전이轉移라고 부른다. 전이에 대한 정의는 정신과 의사의 수만큼이나 다양하고 많다. 나의 정의를 말하자면 세상을 바라보고 대응하는 일련의 방식들이 어릴 때 형성되는데, 이것이 어린 시절의 환경에는(진정 생명을 구할 정도로) 아주 적절하지만, 어른의 환경에는 부적절하게 옮겨오는 것을 말한다.

전이는 파괴적이고 어디서나 나타날 수 있지만 증상은 흔히 잘 알아차리기 어렵다. 물론 아주 심하면 인식하기 어렵지 않다. 전이 때문에 치료에 실패했던 어떤 환자가 이러한 경우다. 30대 초반의 그는 명석했지만 성공하지 못한 컴퓨터 기술자였는데, 아내가 두 아이를 데리고 떠나버렸기 때문에 나를 찾아왔다. 그는 아내를 잃은 것에 대해서는 그다지 불행하게 느끼지 않았지만 아주 애착을 가졌던 아이들을 잃은 것 때문에 마음이 많이 상해 있었다. 그가 심리 상담을 시작한 것은 바로 이 아이들을 되찾겠다는 희망에서였다. 심리 치료를 받지 않으면 결코 돌아가지 않겠다고, 아내가 단호하게 말했기 때문이다. 아내의 가장 큰 불만은 그가 계속 말도 안 되는 이유로 질투하면서 동시에 차갑게 굴며 자신을 멀리하는 데다 대화도 안 통하고 애정도 없다는 것이었다. 또한 그가 직장을 자주 바꾸는 것도 불만이었다. 청소년기 이후 그의 삶은 두드러지게 불안정했다. 청소년 시절 경찰과 크게 말다툼을 벌이는 일이 잦았으며 술에 만취하고, 싸우고, 배회하고 경찰관의 업무를 방해한 것 때문에 세 번이나 감옥에 갇히기도 했다. 그는 대학에서 전기공학을 공부하다가 중퇴했는데 이유인즉 "선생들이 모두 경찰과 다름없는 위선자 무리"라서였다. 컴퓨터 기술 분야에서 명석함과 독창성 때문에 기업체들은 그를 매우 필요로 했다. 그러나 그는 진급한 적도 없고 일 년 반 이상 한 직장을 다닌 적도 없었다. 때로는 해고되고 대개는 상사들과 언쟁 끝에 직장을 그만두었다. 그는 직장 상사들을 "오로지 자신의 안위에만 관심이 있는 거짓말쟁이에다 사기꾼들"이라고 불렀다.

그런데 나와 함께한 짧은 시간 동안, 그는 아무렇지 않은 듯 무심하게 어린 시절 부모가 그를 실망시켰던 많은 일화를 자세히 이야기했다. 부모는 그의 생일날 자전거를 사준다고 약속하고는 잊어버리고 다른 것을 사주었다. 한번은 아들의 생일을 까마득히 잊어버렸지만 그는 '부모님이 아주 바쁘니까' 이를 크게 문제 삼지 않았다. 부모는 주말에 그와 뭔가를 하겠노라 약속하고는 대부분 '너무 바빠서' 지키지 못했다. 아주 여러 번 '머리가 너무 복잡해서'

모임이나 파티에 참석한 그를 차로 데리러 오는 것도 잊어버렸다.

그는 어린 시절 부모의 관심 부족 때문에 고통스러운 실망을 거듭 겪었던 것이다. 점차적이었는지 갑자기였는지 모르겠지만, 청소년 시절의 어느 날 그는 더 이상 부모를 믿을 수 없음을 깨닫고 괴로웠다. 그런데 이것을 알게 되면서 기분이 나아졌고 삶은 더 편안해졌다. 더 이상 부모에게서 아무것도 기대하지 않았고, 혹은 부모의 약속에 희망도 품지 않게 되었다. 더 이상 부모를 믿지 않게 되자 그가 자주 겪었던 극심한 실망은 신기하게도 줄어들었다.

그런데 이러한 적응은 장차 문제의 소지가 된다. 어린아이에게 부모는 이 세상 전부다. 부모가 곧 세상이다. 어린아이에게는 다른 부모는 다르고, 흔히 더 낫다는 것을 알아볼 안목이 없다. 어린아이는 부모의 일 처리 방식이 바로 세상일이 처리되는 방식이라고 생각한다. 결과적으로 자신이 체득한 '현실'에 대한 인식은 "나는 우리 부모를 믿을 수 없어"가 아니라 "나는 사람들을 믿을 수 없어"라는 것이다. 따라서 그가 청소년기와 성인기에 다다랐을 때 지니게 된 지도는 사람들을 믿지 못하는 것이었다. 이러한 지도에, 많은 실망을 경험한 데서 비롯된 분노가 마음 가득 쌓인 그가, 권위를 지닌 사람들, 즉 경찰, 선생, 고용주들과 마찰을 일으키는 것은 필연적인 결과였다. 이러한 마찰로 인해 세상에서 그에게 무언가를 줄 수 있는 사람들은 믿을 수 없다는 느낌이 더욱더 굳어졌다. 지도를 수정할 기회는 많았으나 그는 모두 지나쳐버렸다. 먼저, 성인 세계에 믿을 만한 사람들이 있다는 것을 배울 유일한 방법은 그들을 믿는 모험을 하는 것인데, 그러기 위해서는 우선 자신의 지도에서 벗어나야 한다. 그다음, 이러한 재학습을 위해서 부모에 대한 견해를 수정해야 한다. 즉, 부모가 자신을 사랑하지 않았으며 그래서 정상적인 어린 시절을 보내지 못했으며, 보통의 다른 부모와 달리 그의 부모는 자기 요구에 냉담했다는 것을 깨달아야 한다. 이러한 깨달음은 지극히 고통스러울 것이다. 결국 사람들을 신뢰하지 않는 것이 어린 시절에는 적절한 적응 방법이었던 것은, 그것이 아픔과 고통을 덜어주는 데 도움이 되었기 때문이다. 이미 아주 잘 써먹고 있는 적응법을 포기하기란 지극히 힘든 일이므로 그는 계속해서 사람들을 믿지 않았고 무의식중에 그런 불신을 확인시켜주는 상황을 만들었으며 모든 사람과 자신을 격리시킴으로써 스스로 사랑, 따스함, 친밀함, 다정함을 누릴 수 없도록 만들었다. 그는 아내와 가까워지는 것도 허용할 수 없었다. 그녀 역시 믿을 수 없었던 것이다. 친밀한 관계를 맺을 수 있는 사람은 오직 두 자녀뿐이었다. 아이들은 그가 지배할 수 있는 유일한 대상이고 그에게 대항할 아무런 힘이 없는 유일한 존재이자 이 세상에서 믿을 수 있는 유일한 사람이었다.

전이 문제가 발생하면 대체로 그러하듯이 다른 무엇보다 심리치료가 지도를 수정하는 과정이 된다. 지도가 제대로 기능하지 않는 것이 확실할 때 환자들은 치료받으러 온다. 그러나 그들은 지도에 집착해서 그것을 수정하는 단계마다 그 과정을 뿌리치려 얼마나 애쓰는지 모른다. 지도에 집착하고 지도를 잃지 않기 위해 싸우려는 마음이 너무 강해서 치료할 수 없어진다. 컴퓨터 기술자가 꼭 이 같은 경우였다. 처음에 그는 토요일 시간을 요청했다. 그런데 세 번 방문 후 오지 않았다. 토요일과 일요일에 잔디 관리를 하게 되었다는 것이 이유였다. 나는 그래서 목요일 저녁 시간을 권했다. 그는 두 번 만나러 오더니 그만두었다. 이번에는 공장에서 야근하느라 그랬다고 했다. 그래서 내 스케줄을 조정해서 야근 가능성이 희박하다고 한 월요일 저녁에 오도록 했다. 그런데 두 번 더 만나고 나더니 그는 오지 않았다. 월요일 저녁 야근이 생길 것 같다는 것이었다. 나는 이런 상태로는 치료할 수 없다고 맞섰다. 그는 꼭 야근해야만 하는 건 아니라고 고백했다. 하지만 돈이 필요하고 그 일이 치료보다 더 중요하다고 했다. 그는 야근 없는 월요일 저녁에만 올 수 있으니 매주 월요일 오후 네 시에 전화해서 그날 저녁에 올 수 있는지를 알려주겠다고 했다. 나는 그런 조건을 받아들일 수 없으며 그가 올지 안 올지 몰라서 매주 월요일 저녁의 스케줄을 비워놓고 싶지 않다고 말했다. 그는 내가 터무니없이 고지식하고, 자신의 요구사항에는 주의를 기울이지 않으며, 오직 내 시간에만 관심 있지 분명 자신에게는 무심한 것이라고, 그래서 나를 믿을 수 없다고 생각했다. 함께 노력해보려던 시도는 이렇게 끝났고 나는 그의 오래된 지도에 또 하나의 이정표가 되고 말았다.

전이의 문제는 심리 치료사와 환자들만의 문제가 아니다. 부모와 자녀, 남편과 아내, 고용주와 고용인, 친구, 그룹, 나아가서는 국가 사이에서도 생기는 문제다. 예를 들어 전이 문제가 국제 관계에서 어떤 역할을 하는지 살펴보는 것은 흥미롭다. 국가의 지도자들에게도 어린 시절이 있었고 오늘날의 그들을 만들어낸 어린 시절의 경험이 있다. 히틀러는 어떤 지도를 따라갔으며 그것은 어디에서 났을까? 미국의 지도자들은 월남전을 시작하고 집행하고 지속할 때 어떤 지도를 따라갔을까? 그 지도는 분명 그다음 세대의 지도와는 다른 것이었다. 대공황 때의 국가적 경험은 지도에 어떤 영향을 주었으며 1950년대와 1960년대의 경험은 다음 세대에게 어떤 영향을 끼쳤을까? 1930년대와 1940년대의 국가적 경험이 월남전을 이끈 미국 지도자들의 행동에 영향을 끼쳤다면 1960년대와 1970년대의 상황에 적용하면 그러한 경험은 얼마나 먹힐 수 있을까? 어떻게 하면 우리의 지도를 더욱 빠르게 수정할 수 있을까?

진실이나 현실이 고통스러울 때 사람들은 이를 피하게 마련이다. 그 고통을 극복할 수 있는 절제력이 있을 때만이 지도를 수정할 수 있다. 이러한 절제력을 갖기 위해서 우리는 진실에 전적으로 충실해야 한다. 이 말은 진실이 우리의 편안함보다는 이익을 위해 더 중요하고 절대적임을 믿어야 한다는 의미다. 역으로 표현하면 항상 개인적 불편함은 상대적으로 중요하지 않다고 여겨야 하며, 진실을 찾는 과정에서는 진정으로 심지어 그것을 반겨야 한다. 정신건강은 어떤 대가를 치르더라도 진실에 충실한 진행형의 과정이다.

과감한 도전:
자기 성찰의 길

전적으로 진실에 헌신하는 삶이란 어떤 것일까? 무엇보다도 그것은 지속적으로 쉼 없이 철저하게 자신을 성찰하는 삶을 의미한다. 우리는 세상을 단지 세상과의 관계를 통해서만 파악한다. 그렇기 때문에 세상을 알기 위해서는 세상도 살피지만 동시에 세상을 살피는 자도 살펴야 한다. 정신과 의사들은 훈련 과정에서 그렇게 하도록 배웠고 자신의 갈등과 전이를 이해하지 않고는 환자의 갈등과 전이를 실질적으로 이해하기 불가능하다는 것을 안다. 이러한 이유로 정신과 의사들은 훈련의 일부로 심리 치료나 정신분석을 권유받는다. 불행히도 모든 정신과 의사가 이러한 권유를 받아들이지는 않는다. 많은 정신과 의사가 세상은 철저하게 분석하지만 자신은 그렇게 분석하지 않는다. 세상의 기준으로 볼 때 유능한 사람들일지 모르지만, 그들은 전혀 현명하지 않다. 현명하게 산다는 것은 생각과 행동이 일치하는 삶을 사는 것이다.

과거에 미국 문화에서 신중한 사고는 높이 평가받지 못했다.

1950년대에 사람들은 당시의 대통령 후보였던 아들라이 스티븐슨을 '닭대가리'라고 불렀고 그가 훌륭한 대통령이 되지 못할 것이라고 생각했다. 그가 생각이 깊고 자기 회의적인 사람이었기 때문이다. 나는 부모가 청소년기의 자녀에게 매우 심각하게 "너는 생각을 너무 많이 해"라고 말하는 것을 들었다. 이것은 잘못된 얘기다. 우리를 가장 인간답게 만드는 것이 무엇인가? 생각하는 능력, 자신을 성찰하는 능력이 바로 우리를 인간답게 만든다는 사실을 모르고 하는 소리다. 다행히도 이런 태도는 요즈음에 와서 점점 바뀌고 있는 듯하다. 우리는 세상에 존재하는 위험의 근원이 우리 안에 있지 밖에 있는 것이 아니며, 살아가는 데 가장 중요한 것은 부단한 자기 성찰과 사색의 과정이라는 것을 이해하기 시작했다. 내가 여기서 말하는 것은 자기 태도를 바꾸려는 비교적 소수의 사람들이 그렇다는 이야기다. 세상을 외적으로 성찰하는 것은 내적 성찰에 비해 고통이 적다. 자기를 성찰한다는 것은 지극히 고통스러운 삶으로 걸어 들어가는 것이어서 대다수 사람은 이를 피해 가려고 한다. 그러나 진실에 헌신하는 사람에게는 그 고통이 그렇게 중요하지 않다. 따라서 그 고통이 상대적으로 중요한 것이 아니므로 (따라서 점점 덜 고통스럽게 되고) 점점 더 자기 성찰의 길로 나아간다.

또한 진실에 전적으로 헌신하는 생활이란 자진해서 다가오는 변화를 적극적으로 수용하는 생활을 말한다. 우리가 가진 현실에 대한 지도가 정말 유효한지 확인해볼 수 있는 유일한 방법은 다른 지도 제작자들의 비판과 도전을 받을 수 있게 자기 지도를 펼쳐 보이는 것이다. 그렇지 않으면 꽉 막힌 세계 안에서 살게 된다. 시인 실비아 플러스Sylvia Plath의 비유를 사용하자면, 진공의 병 안에서처럼 우리는 자신의 악취가 풍기는 공기를 거듭 들이마시면서 점점 더 깊은 자아도취에 빠지는 셈이다. 그런데도 현실에 대한 지도를 수정하는 과정에는 반드시 괴로움이 따른다. 그래서 우리는 지도의 신빙성이 위태로워질 것 같으면 대개는 멀리 도망가고 피해버린다.

우리는 아이들에게 말한다.

"말대답하지 마라. 어떤 아이가 부모한테 꼬박꼬박 말대꾸를 하니!"

아내나 남편에게는 또 이렇게 화를 낸다.

"그저 되는 대로 삽시다. 당신이 비판하면 할수록 나는 점점 못된 사람이 될 거고 그러면 당신은 후회하게 될 거요."

노인은 가족과 세상에 이런 식으로 말하곤 한다.

"나는 늙고 허약한 노인네야. 네가 대들면 난 못 견뎌 죽을지도 모른다. 그렇게 되면 내 여생을 비참하게 만든 책임으로 너 또한 괴로울 거야."

종업원에게는 이렇게 말한다.

"나한테 그렇게 대들 용기가 있더라도 진짜 잘 생각해보고 하는 게 좋을 거야. 아니면 다른 직장을 구해보든지."*

도전을 피하려는 경향은 인간이면 누구나 가지고 있는 본성이다. 그러나 그것이 본성이라고 해서 필수불가결하다거나 유익하다거나 바꿀 수 없는 행위라는 의미는 아니다. 바지에다 똥을 싸는 것이나 양치를 하지 않는 것 또한 본능적인 행위다. 그러나 우리는 비본능적인 것이 제2의 본능이 될 때까지 자신에게 비본능적인 것을 가르친다. 진정 자기 훈육이란 비본능적으로 살아가도록 자신을 교육하는 것이라고 정의해도 좋을 것이다. 인간 본능의 다른 특징은—아마도 이것이 우리를 가장 인간적으로 만드는 것일 텐데—비본능적인 것을 행하고, 본능을 초월하여 우리 자신의 본능을 개선하는 능력이다.

심리 치료를 시작하는 것보다 더 비본능적인 행위는 없고 그래서 이보다 더 인간적인 행동도 있을 수 없다. 왜냐하면 타인의 가장 날카로운 도전을 받기 위해 일부러 마음을 개방하고 정밀한 조사와 판단을 받기 위해 타인에게 돈까지 지불하기 때문이다. 이 같은 도전에 대한 개방적인 태도는 상징적으로 환자가 심리 치료

---

* 개인뿐만 아니라 조직 또한 도전으로부터 자신을 보호하려는 성향이 있다는 것은 누구나 아는 사실이다. 한번은 베트남 미라이 마을의 대량학살과 이에 따른 은폐의 심리적인 원인을 분석하라는 육군 참모총장의 지시를 받은 적이 있다. 앞으로 이러한 행위를 방지하고자 하는 것이 연구의 목적이었다. 그런데 그 제안은 작전 참모가 반대했다. 제안된 연구가 비밀로 남아 있을 수 없다는 것 때문이었다. "이러한 연구는 장차 분란의 소지가 있습니다. 대통령과 육군은 지금 더 이상의 분란을 감당할 수 없습니다"라는 것이 내가 들은 말이었다. 따라서 은폐된 사건의 요인에 대한 분석은 은폐되었다. 이러한 행동은 군대나 백악관에만 국한된 것이 아니다. 이것은 국회, 다른 연방정부 기관, 기업, 심지어 대학과 자선단체에서도 흔히 볼 수 있다. 요컨대 모든 인간 조직에서 일어나는 일이다. 개인이 그의 지혜와 능력을 성장시키고 싶다면 현실에 대한 자신의 지도와 자기 삶의 방식에 대한 도전을 받아들이고 심지어는 환영할 필요가 있다. 이와 마찬가지로 조직 또한 성장하고 발전하는 기관이 되려면 도전을 받아들이고 환영할 필요가 있다. 이것은 코먼코즈Common Cause(공동의 대의)를 주장한 존 가드너 같은 사람들에 의해 점차로 인식되고 있는 사실이다. 그에게 분명한 사실은 향후 몇십 년 동안 우리 사회가 직면할 가장 근본적이고 신명나는 과업 중의 하나는 사회 조직의 관료적 구조에 도전에 대한 제도화된 개방성과 민감성을 만들어 넣는 것이다. 이러한 개방성과 민감성은 현재 전형적인 제도화된 거부반응을 대체할 것이라고 본 것이다.

사의 사무실 소파에 누워 있는 행동에서 나타난다. 심리 치료를 시작하는 것은 가장 용감한 행동이다. 사람들이 심리 치료를 받지 않는 가장 큰 이유는 돈이 없어서가 아니라 용기가 없어서다. 이것은 많은 정신과 의사들도 마찬가지다. 그들은 직책상 다른 사람보다 더 많은 치료가 필요한데도 불구하고 치료를 불편하게 여긴다. 그들에게도 이런 용기가 없기 때문이다. 이와 반대로 많은 정신과 환자들은 통상적인 이미지와는 달리 치료받으러 올 때부터 다른 사람들보다 근본적으로 강하고 건강하다. 치료받을 용기를 지녔기 때문이다.

심리 치료를 받는 것이 도전의 개방적인 극단적 예라면, 평상시 사람들과의 상호 작용도 용기를 내어 개방적 태도를 가져야 하는 비슷한 상황이라 할 수 있다. 즉, 정수기 앞에서, 회합에서, 골프장에서, 저녁 식탁에 앉아서, 불 끄고 잠자리에서와 같은 모든 일상사에서도 그렇고, 동료, 직장상사와 직원, 배우자와 친구, 애인, 부모와 아이들을 만나는 경우도 그렇다. 한동안 치료를 받으러 오던 어떤 부인은 늘 머리를 단정하게 하고 다녔는데 어느 날부터 상담이 끝나면 매번 머리를 다시 빗기 시작했다. 그 이유를 물었더니 "몇 주 전 치료를 마치고 집에 돌아갔을 때 남편이 내 뒷머리가 납작해진 것을 발견했답니다" 하고 얼굴을 붉혔다. "그이에게 왜 그렇게 됐는지 얘기하지 않았답니다. 여기서 긴 의자에 누웠던 것을 알고 나면 놀릴지도 모르니까요." 그래서 우리는 뜻밖에도 새로운 문제를 하나 더 발견했다. 심리 치료에서 가장 가치 있는 일이란 '50분' 동안에 어떻게 해서든지 좀 더 환자의 일상과 접촉

하는 것이다. 도전에 개방적인 태도를 보이는 것이 생활 속에서 자연스럽게 우러나올 때 비로소 정신 치료는 완전해진다. 내게 그랬던 것처럼 이 부인이 남편에게도 솔직하고 당당하게 되기 전까지는 완전히 건강해졌다고 할 수 없다.

정신과 의사나 심리 치료사에게 오는 모든 환자 중 처음부터 의식적으로 도전이나 훈육을 바라는 사람은 극소수다. 그 밖의 사람들은 대개 단순히 '위안'을 찾는다. 도움받는 것과 동시에 도전당하게 될 것이라는 사실을 알면 많은 사람이 도망가거나 도망가고 싶어 한다. 나는 그들에게 도전과 훈육을 통해서만이 진정한 위안을 찾을 수 있다는 것을 가르쳐야 한다. 그러나 이 과정은 아주 까다롭고 많은 시간이 필요하므로 실패할 가능성도 높다. 그래서 정신과 의사는 환자들을 '유혹해서' 심리 치료를 받게 한다고 말한다. 이러한 이유로 일 년 또는 그 이상 오랫동안 치료 중인 환자에 대해 "아직 진짜 치료에 들어가지 못했어"라고 말해야 할 경우가 생긴다.

심리 치료에서 '자유연상기법'을 적용할 때는 개방적인 태도가 요하다(때로는 보는 각도에 따라 강요되는 것으로 보이기도 한다). 이 기법을 써야 할 때는 환자에게 대략 이렇게 설명한다.

"무엇이든지 마음에 떠오르는 것을 말로 표현해보세요. 전혀 중요하지 않은 것 같고 부끄럽고 고통스럽거나 무의미한 것같이 보이더라도 그대로 말해보세요. 동시에 두 가지 이상의 생각이 떠오르면 둘 중에서 얘기하기 싫은 것을 말해주세요."

사실 이것은 말로 하기는 쉬워도 실제로 행동하기는 어렵다.

의식적으로 노력하는 사람들은 빠른 진전을 보인다. 하지만 어떤 이들은 도전에 강력하게 저항하느라고 자유 연상을 꾸며서 이야기하곤 한다. 그들은 수다스럽게 이것저것 많은 말을 하지만 결정적으로 중요한 사실들은 슬그머니 빼놓는다. 어떤 부인은 1시간 내내 어렸을 때의 재미있던 경험은 얘기했지만 바로 그날 아침 은행에서 1,000달러나 되는 거액을 인출한 것 때문에 남편과 싸운 얘기는 하지 않았다. 그런 환자는 심리 치료 시간을 일종의 기자 회견으로 취급한다. 도전을 피하려고 애쓰다 기껏해야 시간 낭비만 하고 슬쩍슬쩍 둘러대기를 일삼을 뿐이다.

개인이든 단체든 도전에 열린 태도를 보이려면 현실에 대한 지도를 '정말로' 공개해서 공개 심사를 받을 필요가 있다. 기자 회견 이상의 것이 필요한 것이다. 그러므로 진실에 헌신하는 생활의 세 번째 의미는 정직한 생활이다. 다시 말해서 진실과 현실을 우리가 아는 그대로, 가능한 한 정확하게 대화에 반영하고 있는지—내용뿐만 아니라 말하는 방식도—를 끊임없이 스스로 점검해야 한다는 것이다.

그러한 정직은 고통 없이 오지 않는다. 사람들이 거짓말을 하는 이유는 도전과 그에 따르는 고통을 피하려고 하기 때문이다. 닉슨 대통령이 워터게이트 사건에 대해 거짓말을 한 것은 네 살짜리 아이가 엄마를 상대로 어떻게 램프가 테이블에서 떨어져 깨졌는지 거짓말하는 것과 별다를 것도 없고 더 세련될 것도 없다. 마땅히 도전에 맞닥뜨려야 함에도 거짓말을 앞세우는 것은 당연히 겪어야 할 고통을 우회해보려는 시도로, 결국 그것의 부산물은 정신 질환이다.

우회는 '빠른 해결'이라는 문제를 도출시킨다. 우리는 어떤 장애를 우회하려고 할 때마다 목적지에 더 쉽고 빠르게 도달할 수 있는 길, 즉 지름길을 찾는다. 정신적인 성장이 인간 실존의 목적이라고 믿기 때문에 나는 발전이라는 것에 아주 헌신적이다. 될 수 있으면 빨리 성장하고 발전하는 것은 정당하고 당연하다. 그러므로 인간적 성장으로 가는 정당한 지름길을 찾는 것도 옳고 당연하다. 그러나 여기서 중요한 것은 '정당하다'라는 말이다. 대체로 인간은 정당하지 못한 지름길을 찾아내려는 경향만큼 정당한 지름길을 묵살하려는 경향을 보인다. 예를 들면 학위 시험을 준비할 때 원본 전체를 읽는 대신 요약된 책으로 공부하는 것은 정당한 지름길이다. 개요가 잘 정리된 것이면 자료의 내용을 흡수할 수 있으며 상당한 시간과 노력을 절약하며 기본 지식을 얻을 수도 있다. 그러나 커닝은 정당한 지름길이 아니다. 커닝을 통해, 요약된 책을 읽는 것보다 더 짧은 시간 내에 성공적으로 시험에 통과해 학위를 얻을 수도 있다. 그러나 근본적인 지식은 얻지 못한다. 그렇게 얻은 학위는 거짓이고 사기다. 그러한 학위를 토대로 한 인생도 거짓이요, 사기며 따라서 종종 그 거짓말을 방어하고 은폐하느라 노심초사하게 될 것이다.

진정한 심리 치료는 인간적 성장으로 가는 정당한 지름길인데, 사람들은 종종 이를 무시한다. 심리 치료를 무시하면서 그것을 합리화하는 사람들은 다음과 같이 치료의 정당성에 문제를 제기한다.

"심리 치료가 목발처럼 될까 봐 두려워요. 목발에 의존해야만 하는 것은 원치 않거든요."

그러나 이런 태도는 대개 보다 심각한 공포심을 감추고 있는 것이다. 인간 성장에 심리 치료는 목발이 아니며 집짓기에 사용되는 망치와 못처럼 중요한 기능을 한다. 망치와 못 없이 집을 짓는 것도 가능하긴 하다. 그러나 그 과정은 대체로 효율적이지 않으며 바람직하지도 않다. 망치와 못에 의존해서 일하는 것에 절망하는 목수는 거의 없다. 마찬가지로 심리 치료 없이 개인적 성장을 이룰 가능성도 있긴 하지만 심리 치료 없이 성장하기란 필요 이상으로 지루하고 길고 힘들다. 그래서 대개 유용한 도구를 지름길처럼 이용하는 것이다.

그러나 심리 치료가 부당한 지름길로 이용되는 일도 있다. 보통 부모가 아이를 위해 정신과 의사를 찾는 경우가 그러하다. 부모는 어떻게 해서든지 아이의 나쁜 버릇을 고치고 싶어 한다. 마약 사용을 금지시킨다든지, 떼를 못 쓰게 한다든지, 성적이 떨어지는 것을 막는다든지 등이 그 예다. 어떤 부모는 온 힘을 다해 아이를 도우려고 애쓰다 지친 나머지 문제를 해결하려는 순수한 생각을 가지고 심리 치료사를 찾는다. 그러나 어떤 이는 아이의 문제가 무엇인지도 모르면서 문제의 근본 원인은 바꿔볼 생각 없이 정신과 의사가 무슨 마술이라도 써서 아이를 변화시켜주기를 바라는 경우가 종종 있다. 예를 들면 어떤 부모는 이렇게 터놓고 말한다.

"우리는 결혼 생활에 문제가 있는 것도 알고 또 이것이 우리 아들의 문제와도 관계가 있다는 것을 잘 알고 있습니다. 그렇지만 부질없이 우리 결혼 생활이 간섭받는 것도 싫고 선생님과 상담하는 것도 원하지 않습니다. 아이만 치료해서 우리 가족이 보다 행복하게 살도록 도와주십시오."

그리 노골적이지 않은 사람도 있다. 그들은 필요한 것이면 무엇이든지 다 하겠다고 말한다. 그러면서도 아이의 증세는 양육할 여력이 전무한 부모의 생활 방식에 대한 분노의 표출이라고 설명해주면 "그 애를 위해 우리 속을 다 뒤집어서 보여주어야만 하나요. 그건 정말 바보 같은 짓 아닙니까"라고 말한다. 그러고는 혹시 누군가 고통 없는 지름길을 제공해주지 않을까 하고 다른 의사를 찾아간다. 그들은 아마 친구나 자신에게도 이같이 말할 것이다.

"아이를 위해 할 수 있는 건 모두 해봤어. 아이를 네 명의 정신과 의사에게 데려갔지만 아무런 도움도 되지 않았어."

물론 우리는 남뿐만 아니라 우리 자신에게도 거짓말을 한다. 양심과 현실적 인식을 통해서 지도를 변경하겠다고 스스로 도전하는 것은 어느 모로나 다른 사람들로부터 받는 도전만큼 당연하면서도 고통스러울 것이다. 흔히 자신에게 하는 무수한 거짓말 중에 가장 흔하고 강력하고 파괴적인 것으로 "우리는 정말 아이들을 사랑합니다"와 "우리 부모는 참으로 우리를 사랑했습니다"가 있다. 부모가 우리를 사랑했고 또 우리는 우리 아이들을 사랑한다. 그러나 그렇지 않을 때 사람들은 그 사실을 인정하지 않으려고 쓸데없이 오랜 시간을 보낸다. 나는 자주 심리 치료를 가리켜 '진실 게임' 또는 '정직 게임'이라고 말한다. 심리 치료는 무엇보다도 거짓말과 대면하도록 환자를 돕는 일이기 때문이다. 정신병의 근본적인 원인 중의 하나는 내가 들어온 거짓말과 자신에게 해온 그런 거짓말이 서로 엉키는 것이다. 이런 원인은 오로지 철저히 정직한 분위기에서만 뿌리째 뽑아버릴 수 있다. 이러한 분위기를 만들기 위해 치료사는 환자와의 관계를 솔직하고 진실한 것으로 만드는 것이 우선이다. 우리가 공감하지 않으면서 어떻게 환자가 현실과 맞닥뜨리는 고통을 견뎌주기를 기대할 수 있겠는가? 우리가 앞선 만큼만 상대방을 인도할 수 있다.

진실을 숨기는 행위는 거짓말과 같다

거짓말은 두 가지 유형으로 나눌 수 있다. 하얀 거짓말과 까만 거짓말이 바로 그것이다.* 까만 거짓말은 우리가 알고 있는 것을 거짓으로 말하는 것이다. 하얀 거짓말은 내용 자체는 거짓이 아니지만 진실 가운데 중요한 부분을 빼버린 말이다. 하얀 거짓말이라고 해서 덜한 거짓말이라든지 또는 용납할 수 있다는 뜻은 아니다. 하얀 거짓말도 까만 거짓말과 마찬가지로 파괴적일 수 있다. 검열을 통해 국민에게 기본적인 정보를 감추는 정부는 민주적이 아닐 뿐더러 거짓을 말하는 정부다. 앞에서 언급한 가족의 은행 계좌에서 거액을 인출한 사실을 얘기하지 않은 부인의 경우, 치료 과정에서 보자면 거짓말을 한 것만큼이나 치료의 진전을 방해한 셈이

---

* CIA는 이 방면에 특별한 전문지식을 가지고 있어, 당연히 더 복잡한 분류체계를 사용한다. 이 분류체계에 의하면 거짓말은 백색, 회색, 흑색선전으로 나누어진다. 흑색선전이란 단순한 까만 거짓말이고, 회색선전은 까만 거짓말이긴 하나 어떤 다른 출처에서 나온 거짓말을 뜻한다.

다. 비난받을 여지가 적을 것 같아 중요한 정보를 말하지 않는 것은 가장 흔히 볼 수 있는 거짓말의 유형이다. 그리고 이러한 하얀 거짓말은 알아차리기도 따지기도 더 어렵기 때문에 때에 따라서는 까만 거짓말보다 더 치명적이다.

하얀 거짓말은 '사람들의 마음을 상하게 하는 것을 원치 않는다'는 것을 전제하므로 대부분의 인간관계에서 사회적으로 용납된다. 그렇기는 하나 사회적 인간관계가 대부분 피상적이라는 사실은 슬픈 일이다. 또한 부모가 아이들에게 하얀 거짓말로 속임수를 쓰는 것은 용납될 뿐만 아니라 애정의 표시이며 유익한 것으로 받아들여진다. 부부간에는 용감하게 서로 터놓고 지내면서도 자녀에게는 터놓기를 어려워하는 사람들도 있다. 부모는 아이들에게 자기들이 마리화나를 피우는 것도, 또 전날 밤에 싸운 것도 얘기하지 않으며, 할머니 할아버지가 엄마 아빠를 조종하려고 해서 미움을 받는 것 또는 의사가 부부 한 사람에게 또는 둘 다에게 신경성 질환이 있다고 얘기한 것, 또 자신들이 위험한 투자를 하고 있다는 것, 심지어 은행에 돈을 얼마나 넣어두었는지 등은 이야기하지 않는다. 그렇게 솔직히 털어놓지 않는 것은 아이들이 불필요한 걱정을 하지 않도록 보호하고 감싸주고 싶은 사랑 때문이라고 정당화한다.

그러나 흔히 이러한 '보호'는 결코 좋은 결과를 가져오지 못한다. 어떻게든 아이들은 부모가 마약을 한다는 것을 알고, 전날 밤에 싸운 것과 할아버지 할머니가 미움을 받고 있다는 것, 엄마는 신경이 예민하고, 아빠는 돈을 잃었다는 것을 안다. 그래서 그 결과는 보호가 아니라 박탈이다. 아이들이 돈, 질병, 마약, 섹스, 결혼, 부모, 조부모와 일반적인 사람들에 대해서 얻을 수 있던 지식을 박탈당한 것이다. 이런 일들을 공개적으로 의논했더라면 생길 수 있었을 안도감을 박탈당한 셈이다. 또한 아이들은 솔직하고 정직한 부모의 역할 모델도 상실했다. 그 대신에 부분적으로 정직한 것, 불완전한 개방, 제한된 용기 등을 본받게 되는 것이다. 아이를 보호하려는 부모의 욕망은 방향이 틀렸지만, 순수한 사랑에서 기인하는 경우가 있다. 그러나 어떤 부모는 아이들이 반항하는 것을 피하고 아이에게 권위를 유지하려는 욕구를 감추고 합리화하기 위해 아이를 보호하는 '사랑'을 내세운다. 그런 부모는 이렇게 말한다.

"애들아, 너희는 아이답게 생각하고 지내면 돼. 어른들 걱정은 우리에게 맡겨라. 우리는 강하고 자애로운 보호자다. 이렇게 생각하는 것이 우리 모두에게 좋아. 그러니 어른들 일에 간섭하지 마. 그래야 우리는 강해지고 너희는 안전해진다. 세상일을 너무 깊이 캐지 않는 것이 우리 모두 편안하게 사는 길이야."

하지만 완벽히 정직하기를 원하는 마음과 보호 욕구가 상충될 때 진정한 갈등이 발생한다. 예를 들면 훌륭한 결혼 생활을 유지하는 부모도 때로는 이혼을 생각할지 모른다. 그러나 이혼할 생각이 거의 없을 때 그런 이야기를 꺼내는 것은 아이들에게 불필요한 짐을 지우는 셈이다. 이혼에 대한 생각은 아이의 안전감을 극도로 위협한다. 너무나 위협적이어서 아이들은 이 사실을 폭넓게 생각하지 못한다. 이혼이 머나먼 일일지라도 아이들은 부모가 이혼할

지도 모른다는 생각만으로 심각한 위협을 느낀다. 만일 부모의 결혼 생활이 불안한 상태라면 이혼 얘기를 꺼내거나 말거나 상관없이 아이들은 이혼이라는 두려운 가능성에 대처하고 있을 것이다. 그런데 근본적으로 안정된 결혼 생활을 하는 부모가 완전히 마음을 터놓는다고 "엄마 아빠는 지난밤 이혼에 대해서 이야기했어. 하지만 지금은 그렇게 심각하게 생각하지 않아"라고 말하면 아이들에게 상처가 될 것이다. 또 다른 예로 심리 치료사들은 치료 초기에는 환자에 대한 자기 생각과 의견, 통찰 등을 말하지 않는 것도 필요하다. 왜냐하면 환자는 아직 치료사의 생각과 의견과 통찰을 받아들이거나 대처할 준비가 되어 있지 않기 때문이다. 내가 정신과 수련을 받던 첫해의 일이다. 환자가 네 번째 찾아왔을 때 자기 꿈을 이야기하는데 가만히 들어보니 분명히 동성애와 관련된 내용이었다. 나는 내가 훌륭한 치료사라는 것을 보여주고 싶었고 빨리 치료를 하고 싶어서 이렇게 말했다.

"당신의 꿈은, 즉 당신이 동성애자일지도 모른다고 두려워하고 있음을 암시하고 있어요."

그는 눈에 보일 정도로 초조해하더니 예약을 세 번이나 했지만 취소하고 결국 오지 않았다. 그가 다시 진료받게 하려고 나는 큰 노력을 기울였고, 그러한 노력보다 더 큰 행운 덕택에 그는 다시 치료받으러 왔다. 그가 직장을 옮겨 이사할 때까지 우리는 20회의 치료 시간을 가졌다. 그 기간에 나는 동성애 문제를 꺼내지 않았고 그 만남은 그에게 상당한 도움이 되었다. 무의식중에 동성애 문제를 염려했던 것이 의식 차원에서 이 문제를 다룰 준비가 충분히 되어 있다는 뜻은 아니었다. 나는 그런 그에게 견해를 보류하지 않고 얘기함으로써 상당히 큰 상처를 입혔다. 그리고 내 환자로뿐만 아니라 다른 의사의 환자로서도 그를 영영 잃을 뻔했다.

비즈니스나 정치 세계에서도 실력자에게 잘 보이려면 가끔 자기 의견을 부분적으로 감추어야 한다. 만약 어떤 사람이 크고 작은 문제에 대해 항상 자기 마음 그대로를 내보인다면 보통의 상사들은 그를 복종적이지 않다고 판단하고, 관리자들은 위험인물로 본다. 그러다 보면 그는 남과 걸핏하면 마찰을 일으키는 사람으로 평가되고, 그 기관의 대표자로 지명되기에는 너무 신중하지 않아 보일 것이다. 한 조직에서 유력한 사람이 되는 데 왕도는 없다. 남자든 여자든 개인 의견을 내는 데 조심성이 있어야 하고, 때로는 자기 정체성을 조직의 정체성에 융합시키면서 부분적으로 '그 조직 사람'이 되는 수밖에 없다. 한편 조직의 목적을 위해서만 행동하는 사람이라면 분란을 일으키지 않는 의견만 내놓을 것이다. 목적을 위해 수단 방법을 가리지 않는 사람, 전적으로 조직의 사람이 됨으로써 본연의 모습과 정체성을 잃을 것이다. 위대한 행정가라면 반드시 감내해야 하는, 자기 정체성과 본연의 모습을 보존하느냐 상실하느냐 그 둘 사이의 여정은 너무도 좁고 험난하며 극소수의 사람만이 성공할 수 있는 길이다. 그야말로 엄청난 도전이다.

그러므로 이런저런 상황에 따라서는 자유로운 의견·느낌·사상과 지식조차 표현하는 것을 억제해야 한다. 그런데 진실에 헌신하는 사람이라면, 어떤 규칙에 따라 행동해야 하는가? 첫째 결코 거짓을 말하지 말 것이고, 둘째로 진실을 숨기는 행위는 거짓말과 같을 수 있다는 점을 마음에 두어야 한다. 진실을 숨겨야 하는 모든 경우에 심각한 도덕적 결정이 수반되어야 한다. 셋째로 진실을 숨기는 것이 개인적인 필요 때문이어서는 안 된다. 즉, 권력이나 호감을 얻기 위해서라든가 자신의 지도를 도전에서 보호하기 위해서는 안 된다는 것이다. 넷째로 진실을 숨기는 결정은 상대방 입장에 서서 내려야 한다. 다섯째 다른 사람에게 필요한 것이 무엇인지를 평가하는 것에는 책임이 따른다. 그러한 행동은 아주 미묘해서 상대방을 진정으로 사랑할 때만 행할 수 있다. 여섯째, 다른 사람의 필요를 평가하는 데 있어서 가장 중요한 요인은, 당사자가 영적 성장을 위해 진실을 유용하게 사용할 능력을 갖추고 있느냐이다. 끝으로 영적 성장을 위해서 진실을 활용할 능력이 있는지를 평가할 때 대체로 우리는 과대평가보다는 과소평가하기가 쉽다는 점을 유념해야 한다.

이러한 모든 것이 비정상적인 일처럼 보이고, 완성하기에는 불가능한 것처럼 보인다. 또 만성적으로 끝없이 짊어져야 하는 짐 같고, 질질 끌려가고 있는 것처럼 보일 수 있다. 이것이 참으로 끝이 없는 자기 훈육이라는 짐이다. 그래서 많은 사람들은 자신과 자신의 지도를 세상으로부터 감추면서 아주 제한된 범위에서만 정직하고 개방적이며 적당히 친밀한 삶을 살려고 한다. 그 길이 더 쉽기 때문이다. 그러나 정직과 진실에 헌신하는 힘든 생활에 따른 보답은 그 힘든 것에 비해 훨씬 더 크다. 개방적인 사람들은 그들의 지도를 계속 도전받게 함으로써 끊임없이 성장하는 사람들이다. 그들은 마음이 활짝 열려 있으므로 폐쇄적인 사람들보다 친근한 인간관계를 더 효과적으로 맺고 유지할 수 있다. 전혀 거짓을 말하지 않기 때문에 그들이 세상을 어지럽힐 일은 전혀 없으며 세상을 계몽하고 정화하는 데 봉사한다는 생각 때문에 정신적으로 안정돼 있고 자부심을 느끼기도 한다. 또한 그들은 완전히 자유로운 존재다. 무엇인가를 감추어야 한다는 부담도 없다. 어둠 속에서 살금살금 걸어 다니지 않아도 된다. 이전의 거짓말을 감추느라 새 거짓말을 꾸며낼 필요도 없다. 자취를 감추거나 변장을 유지하느라고 정력을 낭비할 필요도 없다. 이들은 정직하려는 자기 훈육에 필요한 에너지가 비밀 유지에 필요한 에너지보다 훨씬 적게 든다는 것을 안다. 이것은 정직하면 할수록 계속 정직하기가 쉽고, 거짓말을 하면 할수록 더욱더 거짓말을 해야 하는 것과 마찬가지다. 진실에 헌신하는 사람들은 그들의 개방성 덕에 개방된 삶을 살고, 개방적으로 사는 용기를 발휘함으로써 두려움에서 자유로워진다.

균형 잡기

지금쯤은 훈육이라는 것이 유연성과 분별력을 요구하는 힘들고도 복잡한 과제라는 것이 분명해졌기를 바란다. 용감한 사람들은 계속해서 철저히 정직하려고 애쓰고, 그러는 한편 필요할 때는 진실을 모두 밝히지 않는 능력도 갖춰야만 한다. 자유로운 사람이 되려면 우리는 자신에 대해 전적으로 책임을 져야 한다. 또한 동시에 진실로 우리 책임이 아닌 것은 거절할 줄 아는 능력을 소유해야 한다. 정돈이 잘 되고 효율적인, 현명한 삶을 위해서는 그날그날의 즐거움을 뒤로 미루고 미래를 내다볼 줄 알아야 한다. 하지만 기쁘게 살려면 파괴적이지 않은 한도 내에서 현재에 살고 즉흥적으로 행동할 수 있어야 한다. 다시 말해서 훈육 자체가 또한 훈육되어야 하는 것이다. 훈육을 훈육하는 데 필요한 훈육을 나는 균형 잡기라고 부른다. 이것이 여기서 논하고 싶은 네 번째이자 마지막 훈육 유형이다.

균형 잡기란 우리에게 융통성을 주는 훈육이다. 성공적인 생활을 위해서는 모든 활동 분야에서 비상한 융통성이 요구된다. 그 한 가지 예로, 화를 내는 것을 생각해보자. 화는 우리의 생존을 위해 셀 수 없이 많은 세대에 걸쳐서 우리 안에 — 그리고 우리의 덜 진화된 유기체 안에 — 키워진 감정이다. 다른 유기체가 우리의 지리적 또는 심리적 영역을 침해하려고 하거나 어떤 식으로든 짓누르려고 하는 것을 자각할 때 우리는 화를 낸다. 화가 나면 상대와 싸우게 된다. 화를 내지 않으면 계속해서 짓밟히고 완전히 짓눌리며 말살될 수도 있다. 화를 내야만이 우리는 생존할 수 있다. 그런데 많은 경우, 처음에는 우리를 침해한다고 인식했지만, 더 자세히 들여다보면 상대방이 의도적으로 그런 건 아니었다는 사실을 깨닫게 될 때가 있다. 또는 남들이 우리를 침해하려는 것이 분명할 때에도 화를 내며 대응하는 것만이 능사가 아니라는 걸 인식하게 될 것이다. 그래서 두뇌의 우위 기능인 분별력이 하위 기능인 감정을 규제하고 조절할 필요가 있다.

복잡한 세계에서 성공적으로 살아가려면 분노를 표현할 줄 아는 능력뿐만 아니라 표출하지 않을 수 있는 능력도 소유해야 한다. 더 나아가 여러 다른 방법으로 분노를 표출할 줄 아는 능력을 소유해야만 할 것이다. 때로는 심사숙고해서 자기 평가를 한 다음 감정을 표현할 필요가 있다. 또 어떤 때에는 곧바로 자연스럽게 표현하는 것이 더 유익할 때도 있다. 어떤 때는 아주 냉정하고 침착하게 표현하는 것이 최선이며, 어떤 때는 소리를 질러가며 미친 듯 화내는 게 나을 때도 있다. 그러므로 우리는 상황에 따라 각각 다르게 화를 처리하는 법을 알아야 하고 화를 표출할 때는 가장 적당한 때와 방식을 사용할 줄 알아야 한다. 그런데 화를 능수능란하게 다루기 위해서는 정교하고 유연한 대응 방식이 필요하다. 화 다루기를 배우는 것은 단순하지 않아서 대개 어른이 된 뒤에나, 심지어는 중년이 지나야 가능하기도 하며 때로는 죽을 때까지 배우지 못하는 경우도 있다.

정도의 차이는 있으나 사람들은 모두 유연한 대응 방식을 갖추지 못해 어려움을 겪는다. 그러므로 심리 치료의 많은 부분은 환자가 더 유연한 대응 방식을 갖추도록 돕는 데 있다. 대개 환자들이 걱정과 불안과 죄책감에 억눌려 있을수록 치료는 더 어렵고 진척 속도도 더디다. 언젠가 서른두 살 된 용감한 정신분열증 환자를 치료한 적이 있다. 이 여성은 치료를 통해, 어떤 남자는 문 안에 들이지도 말아야 하고, 어떤 남자는 거실까지는 들여도 괜찮으나 침실은 안 되고 또 어떤 남자는 침실에 들일 수 있다는, 정말로 의외의 새로운 사실을 배웠다. 치료 이전에 그녀는 한 가지 대응 방식밖에 몰랐다. 즉, 누구든 침실에 들이거나 이 대응 방식이 먹히지 않을 때는 누구든 문 앞에 얼씬거리지 못하게 했다. 그래서 난잡한 생활과 외로운 고립 생활 사이를 왔다갔다했다. 이 여성은 감사를 표시하는 방법을 다루는 데에만 몇 번 더 상담을 받을 필요가 있었다. 그녀는 받은 선물이나 초청장에 일일이 답변하면서 손수 완벽한 글로 정성껏 쓴 장문의 편지를 보내야 한다고 느꼈다. 물론 그런 부담스러운 일을 계속 수행할 수가 없었고 결국에는 답장을 쓰지 않거나 아예 모든 선물과 초청을 거절했다. 그녀는 치료 중에 어떤 선물은 감사 편지를 안 써도 되고 또 간단히 써도 충분할 때가 있다는 것을 알고는 퍽 놀랐다.

이와 같이 성숙한 정신 건강에 필요한 것은 상충되는 요구, 목적, 의무, 책임, 목표 같은 것들 사이에서 융통성 있게 균형을 잡고 계속해서 이를 조정해나갈 수 있는 특별한 능력이다. 이러한 균형 잡기라는 훈육에서 근본적으로 배워야 하는 것은 '포기'다. 나는 아홉 살 되던 어느 여름 아침에 이 진실을 처음 배웠다. 나는 그때 자전거 타기를 배운 지 얼마 되지 않아 새로 배운 것을 신나게 복습하고 있었다. 우리 집에서 2킬로미터쯤 떨어진 곳에 가파른 언덕이 있었고 언덕 아래에서 길은 심하게 구부러져 있었다. 나는 그날 아침 신나게 언덕을 내려오면서 점점 빨라지는 속력에 황홀감마저 느꼈다. 브레이크를 잡아 이런 황홀감을 포기한다는 것은 어리석은 자기 처벌처럼 느껴졌다. 나는 속력을 그대로 유지하면서 언덕 아래의 커브 길을 달리기로 마음먹었다. 그러나 내 황홀감은 불과 몇 초 만에 끝났다. 길에서 4미터쯤 떨어진 숲으로 나동그라진 것이다. 여기저기가 긁혀 피가 났다. 새 자전거의 앞바퀴는 나무에 부딪혀 심하게 뒤틀렸다. 나는 균형을 잃었던 것이다.

균형을 잡는다는 것은 훈육이다. 정확히 무언가를 포기하는 것은 고통스럽기 때문이다. 커브 길에서 균형을 유지하는 대신 그 황홀한 속력을 포기하는 고통을 겪을 마음이 내게는 없었다. 그때 나는 균형을 유지하기 위해 무엇인가를 포기하는 고통보다 균형을 잃는 것이 궁극적으로 더 고통스럽다는 것을 배웠다. 어쨌든 이것은 일생 동안 계속 배워야 했던 삶의 교훈이 되었다. 누구든지 삶의 여러 가지 구부러진 길과 모퉁이와 타협할 때는 계속해서 자신의 일부를 포기해야만 한다. 이러한 포기 대신 유일한 선택이 있다면 그것은 인생이라는 여행을 아예 그만두는 일이다.

이상하게 보일지도 모르지만, 많은 사람이 이런 대안을 택해서 삶의 여행을 — 얼마간 더 가야 할 길을 남겨둔 채 — 그만두곤 한다. 자신의 일부를 포기하는 고통을 피하기 위해서다. 이것이 이상해 보인다면 아마도 여러분이 거기에 담긴 고통의 깊이를 이해하지 못하기 때문일 것이다. 어쨌든 포기하는 것은 가장 고통스러운 경험이다. 지금까지 작은 형태의 포기를 예를 들어보았다. 속력을 포기한다든지, 자연스러운 분노 또는 안전하게 감춰진 분노, 산뜻한 감사의 표시 등을 포기하는 사례를 이야기했다. 이제 성격상의 특징, 잘 형성된 행동 양식, 이상과 모든 생활 스타일을 포기하는 데로 눈을 돌려보자. 이런 것들은 인생의 여로에서 긴 여행을 해야 할 사람이라면 아주 중요한 포기가 되는 것들이다.

얼마 전 저녁에 있었던 일이다. 나는 열네 살 된 딸아이와 좀 더 행복하고 친밀한 관계를 맺어보려고 자유 시간을 함께 지내기로 했다. 딸아이는 수 주일 동안 체스를 같이하자고 졸라오던 터라 체스 게임을 한번 해 보자고 했다. 아이는 너무 좋아했고 우리는 자리를 잡고 앉아 아주 팽팽한 시합을 벌였다. 그날은 평일이어서 다음날 학교에 가야 했으므로, 9시가 되자 딸아이는 좀 빨리 두자고 말했다. 취침 시간이 다가오고 있었기 때문이다. 다음 날 아침 아이는 6시에 일어나야 했다. 나는 아이가 반드시 제시간에 자는 습관을 엄격하게 지키는 것을 알고 있었다. 그러나 이런 습관을 얼마간 포기할 수도 있지 않겠나 싶어 딸아이에게 말했다.

"글쎄, 한 번쯤 조금 늦게 잘 수도 있지 않겠니? 끝마치지 못할 게임을 하려면 왜 시작했니? 우리 지금 재미있게 하고 있잖아."

그렇게 15분 더 게임을 하는 동안 아이는 안절부절못했다. 마침내 아이는 애걸했다.

"제발, 아빠 좀 빨리…… 아빠, 서둘러 해보세요."

나는 대꾸했다.

"아냐, 젠장. 체스는 신중한 게임이야. 잘하려면 천천히 해야 하는 거야. 신중히 해볼 생각이 없다면 아예 집어치우는 게 나을 거다."

아이의 마음을 상하게 하면서 10분 정도 더 게임을 하던 중 갑자기 아이는 울음을 터뜨렸다. 그리고 이런 바보 같은 게임은 져주는 게 낫겠다고 소리를 지르며 울면서 위층으로 뛰어올라갔다.

그 순간 나는 다시 아홉 살이 된 것 같았다. 길 가 숲속에서 자전거 옆에 나동그라진 채 피를 흘리며 누워 있던 그때로 돌아간 느낌이었다. 분명 내가 잘못했다. 확실히 나는 길모퉁이에서 타협하지 못했다. 처음에는 딸과 즐거운 시간을 보내려고 체스를 시작했다. 그런데 90분 후, 아이는 눈물을 글썽였고 나한테 너무 화가 나서 말도 거의 할 수 없을 정도가 됐다. 무엇이 잘못된 것일까? 대답은 분명했다. 그러나 나는 그 대답을 찾기 싫었다. 체스 게임에 이기고 싶은 욕심이 딸애와 좋은 시간을 보내고 싶은 마음보다 더 커져서 그날 저녁을 망쳤다는 사실을 2시간이나 지나서야 시인했다. 이것은 너무나 고통스러운 사실이었다. 나는 정말로 우울해졌다. 어떻게 그렇게 어이없이 균형을 잃었을까? 이기고 싶은 욕망이 너무 컸다 해도 그 일부를 포기했어야 했다는 것이 점점 분명해졌다. 그런데 이렇게 작은 것을 포기하는 것조차도 그 당시는 아주 불가능해 보였다. 이기고 싶은 욕망은 평생 내게 이익이 되어왔다. 나는 많은 것을 얻었다. 이기기를 원하지 않으면서 어떻게 체스 게임을 할 수가 있단 말인가? 나는 무슨 일이든지 열심히 하지 않으면 편하지 않았다. 그러니 어찌 체스 게임에 열중하면서 진지하지 않게 둘 수 있겠는가? 이러한 모든 고집에도 어쨌든 나는 변해야 했다. 내 열정, 경쟁심, 신중함은 지금까지 통했던 내 행동 양식의 일부였다. 그런데 이 때문에 우리 아이들이 내게서 멀어지고, 이를 수정하지 않으면 아이들에게 불필요한 눈물과 아픔을 줄 거라는 걸 알았다. 내 우울증은 계속됐다.

지금은 우울증에서 벗어났다. 나는 게임에서 이기고 싶은 욕망을 포기했다. 그런 부분은 이제 사라졌다. 그것은 죽었고, 죽어야만 했으며, 내가 죽였다. 부모 노릇을 잘하겠다는 욕망으로 그것을 죽였다. 어렸을 때는 게임에서 이기고 싶은 욕망이 나를 잘되게 해주었다. 그런데 부모로서는 그 승부욕이 방해된다는 것을 인식하게 되었다. 그러니 그것은 사라져야 했다. 시절이 바뀐 것이다. 바뀐 시절과 발맞추기 위해서는 그것을 포기해야 했다. 하지만 아쉽지 않다. 경쟁심을 포기한 것이 큰 상실감을 안겨주리라고 생각했지만 그렇지 않았다.

정상적이고
건강한 우울증

앞에서 다룬 이야기는 용기 있게 스스로 환자라고 부르는 사람들이 보다 일반적으로 겪게 되는, 그리고 대부분의 경우 심리 치료를 받는 과정에 겪어야 하는 것들의 사소한 예다. 집중적인 심리 치료 기간은 집중적으로 성장하는 기간이다. 그 기간에 환자가 경험하는 변화는 다른 사람들이 평생 동안 경험하는 것보다 더 많을지도 모른다. 이러한 급속한 성장을 위해서는 이에 맞먹을 정도로 '옛 자아'를 포기해야 한다. 이는 성공적인 심리 치료를 위한 불가피한 요소다. 사실 포기하는 과정은 대개 환자가 심리 치료사와 약속을 처음 잡기 이전부터 시작된다. 예를 들면 대부분의 경우 정신과 치료를 받아야겠다고 결정하는 그 행동 자체가 '나는 문제가 없어'라고 하는 자아상을 포기하는 것이다. 이러한 포기는 미국 문화권 내의 남성에게 특히 어려운 일일지도 모른다. 그들은 흔히 '나에게는 지금 문제가 있고 왜 그렇게 됐는지 어떻게 하면 문제를 없앨지를 알기 위해 도움이 필요하다'를 슬프게도 '나는 약하고 남자답지 못한 부적격 인간이다'와 똑같이 여긴다. 그래서 사실 포기한다는 문제는 가끔 환자가 정신과 치료를 받아야겠다는 결정에 이르기도 전에 시작되는 것이다. 앞에서 얘기했지만 항상 이겨야 한다는 욕망을 포기하는 동안 나는 우울했다. 사랑한 어떤 것을 포기하는 데 따르는 감정, 적어도 내 일부분이고 나와 친근한 것을 포기하는 데 따르는 감정이 바로 우울이기 때문이다. 정신적으로 건강한 인간은 당연히 성장해야 하고, 정신적 · 영적 성장을 위해서는 옛 자아를 포기하거나 상실하는 것이 필수 과정이므로 우울증은 정상적이고 근본적으로 건강한 현상이다. 그런데 포기 과정에 무언가가 간섭할 때면 비정상적이 되거나 건강을 해치게 되고, 그 결과 우울증은 길어지고 포기가 완수되어도 사라지지 않는다.*

사람들이 정신과 치료를 받아야겠다고 생각하는 주요 이유가 바로 우울증이다. 다시 말하면, 환자들은 흔히 심리 치료를 받겠다고 결심하기 전에 이미 포기라는 성장 과정을 경험하게 되는데,

---

* 포기 과정을 방해하는 많은 요인은 정상적인, 건강한 우울증을 오래 끌면서 만성적이고 병적인 우울증으로 만든다. 모든 방해 요인 중 가장 흔하고 강력한 것은 어린 시절의 경험이다. 부모나 운명이 아이의 요구 사항을 채워주지 않고, 아이가 심리적으로 포기할 준비가 되기도 전에, 또는 욕구를 포기해도 정말 괜찮다고 용납할 수 있을 만큼 강해지기 전에, 가진 것들을 빼앗아버리는 식의 패턴이 그러하다. 이런 식의 어린 시절 경험은 아이가 잃는 경험에 아주 민감하게 반응하도록 만든다. 그래서 더 운 좋은 사람들보다 더 강하게 '소유물'에 매달리고 잃어버리거나 포기하는 고통을 회피하게 하는 습관을 만든다. 이러한 이유로 모든 병적 우울증은 포기 과정에 장애가 된다. 그중에서도 장기적인 신경성 우울증이 있는데, 그 중심 뿌리를 파헤쳐보면 포기할 수 있는 기본 능력에 충격적인 상처를 받아 생기는 것으로, 이런 우울증에 나는 '포기 노이로제'라는 이름을 붙이고 싶다.

그들을 치료실로 향하게 하는 것이 바로 이 성장 과정에 동반되는 증상이다. 그러므로 치료사의 역할은 환자가 이미 시작한 성장 과정을 완수하도록 돕는 것이다. 이것은 환자가 자신에게 무슨 일이 일어나고 있는지를 알고 있다는 말은 아니다. 그 반대로 환자는 단지 우울증 증세에서 벗어나기만을 원하며, '그래서 모든 일이 이전처럼 될 수 있기를' 바란다. 그들은 모든 일이 이제 더 이상 '과거에 그랬던 것처럼' 될 수 없다는 것을 모른다. 그러나 무의식은 알고 있다. 정확히 이 무의식은 '과거에 그랬던 것처럼'은 더 이상 유지하거나 버틸 수 없다는 것을 알기 때문에, 무의식의 수준에서 성장하고 포기하는 과정이 작용하기 시작해 우울증을 경험하게 되는 것이다. 아마도 이와는 달리 환자는 "나는 왜 내가 우울한지 모르겠다"라고 하거나, 당치도 않은 원인에다 우울증을 갖다 붙일 것이다. 아직 환자의 의식 수준은 '옛 자아'와 '과거에 그랬던 것처럼'이 낡은 것이 되었다는 것을 인식할 의사가 없거나 인식할 준비가 안 돼 있으므로, 성공적인 적응과 발전을 위해 중요한 변화가 필요하다는 것을 우울증이 알려주고 있음을 모른다. 독자에게는 무의식이 의식보다 한 발짝 앞서 있다는 사실이 이상하게 보일지도 모르겠다. 그러나 그것은 이러한 특별한 경우뿐만 아니라 아주 일반적인 경우에서도 기본적으로 작동하는 정신 작용이다. 이에 대해서는 결론 부분에 가서 더 깊이 있게 논의할 것이다.

근래에 우리는 '중년의 위기'를 많이 이야기한다. 실제로 이것은 에릭 에릭슨Erik Erikson이 30년 전에 가르쳐준 것처럼 — 에릭슨은 인생의 여덟 가지 위기를 정의했는데 아마 사실은 그보다 더 많을 것이다—인생의 많은 '위기들', 다시 말해서 인생에서 주요한 발달 단계 중의 하나다. 인생의 여정에서 이러한 전환기적 위기—그것은 문제투성이고 고통스럽다—를 맞게 되는 이유는, 그것을 성공적으로 넘기 위해선 예전에 소중히 여기던 생각과 이제껏 써온 방법, 사물을 보아본 방식들을 포기해야 하기 때문이다. 많은 사람은 버릴 필요가 있는 부적합한 것을 포기하는 고통을 감당할 마음도 없거니와 또 감당해낼 수도 없는 형편이다. 그래서 때에 따라서 영원히 옛날 방식 그대로의 생각과 행동에 매달리는 쪽을 택한다. 그 결과, 위기를 극복해내지 못하고, 참으로 성장하지도 못하며, 더 큰 성숙으로 이어지는 전환에 뒤따르는 다시 태어나는 기쁨을 체험하지도 못한다. 인생의 각 단계에 대해서는 책을 한 권 쓸 수도 있을 정도지만 여기서는 전반적으로 성공적이고 발전적인 삶의 과정에서 포기해야만 했던 주된 상태, 욕구, 생각들을 발달 순서대로 간략히 열거해보겠다.

· 어떤 외부의 요구에도 대응할 필요가 없는 유아기
· 무엇이든지 할 수 있다는 환상
· 부모를 완전히(성적인 것을 포함해서) 소유하고 싶은 욕망
· 유년 시절의 의존심
· 부모에 대한 왜곡된 이미지들
· 청소년기의 무한한 가능성
· 책임 없는 '자유'
· 청년기의 민첩함

· 청년기의 성적 매력과 가능성
· 불멸에 대한 환상
· 자녀에 대한 권위
· 일시적으로 갖게 되는 여러 가지 권력
· 신체적 건강의 독립성
· 궁극적으로는 자신 그리고 생명 자체

모든 것을 포기함으로써 더 많이 얻는다

앞서 나열한 것 중 마지막 것을 이야기해보자. 이것은 많은 사람에게 궁극적인 요구사항, 즉 자신을 포기하고 생명도 포기해야 한다는 것인데, 하느님이나 운명이 강요하는 가혹한 것으로 여겨질 수 있다. 이로 인해 우리의 존재는 하잘것없는 것이 되어버리고 그 운명은 결코 완전히 받아들일 수 없는 것이 된다. 이러한 태도는 특히 현재의 서양 문화에서는 지배적인 현상으로, 개인 자신이란 신성하게 받들어야 하는 존재이며 죽음은 입에 담을 수 없는 모욕으로 간주된다. 그러나 진실은 정반대다. 자신을 포기함으로써 인간 존재는 가장 황홀하고, 영구적이고, 확고하며 무한한 인생의 기쁨을 발견할 수 있다. 그리고 삶에 모든 의미를 부여하는 것이 죽음이다. 이러한 '비밀'이 종교의 핵심 지혜다.

자신을 포기하는 과정이란(이것은 사랑의 현상과 관련된 것으로 이 책의 다음 부분에서 논의할 것이다) 급격한 변화가 아니라 완만히 이루어지는 점진적 과정이 대부분이다. 우리는 그 과정 속에서 적응하고 새로 시작하고 다시 적응하는 행위를 반복한다. 어떠한 형태의 일시적 자기 포기라도 그것에는 특별한 관심을 기울일 만하다. 포기를 실천하는 것은 성인기에 중요한 것을 배우고 그로 인해 영적으로 훌쩍 성장하는 데 절대적으로 필요하기 때문이다. 나는 지금 균형 잡기라는 훈육의 하위범주 중 한 가지를 말하고 있는데 이것을 '괄호로 묶기'라고 부른다. '괄호로 묶기'란 근본적으로 개인적 안정감과 자기주장의 욕구와 그보다는 새로운 정보와 더 큰 이해에 대한 욕구 사이에서 균형을 잡는 행위다. 다시 말해 자신의 자아를 한쪽에 제쳐놓음으로써 새로운 자료를 집어넣을 여지를 만드는 것이다. 이 훈육에 대해서는 신학자 샘 킨이《춤추는 신*To a Dancing God*》에서 잘 설명하고 있다.

> 두 번째 단계에서는 직접적인 경험에 대한 특이하고도 자기중심적인 인식을 뛰어넘어야만 한다. 성숙한 깨달음이란 개인적 경험의 잔재인 선입견과 편견을 이해하고 보완할 때만 가능해진다. 보이는 것을 인식하는 데는 두 가지 행위 모두에 주의를 기울일 필요가 있다. 즉, 익숙한 것을 억제하고 낯선 것을 환영하는 것이다. 이상한 사물이나 사람 또는 사건을 접할 때마다 나는 현재 욕구와 과거 경험 또는 미래에 대한 기대를 기초로 내가 무엇을 볼 것인지를 결정하곤 한다. 어느 자료든지 그것의 고유한 성격을 이해하고 인정하고자 한다면 나의 선입견과 왜곡된 감정의 특징들을 제대로 파악하여 괄호로 묶어놓고 내 인식 세계에 새롭고 신기한 것을 받아들일 수 있게 해야 한다. 이

처럼 괄호로 묶어놓거나, 보완하거나 억제하는 훈육에는 고도의 자기 인식과 용감한 정직함이 필요하다. 이러한 훈육 없는 현재의 순간이란 이미 보았거나 경험한 어떤 것의 반복에 지나지 않는다. 진정 새로운 것이 나타나기 위해서는, 즉 사물이나 사람이나 사건의 고유한 성격이 내 안에 뿌리박게 하기 위해서는 자아의 탈중심화脫中心化를 겪어야만 한다.

이 괄호로 묶기라는 훈육은 포기와 훈육 일반에 관한 것을 가장 잘 설명해준다. 즉, 모든 것을 포기함으로써 보다 많이 얻는다. 자기 훈육이란 자기 확장의 과정이다. 포기의 고통이란 죽음의 고통이고, 옛것의 죽음이란 새것의 탄생이다. 죽음의 고통이란 탄생의 고통이고, 탄생의 고통이란 죽음의 고통이다. 우리가 새롭고 더 좋은 생각과 개념, 이론, 이해 등을 발전시킨다는 것은 옛 생각과 개념, 이론, 이해 등이 죽어야 함을 의미한다. T.S. 엘리엇은 시 〈매기의 여행〉의 결론에서 세 사람의 현자賢者가 기독교를 받아들일 때 기존의 세계관을 포기하면서 어떤 고통을 겪었는지를 묘사하고 있다.

내 기억건대, 이것은 모두 오래전 일이다.
그래서 그런 일을 다시 한번 하고 싶다.
그러나 이런 말을 하고 싶다.
이렇게
말하고 싶다 — 즉, 우리가 거기까지 이끌려간 것은

그 목표가 결국
그의 탄생이었더냐 그의 죽음이었더냐? 확실히 탄생이었다.
우리는 증거가 있었고 의심치 않았다.
탄생과 죽음을 전에 본 일이 있었지만,
그 두 가지는 다르다고 생각했다.
이 그리스도의 탄생은
우리에게 괴롭고 가혹한 고뇌였다.
십자가의 죽음처럼, 우리의 죽음처럼.
우리는 우리의 고장, 이 왕국으로 돌아왔다.
그러나 여기에선 더 이상 편안치 못하다.
저희의 신에 매달리는
이교도 천지인 이 낡은 율법하에선
또 한 번 달갑게 죽어야 할까 보다.

삶과 죽음은 동전의 양면과 같아서, 서양 문화권에서 부활의 개념에 주의를 기울이는 것은 결코 불합리한 것이 아니다. 육체적 죽음과 동시에 일어나는 어떤 재탄생의 가능성에 대해 진지하게 받아들이든 그렇지 않든 이 세상에서의 삶은 동시 발생적인 삶과 죽음의 연속이라는 것이 너무나도 분명하다. '평생 우리는 사는 방법을 배워야 한다'라고, 세네카는 2000년 전에 말했다. 또 에리히 프롬은 '더욱 놀라운 사실은 생을 통해 인간은 죽기를 배워야만 한다는 사실'이라고 했다. 인간은 살면 살수록 더 많은 탄생을 체험할 것이고 따라서 더 많은 죽음을 체험할 것이다. 더 많은 기뻠을 체험하면 더 많은 고통도 체험할 것이다.

그렇다면 이 삶의 정신적 괴로움에서 벗어나게 될 가능성은 과연 있을까 하는 의문이 생긴다. 좀 더 완곡하게 말해, 적어도 생존의 고통을 줄일 수 있는 단계까지 영적으로 의식 수준을 진화시킬 수 있을까? 그 답은 그렇다와 아니다, 둘 다이다. 그렇다는 이유는 고통을 완전히 받아들이면 더 이상 고통은 고통이 아니기 때문이다. 끊임없는 훈육은 정통함에 이르게 하고, 그리하여 영적으로 성숙한 사람은 어른이 아이를 다루듯 고통에 숙달된다. 아이들에겐 최대의 문제이자 고통스러운 일이 어른에겐 아무것도 아닐 수 있다. 끝으로 그렇다고 대답한 이유는 정신적으로 성숙한 사람은 남을 무한히 사랑할 수 있는 사람이며, 그 사랑이 자신에게 무한한 기쁨을 되돌려주기 때문이다(이 점에 관해서는 다음 장에서 설명한다).

한편 아니라고 대답하는 이유는, 이 세상에는 채워 넣어야 할 능력의 공간이 있기 때문이다. 즉, 능력이 필요해서 절실하게 울부짖는 세상에서, 뛰어난 능력과 사랑을 지닌 사람은 배고픈 아이에게 음식을 주지 않을 수 없는 것과 마찬가지로 그의 능력을 베풀어야만 한다. 정신적으로 성숙한 사람은 엄격한 훈육, 훈련, 사랑을 통해 특별한 능력을 갖춘 사람이며, 그 능력 때문에 세상은 그들의 봉사를 절실히 요구한다. 그러면 그들은 사랑으로 그 부름에 응한다. 그들은 필연적으로 위대한 힘을 가진 사람들로서, 세상은 그들을 보통 사람으로 보겠지만 그들은 자주 조용히, 혹은 심지어 보이지 않게 그 힘을 행사하고 있다. 그렇지만 그들도 자신의 능력을 발휘하고자 할 때는 큰 고통을, 때로는 끔찍한 고통을 당한다. 권력을 행사한다는 것은 결정을 내린다는 것이다. 그리고 모든 점을 인식하면서 결정하는 과정이란, 제한되고 두루뭉술한 인식에 따라 결정하는 것보다(대개의 결정은 그렇게 이루어지고 그래서 궁극적으로 이런 결정은 잘못이라는 것이 증명되고 있다) 더 고통스럽다.

두 장군이 일개 사단인 만 명의 군인들을 전투에 내보낼지 말지를 각각 결정해야 한다고 상상해보라. 한 장군에게는 군인들은 단지 자원이고 부대의 대원들이며 전략의 도구이지 그 이상은 아무것도 아니다. 그러나 다른 장군은, 이러한 점도 인정하기는 하지만, 만 명의 생명과 또 그 가족의 생명까지도 인식하고 있다. 어떤 장군이 더 쉽게 결정을 내릴 수 있을까? 앞의 장군이 더 쉬울 것이다. 그 이유는 정확히 말해서, 보다 완전히 인식하는 것에 따르는 고통을 견딜 수 없어서 자기 인식을 둔화시켰기 때문이다. 혹자는 이렇게 말할지도 모른다.

"에이, 그렇지만 정신적으로 성숙한 사람은 아예 장군이 되지 않았을 겁니다."

하지만 똑같은 문제가 기업체의 회장이나 의사, 선생, 부모가 되는 데에도 내포돼 있다. 그들은 항상 다른 사람들의 생활에 영향을 끼치는 결정을 내려야만 한다. 가장 결정을 잘하는 사람이란, 자기 결정에 따르는 최대한의 고통을 기꺼이 감수할 용의도 있으면서 여전히 결정을 내릴 수 있는 능력을 지닌 사람이다. 한 사람을 판단하는 위대성의 척도―아마도 최고의 척도―는 고통을 감수하는 능력이라고 할 수 있다. 그러나 위대한 사람들은 또한 기쁨에 넘친다. 이것은 그러므로 모순이다. 불교 신자들은 부처의 고통을 무시하고, 기독교인은 그리스도의 기쁨을 잊고 있다. 부처와 그리스도는 다른 사람들이 아니다. 그리스도가 십자가 위에서 벗어난 고통과 부처가 보리수 아래서 해탈한 기쁨은 하나다.

그러므로 고통을 피하고 괴로움에서 도망치는 것이 당신의 목적이라면, 나는 당신에게 높은 수준의 의식이나 영적 성장을 촉구하지 않을 것이다. 첫째, 고통 없이는 이와 같은 것을 달성할 수 없고, 둘째, 이와 같은 것을 달성한다고 하더라도 당신은 지금 상상할 수 있는 것보다 더 고통스럽게 봉사하도록 요청받을 것이기 때문이다. 또는 그것이 최소한 당신에게 큰 짐이 될 수 있다. 그러면 왜 정신적 발전을 갈망하겠느냐고 물을지도 모르겠다. 이렇게 질문한다는 것은 아마도 당신은 기쁨이 무엇인지 충분히 알지 못하기 때문일 것이다. 이 책의 다음 부분에서 당신은 그 답을 찾을 수도 있고, 그러지 못할 수도 있다.

균형 잡기라는 훈육과 그 근본이 되는 포기에 관해 마지막으로 말하고 싶은 것은, 포기하기 위해서는 무엇인가를 먼저 소유해야 한다는 것이다. 가진 것 없이는 아무것도 포기할 수 없다. 이긴 적도 없으면서 이기기를 포기하면 처음 시작했던 그 자리에 그대로 있는 셈인데, 그것이 바로 실패자이다. 정체성을 포기하기 전에, 자신을 위해 먼저 그것을 만들어놓아야 한다. 자아를 잃기 전에 당신의 자아를 발달시켜놓아야 한다. 지금 아주 기초적인 것을 말하고 있는데, 나는 이것을 분명히 언급해둘 필요가 있다고 생각한다. 내가 알기에 많은 사람들은 발전의 이상을 품고 있으면서도 그것을 성취하기 위한 의지력은 결핍돼 있기 때문이다. 그들은 훈육을 거치지 않고 성자가 되는 지름길을 찾는 것이 가능하다고 믿을 뿐 아니라 바라기까지 한다. 가끔은 그런 사람이 되기 위해 사막에 은거한다든지 목수 일을 하는 식으로 성자의 겉모습을 모방하기도 한다. 어떤 사람들은 이러한 모방을 통해 정말로 성자가 되고 선지자가 되었다고 믿는다. 하지만 그들은 아직도 어린아이들이어서 처음부터 시작해서 중간 과정을 꿰뚫고 나가야만 한다는 고통스러운 사실에 직면할 능력이 없다.

훈육이란 문제 해결의 고통을 피하는 대신, 문제 해결의 고통을 건설적으로 취급하는 기술 체계라고 정의할 수 있다. 이렇게 하면 생의 모든 문제가 해결될 수 있다. 지금까지 네 가지 기본적인 기술의 특징을 자세히 설명했다. 즉, 즐거운 일을 미루는 것, 책임을 지는 것, 진리와 현실에 헌신하는 것 그리고 균형을 잡는 것이다. 훈육을 이런 기술들의 '체계'라고 하는 이유는 이들이 서로 밀접하게 연관되어 있기 때문이다. 단 하나의 행동으로 둘, 셋 또는 전부를 동시에 사용할 수도 있고, 서로 분명히 구별되는 상태로 이용될 수 있다. 이 기술들을 사용할 힘과 에너지와 의지는 사랑이 제공한다. 이에 대해서는 다음 부분에서 자세히 설명할 것이다. 나는 속속들이 훈육을 분석할 의도는 아니었다. 그럴 것 같지 않지만 내가 한두 가지 기초적인 기술을 빠트렸을 수 있다. 또한 바이오피드백biofeedback, 명상, 요가, 심리 치료와 같은 과정이 훈육의 기술이 되지 않겠는가 하는 질문은 역시 합리적이다. 그러나 내 생각에 이들은 기술적인 도움이지 근본적인 기술은 아니다. 이들은 그 자체로 대단히 효과적일는지는 몰라도 보다 근원적인 것은 아니다. 그러나 여기서 말한 기초적인 기술들을 만약 끊임없이 진지하게 실행한다면 그것만으로도 충분히 훈육을 실천하는 자 또는 '사도'가 되어 영적으로는 더욱 높은 수준으로 발전할 수 있다.

THE ROAD LESS

THE ROAD LESS TRAVELED

2부

사랑

사랑이란 무엇인가

앞에서 말했듯이 훈육이란 인간의 정신적 발달을 위한 수단이다. 이 장에서는 훈육을 뒷받침하는 것은 무엇인지, 다시 말해서 무엇이 훈육에 관심을 갖게 하며 또한 훈육할 원동력을 주는지를 살펴보려 한다. 나는 그 힘이 사랑이라고 믿는다. 사랑에 대해서 논한다고 하면 우리는 분명 사랑의 신비를 다루는 것부터 시작할 것이다. 말 그대로 우리는 파악할 수 없는 것을 파악하려 하고 알 수 없는 것을 알려고 할 것이다. 사랑은 너무나 크고 깊어서 참으로 이해할 수도, 측량할 수도, 말로 표현할 수도 없다. 그런데도 사랑을 파악해보려는 이 같은 시도가 가치 없다고 생각했다면 이 글을 쓰지 않았을 것이다. 하지만 아무리 가치 있는 일이라 해도 어떤 면에서는 이러한 시도가 부적절하리라는 것도 안다.

사랑은 신비롭다. 그래서 내가 아는 한 어느 누구도 사랑에 대해 참으로 만족할 만한 정의를 내리지 못하고 있다. 사랑을 설명해보려는 노력의 일환으로 사랑을 다양한 범주로 나누기도 했다.

에로스eros, 필리아philia, 아가페agape라고 나누기도, 완전한 것과 불완전한 것 등으로 나누기도 한다. 다시 한번, 한편에서 부적절할지 모른다고 생각하면서 나는 감히 사랑에 대한 간단한 정의를 내려보려 한다. 나는 사랑을, '자기 자신이나 타인의 영적 성장을 도울 목적으로 자신을 확대시켜 나가려는 의지'라고 정의한다.

우선 더 구체적인 설명으로 들어가기 전에, 나의 정의에 대해 잠깐 언급하고 싶은 것이 있다. 첫째로 그것이 목적론적인 정의라는 사실에 주목해야 할 것이다. 사랑의 행위가 지향하려고 하는 목표나 목적의 관점에서의 정의라 하겠는데, 이 경우 그 목표란 영적 성장이다. 과학자들은 목적론적 정의를 탐탁지 않게 여기는데 이 경우도 예외는 아닐 것이다. 그런데 내 경우, 정확히 목적론적인 사고 과정을 거쳐 이런 정의에 도달한 것은 아니다. 대신에 정신과 의사로 일하면서 목격하고 더불어 나 자신을 관찰해 나가는 과정에서 이러한 결론에 도달했다. 정신과의 임상에서 사랑의 정의는 중요한 의미를 지닌 사안이다. 일반적으로 환자는 사랑의 정의에 관해 매우 혼란스러워하기 때문이다. 예를 들면 어느 소심한 청년은 이렇게 말하기도 했다.

"어머니는 저를 너무 사랑해서 고등학교 졸업반이 될 때까지 학교 버스를 타고 다니지 못하게 했답니다. 심지어 저는 어머니께 버스를 타게 해달라고 사정해야 했습니다. 어머니는 제가 다치는 게 두려워 매일 차로 학교까지 태워다주고 다시 집으로 데려오셨는데 정말 힘드셨을 겁니다. 어머니는 정말 저를 사랑하셨거든요."

청년의 소심함을 치료하기 위해서는 어머니가 사랑보다는 다른 이유로 그렇게 했을 것이고, 사랑인 것처럼 보이는 그 행동이 사랑이 아닐 수도 있음을 알려주어야 했다. 이러한 경험 때문에 나는 사랑의 행위로 보이는 것과 사랑으로 보이지 않는 것들의 예를 수집했다. 이 둘을 분별하는 중요한 기준은 사랑을 지닌 사람이든 그렇지 않은 사람이든 그 마음에 내재된 의식적 목적이나 무의식적 목적이다.

둘째로는 내가 정의한 사랑이 신기한 순환적 과정이라는 것에 주목해야 할 것이다. 자기 자신을 확대시켜 나가는 과정이란 진화의 과정이기 때문이다. 자기 한계를 성공적으로 확대시켜 나갈 수 있는 사람은 이전보다 더 큰 존재로 성장할 것이다. 따라서 사랑의 행위가 타인의 성장을 목적으로 할 때도 역시 그 또한 자신을 확대시켜 나가는 진화 과정이라고 할 수 있다. 우리의 진화는 바로 진화를 향해 뻗어 나가는 이러한 행위를 통해서 이루어진다.

셋째로 사랑에 대한 이러한 독특한 정의는 남을 위한 사랑과 더불어 자신에 대한 사랑을 포함하고 있다. 나도 인간이고 다른 사람도 인간이므로 인간을 사랑한다는 것은 나 자신뿐 아니라 다른 사람도 똑같이 사랑한다는 것을 의미한다. 인간의 정신적 발전에 헌신한다는 것은 자신을 포함한 인류에게 헌신하는 것이다. 그러므로 사랑이란 자신의 발전뿐만 아니라 다른 사람의 발전에도 똑같이 헌신하는 것을 의미한다. 이미 지적한 바와 같이 자신을 사랑하지 못하면 남을 사랑할 수도 없다. 이는 자기 훈육이 제대로 되어 있지 않은 사람이 자녀에게 자기 훈육이라는 것을 가르칠 수 없는 것과 같은 이치다. 타인의 정신적 발전을 위해 자신의 정신적 발전을 포기한다는 것은 사실 불가능하다. 자신을 훈육하지 않으면서 동시에 다른 사람을 돌볼 때 절제된 행동을 하기란 불가능하다. 자신의 힘을 키우지 않으면 다른 사람에게 힘의 원천이 돼줄 수 없다. 확신컨대 사랑의 본성을 면밀히 검토해 나가다 보면 자신을 사랑하고 동시에 남을 사랑하는 것이 가능할 뿐만 아니라 결국 그 둘을 구별할 수 없다는 것이 분명해질 것이다.

넷째로 자기 자신을 확대하기 위해서는 필수적으로 노력이 뒤따라야 한다. 자신을 확대하기 위해서는 한계를 뛰어넘어야 하고 또한 한계를 넘으려면 노력이 뒤따라야 하는 것이다. 누군가를 사랑할 때는 노력을 통해서만 사랑을 보여주거나 기정사실화할 수 있다. 즉, 상대를 위해서(또는 자신을 위해서) 한 발짝 더 내딛거나 1미터를 더 걷는 것을 말한다. 사랑은 노력 없이는 안 된다. 다시 말해서 사랑은 노력이 필요한 일이다.

끝으로 나는 '의지'라는 단어로 욕망과 행동을 구분해보고자 한다. 욕망이 반드시 행동으로 표출되는 것은 아니다. 그러나 의지는 행동을 유발시킬 수 있을 정도로 강한 욕망이다. 이 둘의 차이는 "오늘 밤 수영하러 가고 싶다"라는 말과 "오늘 밤 수영하러 간다"는 말의 차이와 같다. 우리 문화권 안에서는 누구나 다 얼마간은 사랑받기를 갈망한다. 하지만 실제 많은 이들은 사랑하지 않는다. 따라서 사랑하려는 욕구 자체는 사랑이 아니라는 것이 나의 결론이다. 사랑은 행위로 표현될 때 사랑이다. 사랑은 의지의 행동이며, 다시 말해서 의도와 행동이 결합된 결과다. 의지는 또한 선택을 내포한다. 우리가 반드시 사랑해야만 하는 것은 아니다. 우리는 사랑하기를 선택한다. 아무리 사랑한다고 생각할지라도 실제로 사랑하고 있지 않다면, 그것은 우리가 사랑하지 않기로 선택한 것이다. 그렇기 때문에 좋은 의도에도 불구하고 사랑하고 있지 않은 것이다. 한편 정신적 성숙을 목적으로 실제로 노력할 때는 항상 그렇게 하겠다고 선택했기 때문이다. 사랑을 하겠다는 선택이 이루어진 것이다.

앞에서 지적했던 대로, 심리 치료를 받으러 오는 환자들은 예외 없이 사랑의 본질을 다소 혼동한다. 사랑의 신비함 때문에 사랑에 대한 오해가 난무하기 때문이다. 나는 이 책에서 사랑의 신비한 요소를 제거하지는 않을 것이다. 그러나 이러한 오해를 없애는 데 도움을 줄 수 있도록 확실하게 밝혀보고 싶다. 경험을 통해 사랑을 이해하려고 할 때 환자뿐만 아니라 모든 사람은 사랑에 대한 오해 때문에 어려움을 겪는다. 이러한 어려움 중에 어떤 것은 겪을 필요가 없는 것들이다. 사랑에 대한 더 정확한 정의를 알게 되면 이러한 흔한 오해를 덜 좇아갈 수 있을 것이다. 따라서 사랑이 아닌 것을 먼저 살펴보면서 사랑의 본질을 밝히는 작업을 시작해본다.

'사랑'에 빠진다는 것

사랑에 대한 모든 오해 중에서 가장 강력하고 가장 많이 알려진 것은 사랑에 빠지는 것이 진정한 사랑이며 또는 적어도 사랑의 표시 중 하나라는 신념이다. 그것이 강력한 오해인 까닭은 사랑에 빠지는 것이 사랑을 아주 강렬히 주관적으로 경험하는 것이기 때문이다. 누군가 사랑에 빠질 때 남자든 여자든 그가 확실히 느끼는 것은 '나는 그를 사랑한다' 또는 '나는 그녀를 사랑한다'는 것이다. 그러나 곧 두 가지 문제가 두드러진다. 첫째, 사랑에 빠지는 경험은 특별히 성과 관련된 욕망의 경험이라는 것이다. 우리는 아이들을 아무리 깊이 사랑할지라도 아이들과 사랑에 빠지지는 않는다. 동성 친구와의 관계에서도—동성애적인 성향이 없는 한—아주 좋아할지라도 사랑에 빠지지는 않는다. 우리는 오직 의식적으로든 무의식적으로든 성적으로 자극되었을 때만 사랑에 빠진다. 둘째, 사랑에 빠지는 경험은 예외 없이 일시적이라는 것이다. 누구와 사랑을 하건, 관계가 오래 지속되면 어느 순간 사랑의 감정에서 깨어난다. 이 말은 사랑에 빠졌던 대상을 반드시 더 이상 사랑하지 않게 된다는 뜻이 아니다. 사랑에 빠지는 경험의 특징인 황홀한 사랑의 느낌은 항상 지나가게 마련이라는 것이다. 신혼여행은 언제든 끝이 나고 만다. 연애의 꽃은 피었다가 항시 시들해지고 마는 것이다.

사랑에 빠진다는 현상과 그러한 사랑이 언젠가는 끝나고 만다는 불가피한 사실의 본질을 이해하려면, 정신과 의사가 말하는 소위 자아 경계란 무엇인가를 살펴볼 필요가 있다. 지금까지 알려진 간접적인 증거들을 통해 확신할 수 있는 것은 신생아는 첫 몇 개월간 자기와 자기가 아닌 것을 구분하지 못한다는 사실이다. 아기가 팔다리를 움직일 때는 세계도 움직이고 있는 것이다. 아기가 배가 고플 때는 온 세계도 배가 고프다. 어머니가 움직이는 것을 보면 마치 자기가 움직이고 있는 것처럼 느낀다. 어머니가 노래를 부를 때 아기는 자신이 소리를 내지 못한다는 사실을 모른다. 아기는 자기가 침대, 방, 부모와는 별개의 개체임을 구별하지 못한다. 생물과 무생물이 다 똑같다. 아직 나와 너를 구별할 수 없다. 아기와 세계는 하나다. 거기엔 경계도 없고 구분도 없다. 자기라는 정체감이 없는 것이다.

그러나 경험이 늘면서 아기는 점점 자신이 외부 세계와는 분리된 독자적인 존재임을 체험하기 시작한다. 배고플 때마다 어머니가 젖을 먹여주지는 않는다. 아기가 놀고 싶을 때마다 어머니도 놀고 싶은 것은 아니다. 그러면 아기는 자기가 원하는 것이 어머니가 원하는 것과는 다르다는 것을 체험하게 된다. 자기의 의지가 어머니의 행동과는 분리된 다른 것임을 체험한다. 비로소 '나'라는 느낌이 발달하기 시작하는 것이다. 이처럼 아기와 어머니 사이에 오가는 상호 작용의 영향이 바로 아기의 정체감을 길러주는 기반이 된다. 지금까지의 연구 결과들을 분석해보면 아기와 어머니 사이의 상호 작용에 문제가 있을 경우에 — 예를 들어 어머니가 안 계시거나 어머니를 대신할 만한 사람이 없거나 또는 어머니가 있더라도 어머니의 정신 질환 때문에 전적으로 애정이 없거나 무관심할 때 — 아기는 정체성에 근본적으로 막대한 결함을 지닌 채 자란다.

아기는 자기의 의지는 자기의 것일 뿐 세계의 것이 아니라는 것을 지각하면서 자신과 세계는 다르다는 것을 이해하기 시작한다. 움직이고 싶을 때 자기 팔은 움직이지만 침대나 천장은 움직이지 않는다는 것을 발견한다. 이리하여 아기는 자기 팔과 의지가 연결되어 있다는 것을 배우게 된다. 따라서 자기 팔이 자기 것이고 타인이나 자기와 분리된 어떤 것이 아님을 배운다. 이런 방법으로 태어난 첫해에 우리는 내가 누구인지, 내가 아닌 사람은 누구인지, 다시 말해서 내 것과 내가 아닌 것에 대해 기본적인 사실을 배운다. 생후 일 년 무렵에는 이것이 내 팔이고 내 다리며, 내 머리, 내 혀, 내 눈이라는 것까지도 알고, 나아가 내 견해, 내 목소리, 내 생각, 내 배가 아픈 것, 내 느낌까지 알게 된다. 키가 얼마인지도 알고 신체적으로 한계가 있다는 것도 안다. 이 한계가 바로 자신의 영역인 것이다. 우리 마음속에 있는 이 한계에 대한 지식이 바로 자아 경계가 의미하는 것이다.

자아 경계의 발전은 아동기에서 청소년기로, 또 성년기까지 계속되는 과정으로 나중에 확대된 영역은 신체적인 면보다는 정신적인 면이 강하다. 예를 들어 두세 살 무렵은 전형적으로 자기 힘의 한계와 타협하는 때다. 이전에는 자기의 소원이 반드시 어머니의 뜻과 일치하지는 않는다는 것을 알고 있다. 그러면서도 아기는 자기 소원이 어머니의 뜻과 일치해야 한다는 생각과 일치할지도 모른다는 가능성에 집착한다. 이러한 생각과 희망 때문에 보통 두 살짜리는 폭군이나 독재자처럼 행동한다. 그러면서 부모와 형제, 집 안의 애완동물이 마치 자기 소유의 졸병이나 되는 것처럼 명령을 내리고 대상이 말을 듣지 않으면 제왕처럼 분노한다. 그래서 부모는 이 연령의 아이들을 '미운 두 살'이라고 한다. 세 살이 되면 자신이 상대적으로 무력하다는 현실을 받아들인 결과, 전보다 부드러워지기 때문에 다루기가 쉬워진다. 그러나 자신이 전지전능할지도 모른다는 가능성은 너무나 근사하고 근사한 바람이라서 몇 년씩 계속해서 자기의 무력함과 직면하는 고통을 감당하면서도 아이는 그 가능성을 완전히 포기하지 못한다. 세 살짜리 아이는 자기 힘의 한계를 현실적으로는 인정할지라도, 몇 년간은 때때로 전지전능의 가능성이 여전히 존재하는 환상의 세계로 도피하려고 할 것이다. 이것이 바로 슈퍼맨과 마블 선장의 세계다. 그러나 점차 초능력을 지닌 영웅이 되는 것조차 포기하고, 청소년기에 이르면 자신이 육체의 경계와 힘의 한계에 갇힌 개별적 존재이고, 각 개인은 상대적으로 나약하고 무능력한 개체라는 것, 이러한 개체의 집단인 사회 안에서 서로 협동함으로써만 존재한다는 것을 알게 된다. 이러한 집단 안에서 그들은 특별히 다른 사람과 구별되지 않는다. 그러나 자신의 개인적 자아 정체성과 경계 및 한계 때문에 다른 사람들에게서 고립된다.

이러한 경계 뒤에서 인간은 고독을 느낀다. 어떤 사람들은 — 특히 정신과 의사들이 정신분열증 환자라고 부르는 사람들 — 어렸을 때 겪은 불쾌하고도 충격적인 경험 때문에 자기 밖의 세계를 구제할 수 없을 정도로 위험하고, 적대적이며, 혼돈스러우며, 성장에 방해가 되는 곳으로 인식한다. 이런 사람들은 내적 영역만이 자신을 보호해주고 위로해준다고 느낌으로써, 고독 속에서 일종의 안전함을 찾는다. 그러나 우리는 대개 고독이란 고통스러운 것이라고 여기므로 개인의 정체성이라는 성벽 뒤에서 탈출하여 우리 밖에 있는 세상과 더욱 화합할 수 있는 상태로 가기를 갈망한다. 사랑에 빠지는 경험은 바로 이러한 도피를 일시적으로 가능하게 해준다. 사랑에 빠지는 현상의 본질은 자아 경계의 일부를 과감하게 무너뜨리고 자신의 자아와 다른 사람의 자아가 하나가 되는 일체감을 느끼게끔 하는 것이다. 다시 말하면 자기로부터 갑작스럽게 빠져나오고, 사랑하는 사람에게 자신을 폭발적으로 쏟아붓고, 이러한 자아 경계의 붕괴에 따른 고독감의 중단은 우리 대부분이 무아지경으로 경험하는 것들이다. 나와 내가 사랑하는 그 사람은 하나가 된다! 고독은 더 이상 존재하지 않는다!

어떤 경우에(모든 경우는 아니다) 사랑에 빠지는 행동은 일종의 퇴행이다. 사랑하는 사람과 하나가 되는 경험은 아기였을 때 어머니와 하나가 되었던 기억과 같다. 이런 일체감과 더불어 어렸을 때 성장하면서 포기해야만 했던 전지전능함을 다시 경험하게 된다. 모든 일들이 가능해 보인다! 사랑하는 사람과 하나가 된다면 모든 장애를 극복할 수 있다고 느낀다. 우리는 사랑의 힘이 반대 세력을 굴복시키고 어둠 저편으로 사라져버리게 만들 것이라고 믿는다. 모든 문제가 극복될 것이라고 믿는다. 장래는 온통 찬란하게 빛날 것이다. 사랑에 빠졌을 때의 이러한 비현실적인 느낌은, 두 살 난 아이가 자기를 집 안에서나 세상에서 무한한 권력을 가진 왕으로 착각하는 비현실적인 느낌과 본질적으로 같은 것이다.

그러나 현실은 두 살짜리 아이가 전지전능에 대한 환상을 깨나가듯이, 사랑에 빠진 두 사람의 일체감에 대한 환상도 깨 나간다. 조만간 일상의 문제에 대응하면서 개개인은 그 자신을 재확인할 것이다. 그는 섹스를 원하는데, 그녀는 원치 않는다. 그녀는 영화 보러 가고 싶어 하지만, 그는 원치 않는다. 그는 은행에 저금하기를 원하는데, 그녀는 세탁기를 사고 싶다. 그녀는 자기 일에 관해서 얘기하려 하는데, 그는 그러려고 하지 않는다. 그녀는 그의 친구들을 좋아하지 않고, 그는 그녀의 친구들을 좋아하지 않는다. 그래서 마음속으로 둘 다 사랑하는 사람과 하나가 아니며, 사랑하는 이는 자기와는 다른 욕망과 취향과 편견 그리고 생활 리듬만 고집하려 들며 앞으로 그럴 것이라는 사실을 뼈저리게 인식하게 된다. 하나씩이든 점진적이든 또는 갑작스럽든 자아 경계가 제자리로 돌아간다. 다시 말해 점진적이든 갑작스럽든 그들은 사랑에서 빠져나온다. 다시금 그들은 서로 떨어진 별개의 두 개체가 된다. 이 정도가 되면 그들은 서로 헤어지거나 참사랑을 시작하려고 노력하게 된다.

내가 사용하는 '참'이라는 말은, 사랑에 빠질 때 사랑한다고 인식하는 것은 허위라는 것과 우리가 느끼는 주관적인 사랑은 환상에 불과하다는 것을 암시한다. 참사랑에 대한 구체적인 설명은 이 부분의 마지막에 가서 언급될 것이다. 간략하게 말해 한 쌍의 연인이 사랑에서 빠져나올 때 그제야 비로소 참사랑이 시작된다는 말은, 참사랑은 사랑의 느낌에 뿌리를 두고 있는 게 아니라는 것을 의미한다. 반면에 참사랑은 때로 사랑한다는 느낌이 없는 관계에서 생기기도 하고, 사랑한다는 느낌이 없는데도 사랑을 갖고 행동할 때 일어나기도 한다. 처음에 언급한 사랑의 정의를 생각할 때 '사랑에 빠지는' 경험은 참사랑이 아니라는 것을 다음의 몇 가지 이유를 들어 얘기할 수 있다.

사랑에 빠지는 것은 의지에서 나온 행동이 아니다. 다시 말해 그것은 의식적인 선택이 아니다. 우리가 아무리 사랑에 빠지기를 열렬히 원하고 마음을 열고 있을지라도 사랑에 빠지는 경험을 못할 수도 있다. 이와 반대로 확실히 원하고 있지 않을 때, 그런 경험이 불편하고 바람직하지 않을 때, 사랑에 빠지는 경험에 사로잡힐 수 있다. 적합한 상대와는 물론이고 분명 부적합한 상대와도 사랑에 빠지곤 한다. 우리는 열정의 대상을 좋아하거나 숭배하지 않을 수도 있다. 반면에 아무리 노력해도, 존경할 만하고 깊은 관계를 맺는 것이 모든 면에서 바람직한 사람과 사랑에 빠지지 않을 수 있다. 이 말은 사랑에 빠지는 경험이 훈육의 영향을 받지 않는다는 뜻은 아니다. 예를 들면 환자들이 정신과 의사와 사랑에 빠지듯 정신과 의사도 가끔 환자와 사랑에 빠지기도 하지만 그들은 환자에 대한 책임과 의무 때문에 자신의 자아 경계를 무너뜨리지 않으며, 환자를 연애 대상으로 여기지도 않는다. 이러한 자제력을 기르는 훈육 과정은 엄청난 갈등과 고통을 요구한다. 그러나 훈육과 의지력만이 그런 경험을 조절할 수 있게 해줄 것이다. 사랑에 빠지는 감정 자체를 피할 수는 없지만, 그러한 감정에 어떤 태도를 취할 것인지는 선택할 수 있다.

사랑에 빠지는 경험은 개인의 한계나 경계를 확장시키는 것이 아니다. 그것은 부분적이고 일시적인 자아 경계의 붕괴다. 개인의 한계를 확장시키는 데는 반드시 노력이 뒤따라야 하지만 사랑에 빠지는 일에는 노력이 필요 없다. 게으르고 훈육 안 된 개인도 활기차고 헌신적인 사람만큼 사랑에 빠질 가능성이 있다. 일단 사랑에 빠지는 소중한 순간이 지나고 자아 경계가 제자리로 돌아오면 사람들은 환상에서 깨어날 것이다. 그러나 그 누구도 그 경험 때문에 더 성장하진 않는다. 그런데 한번 확장되거나 늘어난 한계는 늘어난 상태를 유지한다. 참사랑은 영원히 자신을 확대하는 경험이다. 그러나 사랑에 빠지는 것은 그렇지 않다.

사랑에 빠지는 경험이 영적 발전을 지향하는 경우는 거의 없다. 사랑에 빠질 때 우리 마음속에 어떤 목적이 있다면 자신의 고독에 종지부를 찍고 결혼을 통해 이를 확실하게 해두자는 정도가 고작일 것이다. 분명히 영적 발전에 대해서는 생각하지 않는다. 사랑에 빠지고 나서 다시 빠져나오기 전까지는 드디어 도달했고, 정상에 이르렀으며, 이보다 더 높이 올라갈 필요도 가능성도 없다고 느낀다. 그리고 이제 더 이상 아무런 발전도 필요 없다고 느끼고 전적으로 자신이 있는 곳에 만족한다. 우리의 영혼은 평화로우며 사랑하는 사람도 영적 발전이 필요 없다고 생각한다. 반면에 사랑하는 대상을 지금까지 그래왔듯이 현재 완벽하다고 인식한다. 그에게서 어떤 결점을 발견하더라도 중요하지 않은 것, 즉 단지 멋과 매력을 더해주는 작은 궤변이나 사랑스러운 괴벽이라고 인식한다.

사랑에 빠지는 것이 사랑이 아니라면, 자아 경계의 일시적이고 부분적인 붕괴 이외에 또 어떤 면이 있을까? 잘은 모르겠으나 사랑에 빠지는 현상의 성적 특성으로 미루어 짐작건대, 그것은 짝을 구하고자 하는 유전적으로 결정된 성적 본능의 발로가 아닌가 생각한다. 다시 말해, 사랑에 빠진 행위의 특징인 일시적인 자아 경계의 붕괴는 내부의 성적 충동과 외부의 성적 자극의 결합에 대한 인간의 전형적인 반응이다. 그런데 이런 반응은 종족 보존을 위해 성적 결합의 가능성을 더 높이는 데 도움이 된다. 또는 다소 우스꽝스럽게 말해 사랑에 빠지는 것은, 가만히 두었더라면 분별력을 갖추었을 우리의 정신을 유전인자가 속여 결국은 결혼이라는 덫에 걸리거나 빠트리는 것이라고 할 수 있다.

이런 계략이 잘 통하지 않는 경우도 많다. 성적 충동이나 자극에 동성애적이거나 다른 요인 — 부모의 간섭, 정신 질환, 책임에 따른 갈등 또는 성숙한 자기 훈육 — 이 끼어들어 결합을 방해하는 경우가 그것이다. 반면에 이런 계략, 즉 유아적인 결합과 전지전능 쪽을 향한 이 환상적이고 일시적일 수밖에 없는(일시적이지 않다면 현실성이 없을 것이다) 퇴행이 없었다면, 행복하든 불행하든 현재 기혼자 중 많은 사람은 공포에 사로잡혀 결혼 서약이라는 현실에서 도망갔을 것이다.

낭만적인 사랑이라는 신화

사랑에 빠져 결혼에까지 이르는 까닭은 아마도 그 경험이 영원히 지속될 것이라는 환상 때문일 것이다. 이 환상은 낭만적인 사랑이라는 널리 퍼진 신화로 인해 우리 문화에서 사육되고 있다. 이러한 신화는 우리가 어릴 적 즐겨듣던 동화에 근거하고 있는데 동화 속에서 왕자와 공주는 결혼하여 영원히 행복하게 산다. 결국, 낭만적인 사랑의 신화가 얘기해주는 것은 이 세상의 모든 젊은이에게는 '정해진 짝'이 있다는 것이다. 더욱이 신화는 한 남자에게는 단지 한 여자, 한 여자에게는 단지 한 남자가 정해져 있고 이것은 운명으로 이미 결정돼 있음을 암시한다. 이미 정해진 사람을 만날 때면 그와 사랑에 빠짐으로써 그 사람이라는 것을 알 수 있다. 우리는 하늘이 정해준 사람을 만났으며 우리의 만남은 완벽하기 때문에 영원히 언제까지나 서로 원하는 것을 충족시켜줄 수 있을 것이고 그래서 완벽한 합일과 조화로 영원히 행복하게 살 것이라고 확신한다. 그러나 시간이 흐르면 만족하지 못하거니와 서로 원하는 것을 채워주지도 못하고 마찰이 생겨나고 사랑이라는 마력에서 빠져나온다. 그제야 운명의 별을 잘못 해석해서 하나뿐인 완벽한 짝을 만나지 못했으며, 끔찍한 잘못을 저질렀다고 한탄하게 된다. 우리가 생각했던 것은 참되고 '진실'된 사랑도 아니었으며, 언제까지나 불행하게 살든가 이혼하든가 외에는 이런 상황을 수습할 만한 아무 대책이 없다고 생각하게 된다.

나는, 위대한 신화는 위대하고 보편적인 진리를 상징하고 구현한다는 바로 그 이유 때문에 위대하다고 생각한다(이 책에서는 그러한 신화 몇 가지를 살펴볼 것이다). 그러나 낭만적인 사랑이라는 신화의 경우, 그것은 끔찍한 거짓말이다. 그런데 사랑에 빠지는 행위에 그럴듯한 타당성을 부여하고 독려하여 결국 결혼에 빠지게 함으로써 인류의 존속을 공고히 하고자 한다는 점에서 그것은 필요한 거짓말인 것 같다. 그러나 정신과 의사로서 나는 이러한 신화가 엄청난 혼돈과 고통을 낳는 현실을 보며 거의 매일같이 마음속으로 울고 있다. 수백만의 사람들이 비현실적인 신화와 자기 삶을 일치시키기 위해 필사적으로 노력하지만, 이것은 정력의 낭비일 뿐 아무런 결실도 보지 못한다.

A부인은 죄책감으로 인해 어리석으리만치 남편에게 자신을 예속시키고 있었다. 그녀는 이렇게 말했다.

"결혼했을 때 나는 남편을 진정으로 사랑하지는 않았어요. 하지만 진정으로 사랑하는 척했죠. 그를 속였으니, 남편에게 불평할 권리가 없어요. 그에게 빚을 졌으니, 그가 원하는 대로 무엇이든지 다 해주어야 해요."

B씨는 이렇게 한탄했다.

"C양과 결혼하지 않은 것을 후회합니다. 우리가 결혼했더라면 정말 잘살았을 거라고 생각해요. 그렇지만 나는 그녀에게 푹 빠지지 않았기 때문에 그녀가 내게 맞는 사람이 아니라고 생각했어요."

결혼한 지 2년 된 D부인은 뚜렷한 이유 없이 몹시 우울해졌다며 치료를 받으러 왔다.

"무엇이 잘못됐는지 잘 모르겠어요. 완벽한 결혼 생활을 하고 있고, 필요한 것은 무엇이든 다 갖고 있어요."

수개월 뒤 그 부인은 자신이 남편과의 사랑에서 깨어났으며, 그렇다고 그것이 엄청난 실수를 의미하는 것은 아니라는 사실을 인정할 수 있었다.

E씨도 역시 결혼한 지 2년 되었다. 저녁이면 머리가 몹시 아파서 고생하고 있었다. 그런데 이것이 신경성 두통이라는 진단을 믿지 못했다.

"내 가정생활은 원만하고, 나는 아내를 결혼하던 그날처럼 사랑하고 있어요. 아내는 내가 지금까지 바라온 모든 것이에요."

그러나 일 년이 지난 뒤 다음과 같은 사실을 인정할 수 있게 되자 비로소 두통은 사라졌다.

"아내는 내 월급은 생각지도 않고 이것저것 늘 원하고 또 원합니다. 이런 식으로 나를 너무 귀찮게 해서 사는 게 지옥 같아요."

그러고 난 후 그는 낭비벽에 대해서 아내에게 따질 수 있었다.

사랑의 도취에서 깨어난 F부부는 그러한 사실을 서로 인정한 후 두 사람 모두 '참사랑'의 대상을 찾아 심하게 바람을 피우고는 서로를 비참하게 만들었다. 그들은 사실인정이 결혼의 끝이 아니라 노력의 시작임을 깨닫지 못했던 것이다. 달콤한 신혼이 끝났다고 인정했을 때조차, 다시 말해 더 이상 낭만적으로 사랑하지 않지만 여전히 그들 관계에 충실할 수 있다는 것을 인정했을 때조차 그들은 여전히 신화에 집착하고 신화에 맞춰서 살려고 한다. '사랑에서 깨어나긴 했지만, 진정한 의지로 마치 아직도 사랑에 빠져 있는 것처럼 행동하면 다시 낭만적인 사랑이 돌아올지도 모른다'라는 것이 그들의 생각이다. 이 부부는 함께한다는 것을 중요하게 여겼다. 그들은 부부 집단 치료 시간(나와 아내, 가까운 동료들이 아주 진지한 결혼 상담을 이렇게 한다)에 들어와서 같이 자리를 잡고 앉아 서로를 위해 이야기하고, 서로의 잘못을 변호해주고, 나머지 집단 구성원 앞에서 연합 전선이라는 것을 보여주려고 했다. 그들은 이러한 단결이 자기들의 결혼 생활이 비교적 건전한 것임을 보여주는 신호라고 생각했고, 결혼 생활의 개선을 위한 필수 조건이라고 믿었다. 대개의 부부에게는 어느 시점이 되면, 주로 이른 시일 내에, 지나치게 결혼을 의식하고 너무 부부라는 것을 의식하고 있다는 것을, 건설적으로 문제를 다루려면 우선 서로 심리적 거리를 가질 필요가 있다는 것을 말해주어야 한다. 어떤 때에는 그들을 따로 떼어놓을 필요도 있다. 그래서 둥그렇게 앉은 집단 안에서 서로 거리를 두고 앉도록 자리를 지정해주기도 한다. 서로를 방어하고 변호하는 행동은 삼가도록 요청할 때도 있다. 거듭 반복해서 나는 다음과 같이 말한다.

"메리가 자기 자신을 위해 말하도록 놔두세요, 존."

"존도 스스로 자기를 변호할 수 있어요, 메리. 존도 충분히 강하거든요."

결국 치료를 계속 받는다면, 부부는 자신을 진실로 받아들이고 상대방이 서로의 개성을 지닌 별개의 개체임을 인정하며 이런 기반 위에서만이 성숙한 결혼 생활이 가능하고 참사랑도 자랄 수 있다는 것을 알게 된다.*

---

* 오닐 부부의 책《개방적인 결혼생활》을 읽은 독자는 이것이 바로 폐쇄된 결혼생활과는 달리 개방적인 결혼생활이 주장하는 기본 논리임을 알 것이다. 실제로 오닐 부부는 개방적인 결혼생활을 전파하는 데 있어서 참으로 조심스럽고 자제하는 모습이었다. 내가 부부 문제를 상담하면서 갖게 된 확고한 결론은 개방적인 결혼생활이야말로 성숙하고 건전한 유일한 것으로 정신건강을 파괴하지도 않으며, 배우자 각각의 성장에도 도움이 된다는 것이다.

사랑은 자아 영역을 확대하는 것

앞에서 '사랑에 빠지는' 경험은 참사랑이 아니라 일종의 환상이라고 단언했다. 이번에는 정반대로, 사랑에 빠지는 것은 참사랑에 도달할 수 있게 해주는 좋은 경험임을 말하고자 한다. 사실 사랑에 빠지는 것이 '사랑'이라는 그릇된 인식은, 바로 그것이 진실의 씨앗을 품고 있기 때문에 그만큼 강력한 힘을 발휘하는 것이다.

참사랑의 경험은 인간 한계의 확장을 가져오므로 그 경험은 역시 자아 경계와 연관돼 있다. 인간의 한계가 인간의 자아 경계다. 사랑을 통해 한계를 확장할 때 우리는 사랑하는 사람의 성장을 돕기를 소망하면서 그 대상을 향해 다가가기 때문에 그러한 일이 가능해진다. 이렇게 되기 위해서는 우선 사랑하는 대상에게 사랑을 느껴야 한다. 다시 말해서 자아 경계를 넘어서서 우리 밖에 있는 대상에 끌려야 하고 자신을 투자하고 완전히 헌신해야만 한다. 정신과 의사들은 이러한 끌림과 투자와 헌신하는 현상을 '애착'이라고 부르고 사랑하는 대상에 '애착한다'라고 말한다. 자신 밖에 있는 대상에 애착할 때 우리는 심리적으로 그 대상의 상징을 자신과 일치시킨다. 정원 가꾸기를 취미로 하는 어떤 사람을 예로 들어보자. 그것은 만족감을 주고 유익하게 시간도 보낼 수 있는 취미다. 그는 정원 가꾸기를 '사랑'하고 있다. 그 정원은 그에게 상당히 의미가 있다. 이 사람은 정원에 애착해왔다. 그는 정원에 완전히 매료되어, 거기에 자신을 투자하고 헌신한다. 그 정도가 아주 대단해서 그는 일요일 아침에도 일찍 잠자리에서 나와 정원으로 나가며, 그 일 때문에 여행을 거절하고 부인조차 소홀히 대할지도 모른다. 이러한 애착 과정에서 꽃과 나무를 기르면서 그는 아주 많은 것을 배운다. 흙과 비료, 뿌리 내리는 것, 가지치기 등 많은 것을 알게 된다. 그리고 정원의 역사, 꽃과 나무의 종류, 정원의 구성, 문제점과 미래의 모습까지, 자기 정원의 특징을 알게 된다. 정원은 외부에 존재하지만, 그의 애착 과정을 통해 정원은 내부에도 역시 존재한다. 정원에 대한 지식과 의미는 이미 자신의 일부가 되고 그의 정체성, 그의 역사, 그의 지혜의 일부가 된다. 다시 말해 정원을 사랑하고 정원에 애착을 느낌으로써, 그는 실제로 정원과 자신을 일치시켰다. 이러한 일치를 통해 그의 자아는 확대되고 자아 경계는 확장되었다.

수년간의 사랑, 애착을 위한 한계 확장은 결국 무엇을 가져다줄까? 그것은 점진적이고도 발전적인 자아의 확장, 외부 세계와 내부 세계의 통합, 이에 따른 자아 경계의 성장과 확장과 약화를 연쇄적으로 가져다준다. 이렇게 더 많이, 더 오랫동안 자아를 확장해 나가면 나갈수록 사랑은 더 깊어지고 자아와 세계의 구별은 더욱 불투명해진다. 우리는 세상과 우리를 동일시하게 된다. 이렇게 자아 경계가 불투명해지고 엷아지면, 경계는 부분적으로 붕괴되고 '사랑에 빠질' 때 같은 종류의 황홀감을 더욱더 체험하기 시작한다. 사랑하는 대상과 일시적이고 비현실적으로 결합하는 대신, 세상의 많은 것들과 현실적이고 더욱 영속적으로 결합하게 된다. 온 세상과의 '신비한 결합'이 이루어질 것이다. 이러한 결합에서 느껴지는 황홀감이나 희열은 사랑에 빠지는 것만큼 자극적이지 않고 극적인 느낌도 덜하지만, 그 대신 더욱 안정되고 지속적이며 결국 만족스럽다. 이것이 사랑에 빠지는 것으로 대변되는 절정체험과 소위 매슬로Abraham Maslow가 말하는 '고원체험plateau experience'* 간에 존재하는 차이점이다. 고지는 갑자기 나타났다가 다시 사라지는 것이 아니다. 그것은 영원히 소유된다.

성행위 그 자체는 사랑의 행위가 아니다. 그런데도 성교, 특히 오르가슴(자위행위도 포함해서)의 경험은 많고 적은 정도의 차이는 있어도, 자아 경계가 붕괴되고 황홀감이 수반된다. 이러한 자아 경계의 붕괴 때문에 육체관계에서 절정에 도달했을 때는 창녀에게 '사랑해'라든가 '오 하나님'이라고 외칠 수 있다. 그러나 잠시 후 자아 경계가 다시 제자리로 돌아오면 한 치의 애정이나 호감이나 관심도 느껴지지 않는다. 이 말은 오르가슴의 황홀감은 사랑하는 이와 나눌 때 더 증대될 수 없다는 얘기가 아니다. 그럴 수 있다. 그러나 사랑하는 사람이 아닌 어떤 상대라도 오르가슴과 더불

---

* 《종교, 가치, 절정경험》 서문, 바이킹 사, 1970.

어 일어나는 자아 경계의 붕괴는 똑같다. 잠시 우리는 자신이 누구인지를 잊고 자아는 흔적도 없이 사라지며 시간과 공간을 망각한 채 자아를 벗어나 어디론가 가버린다. 우리는 우주와 하나가 될 수 있다. 그러나 단지 잠깐이다.

오르가슴에서 오는 순간적인 합일과 비교할 때 참사랑과 연관된 지속적인 '우주와의 합일'을 나는 '신비로운 합일'이라고 표현했다. 신비주의는 '실재는 하나'라는 믿음이 필수다. 철저하게 신비주의를 신봉하는 사람은, 우주는 서로 분리된 무수한 독립적인 개체(별, 행성, 나무, 집, 우리 자신)로 구성되어 있다는 보편적인 인식이 오해이고 착각이라고 믿는다. 이러한 합의된 오해, 즉 대부분의 사람들이 실재라고 잘못 알고 있는 환상의 세계를 힌두교도와 불교도는 마야Maya라고 일컫는다. 이들은 물론 다른 신비주의자들도 참된 실재는 자아 경계를 포기한 합일의 경험을 통해서만 알 수 있다고 주장한다.

어떤 양상이든 자신을 우주의 다른 부분에서 분리되고 구별되는 독립된 개체로 보는 한, 인간은 우주의 통일성을 깨달을 수 없다. 이런 이유로 힌두교도와 불교도는 때때로 주장하기를, 자아 경계가 발달되기 전의 영아는 실재를 바로 알고 있지만, 오히려 성인들은 모른다고 말한다. 심지어 실재는 하나라는 것을 깨닫기 위해서는 퇴행하거나 영아와 같은 상태가 되어야 한다고 제안한다. 이 주장은 성인으로서 책임질 준비가 안 되어 있는 일부 청소년이나 청년에게는 위험하고 매혹적인 교리다. 성인이 져야 할 책임은 그들의 능력을 넘어서서 두렵고 버겁고 힘들어 보이기 때문이다. 그들은 '이런 것 모두를 겪어낼 필요가 없다'라고 생각할지도 모른다. 또 '나는 성인이 되려고 애쓰기를 포기할 수도 있고, 성인의 의무에서 벗어나 성자로 은거할 수도 있다'라고 생각하기도 한다. 그러나 이런 생각대로 행동하면 성자라기보다는 오히려 정신분열증 환자가 되기 쉽다.

대부분 신비주의자는 우리가 논의한 훈육의 마지막 내용을 잘 이해하고 있다. 즉, 무언가를 포기하려면 그것을 갖고 있거나 성취해야만 하며 여전히 우리 능력과 생활력을 유지하고 있어야 한다는 사실이다. 자아 경계가 없는 유아는 부모보다 가까이 실재와 접근하고 있을지는 모르나 부모의 돌봄 없이는 생존할 수 없으며 부모의 지혜를 전달받을 능력도 없다. 성자로 가는 길은 성년기를 통해 지나야 한다. 짧고 쉬운 지름길은 없다. 자아 경계는 부드러워지기 전에 먼저 굳어져야만 한다. 그리고 자아를 초월하기 전에 자아가 확립되어야 한다. 자아를 잃어버리기 전에 먼저 자아를 발견해야 한다. 사랑에 빠지거나 성관계를 가질 때 또는 정신에 영향을 미치는 약물 복용 등으로 잠시 자아 경계에서 벗어나는 열반과 같은 감정을 느낄 수 있다. 그러나 이것은 열반 그 자체가 아니다. 열반, 지속적인 깨달음, 진정한 정신적인 성장 등은 오로지 참사랑을 부단히 실천함으로써 성취할 수 있다는 것이 이 책의 주제다.

요약하자면, 사랑에 빠져 성행위를 할 때 수반되는 일시적인 자아 경계의 붕괴는, 참사랑을 시작할 가능성이 있는 사람을 헌신으로 이끌 뿐만 아니라 평생 사랑한 후에야 맛볼 수 있는 보다 지속적이고 신비한 황홀감을 (장려하는 차원에서) 미리 조금 맛보게 한다. 그러므로 사랑에 빠지는 것은 참사랑을 향한 동기를 제공한다고 볼 수 있다. 이와 같이 사랑에 빠지는 것 자체는 사랑은 아니지만 그것은 크고 신비로운 사랑이라는 세계의 일부다.

의존성을 경계하라

사랑에 관한 흔한 오해 중 두 번째는 의존도 사랑이라고 생각하는 것이다. 이것은 정신과 의사들이 항상 염두에 두고 다루어야 하는 오해이기도 하다. 이 의존성의 결과는 아주 극적인 것이어서 자살을 시도한다거나 자살하는 시늉을 하거나 자살하겠다는 말로 사람을 위협한다. 이들은 배우자나 애인에게 거절당하거나 결별 이후에 무기력할 정도로 우울증에 빠진다. 그런 사람들은 보통 "살고 싶지가 않아. 남편(아내, 친구, 애인) 없이는 살 수 없어. 나는 그(녀)를 무척 사랑해"라고 말한다. 이런 환자를 상담할 때 나는 흔히 "잘못 생각하고 있습니다. 당신은 남편(아내, 친구, 애인)을 사랑하는 게 아니에요"라고 말한다. 그러면 대개 이렇게 화를 낸다.

"무슨 말이에요? 그 사람 없이는 못 살겠다고 방금 말하지 않았어요?"

그러면 나는 설명해주려고 노력한다.

"당신이 말하는 것은 기생이지 사랑이 아니에요. 생존을 위해 다른 사람이 필요하다면 당신은 그에게 기생충과 다름없습니다. 당신의 관계에는 선택도 자유도 없습니다. 그것은 사랑이기보다는 오히려 필요의 문제입니다. 사랑이란 선택의 자유로운 실천입니다. 서로가 없어도 잘살 수 있지만, 함께 살기로 선택할 때만이 서로 사랑한다고 할 수 있는 겁니다."

나는 의존성이란, 상대방이 자신을 열심히 보살펴준다는 확신이 없으면 적절한 역할을 못 하거나 완전함을 경험할 수 없는 상태라고 정의한다. 신체적으로 건강한 성인이 의존성을 보인다면, 병원에 가야 하는 상태다. 다시 말해서 그것은 병이고 예외 없는 정신과 질환이나 정신적 결함의 징후다. 이것은 보통 우리가 말하는 의존하고 싶은 욕구나 느낌과는 구별되어야 한다. 아무리 다른 사람과 자신에게 "그렇지 않다"라고 말할지라도 우리 모두는 의존하고 싶은 욕구나 느낌을 갖고 있다. 우리 모두에게는 자기보다 더 강한 사람이 진심으로 관심을 갖고 아기처럼 보살펴주기를, 가만히 있어도 돌봐주기를, 애정을 보여주기를 바라는 욕구가 있다. 아무리 강하고 책임감 있고 애정 넘치는 어른일지라도 자신을 자세히 들여다보면 때로는 누군가 돌봐주기를 소망하는 자신을 발견할 수 있다. 아무리 나이를 먹고 성숙할지라도 우리 모두는 끊임없이 자신을 충족시켜주는 어머니상이나 아버지상을 찾고 또한 그런 사람을 갖고 싶어 한다.

그러나 대부분은 이러한 욕망이나 느낌이 생활을 지배하지 않는다. 즉, 그것이 우리 존재의 압도적인 관심사는 아니다. 그것이 삶을 지배하고 존재의 질을 좌우할 때, 그때는 의존하고 싶은 욕구나 느낌 이상의 것을 갖는다. 다시 말해 의존적인 상태가 된 것이다. 특별히 의존 욕구가 삶을 지배하고 좌우할 때, 그 사람은 의학적 용어로 '수동성 의존적 성격 장애'라고 칭하는 정신적 장애를 앓고 있는 것이다. 단순한 의존 욕구나 느낌 그 이상의 것을 지님으로써 의존적인 '상태'가 되는 것이다. 의존 욕구가 일상을 좌지우지하는 사람은 정신과 의사들이 '수동성 의존적 성격 장애'라고 부르는 정신적 장애로 고통받는다. 이것은 모든 정신 장애 중에서 가장 흔한 것이다.

이러한 장애를 가진 사람, 즉 수동적으로 의존하는 사람은 언제나 사랑받는 데 급급한 나머지 다른 사람을 먼저 사랑할 에너지가 남아 있지 않다. 마치 아무데서나 있는 대로 식량을 긁어모으지만 다른 사람에게 줄 식량은 없는 굶주린 사람 같다. 그들 내부는 텅 비어 있어서 채워지기를 애타게 갈구하지만, 절대로 완전히 채울 수 없는 밑이 뚫린 웅덩이 같다. 그들은 결코'충분히 채워졌다'라고 느끼지 못하고 온전하다는 느낌도 갖지 못한다. 그들은 항상 '뭔가 부족하다'라고 생각한다. 또한 외로움도 잘 견디지 못한다. 온전한 느낌이 부족해서 진정한 정체성을 갖지 못하고 단지 관계 속에서만 자신을 규정한다.

서른 살 된 한 인쇄 기술자가 아주 심한 우울증 때문에 나를 찾아왔다. 그는 아내가 두 아이를 데리고 떠난 지 사흘이 되었다고 말했다. 아내는 그가 가족에게 무관심하다고 불평하면서 이전에도 세 번이나 그를 떠나겠다고 협박한 적이 있었다고 한다. 그는 매번 떠나지 말라고 애원하면서 변하겠노라고 약속했지만, 그 약속은 번번이 하루 이상을 못 넘겼다. 그러다 아내는 이번에 정말로 그 협박을 이행한 것이다. 그는 이틀 동안 잠 한숨 못 자고 불안에 떨었으며 하염없이 눈물을 흘렸고 심각하게 자살까지 생각했다. 그는 울면서 말했다.

"가족 없이 못 살겠어요. 그들을 몹시 사랑합니다."

나는 말했다. "헷갈리는군요. 당신은 아내의 불평이 옳다고 했고, 아내를 위해 아무것도 한 게 없다고 했어요. 집에는 들어가고 싶을 때 가고, 아내에게 성적이든 감정적이든 흥미가 없었고, 몇 달이고 아이들에게 말도 걸지 않았으며 같이 놀아주지도 않았고, 그 어디에도 데리고 간 적이 없다고도 했습니다. 그렇다면 당신은 가족과 관계가 없었다는 건데, 이해가 가지 않는군요. 전혀 있지도 않았던 관계를 잃었다고 갑자기 왜 우울한지 말입니다."

"모르시겠어요?" 그는 대답했다. "나는 이제 아무것도 아니에요. 아무것도 아니라고요. 아내도 없고, 아이들도 없고, 내가 누구인지도 모르겠어요. 그들을 돌보지 않았는지는 모르겠지만, 나는 틀림없이 그들을 사랑합니다. 그들 없이 나는 아무것도 아니에요."

그는 아주 심한 우울 상태에 빠져 있었기 때문에 — 가족이 부여해준 정체성을 상실했기 때문에 — 나는 이틀 후에 다시 만나기로 했다. 그러면서 나는 그가 조금도 나아지지 않을 것이라고 생각했다. 그러나 이틀 후 그는 웃음 띤 얼굴로 명랑하게 내 사무실에 뛰어 들어와서는"이제 모든 것이 다 괜찮습니다"라고 선언했다.

"가족과 다시 합쳤습니까?" 나는 물었다.

"아뇨" 하고 그는 신이 나서 대답했다.

"이제껏 그들에게서는 아무 소식도 없었어요. 그렇지만 나는 어젯밤 한 술집에서 여자를 만났어요. 그녀가 나를 정말 좋아한다고 했어요. 그녀도 나처럼 가족과 헤어졌답니다. 우리는 오늘밤에 다시 데이트하기로 했습니다. 나는 다시 사람이 된 것 같아요. 다시 선생님을 찾아뵙지 않아도 될 겁니다."

이러한 갑작스러운 변화는 바로 수동적 의존성을 지닌 사람들의 특징이다. 의지할 사람이 있기만 하면 누가 됐든지 상관없어 보인다. 정체성을 줄 사람만 있으면 그들의 정체성이 무엇이든지 간에 상관없는 것이다. 그래서 얼핏 보기에는 그들의 관계가 열렬하고 극적으로 보일지 모르지만 실제로는 극히 얕다. 내적 공허감과 그 공허감을 채우려는 굶주림이 크기 때문에 수동적 의존성이 있는 사람들은 타인을 위해 자신의 욕구 충족을 뒤로 미루는 것을 참지 못한다.

다른 예로 한 아름다운 여성(매우 총명하고, 어떤 면에서는 아주 건강한 젊은 여성이었다)은 열일곱 살부터 스물한 살까지 예외 없이 두뇌나 능력 면에서 자기보다 수준 낮은 남자들과 끊임없이 성관계를 해왔다. 한 남자와 관계가 끝나면 곧 다른 남자에게 갔다. 그녀의 문제는 적합한 남자를 찾을 때까지 충분히 기다릴 수 없다는 데에 있었다. 당장 만날 수 있는 숱한 남자 중에서 누군가를 선택할 때조차 인내심이라고는 찾아볼 수 없었다. 심지어는 한 남자와 관계가 끝난 지 24시간도 채 지나기 전에 술집에서 첫 번째로 만난 남자를 선택하고는, 다음 상담 시간에 와서 그 남자를 입이 마르도록 칭찬했다. "실직자이고 술을 많이 마시는 것은 알지만, 그는 아주 재주가 많고 참으로 나를 염려하고 돌봐준답니다. 틀림없이 그와 잘될 거예요."

그러나 잘되는 일은 결코 없었다. 선택이 잘못되어서가 아니라, 그녀가 남자에게 집착하기 때문이다. 남자에게 점점 더 애정 표현을 요구하고, 언제나 같이 있으려 하고, 혼자 떨어져 있기를 아주 싫어하기 때문이다. "당신을 너무 사랑해서 당신과 헤어지는 걸 견딜 수 없어요"라고 말하겠지만, 조만간 그는 소위 그 '사랑'이라는 것 때문에 완전히 숨 막힐 것이고, 덫에 걸려 꼼짝할 수 없는 것처럼 느낄 것이다. 격렬한 충돌과 함께 관계는 끝장날 것이고 그녀의 악순환은 다음날 다시 시작될 것이다. 3년간의 치료를 받은 후에야 그녀는 악순환의 고리를 깰 수가 있었다. 그 치료 기간에 그녀는 자신의 지성과 재주를 제대로 평가했다. 또한 공허와 굶주림을 확인했고 그것이 진정한 사랑과 다른 것임을 알게 되었다. 자신의 굶주림이 자기에게 해로운 관계를 시작하고 집착하게 만들었다는 것을 깨달았다. 그래서 자기의 자산을 활용하기 위해서는 자신의 굶주림을 최대한 엄격하게 훈육해야 한다는 사실을 받아들였다.

이런 현상을 진단할 때 '수동적'이라는 말을 '의존적'이라는 말과 함께 사용한다. 이런 사람들은 자신이 무엇을 할 수 있는가는 생각하지 않고, 다른 사람이 무엇을 해줄 수 있는가만 생각하기 때문이다. 언젠가 수동적 의존성 환자 중 독신자 다섯 명으로 구성된 환자들과 집단 상담을 한 적이 있었다. 나는 5년 후 자기 인생이 어떠하기를 바라는지 각자 원하는 것을 말해보도록 했다. 그런데 그들은 이러저러하게 "나를 잘 돌봐줄 사람과 결혼하고 싶습니다"라고 대답했다. 도전적인 직업을 갖고 싶다든지, 예술 작품을 창작하겠다든지, 사회 공동체에 공헌하겠다든지, 아이들을 사랑하거나 가질 수 있는 상황을 언급한 사람은 한 사람도 없었다. 그들의 꿈에는 노력이란 개념이 포함되어 있지 않았다. 그들은 단지 보호받고 노력이 필요 없는 수동적인 상태를 꿈꾸었다. 나는 다른 많은 사람에게처럼 그들에게도 이렇게 말했다.

"사랑받는 것이 목적이면 그걸 성취하지 못할 것입니다. 확실히 사랑받을 수 있는 유일한 길은 자기 자신이 사랑받을 만한 가치 있는 사람이 되는 것입니다. 삶의 첫 번째 목적이 수동적으로 사랑받는 것이라면 당신은 사랑받을 가치가 없는 사람입니다."

이 말은 수동적 의존성을 지닌 사람들이 남을 위해 아무것도 하지 않는다는 뜻이 아니다. 그들이 어떤 일을 시작하는 동기는 확실히 보호받을 수 있도록 다른 사람들과 관계를 밀착시키는 데 있다. 그리하여 상대방에게 자신을 돌봐줄 가능성이 희박해 보일 때 그들은 '어떤 일을 하는 데' 큰 곤란을 느낀다. 앞에서 말한 집단의 사람들은 모두 부모를 떠나 자신의 집을 사는 것이라든지, 전적으로 불만스러운 옛 직장을 버리고 새 직장을 구한다든지 또는 취미에 자신을 투자하는 일조차 고민하며 곤란해했다.

결혼생활에서는 보통 두 배우자 간에 역할이 구분된다. 즉, 둘 사이의 통상적이고 효율적인 노동 분배가 이루어진다. 여자는 요리하고 청소하고 장보고 아이를 돌보며, 남자는 직업을 갖고 경제를 책임지고 잔디를 깎고 집 안의 자잘한 수리들을 맡는다. 건전한 부부는 때때로 역할을 즉흥적으로 바꾸기도 한다. 남편은 이따금 식사 준비를 하거나 일주일에 하루쯤 아이들을 데리고 지내기도 하며 집 안을 청소해놓아 아내를 놀라게 하기도 한다. 아내는 시간제로 일하거나 남편 생일에 잔디를 깎기도 하며 일 년 동안 은행 계좌 관리와 청구서 지불을 떠맡기도 한다. 이런 부부는 이렇게 남녀가 할 일을 바꾸는 것을 일종의 재미로 여긴다. 결혼 생활에 양념이자 변화를 주는 것으로 생각한다. 하지만 이러한 역할 바꾸기에는 더 큰 의미가 담겨 있다. 무의식적이긴 하지만 서로의 의존성을 줄이는 것이다. 어떤 의미에서는 부부 각자가 서로를 잃게 될 것을 대비해 자신을 훈련하는 것이라고 하겠다. 그러나 수동적 의존성이 있는 사람은 상대를 잃는다는 것은 상상도 못할 만큼 엄청난 일이라서 그를 위한 준비 같은 건 감당해낼 수 없다. 또 의존성을 줄이거나 상대의 자유를 늘려주는 것을 견딜 수 없어 하기도 한다. 결과적으로 역할 분담을 매우 엄격하게 하고 결혼을 마치 덫처럼 만들기 위해 서로에 대한 의존성을 증가시키는 것이 수동적 의존성이 있는 사람들이 보이는 행동적 특성 중 하나다. 그렇게 함으로써, 실제로는 의존성이지만 그들은 사랑이라고 부르는 것의 이름으로 자신과 상대방의 자유와 성장을 축소시킨다.

이러한 과정에 나타나는 현상의 하나로 수동적 의존성이 있는 사람들은 결혼 후 때때로 결혼 전에 획득한 능력을 내버리기도 한다. 예를 들면 흔히 볼 수 있는 증세로 자동차를 '운전할 수 없는' 아내가 있다. 이런 경우 절반가량은 운전을 배우지 못해서일 수도 있지만, 나머지는 종종 작은 사고 때문이라고 주장하면서 결혼 후 어떤 시점에서 운전에 대한 '공포'를 갖게 돼 그만두는 경우가 많다. 이런 공포의 결과 많은 사람들이 사는 시골과 교외 지역에서 아내는 남편에게 거의 전적으로 의존하고, 무력하다는 것을 내세워 남편을 곁에 쇠사슬로 묶어두려고 한다. 이제 그 남편은 가족을 위해서 장 보는 일을 도맡든가 아니면 아내를 차에 태워 시장으로 데리고 다녀야 한다. 이런 행동은 대체로 부부 모두의 의존적인 욕구를 만족시키므로 대부분의 부부가 이를 병적이라거나 해결해야 할 문제로 보지는 않는다.

한번은 아주 명석한 은행가에게 '공포심' 때문에 마흔여섯 살에 갑자기 운전을 그만둔 부인 얘기를 꺼내며 혹시 정신과 치료를 받아야 하는 건 아닌지를 넌지시 말했더니 그는 이렇게 말했다.

"오, 아닙니다. 의사 말이 갱년기 때문이라고 했어요. 선생님이 어떻게 해볼 수 없는 문젭니다."

부인은 남편이 퇴근 후 장 보는 데까지 자기를 데려가고, 아이를 차로 데리고 다니느라 너무 바빠서 결국 다른 여자와 교제하여 자기를 버리는 일은 없을 것이라고 안심하고 있었다. 남편도 자기 없이는 아내가 사람들을 만나러 다니지 못하므로 다른 남자와 교제하여 자기를 버리는 일은 없을 것이라고 안도하고 있었다. 이러한 행동 특성 때문에 수동적 의존성이 있는 결혼 생활은 오래 지속되고 안전할지도 모른다. 하지만 그것을 건전하거나 순수한 사랑이라고 말할 수는 없다. 왜냐하면 그 안심의 대가는 구속이며 그러한 결혼은 결국 서로의 성장을 지연시키거나 파괴하기 때문이다. 그래서 나는 거듭 다음과 같이 강조했다. "건전한 결혼은 오직 강하고 독립적인 두 사람 사이에서만 존재할 수 있습니다"라고.

수동적인 의존은 사랑의 결핍에서 시작된다. 수동적 의존성이 있는 사람들이 겪는 내적 공허감은 유년기에 필요로 했던 부모의 애정 및 관심과 충분한 보살핌을 받지 못한 결과다. 1부에서 설명한 것처럼 유년기를 통해서 비교적 일관성 있게 사랑과 보살핌을 받은 아이들은 마음속 깊이 자신이 사랑받을 만하고 소중하다고 생각한다. 그래서 자신이 스스로 진실한 한 사랑과 보살핌을 받을 것이라는 인식을 갖고 성년기에 이른다. 그러나 사랑이 결핍되고 보살핌을 잘 받지 못했거나 그런 것이 주어졌더라도 지속적이지 못한 환경에서 자란 아이들은 그러한 내적 안정감을 갖지 못하고 성년기에 들어선다. 오히려 자신이 사랑받을 만하고 소중한지 의심하면서 "나는 충분히 갖지 못했다"라는 내적 불안과 세상은 예측할 수 없고 아무것도 주지 않는다는 느낌을 갖는다. 그 당연한 결과로 그들은 사랑과 관심과 보살핌이 있는 곳을 발견하기만 하면 아무 생각 없이 맹목적으로 달려가는 것이다. 그래서 일단 발견하면 결사적으로 꼭 달라붙어서 수단과 방법을 가리지 않고 권모술수에 능한 사람으로 변해 결국은 자신이 유지했던 그 관계를 파멸의 구렁텅이로 빠뜨린다.

앞에서 지적한 바와 같이 사랑과 훈육은 함께 가는 것이다. 그러므로 사랑이 없고 아이를 잘 돌보지 않는 부모는 훈육이 부족한 사람이라고 할 수 있다. 이런 사람은 아이에게 사랑받고 있다는 느낌을 주지 못하며, 자기 훈육을 위한 능력도 제대로 길러주지 못한다. 이와 같은 수동적 의존성이 있는 사람들의 지나친 의존심은 성격 장애의 주요 징후다. 수동적 의존성이 있는 사람들은 자기 훈육이 결핍되어 있다. 그들은 주위 사람들로부터 관심과 보살핌을 받는 만족감을 지연시킬 생각도 없고 그렇게 할 수도 없다. 밀착된 관계를 만들고 유지하고 싶은 절박한 심정에서 정직함도 바람에 날려 보낸다. 포기해야 하는 낡은 관계에도 끈덕지게 매달린다. 가장 중요한 것은 자신에 대한 책임감이 부족하다는 것이다. 그들은 행복과 만족을 얻기 위해 수동적으로 다른 사람에게, 심지어는 자녀에게조차 기댄다. 그래서 불만스럽거나 불행할 때 처음부터 다른 사람에게 책임을 전가한다. 결과적으로 그들은 늘 화가 나 있다. 그들은 실제로 결코 욕구를 충족시켜줄 수 없는, 다시 말해 그들을 행복하게 '만들어'줄 수 없는 다른 사람들로 인해 끊임없이 좌절하기 때문이다. 내 동료는 가끔 이렇게 말한다.

"자, 보세요. 자신을 다른 사람에게 의존하도록 허용하는 것은 당신 자신에게 가장 해로운 일을 하는 것이에요. 차라리 헤로인(마약)에 의존하는 편이 오히려 낫습니다. 그것을 구입할 수 있는 한 헤로인은 결코 당신을 실망시키지 않을 테니까요. 손안에 있는 한 그것은 언제나 당신을 행복하게 만들어주겠죠. 그러나 다른 사람이 행복하게 해주기를 기대한다면 끊임없이 실망하게 될 것입니다."

사실, 수동적인 의존성이 있는 사람들이 다른 사람들과 관계를 맺을 때 나타나는 가장 흔한 장애물이 약물과 술에 대한 의존성이라는 점은 결코 우연이 아니다. 그들은 '중독성 성격'을 갖고 있는 것이다. 사람에게 중독돼 사람을 빨아먹고, 그럴 사람이 없을 때는 사람 대신 술에 탐닉하거나 마약 같은 약물에 중독된다.

요컨대 의존성은 사람들로 하여금 상대방에게 치열하게 애착하도록 만드는 힘이다. 그래서 사랑이라고 착각할 수 있다. 그러나 실제로 그것은 사랑이 아니다. 오히려 사랑과는 정반대다. 처음 그것은 부모의 사랑이 결핍된 데서 시작해서 영원히 사랑에 실패하게 만든다. 그리고 주는 것보다 받는 것을 추구하게 하며 성장하기보다는 어린아이로의 퇴행을 부추긴다. 자신과 타인을 자유로운 해방으로 인도하는 것이 아니라 함정에 빠트리고 압박한다. 궁극적으로 의존성은 관계를 쌓기보다는 파괴하고, 사람들을 성장시키기보다는 망가뜨린다.

사랑이 없는 애착

의존성의 특징은 영적 성장에는 아무런 관심이 없다는 것이다. 의존적인 사람들은 자신의 영양 섭취에만 관심을 두고 그 이외의 것에는 무심하다. 그들은 만족과 행복을 갈망한다. 그러나 성장은 갈망하지 않으며 성장에 따르는 불행과 고독과 고통은 견디려고 하지 않는다. 또한 자기가 의존할 상대의 영적 성장에 관해서는 아무런 관심이 없다. 오로지 관심이 자신을 만족시켜주기 위해 누군가가 곁에 있다는 사실만 중요하다. 의존성은 '사랑'이라는 말을 잘못 갖다붙인 여러 행동 유형 중 하나다. 이제 그러한 다른 유형을 살펴보기로 하자. 다음의 논의를 통해 사랑이란 영적 성장과는 무관한 것으로서 보살핌이나 애착이 아님을 설명하려 한다.

우리는 자주 생명 없는 대상이나 어떤 일을 사랑한다고 말한다. 즉, "그는 돈을 사랑한다"라든지 "그는 권력을 사랑한다"라든가 "그는 정원을 사랑한다" 혹은 "그는 골프 치기를 좋아한다"라고 말한다. 확실히 어떤 사람은 일반인의 한계를 넘어 일주일에

60시간, 70시간, 80시간 일해서 부나 권력을 쌓으려고 할 것이다. 그러나 부와 영향력이 확장된다고 해서 이러한 작업과 축적이 자신을 확대해주는 것은 결코 아니다. 우리는 자수성가한 어떤 거물을 두고 이렇게 말하기도 한다.

“사람이 작아요, 야비하고 속 좁은 사람이에요.”

우리는 그가 얼마나 돈이나 권력을 사랑하는지에 대해서는 이야기하지만, 그를 사랑이 넘치는 사람이라고는 생각하지 않는다. 왜 그럴까? 그런 사람에게 부와 권세는 영적 성장을 위한 수단보다는 오히려 목적이 되기 때문이다. 사랑의 유일한 참된 목적은 영적 성장이나 인간의 발전이다.

취미는 자기를 풍요롭게 하는 활동이라고 볼 수 있다. 자신을 사랑할 때 — 영적 성장을 목적으로 자신을 길러나갈 때 — 우리는 자신에게 영적인 것이 아닌 것도 모두 제공해야 한다. 영혼을 풍요롭게 하기 위해 육체 역시 영양을 섭취해야 한다. 우리에게는 먹을 것과 살 곳이 필요하다. 아무리 영적 발전에 헌신적일지라도 휴식과 운동과 기분 전환은 꼭 필요하다. 성자들도 역시 잠을 자야 하고 선지자들조차 놀아야 한다. 그러므로 취미란 자신을 사랑하는 수단일지도 모른다. 그러나 취미가 목적 그 자체가 될 때는 자기 발전의 수단을 대신하게 된다. 때로 취미 활동이 아주 인기 있는 까닭은 그것이 자기 발전을 대신하는 바로 그 이유 때문이다. 예를 들어 골프장에서는 오로지 게임에서 공을 몇 개 더 쳐서 넘기는 것이 생의 목적이라는 듯이 골프를 즐기는 노인들을 볼 수 있다. 골프 기술을 발전시키려는 헌신적인 노력을 통해 삶이 나아지고 있다는 느낌이 들 수 있다. 그리고 이것은 인간으로서 자신을 향상시키려는 노력을 포기하고 사실상 진보하기를 멈추어버린 현실을 간과하도록 만든다. 그러나 만약 자신을 더 사랑했다면 그렇게 얄팍한 목적과 편협한 미래를 목표로 열광적으로 집착하도록 자신을 허락하지 않았을 것이다.

반면에 권력과 돈은 사랑이란 목적을 위한 수단이 될 수도 있다. 예를 들어 어떤 사람은 인류 발전을 위해 정치권력을 이용하려고 정치하면서 인생을 힘들게 살지도 모른다. 어떤 사람들은 돈을 위해서가 아니라 자녀를 대학에 보내기 위해, 또는 영적 성장을 위해 공부하고 반성할 시간과 자유를 얻으려고 부를 갈구한다. 그들이 사랑하는 것은 권력이나 돈이 아니라 인간성이다.

여기서 말하고 싶은 것은 '사랑'이란 말이 너무 일반적이고 그 특별한 의미가 상실돼 사랑을 이해하기가 어려워졌다는 것이다. 이러한 남용이 크게 개선되리라고는 기대하지 않는다. 그러나 중요한 것이나 애착을 느끼는 것과의 관계를 규정할 때 그 관계의 질적 차이는 무시하고 모두 '사랑'이라는 말을 계속 사용한다면, 현명함과 우둔함, 선과 악, 귀한 것과 천한 것의 차이를 구분하는 것은 여전히 어려울 것이다.

좀 더 엄밀하게 정의를 내리면, 우리는 인간만을 사랑할 수 있음을 분명히 알 수 있다. 일반적으로 사물과 비교해서 생각할 때 실질적인 성숙이 가능한 존재는 인간뿐이기 때문이다.*

애완동물을 생각해보자. 우리는 집안의 개를 '사랑한다'. 우리는 개를 먹이고 목욕시키고 만져주고 안아주며 훈련시키고 같이 놀기도 한다. 개가 아프면 하던 일을 다 그만두고 부리나케 수의사에게로 달려간다. 개가 도망가거나 죽으면 슬픔에 젖는다. 아이들 없이 사는 사람에게는 애완동물이 유일한 존재 이유가 되기도 한다. 이런 것이 사랑이 아니면 무엇이겠는가? 그러나 다시 애완동물과 인간과의 관계의 차이를 살펴보자. 첫째로 우리가 다른 인간들과 의사소통(그것이 가능할 때)하는 정도를 비교해볼 때 애완동물과의 의사소통은 극히 제한되어 있다. 우리는 애완동물이 무엇을 생각하는지 알 길이 없다. 이러한 이해의 결핍 때문에 애완동물에게 우리 생각과 느낌을 투입시켜서 전혀 현실적이지 않은 감정적 친근함을 느낀다. 둘째, 우리는 우리 마음대로 될 때에 한해서만 애완동물을 만족스럽게 생각한다. 보통 이러한 기준으로 애완동물을 선택하며 만약 동물의 행동이 자기 뜻에서 상당히 벗어나기 시작하면 우리는 그것을 없애버린다. 반항하거나 대들면 이들을 오랫동안 곁에 두려 하지 않는다. 우리가 애완동물의 마음이나 정신 발달을 위해 보내는 유일한 학교는 복종을 가르치는 학교다. 하지만 사람에 대해서는, 상대가 '자신의 의지'를 발전시킬 것을 바라게 될 가능성도 있다. 사실, 다른 사람이 자기와 다

---

* 이 개념은 잘못된 것일지도 모른다. 즉 모든 사물, 생물이나 무생물도 정신을 소유하고 있을지 모르는 것이다. 우리 자신이 '하등' 동물, 식물과는 다르고 또 무생물인 땅과 돌들과도 다르다는 생각은 신비주의자의 관점에서 본다면 마야의 징후 즉, 환상이다. 이해에는 여러 단계가 있다. 이 책에서 나는 사랑을 어떠한 특정 단계에서 취급한다. 불행히도 내 의사 전달력이 충분하지 않아서 한 번에 한 단계 이상을 포용하기는 어려울 것이다. 그리고 내가 전달하는 것 이외의 단계는 간단하게 음미해보는 수준 이상은 어려울 것 같다.

르기를 바라는 것은 진실한 사랑의 특성 중 하나다. 끝으로 우리는 애완동물과의 관계에서 그들의 의존성을 기르고자 한다. 그들이 자라 집을 떠나기를 원하지 않는다. 언제까지나 자기 자리에서 떠나지 않고 난롯가에 믿음직스럽게 엎드려 있기를 바란다. 애완동물을 소중하게 여기는 것은 우리로부터 독립된 개체가 아니라 우리에게 종속되어 있기 때문이다.

애완동물을 '사랑'하는 이 사안은 무척 중요하다. 많고 많은 사람들이 단지 애완동물만을 '사랑'할 줄 알 뿐, 다른 인간을 진정으로 사랑할 줄은 모르기 때문이다. 미국의 많은 군인들이 영어로 대화할 수도 없는 독일, 이탈리아 또는 일본의 '전쟁 신부들'과 동화 같은 결혼을 했다. 그런데 그 신부들이 영어로 말할 수 있게 되면서부터 오히려 결혼 생활에 금이 가기 시작했다. 더 이상 일방적으로 자기 생각이나 느낌, 소망, 목표를 아내에게 투입시켜 애완동물에게서 느끼는 것 같은 친밀감을 가질 수 없게 되었기 때문이다. 아내가 영어를 배움으로써 남편은 아내가 자신과는 다른 생각과 의견과 목표를 갖고 있음을 깨닫기 시작했다. 이런 일이 발생했을 때 어떤 사람들에게는 사랑이 자라기 시작했다. 그러나 대개의 경우는 사랑이 끝나고 말았다. 많은 것을 알게 된 아내가 자신을 사랑스러운 애완동물 취급하는 남편을 경계하는 것은 당연하다. 그런 남성에게 사랑이란 아내가 애완동물이란 데서 생겨난 것이므로 아내의 장점이나 독립성이나 개성을 존중할 능력이 없다.

이러한 현상 중 가장 슬픈 경우는 정말 많은 여자가 아이를 단지 아기일 때만 '사랑'할 수 있다는 것이다. 그런 경우는 주위의 어디에서나 찾아볼 수 있다. 그들은 아이가 두 살이 되기까지는 이상적인 어머니가 될지도 모르겠다. 무한정 부드럽게 기쁨으로 갓난아기에게 모유를 먹이고 감싸 안아주고 같이 놀고 계속적으로 애정을 쏟고 전적으로 아기를 기르는 데 헌신하며 어머니로서의 역할에 황홀할 정도로 행복해한다. 그러나 그야말로 하룻밤 사이에 상황이 돌변한다. 아이가 자기 뜻을 확실히 나타내기 시작하자마자 — 말도 안 듣고, 찡찡대고, 놀기를 거부하고, 때로 안아주는 것도 싫다고 하고, 엄마 이외의 다른 사람에게 관심을 가지며 자기 마음대로 세상을 향해 조금씩 움직여 나갈 때 — 어머니로서의 사랑은 중단된다. 어머니는 아기에게 흥미를 잃고 그냥 내버려두며 아기를 단지 귀찮은 존재로 생각한다. 그 무렵 어머니는 — 가끔 있는 일이지만 — 다시 임신하고픈 강렬한 욕구를 느낀다. 또 다른 아기, 즉 다른 애완동물을 얻기 위해서다. 그래서 만일 성공적으로 아이를 가지면, 대개 첫아이 때와 같은 일이 되풀이된다. 그렇지 않으면 자기 아이가 관심을 호소하는데도 이를 거의 전적으로 무시한 채 이웃의 갓난아기 돌보기에 적극적으로 나서는 것을 볼 수 있다.

아이들에게 있어서 '미운 두 살'은 인생에서 갓난아기로서의 마지막이며, 어머니로부터 사랑받는 마지막 시기다. 이때 고통과 상실을 경험하리라는 것은 누구나 뻔히 알 수 있지만, 새로운 갓난아기 돌보기에 바쁜 어머니만 그 사실을 알아차리지 못한다. 이런 경험의 결과는 보통 아이들이 자라서 성년기에 들어갈 때 우울한 성향 혹은 수동성인 의존적 성격의 형태로 나타나거나 그 둘 다를 지닌 의존적 성격의 형태로 나타난다.

이것은 갓난아기와 애완동물을 사랑하는 것이나 의존적이고 복종적인 배우자를 '사랑'하는 것 모두가 본능적인 행동 패턴이라는 사실을 암시한다. 이러한 본능적 행동에는 '모성 본능' 또는 보다 일반적으로 '부모로서의 본능'이라는 용어를 갖다 붙이는 것이 매우 적합하다. 그리고 이것은 '사랑에 빠진다'라는 본능적 행동과 비슷하다. 이것은 절대로 진정한 사랑이 아니다. 왜냐하면 상대적으로 별다른 노력이 필요 없고, 전적으로 의지나 선택에 따른 행동이 아니기 때문이다. 그리고 그것은 종족의 생존을 독려하지만, 종족의 발전이나 영적 성장을 지향하지는 않는다. 그 안에서 사람들을 향해 손을 뻗고 참사랑이 싹틀 수 있는 인간관계를 솔선해서 시작할 수 있다는 점에서 그것은 사랑과 흡사하다. 그러나 그 이상의 것이 있어야 건강하고 창조적인 결혼으로 발전하든지, 건강하게 영적으로 성장하는 아이로 기르거나 인류의 발전에 이바지할 수 있다.

요컨대 양육이란 단순히 먹여주는 것 이상이라야 한다. 영적인 성장을 북돋워주기란 어떠한 본능적 행동으로 처리할 수 있는 것보다 훨씬 더 복잡한 과정이다. 앞서 말한 어머니가 아들을 학교에 보낼 때 버스를 못 타게 하는 것은 좋은 사례다. 직접 운전해서 아이를 데려가고 데려옴으로써 아이를 열심히 기르는 것처럼 보이지만, 그것은 아들에게 필요한 양육방식이 아니며 분명 영적 성장을 촉진하기보다는 퇴보시키는 방식이다. 다른 예도 많다. 이미 비만한 아이에게 어머니가 음식을 자꾸 먹이는 것, 아버지가 아들에게 방이 가득 차도록 장난감을 사주고 딸에게는 옷장 가득히 옷을 사주는 것, 부모가 제동을 걸지 않고 요구를 거절하지 않는 것 등이 여기에 해당한다. 사랑은 단순히 거저 주는 것이 아니다. 사랑은 '분별 있게' 주고, 마찬가지로 분별 있게 주지 않는 것이다. 그것은 분별 있게 칭찬하고, 분별 있게 비판하는 것이다. 상대방을 편안하게 해주는 것과 더불어 분별 있게 논쟁하고, 싸우고, 맞서고, 몰아대고, 밀고 당기는 것이다. 그것은 리더십이다. 분별 있다는 것은 판단이 필요하다는 의미이며, 판단은 본능 이상의 것을 요구한다. 그것은 심사숙고해야 하며 때로는 고통스러운 결정을 필요로 한다.

사랑은 자기 희생이 아니다

이처럼 분별없이 주기만 하는 파괴적인 양육의 이면에는 많은 동기가 숨어 있다. 그러나 거기에는 예외 없이 공통적인 근본 원인이 있다. 그것은 사랑이라는 미명하에 '주는 자'는 '받는 자'의 정신적인 요구와는 상관없이 자기의 욕구에 따르고 이를 충족시킨다는 점이다. 한 목사님이 마지못해 나를 찾아왔다. 부인이 만성 우울증으로 고생하고 있고, 두 아들은 대학에 다니다 그만두고 집에서 정신과 치료를 받고 있다는 것이었다. 가족 모두가 '병이 났는'데도 목사는 처음에 자기의 역할이 무엇인지 전혀 알지 못했다.

"최선을 다해 그들과 그들의 문제를 다뤘습니다"라고 그는 말했다.

"깨어 있는 동안은 항상 그들을 염려하지요."

조사 결과 이 사람은 정말 뼈 빠지게 일해서 아내와 아이들의 욕구를 채워주고 있었다. 두 아들에게 새 차를 사주고 한편으로는 그들이 노력해서 자립해야 한다고 생각하면서도 보험까지 들어

비용을 대고 있었다. 또한 그는 시내에 가서 오페라를 관람하는 일이 죽도록 싫지만 부인을 시내의 오페라 극장에 데려가곤 했다. 자기 일도 무척 바빴지만, 집에 있는 자유 시간에는 부인과 아이들이 집 치우는 데 전혀 신경 쓰질 않아 그 뒤치다꺼리를 하면서 시간을 보냈다.

"밤낮 그들을 위해 자신을 그렇게 내동댕이치는 데 지치지 않았나요?"

그는 대답했다.

"물론 지쳤어요. 그런데 어떻게 하겠습니까? 그들을 내버려두자니, 너무 안쓰러운걸요. 나는 염려가 대단해서 그들에게 필요한 것을 채워주어야 하는 한 절대로 방관할 수가 없습니다. 나는 아주 명석한 사람은 아니지만 적어도 사랑을 하고 있고, 가족을 염려합니다."

여기서 주목할 것은, 그의 아버지는 상당히 유명하고 명석한 학자였지만 알코올의존증 환자였고 여자를 좋아해서 가족에 관심이 전혀 없었으며 가족을 아주 등한시했다는 사실이었다. 이윽고 이 환자는 어렸을 때 자기는 자라서 아버지처럼 무심하고 무관심하게 살지 않고 인정 많고 가족을 염려하는 사람이 되기로 맹세했던 것을 기억해냈다. 얼마 후에는 자기가 사랑 많고 인정 많은 사람으로서의 이미지를 유지하는 데 얼마나 막대한 노력을 했는지, 목회직 수행을 포함해서 많은 행동이 이런 이미지를 기르는 데에만 온통 바쳐졌음을 깨달았다. 그가 잘 이해하지 못했던 것은, 그가 가족을 얼마나 어린 아기처럼 대했는가 하는 것이었다.

그는 계속해서 부인을 '내 아기 고양이'라고 불렀으며, 훌쩍 다 자란 건장한 아들들을 '내 귀여운 꼬마들'이라고 불렀다.

그는 이렇게 하소연했다.

"달리 어떻게 행동할 수 있겠습니까? 나는 아버지께 반발해서 가족들을 사랑하고 있는지도 모릅니다. 그렇다고 갑자기 사랑하기를 그만두고 나 자신을 나쁜 놈으로 만들 수는 없잖습니까?"

그가 분명히 알아야 했던 것은, 사랑한다는 것은 그저 행동만 하면 되는 것이 아니라 존재를 완전히 바쳐야 하는 복합적인 행동이라는 것이다. 즉, 머리와 마음이 같이해야 한다는 것을 깨달아야 했다. 가능한 한 아버지와는 달라야 된다는 강박 관념 때문에 그는 사랑을 표현하기 위한 융통성 있는 대응 체계를 발달시킬 수가 없었다. 적절한 때에 주지 않는 것이 적절치 않은 때에 주는 것보다 더 인정을 베푸는 것이라는 점을 배워야 했다. 또한 스스로 돌볼 능력이 있는 사람을 돌보기보다는 독립심을 길러주는 것이 오히려 사랑이라는 사실도 배워야 했다. 또한 자신의 욕구와 화나는 이유 그리고 분노와 기대치를 표현하는 것은 자기희생과 마찬가지로 가족의 정신 건강에 꼭 필요하며, 감싸주고 자기감정을 숨기는 것만큼 솔직하게 감정을 표현하는 것도 사랑에는 포함된다는 것도 배워야 했다.

가족을 아이 취급해왔다는 것을 점점 깨닫게 되면서 그에게 변화가 일어나기 시작했다. 그는 가족의 뒤치다꺼리하는 것을 그만두고 집을 치울 때 아들들이 제대로 돕지 않으면 드러내놓고 화를 내기도 했다. 계속 지불해온 두 아들의 자동차 보험료도 내지 않았고, 자동차를 계속 몰고 싶으면 돈을 내라고 말했다. 아내에게도 오페라를 보려면 뉴욕에 혼자 가는 게 좋겠다고 제안했다. 이렇게 변하기 위해서 그는 '나쁜 놈'처럼 보이는 위험을 감수했으며, 가족에게 모든 것을 제공하는 전지전능한 역할을 포기해야만 했다. 이전 그의 행동은 사랑이 넘치는 사람으로서의 이미지를 유지하기 위한 것이었다. 하지만 내면에 진정한 사랑을 할 수 있는 능력이 숨어 있었기 때문에 스스로 이러한 변화를 가져올 수 있었다. 그의 가족은 모두 이러한 변화에 대해 처음에는 화를 냈다. 그러나 이윽고 한 아들은 대학으로 돌아갔고, 다른 아들은 더 좋은 직업을 찾아 스스로 아파트를 얻어 나갔다. 아내는 새로운 독립성을 즐기게 되었으며 나름대로 성장하기 시작했다. 그 자신도 더 유능한 목사가 되었으며, 동시에 인생은 더욱 즐거워졌다.

이 목사의 오도된 사랑은 마조히즘이라는 더욱 심각하게 왜곡된 사랑과 아주 근접해 있다. 보통 사람들은 마조히즘과 사디즘을 순전히 성적 행동과만 연관시켜서, 신체적 고통을 받거나 가하는 데서 오는 성적 쾌락이라고 생각하는 편이다. 그러나 실제로는 순전히 성적인 사도-마조히즘은 정신 질환으로서는 비교적 드물다. 오히려 그보다 더욱 빈번하고 결과적으로 더 심각한 문제를 야기하는 것이 사회적인 사도-마조히즘 현상이다. 이 경우에 사람들은 성적 관계가 아니라 인간관계 속에서 무의식적으로 상대방에게 고통을 주거나 스스로 고통을 받고자 한다.

전형적인 경우를 들어보면, 어떤 부인이 남편으로부터 버림받은 후 우울증 때문에 정신과 치료를 받게 된다. 부인은 정신과 의사에게 반복해서 남편의 잘못된 행동을 얘기한다. 남편은 그녀에게 전혀 신경 쓰지 않았고, 계속해서 바람을 피웠고, 식료품 살 돈을 모두 노름으로 날렸다. 또 마음 내키면 며칠이고 외박했고 그나마 집에 돌아올 때면 만취 상태에서 아내를 때렸다. 그리고 급기야 크리스마스이브에 아내와 아이들을 버렸다. 하필이면 크리스마스 전날 밤! 신참 치료사라면 이 '가여운 부인'의 이야기에 곧바로 동정심을 보일 것이다. 그러나 좀 더 사실을 알게 되면 이런 동정심은 머지않아 저절로 사라진다. 먼저 치료사는 이런 학대가 20여 년이나 계속돼왔다는 것과 그동안, 이 가여운 부인이 짐승 같은 남편과 두 번이나 이혼했다 재혼했고, 수없이 별거했다 수없이 화해했다는 것을 알게 된다. 그다음, 부인이 독립심을 갖도록 돕느라 2~3개월간을 상담한 후 겉보기에는 모든 일이 순조롭고 남편과는 상관없이 삶의 평화를 누리는 것처럼 보일 때, 치료사는 똑같은 일이 또다시 벌어지는 것을 본다. 그 부인은 어느 날 행복에 넘쳐 상담실로 뛰어 들어와서는 이렇게 외친다.

"글쎄, 헨리가 돌아왔어요. 그가 지난밤 전화를 걸어 보고 싶다고 했어요. 그래서 만났죠. 그는 내게 돌아오겠다고 간청했어요. 정말로 변한 것 같아요. 그래서 그러라고 했어요."

이것은 단지 이미 그녀도 인정했던 파괴적 행동 방식의 되풀이일 뿐이라고 말해주면, 부인은 이렇게 말한다.

"그렇지만 나는 그를 사랑하는걸요. 사랑을 사랑이 아니라고 부정할 순 없어요."

이때 만약 치료사가 공격적으로'사랑'을 분석하려 들면 환자는 곧 치료를 중단해버릴 것이다.

이건 어떻게 된 것일까? 어떻게 된 일인지 이해하려고 노력하는 동안, 치료사는 부인이 남편의 야만적인 행위와 학대의 긴 역사를 되풀이해서 이야기할 때 몹시 재미있어하던 것을 떠올린다. 갑자기 이상한 생각이 든다. 아마도 이 부인은 그것을 이야기하는 즐거움 때문에 남편의 학대를 참고 심지어 학대받으려는 건지도 모른다. 그러나 그런 즐거움이란 어떤 성질의 것일까? 치료사는 그 부인이 자신이 정당하다고 믿는다는 사실을 기억해낸다. 부인의 삶에서 가장 중요한 것은 도덕적인 우월감을 갖는 것이라서, 그 우월감을 유지하기 위해 학대받을 필요가 있는 것일까? 이제 문제는 분명해졌다. 부인은 자신이 학대받음으로써 우월감을 느끼고 남편이 애걸복걸하며 돌아오게 해달라고 조르는 것을 보며 가학적인 즐거움을 가질 수도 있다. 또한 남편이 굽히고 들어와 그를 다시 받아줄지 말지 선심 쓰면서 결정해야 할 때 순간적으로 자기 우월성을 깨달을 수도 있다. 그리고 이러한 순간에 복수하는 기분을 느낄지도 모른다. 이런 부류의 부인들을 자세히 살펴보면 일반적으로 어렸을 때 아주 심한 모욕을 받았음을 발견할 수 있다. 그 결과 그들은 도덕적인 우월감을 통해 복수하려고 애쓰는데 이를 위해 반복되는 굴욕과 학대가 필요한 것이다.

세상이 잘 대우해주면 세상에 복수할 필요가 없다. 복수 방법을 찾는 것이 생의 목적이라면 이러한 목적을 정당화하기 위해서 세상이 모질게 대하고 있다는 증거를 찾아내야 할 것이다. 마조히스트는 학대에 대한 자신의 굴종을 사랑으로 본다. 그러나 사실은 끊임없이 복수할 구실을 찾는 그들에게 이러한 굴종은 필요악이며 이것은 근본적으로 증오에서 출발한다.

마조히즘은 사랑에 대한 또 하나의 아주 중요한 오해, 즉 사랑은 자기희생이란 오해를 부각시킨다. 이런 신념에 힘입어 지금 예시한 마조히스트는 학대를 참아내는 것을 자기희생이라 생각하다 결국에는 사랑으로 여기게 되었고 자신의 증오는 인정할 필요가 없었다. 예로 든 목사의 경우도 역시 자기희생적인 행동을 사랑이라고 간주했다. 그러나 실제로는 가족보다 자신의 이미지를 보존하기 위해 스스로 필요해서 그렇게 살아온 것이다. 치료 초기에 그는 연신 자기가 부인과 아이들을 위해서 '얼마나 많은 일을 했는지'를 얘기하며 듣는 사람으로 하여금 그는 그런 모든 행동에서 아무것도 얻은 게 없다고 믿게끔 유도했다. 그러나 실은 얻은 것이 있다.

다른 사람을 위해 뭔가를 한다고 생각할 때마다 어떤 의미에서 우리는 자신의 책임을 거부하고 있다. 그것이 무엇이든 무언가를 할 때는 그것을 하기로 선택했기 때문이고, 그것이 우리를 가장 만족시키는 것이기 때문이다. 무엇이든 다른 사람을 위해 한다 해도 사실은 우리의 필요를 충족시키는 행위다. 아이들에게 "너를 위해 해준 모든 것에 감사해야 한다"라고 말하는 부모는 분명 심각할 정도로 사랑이 결핍된 사람들이다. 순수하게 사랑하는 사람은 사랑의 기쁨을 안다. 순수하게 사랑하는 순간의 이유는 우리가 사랑하기를 원하기 때문이다. 아이를 낳는 것은 아이를 갖고 싶기 때문이고, 아이에 대한 사랑이 넘치는 부모라면 그것은 그러한 부모가 되기를 원했기 때문이다. 사랑은 자신의 변화를 의미하지만, 이것은 자기희생이라기보다는 오히려 자기 확대인 셈이다. 나중에 논의하겠지만 순수한 사랑은 자기를 채워나가는 활동이다. 사실 그 이상이다. 그것은 자신을 위축시키기보다는 확대시키고, 자신을 메마르게 하는 것이 아니라 충만하게 한다. 실제적인 의미에서 사랑과 사랑이 아닌 것은 똑같이 이기적이다. 여기에 사랑은 이기적이면서 동시에 이기적이지 않다는 역설이 성립된다. 사랑과 사랑이 아닌 것을 구별하는 건 이기적인가 아닌가가 아니다. 그 구별은 행동의 목적이 무엇인가이다. 진정한 사랑의 경우, 그 목적은 항상 영적 성장이고, 사랑이 아닌 경우에는 그 목적이 항상 다른 것에 있다.

사랑은
느낌이 아니다

사랑이란 행동이고 활동이라고 말했다. 여기에서 사랑과 관련해 다뤄야 할 마지막 주요 오해가 발생한다. 사랑은 느낌이 아니다. 정말 많은 사람이 사랑의 느낌을 가지고선 그에 반응하여 무자비하고 파괴적인 태도로 행동한다. 한편 진정으로 사랑하는 사람은 의식적으로 싫어하는 사람에게도 애정 있고 건설적인 행동을 취한다. 실제로는 당시 그를 전혀 사랑하지 않고 심지어 어떤 면에서는 혐오스러운 부분을 발견했을 때조차도 그렇다.

사랑의 느낌은 애착을 수반하는 정서다. 애착 과정을 통해 상대가 중요하게 인식되는 것이다. 애착하게 되면 보통 '사랑의 대상'이라는 상대에게 자신의 일부처럼 에너지가 몰입된다. 그리하여 자신과 에너지 몰입 대상 사이에 형성되는 관계를 애착 관계라고 부른다. 그러한 관계를 동시다발적으로 가질 수 있으므로 '애착 관계들'이라는 표현도 있다. 또 사랑하는 대상이 중요하다는 느낌을 잃게 되면서 대상에게서 투여된 에너지를 빼내는 과정을

'탈애착'이라고 한다. 사랑이 느낌이라고 믿는 오류는 애착과 사랑을 혼동하기 때문에 생긴다. 사랑과 애착이 비슷한 과정을 거쳐 일어나기 때문에 이러한 혼돈이 생기는 것은 이해할 만하다. 그러나 둘 사이에는 뚜렷한 차이가 있다. 첫째, 우리는 생명이나 영혼의 유무와 관계없이 어떤 대상에 애착한다. 이를테면 어떤 이는 주식이나 보물에 애착하고 사랑을 느낄지도 모른다. 둘째로 다른 인간에게 애착한다는 것이 대상의 영적인 발전을 위해 조금이라도 관심을 갖고 있다는 걸 의미하지는 않는다. 의존적인 사람은 애착 대상인 아내나 남편의 영적인 발전을 두려워한다. 십 대의 아들을 운전해서 등하교시키기를 고집했던 그 어머니는 분명히 아들에게 애착을 느낀 것이다. 어머니에게 아들은 중요했지만 반면에 아들의 영적 성장은 중요하지 않았다. 셋째로 애착의 강도는 지혜나 헌신과는 아무 상관이 없다. 낯선 두 사람이 술집에서 만나 서로에게 끌렸을 때는 함께 잠자리하는 순간만이 최우선의 관심사다. 이미 정해진 스케줄이나 약속이나 가족의 안정은 전혀 중요하지 않다. 끝으로 애착은 떠다니는 것, 순간적인 것일지 모른다. 두 사람은 성관계가 끝나자마자 서로에게 더 이상 매력을 느끼지 못하고 욕망도 사라질 것이다. 어떤 것에 대한 애착이 실현되면 바로 그에 대한 탈애착이 일어난다.

반면에 진정한 사랑은 책임 있고 지혜로운 행동을 내포한다. 누군가의 영적 성장을 염려할 때, 책임감의 결여는 오히려 해로울 수 있다는 것, 그리고 자신의 관심을 상대방에게 효과적으로 나타내기 위해서는 철저하게 책임 있는 행동이 필요하다는 것을 우리는 안다. 그렇기 때문에 책임 의식이 심리 치료의 기초가 되는 것이다. 환자가 '치료를 위한 협조'를 하지 않으면 중요한 인간적 성장을 경험하는 것이 거의 불가능해진다. 다시 말해 커다란 변화를 시도하기 전에, 환자는 치료사를 늘 변함없이 곁에 있는 동지라고 믿음으로써 힘과 안정감을 느껴야 한다. 환자가 협조하게 하려면 치료사는 보통 상당한 기간 지속적이고 일관성 있게 환자를 배려해야 한다. 이러한 배려는 책임감을 느낄 수 있을 때만이 가능하다. 치료사가 항상 환자의 말을 경청할 '의사가 있다'라는 뜻은 아니지만 책임진다는 것은 좋든 싫든 환자의 말을 듣는 것을 의미한다. 이것은 결혼에 있어서도 별 차이가 없다. 건설적인 결혼은 건설적인 치료처럼 부부간에 자기 느낌을 규칙적으로, 즉 일정하고 변함없이, 서로의 말에 귀를 기울이고 관계에 관심을 쏟아야 하는 것이다. 앞에서도 말했지만, 부부는 조만간 그 사랑에서 빠져나온다. 짝을 찾으려는 인간적 본능이 사라지는 그 순간에 비로소 진정한 사랑을 시작할 기회가 온다. 항상 옆에 있어야만 한다는 느낌에서 벗어나 얼마 동안 서로 떨어져 있고 싶을 때가 있다. 바로 이때 서로의 사랑은 시험대에 오르며 그들의 사랑이 존재하는지 여부를 알게 된다.

그렇다고 해서 집중적인 심리 치료로 만났거나 부부관계같이 안정되고 건설적인 관계에 있는 사람들이 다면적인 관계 및 서로에게 애착을 느끼지 않는다는 말은 아니다. 그들은 애착을 느낀다. 진정한 사랑은 애착의 문제를 초월한다는 뜻이다. 사랑은 애착이나 사랑의 느낌과는 상관없이 존재한다. 물론 애착이나 사랑의 느낌을 동반한 사랑이 훨씬 재미있고 쉽다. 그러나 애착과 사랑의 느낌 없이도 사랑할 수 있다. 순수하고 초월적인 사랑과 단순한 애착의 구별은 바로 이러한 가능성의 실현에 달려 있다. 이러한 구별을 위한 핵심어가 '의지'이다. 나는 사랑을 정의하기를, 자신이나 타인의 영적 성장을 도와줄 목적으로 자신을 확대시키려는 '의지'라고 했다. 진정한 사랑은 감정보다는 의지에서 나온다. 참으로 사랑하는 사람은 사랑하려는 마음을 지녔기 때문이다. 이러한 사람은, 사랑의 느낌이 없어도 사랑하겠다고 결심할 수 있다. 사랑의 느낌이 있으면 더욱 좋다. 그러나 느낌이 없을 때도 사랑하려는 의지와 헌신은 여전히 존재할 수 있으며 이를 실천에 옮길 수 있다. 사랑하는 사람은 느낌으로 행동하는 것을 억제할 능력이 있고 반드시 그렇게 해야 한다.

어쩌면 나도 매우 끌리는, 사랑하고 싶은 여성을 만날지 모른다. 하지만 외도는 결혼 생활을 파괴할 것이기 때문에 나는 마음속으로 조용히 말하거나 소리를 내서 이렇게 말할 것이다. '당신에게 사랑을 느낍니다. 그렇지만 사랑하지 않으렵니다.' 마찬가지로 치료에 성공할 것 같은, 아주 끌리는 새 환자도 맡기를 거절할 수 있다. 내 시간을 이미 다른 환자들에게 바쳤기 때문이다. 그중 어떤 환자는 새 환자에 비해 마음이 안 가고 치료가 더 어려울지도 모르지만 말이다. 사랑의 느낌에는 제한이 없지만 사랑할 수 있는 능력에는 한계가 있다. 그러므로 나는 사랑할 수 있는 능력을 누구에게 집중할 것인지 선택해야 하고, 그를 향해 사랑의 의지를 집중해야 한다. 참사랑은 사랑으로 인해 압도되는 그런 느낌이 아니다. 그것은 책임감 있게 심사숙고한 끝에 내리는 결정이다.

사랑과 사랑의 느낌을 혼동하는 보통 사람들은 온갖 종류의 자기기만을 하게 된다. 알코올의존증 환자인 남자가 부인과 아이들을 돌봐야 할 절실한 그 순간에 술집에 앉아 눈물을 흘리며 바텐더에게 "나는 정말 가족을 사랑한답니다"라고 말하는 경우를 보자. 이처럼 극단적으로 아이들을 소홀히 하는 사람도 흔히 자신은 자식을 지극히 사랑하는 부모라고 얘기한다. 이렇듯 확실히 참사랑과 사랑의 느낌을 혼동하는 성향에는 스스로 위안하려는 성질이 내포되어 있다. 느낌 안에서 사랑의 증거를 찾기는 쉽고 즐겁다. 그러나 진실한 사랑은 대체로 경험적인 사랑의 느낌이나 애착을 초월하므로, "사랑이란 행위로 표현될 때 사랑이다"라는 말은 정확한 표현이다. 사랑과 사랑이 아닌 것은 선과 악처럼 객관적인 것이지 순전히 주관적인 현상이 아니다.

관심을 행동으로
나타내는 것이 사랑

사랑이 아닌 것들을 살펴봤으니, 지금부터는 어떤 것이 사랑인지를 알아보자. 이 장의 서론에서 사랑의 정의는 노력을 내포한다고 언급했다. 자신을 확장할 때, 한 발짝 더 내딛고 1미터를 더 걸을 때, 그러기 위해서 우리는 게으름이라는 타성이나 두려움의 저항에서 벗어나고자 한다. 자신의 확장이나 게으름의 타성과 싸우면서 움직여나가는 것을 우리는 노력이라고 한다. 두려움에 맞서 나아가는 것을 용기라고 한다. 그렇게 보면 사랑은 일종의 노력이나 용기다. 특히 사랑은 자신이나 다른 사람의 영적 성장을 위해 시도하는 노력과 용기다. 우리는 영적 성장을 지향하는 이외에 다른 목적에도 용기와 노력을 쏟아부을 수 있다. 그러므로 노력과 용기가 필요한 모든 일이 반드시 사랑은 아니다. 그러나 사랑은 우리 자신의 확장이 필요하므로 언제나 노력이 아니면 용기이기도 하다. 어떤 행동을 하면서 노력이나 용기가 가미되지 않는다면, 그것은 사랑의 행동이 아니다. 여기에 예외란 없다.

사랑할 때 가장 먼저 노력해야 할 일은 상대방에게 관심을 두는 것이다. 다른 사람을 사랑할 때는 그 사람에게 관심을 기울인다. 즉, 그의 성장에 관심을 두는 것이다. 이는 우리 자신을 사랑할 때 자기 성장에 관심을 두는 것과 같은 이치다. 어떤 이에게 관심이 가면 그 사람을 돌보게 된다. 누군가에게 관심을 기울이기 위해 현재 몰두하는 일을 제쳐두는 (괄호로 묶기라는 훈육에 대해 설명할 때 언급했듯이) 노력이 필요하고 적극적으로 의식을 바꿔야 한다. 관심은 의지의 행동으로서, 정신의 타성에서 벗어나려는 노력이다. 이러한 노력에 대해 롤로 메이Rollo May는 《사랑과 의지*Love and Will*》에서 다음과 같이 피력했다.

"현대의 모든 정신 분석 방법을 다 이용해서 의지를 분석할 때, 우리는 관심이나 의도라는 차원으로 돌아가는 자신을 발견한다. 다시 말해 의지를 발휘하기 위한 노력은 진정 관심을 가지려는 노력이다. 의지를 발휘할 때 나타나는 긴장은 의식을 명료하게 유지하려는 노력이며, 즉 집중적인 관심을 유지하기 위한 것이다."

관심을 행동으로 나타낼 수 있는 가장 평범하고 중요한 방법은 말을 들어주는 것이다. 막대한 시간을 듣는 데에 보내면서도 사람들 대부분은 그 시간을 낭비한다. 왜냐하면 대체로 잘 들으려고 하지 않기 때문이다. 어느 산업 심리학자가 지적하기를, 학교는 아이들에게 미래에 자주 사용할 것은 가르치지 않고 별로 활용하지 않을 것을 가르치는 데 시간을 허비한다고 했다. 기업의 임원이라면 읽는 데는 1시간, 대화에는 2시간, 듣는 것에는 8시간을 할애해야 한다. 그런데 학교는 학생들에게 책 읽는 법을 가르치는

데 대부분의 시간을 할애한다. 말하는 법에는 그나마 약간의 시간이라도 안배하지만 대체로 듣는 법에는 조금의 관심도 없다. 학교에서 가르치는 내용과 졸업 후 할 일이 꼭 일치해야 하는 것은 아니다. 그러나 학생들에게 잘 듣는 방법은 반드시 훈련시켜야 한다. 듣기를 수월하게 할 수 있게 교육하자는 것이 아니라, 잘 듣기가 굉장히 어렵다는 것을 알도록 하자는 것이다. 잘 듣는다는 것은 관심을 실천에 옮기는 것이고 반드시 큰 노력이 필요한 일이다. 많은 사람이 잘 들을 줄을 모르는 것은 이러한 것을 깨닫지 못했거나 잘 들으려고 노력하지 않기 때문이다.

얼마 전 유명한 사람의 강연을 들었다. 그는 내가 오랫동안 흥미를 갖고 있던 심리학과 종교 관계에 관한 주제로 강의했다. 흥미를 느꼈던 만큼 나는 그 과제에 어느 정도 전문 지식을 가지고 있었다. 강연이 시작되자마자 나는 강사가 위대한 현인이라는 것을 알았다. 모든 사례를 열거해가며 청중이 이해하기에는 난해한 추상적 개념을 이해시키려고 열심인 모습을 접하면서 그의 사랑을 가슴 깊이 느낄 수 있었다. 나도 강사의 열정에 부응해 최대한의 관심을 기울여 강연을 들었고 1시간 반 동안 줄곧 얼굴에서는 땀이 흘러내렸다. 냉방이 충분히 되어 있는 곳이었는데도 말이다. 강연이 끝나자, 머리는 지끈지끈 아팠고 집중하느라고 애써서 목은 뻣뻣해졌으며 완전히 힘이 빠져 녹초가 되어버렸다. 이 위대한 강사가 그날 얘기한 것 중 내가 이해한 것은 겨우 50퍼센트가 될까 말까 한 정도였다. 그런데도 놀라운 것은 훌륭한 많은 식견을 얻었다는 것이다. 강연장에는 교양을 쌓으려는 사람들이 많이 참석했는데 강연 후 조촐한 다과 시간에 청중 속을 오가며 그들의 반응을 살폈다. 대체로 그들은 낙심했다. 익히 강사의 명성을 들어 큰 기대를 했지만, 강의를 이해하기 힘들었고 혼란스러웠다는 것이다. 강사는 청중이 원했던 만큼 유능하진 않았다. 어떤 부인은 머리를 끄덕이며 "그는 정말 우리에게 말해준 것이 아무것도 없어요"라고 장담했다.

다른 사람들과는 달리 나는 이 위대한 강사에게서 많은 것을 들을 수 있었다. 그의 말을 잘 듣기 위해 노력하려는 마음이 있었다는 딱 그 이유 때문이었다. 두 가지 이유로 그런 마음이 생겼다. 첫째는 그의 위대함을 알아보았고 그의 강연이 매우 가치 있다는 것을 알았기 때문이고, 둘째는 그가 들고나온 주제가 내가 평소에 흥미 있어 하던 것이었기 때문이다. 나는 그의 강연을 깊이 소화하고 흡수해 나의 이해력과 영적 성장을 증진시키고 싶었다. 내가 열심히 들은 것도 사랑의 행동이었다. 주목할 만한 가치가 큰 사람이라고 생각했기 때문에 그를 사랑할 수 있었다. 또한 나의 성장을 위해서 노력할 마음이 있었기 때문에 나는 나 자신을 사랑했다. 그는 선생이었고 나는 학생이었으며, 그는 주는 사람이고 나는 받는 사람이었으므로, 내 사랑은 근본적으로 나 자신을 향한 것이었다. 우리 관계에서 나는 무언가를 얻으리라는 기대감에서 행동한 것일 뿐, 그에게 무언가를 주겠다는 동기는 없었다. 어쨌든 그는 청중 가운데 나의 집중력, 나의 관심, 내 사랑의 뜨거움을 느낄 수 있었을 것이다. 그리하여 그것으로 자신의 열강에 충분히 보상받았을 것이다. 앞으로 반복해서 보게 되겠지만, 사랑이란 예외 없이 양방 통행이며 받는 사람이 줄 수도 있고 주는 사람 역시 받을 수 있는, 서로에게 이익이 되는 현상이다.

앞의 예는 받는 자로서 경청하는 역할이지만 아주 흔한 경우인 주는 자로서 경청해야 하는 상황도 살펴보자. 예를 들면 아이들의 말을 경청하는 경우다. 이 경우는 나이에 따라 달라진다. 여섯 살 된 1학년 아이를 생각해보자. 아이는 거의 끊임없이 이야기할 것이다. 부모가 어떻게 이 끊임없는 조잘거림을 감당할 수 있겠는가. 제일 쉬운 방법은 그것을 금지하는 일이다. 믿지 못하겠지만 실제로 아이들이 얘기하는 것이 허용되지 않는 가정도 있다. 그런 가정에서는 "아이란 보이기만 해야지 지껄여서는 안 된다"라는 격언이 하루 24시간 적용된다. 이런 아이는 보이기는 하지만 전혀 다른 사람과 상호 작용하지 못하고 방구석에서 소리 없이 어른을 쳐다보는, 그늘에 가려진 벙어리 구경꾼에 지나지 않는다. 두 번째는 재잘거리는 것을 방관하면서 듣지 않는 방법이다. 그래서 실제로는 아이와 아무런 상호 작용을 하지 않고 아이는 말 그대로 허공에 대고 말하거나 독백한다. 이때 아이의 말소리는 단지 주위에서 들리는 소음 정도로서 귀에 거슬릴 수도 있고 그렇지 않을 수도 있다. 세 번째 방법은 듣는 척하면서 하던 일을 그대로 하거나, 하던 생각을 그대로 하면서 아이들을 주목하고 있는 것같이 보이는 것이다. 즉, "그래" 또는 "그거 좋구나"라며 독백에 보조를 맞춰 적절하다고 생각되는 때에 때때로 소리를 내주는 식이다. 네 번째 방법은 선택적으로 들어주는 것이다. 이것은 특별한 민첩성이 요구되는 행동 유형으로 부모가 듣는 체하는 동안 아이가 무언가 중요한 것을 이야기하는 것 같으면 귀를 쫑긋 세워 들으면서 최소한의 노력으로 쭉정이와 알곡을 구별하기를 바라는 방법이다. 여기서의 문제점은 선택하고 구분해내는 인간의 능력이 그다지 뛰어나지도 능률적이지도 않기에, 상당한 양의 쭉정이를 얻고 많은 알곡을 잃는 경우가 허다할 수 있다는 것이다. 다섯 번째 마지막 방법은 진심으로 들어주는 것이다. 즉, 온 정신을 기울여 아이의 얘기를 듣고, 말 한마디 한마디에 의미를 두어 모든 문장을 이해하려고 노력하는 것이다.

이러한 다섯 가지 방법은 뒤로 갈수록 점점 더 큰 노력을 요구한다. 그중에서도 다섯 번째 방법은 비교적 노력이 덜한 다른 것에 비해서 부모에게 엄청난 에너지를 요구한다. 부모에게 항상 다섯 번째를 따르고 언제나 진심으로 아이의 말을 들어주라고 권할 것이라 생각했다면 여러분은 순진하다. 그렇지 않다! 첫째로, 여섯 살 난 아이는 말을 많이 하는 경향이 있다. 그러므로 부모가 항상 모든 것을 다 들어주려면 다른 일을 성취할 시간이 거의 없다. 둘째로, 진심으로 듣는 데는 커다란 노력이 필요하다. 그러므로 부모가 너무 지쳐서 다른 일을 못 할 수 있다. 끝으로 그것은 상상외로 지루하다. 사실 여섯 살 아이의 조잘거리는 얘기는 대체로 지루하다. 그러므로 바람직한 것은 다섯 가지 전부를 그때그때 균형 있게 맞추는 것이다. 때에 따라서는 아이들에게 그만 말하라고 할 필요도 있다. 예를 들면 그들의 이야기가 다른 중요한 일에 몰두해야 하는 상황을 방해할 때, 다른 사람들에게 버릇없이 굴거나 적대감이나 우월감을 과시하려고 할 때가 그렇다. 흔히 여섯 살짜리 아이들은 조잘거리는 데 재미를 느껴서 조잘거린다. 그런 때에는 반드시 상대방의 반응이 필요한 것도 아니고, 자신에게 이야기하는 것만으로 충분히 만족한다. 그러므로 그들을 주목해서 도와줄 것은 아무것도 없다. 그러나 어떤 때는 혼자 중얼거리는 것으로 만족하지 않고 부모와 서로 대화하기를 바랄 때도 있다. 그런데 요구를 들어주는 척만 해도 충족될 때가 있다. 이런 때에 아이들이 상호 작용을 통해서 얻으려는 것은 대화가 아니라 친밀감이다. 그래서 들어주는 척이 그들이 원하는 '함께 있다'는 느낌을 주기에 충분하기도 하다. 더욱이 때로는 아이들 스스로도 대화에 들락날락하기를 좋아한다. 또한 그들도 단지 선택적으로 대화하고 있으므로 부모가 선택적으로 듣는 것을 이해하게 될 것이다. 아이들은 이것을 게임의 규칙이라고 생각한다. 그러므로 전체 이야기 중에서 여섯 살 아이가 정말 제대로 들어주기를 바라는 것은 작은 부분에 지나지 않는다. 부모 노릇을 하려면 아주 복잡한 과제가 너무 많다. 그중 하나가 아이의 변화무쌍한 요구에 적당한 태도로 반응하면서 완벽에 가깝게 듣고 안 듣고를 조정하는 능력을 지니는 것이다.

이것은 조화롭게 해내기가 무척 힘들다. 왜냐하면 이야기를 듣는 시간이 길지 않더라도 부모가 진심으로 듣는 데 필요한 에너지를 쏟을 의사가 없거나 그럴 능력이 없기 때문이다. 아마도 대부분의 부모가 그럴 것이다. 어떤 부모는 듣는 척하고 있거나 기껏해야 선택적으로 들으면서도 진심으로 듣는다고 생각할 것이다. 그러나 이것은 자기기만으로, 스스로 게으름을 감추기 위해 짜놓은 속임수다. 정말 잘 들으려면 아무리 짧을지라도 굉장한 노력이 필요하기 때문이다. 우선, 그것은 완전한 집중을 요구한다. 누군가의 말을 진심으로 들으면서 동시에 또 다른 일을 할 수는 없다. 만약 부모가 진심으로 아이의 얘기를 들으려면 다른 모든 일을 제쳐놓아야 한다. 진심으로 들으려면 그 시간을 오로지 아이에게만 바쳐야 한다. 즉, 그 시간은 아이의 시간이 되어야만 하는 것이다. 이때에 자신의 걱정거리와 전념하고 있는 일을 포함해 기꺼이 모든 것을 제쳐놓을 마음이 없다면 진심으로 들을 마음이 없는 것이다.

둘째로 여섯 살짜리의 말에 완전히 집중하기 위해 필요한 노력은 어떤 위대한 강사의 강의를 듣는 데 필요한 노력보다 훨씬 더 크다. 아이의 말은 들쭉날쭉해서 — 때로 서둘러 이야기하고 중간은 끊어버리는가 하면 또 반복하기도 하고 — 집중하기 어렵다. 또한 위대한 강사의 주제는 청중이 특별히 흥미 있어 하는 것인 반면 아이들은 대체로 어른에게 별 흥미 없는 것들을 이야기한다. 다시 말해 여섯 살짜리의 이야기는 너무 재미없어서 집중해 듣기가 몇 배나 어렵다. 결과적으로 이 연령의 아이 말을 참으로 들어주려면 진정한 사랑에서 우러나온 노력이 필요하다. 부모에게 그럴 맘이 생기게 만드는'사랑'이 없다면 행동으로 옮겨질 수 없을 것이다.

그런데 왜 그런 일을 해야 할까? 왜 우리는 여섯 살짜리의 지루한 이야기에 온통 정신을 집중해서 들으려고 이 모든 노력을 해야 하는 걸까? 첫째로, 그렇게 노력하는 마음은 당신이 아이를 존중하고 있음을 구체적으로 가장 잘 증명할 수 있다. 위대한 강사에게 보인 것과 똑같은 존중을 보여주면, 아이는 자신이 소중히 여겨진다는 것을 알고 스스로 소중하다고 느낄 것이다. 네가 소중한 사람이라는 것을 가르쳐주기 위해선 아이들을 소중하게 여기는 것보다 더 나은 방법도 없고 결국 그 이외의 방법도 없다. 둘째로 아이들은 자신이 소중하다고 느끼면 느낄수록 소중한 것을 더 많이 이야기하기 시작한다. 아이들은 당신이 기대하는 만큼 행동하려고 노력할 것이다. 셋째로는 귀를 기울일수록, 말하다 쉬고, 더듬거리고, 순진하기 이를 데 없는 그 재잘거림 속에서 아이가 참으로 가치 있는 소리를 하고 있다는 것을 깨달을 것이다. 위대한 지혜는 '어린아이의 입'을 통해 나온다는 격언은, 진심으로 아이의 이야기를 듣는 사람이라면 누구나 절대적인 진리로 여길 것이다. 그뿐만 아니라 아이의 이야기에 귀를 기울이다 보면 아이의 특별함도 쉽사리 깨닫는다. 그리고 아이의 특별함을 인식하면 할수록 아이의 이야기를 듣고 싶은 마음도 더 커질 것이다. 그리하여 당신은 더 많은 것을 알게 된다. 넷째로 아이에 대해서 아는 것이 많으면 많을수록 더 많은 것을 가르칠 수 있다. 아이에 대해 아는 것이 별로 없으면, 미처 배울 준비가 안 된 것을 가르치거나 벌써 알고 어쩌면 당신보다 더 잘 이해하는 것을 가르치게 된다.

끝으로 당신이 소중하게 생각하고 자신의 특별한 점을 이해해준다는 사실을 알게 되면, 아이들은 기꺼이 당신 말에 순종하고 당신이 그들을 대한 것과 같은 존경을 돌려줄 것이다. 당신의 가르침이 그들의 특성에 적합한 것이면 아이들은 더욱 당신의 가르침을 열망하게 된다. 그리하여 배우면 배울수록 더욱 특별한 인간으로 성장하는 것이다. 이런 과정의 순환적인 성격을 파악했다면 제대로 아는 것이며 사랑의 상호성의 진리를 이해한 것이다. 하강하는 악순환 대신 이것은 발달과 성장의 창조적 상승 순환이다. 즉, 존중이 존중을 창조하고 사랑이 사랑을 낳는다. 부모와 아이가 함께 앞을 향하여 더 빠르고 빠르게 사랑의 2인무를 추며 회전한다.

지금까지 여섯 살 아이를 염두에 두고 이야기해왔다. 더 어리거나 더 큰 아이라 해도 들어주고 안 들어주는 것의 비율이 다를 뿐 그 과정은 근본적으로 똑같다. 나이가 어릴수록 아이의 의사전달은 더욱 비언어적인 형식을 취하지만, 마찬가지로 완전히 집중해주는 시간이 필요하다. 딴생각하면서 아이와 짝짜꿍을 잘할 수는 없다. 만약 반쯤 정신을 딴 데 팔면서 짝짜꿍한다면, 반쯤은 정신이 딴 데 가 있는 산만한 아이를 갖게 될지도 모른다. 십 대 아이들은 부모의 경청 시간이 여섯 살짜리보다 시간상으로는 짧을지 모르나, 질적으로는 더욱 귀 기울여 들어야만 한다. 그들은 목적 없이 재잘거리는 일은 훨씬 적지만, 어렸을 때보다 더욱 더 완전히 집중해서 들어줄 것을 원한다.

부모가 들어주기를 바라는 마음은 자라서도 결코 사라지지 않는다. 어떤 삼십 대의 능력 있는 전문직 남자는 낮은 자존감과 관련된 불안증세로 치료받게 되었다. 그 과정에서 그 역시 전문직의 부모가 자기 이야기를 들으려 하지 않았던, 그의 이야기는 들을 가치가 없고 중요하지 않다고 단정지었던 여러 경우를 떠올렸다. 이 중 가장 기억에 생생하고 괴로웠던 일은 스물두 살 때의 일이었는데, 당시 그는 센세이션을 불러일으킬 정도로 긴 논문을 써서 대학 졸업 때 우수상을 받았다. 아들에 대한 야망이 컸던 부모는 그의 수상을 매우 기뻐했다. 하지만 논문 한 부를 일 년 내내 거실 한복판에 놔두고, 부모에게 "읽어주셨으면 좋겠습니다"라는 암시를 종종 주었지만, 누구도 그럴 시간을 내지 않았다. 치료가 끝나갈 무렵에 그는 말했다.

"부모님께 가서 단도직입적으로 '저기, 제발 제 논문 좀 읽어주실래요? 제가 무슨 생각을 하는지 좀 알아보고 평가해주세요'라고 부탁했더라면 논문을 읽었을 것이고 그와 관련해서 저를 칭찬했을 겁니다. 하지만 그건 내 얘기를 들어달라고 구걸하는 꼴이었겠지요. 스물두 살에 부모의 관심을 받고 싶어서 사정사정하며 돌아다닌다면 정말 바보 같았겠죠. 관심을 구걸해야만 하는 상황은 제게 존중받고 있다는 느낌을 주지 못했을 것입니다."

진심으로 들어주고 다른 사람에게 온전하게 집중하는 것은 언제나 사랑의 표현이다. 진심으로 듣기 위해 꼭 필요한 요소는 괄호로 묶는 훈육이다. 그것은 가능한 한 말하는 사람의 내면세계를 그의 입장이 돼서 경험하기 위해, 자신의 편견, 판단 기준, 욕구들을 일시적으로 포기하거나 제쳐두는 것을 말한다. 이렇게 말하는 사람과 듣는 사람의 합일은 실제로 우리 자신을 확장하고 확대하는 것이며 이러한 경험을 통해 늘 새로운 지식은 획득된다. 더욱이 진심으로 듣는 것은 괄호로 묶기, 즉 자신을 제쳐두는 것이므로 이것은 또한 다른 사람을 일시적으로 완전히 받아들이는 것이기도 하다. 이렇게 받아들여지고 있음을 느끼면 말하는 사람은 상처받을 가능성이 크게 줄어든 것을 느끼고 듣는 이에게 마음속에 간직했던 것을 개방하고 싶은 마음이 더 커진다. 이렇게 됨으로써 말하는 사람과 듣는 사람이 서로를 더 이해하게 되고, 사랑의 2인무가 다시 시작되는 것이다. 괄호로 묶는 훈육과 모든 관심을 집중하는 데에는 에너지가 아주 많이 필요해서 단지 사랑으로, 다시 말해서 서로의 성장을 위해 자신을 확장하려는 의지로만 달성될 수 있다. 대부분의 경우 우리에게는 이런 에너지가 없다. 사업상 거래나 사교적인 인간관계에서 아주 열심히 듣는다고 생각할지라도 우리는 대체로 마음속에 이미 고정된 의견을 바탕으로 선택적으로 듣는다. 우리는 들으면서 원하는 결과를 어떻게 얻어낼지, 그리고 어떻게 하면 가능한 한 빨리 대화를 마칠 수 있는지, 아니면 더 유리한 방향으로 다시 끌고 갈 수 있는지를 생각한다.

진심으로 듣는 것은 사랑을 행동으로 실천하는 것이므로, 결혼생활에서만큼 이것이 적합한 데는 없다. 그런데도 대개의 부부는 상대방의 이야기를 결코 진심으로 듣지 않는다. 그래서 부부가 상담이나 치료를 받으러 왔을 때 치료사가 수행할 주요 과제는 상대방의 이야기를 듣는 법을 가르치는 것이다. 그러나 이 일은 적지 않게 실패한다. 그들이 기꺼이 투자하려고 했던 에너지와 인내심보다 더 많은 것이 필요하기 때문이다. 상담하러 온 부부들은 처방 중에 시간을 정해놓고 대화하라는 것이 들어 있으면 대체로 놀라고 심지어는 겁을 먹기도 한다. 그것은 멋없고 딱딱하고 어색한 느낌을 주는 것 같다. 그러나 가슴을 열고 대화하기 위해서는 특정한 시간과 조건이 갖춰져 있어야 한다. 운전하거나 요리하거나 피곤해서 잠이 필요할 때 또는 방해받기 쉬울 때나 서둘러야 할 때는 그런 대화를 할 수 없다. 낭만적으로 '사랑'에 빠지는 것에는 노력이 필요치 않다. 그러므로 많은 부부는 대체로 진실하게 사랑하고 귀 기울이기 위해 노력하고 훈육하는 것을 감내하려 하지 않는다. 그러나 노력하면 막대한 기쁨을 누릴 수 있다. 진지하게 경청하는 것이 일상이 되자 한 배우자는 진정으로 기뻐하며 다른 배우자에게 거듭 말했다. "스물아홉 해를 함께 살았지만, 그런 면이 있다니, 당신을 제대로 알지 못했군요." 이렇게 되면 비로소 부부의 결혼 생활에 성장이 시작된 것이다.

진심으로 듣는 능력은 연습하면 차츰차츰 향상한다. 그러나 노력 없이는 불가능하다. 그래서 훌륭한 정신과 의사에게 가장 필수적인 것은 진심으로 듣는 능력이다. 그런데도 '50분'의 상담 시간 중 6번 정도는 환자가 무엇을 얘기하는지 진심으로 듣는 것에 실패한다. 어떤 때는 환자가 얘기하는 줄거리를 전체적으로 다 놓치는 때도 있다. 그럴 땐 "미안합니다. 잠시 딴생각을 하고 있었나 봐요. 제대로 듣지를 못했는데 지금 얘기한 것을 다시 말씀해주시겠습니까?"라고 말해야만 하는 경우도 있다. 흥미로운 것은 보통 이럴 땐 환자들이 화를 내지 않는다는 것이다. 오히려 그들은 내가 진심으로 귀를 기울이지 않은 실수에 예민한 것이 바로 진심으로 듣는 데 절대적인 요소라는 것을 직감적으로 아는 것 같다. 또 산만함을 고백하는 건 다른 모든 시간 동안에는 진심으로 들었다는 것을 재확인하는 것이기도 하다. 대체로 누군가 진심으로 자기 말을 들어준다는 그 자체만으로 자연스럽게 놀라운 치료 효과가 나온다. 환자가 어른이든 아이든 상관없이 수많은 상담 사례 중 4분의 1은 문제의 근본 이유가 밝혀지지 않았거나 중요한 분석을 할 수 없는 경우다. 그런 때에도 처음 몇 달간은 상당하고 극적인 진전을 보인다. 여기에는 여러 가지 이유가 있겠지만 그중에서도 가장 중요한 것은 의사가 자기 말을 진심으로 듣고 있음을 직감하기 때문이라고 생각한다. 이런 환자 중에는 몇 년 만에 처음으로 누가 진심으로 자기 말을 들어주었다거나 또는 생전 처음 그런 경험을 했다는 사람도 있다.

듣는 것이 현재 관심의 가장 중요한 표현 방법이긴 하지만, 대부분 사랑하는 사이에는 다른 표현방법도 필요하다. 특히 아이들과의 관계에서는 더 그렇다. 방법은 아주 다양하다. 그중 하나는 게임을 하고 노는 것이다. 갓난아이와는 짝짜꿍이나 까꿍을 할 수 있고, 여섯 살 아이와는 요술놀이나 낚시나 숨바꼭질을, 열두 살 아이와는 배드민턴과 카드놀이를 하는 식이다. 어린아이에게 책을 읽어주는 것은 더 큰 아이들의 숙제를 도와주는 것과 마찬가지로 관심을 보이는 행동이 된다. 가족 활동도 중요하다. 영화, 소풍, 드라이브, 여행, 박람회, 축제에 함께 갈 수 있다. 관심을 기울이는 것 중에는 순전히 아이를 위해 봉사하는 것도 포함된다. 네 살 아이를 해변에 앉아 보살피는 것, 열 살 안팎의 아이를 위해 끝없이 차로 데리고 다니는 것이 그것이다.

그런데 이렇게 돌보는 모든 형태의 공통점은 이야기를 듣는 것과 마찬가지로 아이와 시간을 함께 보낸다는 것이다. 기본적으로 관심을 갖는다는 것은 시간을 함께 보낸다는 말이다. 관심의 질은 함께 있는 동안 얼마나 집중했는가에 비례한다. 이러한 활동을 하면서 아이들과 보내는 시간을 잘 활용하면 부모는 아이를 관찰할 수 있는 무수한 기회를 얻고 아이의 상태를 더 잘 알 수 있을 것이다. 놀이에서 졌을 때 승복하는 태도가 어떤지, 어떻게 숙제를 하며, 어떻게 배우고, 무엇에 흥미를 느끼며 또 무엇에 흥미가 없는지, 어떤 때에 용감하고 어떤 때에 두려워하는지 등을 관찰할 수 있다. 이 모든 것이 자녀를 사랑하는 부모에게는 없어서는 안 될 중대한 정보들이다. 이렇게 놀이를 하면서 아이와 함께 지내는 시간은 부모가 삶의 기술을 가르쳐주고, 훈육의 근본적인 원칙을 가르칠 수 있는 많은 기회를 제공한다. 아이를 관찰하고 가르치는데 놀이가 유용하다는 것은 놀이 치료의 근본 원리이기도 하다. 경험이 많은 아동 치료사는 중요한 관찰과 치료 차원의 개입을 위해 아동 환자들과 함께 놀이를 하며 시간을 보내는 데 대단히 능숙하다.

네 살 아이를 해변에 앉아 지켜보는 것, 여섯 살 아이의 밑도 끝도 없는 얘기를 집중해서 들어주는 것, 십 대 아이에게 운전하는 법을 가르치는 것, 배우자가 사무실이나 세탁방에서 있었던 그날 일을 이야기할 때 진심으로 들어주는 것, 꾸준히 인내심을 발휘하고 가능한 한 많은 것들을 괄호로 묶어두려고 하면서 배우자 내면의 문제를 이해하는 것, 이 모든 것들은 때로 지루하며 대체로 불편하며 언제나 에너지를 고갈시킨다. 그것은 노력이 들어가기 때문이다.

좀 더 게으르면 우리는 그것을 전혀 이행하지 않을 것이다. 좀 덜 게으르면 그것들을 더 자주하거나 더 잘 이행할 것이다. 사랑은 노력이기 때문에 사랑하지 않음의 본질은 게으름이다. 게으름이란 주제는 대단히 중요하다. 이것은 지금까지 다루어온 훈육과 사랑이라는 주제에 내재된 숨겨진 주제라고 할 수 있다. 마지막에 가서 이 부분을 좀 더 명확하게 다룰 것이다.

사랑이라는 모험:
상실

앞에서 이미 충분히 다뤘지만, 사랑을 실천(자아를 확장하는 것)하기 위해서는 게으름의 타성이나 두려움으로 인한 저항과 싸워 나아가야 한다. 즉, 노력과 용기가 필요하다. 여기서는 사랑의 노력이 아닌 사랑의 용기로 주제를 돌려보자. 자신을 확장하는 것은 말하자면 우리의 자아가 새롭고 익숙하지 않은 영역으로 들어가는 것이다. 우리의 자아가 새롭고 다른 자아가 된 것이다. 우리에게 익숙지 않은 일을 하는 것이다. 우리는 변화한다. 변화의 경험, 즉 익숙하지 않은 행위, 낯선 환경에 처하는 것, 지금과는 다르게 일하는 것들은 두려운 일이다. 과거에도 늘 그랬고 앞으로도 그럴 것이다. 사람들은 변화에 대한 두려움을 제각각 다른 방법으로 다루지만, 실제로 변하려 들면 두려움은 불가피하다. 용기란 두려움의 부재가 아니다. 용기란 두려움에도 불구하고 행동하는 것, 즉 두려움에 저항하고 싶은 마음과 싸워 미지의 미래 세계로 나아가는 것이다. 어떤 단계의 영적 성장이든 사랑이든 항상 용기가 필요하며 모험이 따른다. 이제 사랑이라는 모험을 생각해보자.

규칙적으로 교회를 다니는 사람이라면 아마 이런 광경을 본 적이 있을 것이다. 사십 대 후반의 한 여인이 예배 시작하기 5분 전에, 눈에 띄지 않게 예배당 뒤 통로 쪽 보조 벤치의 항상 같은 자리에 와서 앉는다. 그녀는 예배가 끝나자마자 조용히 그리고 재빨리 문을 향하고 다른 교인들이 나오기 전에, 그리고 목사님이 교인들과 악수를 하려고 나오기 전에 사라진다. 만약 당신이 그녀에게 가까이 다가가 말을 걸고 —가능할 것 같지는 않지만— 예배 후 커피 한잔하자며 초대한다면 그녀는 공손히 감사를 표시하면서도 불안한 듯 당신의 눈을 피하며 급한 약속이 있다고 말하고는 서둘러 가버릴 것이다. 그러나 무슨 급한 약속인지 궁금해 따라가면 곧장 자기 집으로 들어가는 것을 발견하게 될 것이다. 그녀가 항상 창문에 블라인드가 쳐져 있는 작은 아파트의 문을 열고 들어가면 곧바로 문을 잠글 것이고 그 일요일에는 다시 볼 수 없을 것이다. 계속 관찰해보면 그녀는 어떤 큰 사무실에서 낮은 지위의 타이피스트로 일하며, 말없이 일을 받아서 실수 하나 없이 타이핑해 끝낸 일거리를 또한 말없이 돌려줄 것이다. 또한 점심은 자기 책상에서 먹고 친구는 전혀 없다. 퇴근길에 항상 들르는 인간미 없는 슈퍼마켓에서 몇 가지 필요한 것을 사고는 다음 날 출근하기 전까지 자기 집 문 뒤로 사라져버린다. 매주 토요일 오후엔 매주 새로운 영화를 상영하는 집 근처 극장에 가서 혼자 영화를 본다. TV는 있지만 전화는 없다. 편지를 받는 일도 거의 없다. 당신이 우연히 이야기할 기회가 생겨 그녀에게 외로워 보인다고 말하면 이렇게 대답할 것이다. 자기는 고독을 즐기는 편이라고……. 애완동물을 기르지 않느냐고 물으면 자기가 퍽 좋아하던 개 한 마리가 있었는데 8년 전에 죽어서 이제 아무것도 그 개를 대신할 수 없게 되었다고 말할 것이다.

이 여인은 어떤 사람인가? 우리는 그녀의 마음속은 어떤지 알지 못한다. 우리가 알 수 있는 것이라고는 그녀의 삶은 오로지 위험을 피하고자 하는 것만이 목적이며 이를 위해 자아 확장은커녕 움츠러들기만 한 나머지 거의 살아 있다고 할 수 없는 지경까지 이르렀다는 것이다. 그녀는 살아 있는 어떤 것에도 애착을 느끼지 않는다. 우리는 지금까지 단순히 애착이 사랑은 아니며, 사랑은 애착을 초월하는 것이라고 말했다. 이것이 사실이지만 그러나 사랑을 시작하기 위해서는 애착이 필요하다. 우리는 무엇인가 중요한 의미를 갖는 것만을 사랑한다. 그러나 애착에는 항상 잃거나 거부당할 위험도 있다. 다른 누군가에게 나아갈 때, 거기에는 항상 그가 당신을 떠날 위험이 존재한다. 그러면 당신은 전보다 더 고통스럽도록 외로운 상태가 될 것이다.

사람이건, 동물이건, 식물이건 어떤 것이든 살아 있는 것을 사랑해보라. 그것들은 언젠가 죽는다. 누구든지 믿어보라. 상처 입을지 모른다 해도. 누구에게든 의존해보라. 상대가 실망시킬지 모른다 해도. 애착의 대가는 고통이다. 고통을 감내하려고 않는다면 그런 사람은 많은 것들이 부족한 채로 살아야만 할 것이다. 즉, 아이를 갖는다든지, 결혼, 섹스의 황홀감, 야망, 우정 등 생기를 불어넣고 의미를 주며 인생을 중요하게 만드는 그 모든 것을 말이다.

어떤 차원으로든 앞으로 나아가거나 성장하면 기쁨과 함께 고통이라는 대가를 치를 것이다. 충만한 삶은 고통으로 충만할 것이다. 그러나 우리는 삶을 충만하게 살든지 아니면 완전히 포기하든지 둘 중 하나를 선택할 수 있을 뿐이다.

인생의 본질은 변화, 즉 성장과 쇠퇴의 모음이다. 삶과 성장을 선택하라. 그것은 변화와 죽음의 가능성을 함께 선택한 것이다. 앞서 말한 여인의 고독하고 편협한 삶은 여러 번에 걸친 죽음이라는 체험에 그 원인이 있는 것 같다. 그녀에게 죽음이란 너무나 고통스러운 것이어서 두 번 다시는 그 아픔을 겪지 않으려고 충만한 생을 포기한 대가를 치르고 있다. 죽음의 경험을 피하고자 그녀는 성장과 변화를 피해야 했다. 그녀는 새로운 것, 기대하지 않던 것으로부터 자유로운 변함없는 삶, 즉 모험이나 도전이 없는 죽은 것 같은 삶을 선택했다.

이미 얘기한 대로 정당한 고통을 피하려는 시도는 모든 심리적 질환의 원인이 된다. 대부분의 심리 치료를 받는 환자들은 나이에 관계없이 죽음의 현실을 정면으로 맞닥뜨릴 때 문제가 생긴다(신경증은 특별한 것이라기보다는 평범한 것이므로 아마 대부분의 일반인도 그럴 것이다). 정신과 연구 분야에서 이런 현상의 의미를 고찰해보려는 노력이 최근에서야 시작된 것은 놀랍다. 죽음이란 언제나 곁에 있는, 우리의 '왼쪽 어깨'에 짊어지고 가는 것임을 느끼고 산다면, 돈 후안의 표현대로 죽음은 '동지'가 될 수 있다. 두렵기는 하지만 지혜로운 교훈의 원천이 되어줄 것이다.* 죽음의 교훈을, 즉 살고 사랑할 시간이 제한되어 있다는 사실을 염두에 둔다면 시간을 최선으로 이용하고 최대한 충만한 삶을 살려고 노력할 것이다. 그러나 왼쪽 어깨에 짊어진 죽음이라는 두려운 존재와 당당히 직면할 마음이 없다면 죽음이 주는 지혜로운 교훈을 스스로 버린 결과, 명쾌하게 살거나 명쾌하게 사랑할 수 없다. 죽음이라는, 항상 변화하는 삶의 본질을 피하면, 어쩔 수 없이 삶도 피해버리게 된다.

---

* 심리 치료 과정에 관한 책, 카를로스 카스테네다Carlos Casteneda의 《돈 후안의 가르침: 야키 족의 앎의 방식, 분리된 실재, 익스틀란으로의 여행, 힘에 관한 이야기》.

사랑이라는 모험:
독립

따라서 모든 삶은 그 자체가 모험을 의미한다. 그리고 삶을 사랑할수록 모험도 더 많아진다. 평생 겪는 셀 수 없이 많은 모험 중에서 가장 큰 것은 성장을 위한 모험이다. 성장이란 어린아이가 어른의 세계로 발을 들여놓는 것이다. 그것은 한 걸음 살짝 내딛는 것이 아니라 두렵게도 단숨에 도약하는 것이다. 그래서 많은 사람들은 평생 실제로 해보지 못하는 도약이다. 심지어 성공한 어른까지 포함한 대다수의 '어른들'은 겉으로는 어른처럼 보여도 심리적으로는 죽을 때까지 아이로 남아 있다. 이들은 부모에게서 자신을 분리하지 못하고 부모가 행사하는 권력에서 전혀 헤어나지 못한다. 개인적으로 이 성장을 아주 아프게 겪었기 때문에 나는 성장의 본질과 큰 도약에 따르는 모험의 거대함을 매우 잘 설명할 수 있을 것 같다. 다행스럽게도 나는 아주 어린 나이인 열다섯 살 말에 성년기로 도약할 수 있었다. 이 도약은 의식적인 노력의 결과였다. 하지만 그때 내 행동이 성장을 실행하는 것이라는 건

전혀 눈치채지 못했다. 단지 내가 아는 것은 미지의 세계로 뛰어들고 있다는 사실뿐이었다.

나는 열세 살에 집을 떠나 필립스 엑시터 아카데미Phillips Exeter Academy에 들어갔다. 그곳은 전국 최고라는 평판이 난 남자 고등학교인데, 형도 거기를 다녔다. 나는 그 학교에 입학한 것이 얼마나 운 좋은 일인지 알고 있었다. 이 학교에 다닌다는 것은 성공을 향한 잘 짜인 틀 속으로 들어가는 것과 같아서 가장 좋은 아이비리그 대학에 입학할 수 있으며, 사회 최고 지도층으로 들어갈 수 있었다. 이 학교에 다니는 것 때문에 그러한 길로 가는 문이 활짝 열린 셈이었다. 나는 '돈으로 살 수 있는 최고의 교육'을 시켜줄 수 있을 만큼 부유한 부모에게서 태어난 것을 참으로 다행이라고 느꼈다. 또 그렇게 분명 창창한 코스의 일부가 되었다는 데서 대단히 안심했다. 그러나 단 하나의 문제는 바로 이 학교에 다니기 시작하자마자 곧바로 비참할 정도로 불행해졌다는 것이다. 내가 왜 그렇게도 불행하게 느꼈는지는 그 당시 나 자신도 몰랐고, 지금까지도 풀기 어려운 수수께끼로 남아 있다. 나는 그저 그곳에 맞지 않았던 것 같다. 교수진, 학생들, 과목들, 건축물, 사교생활, 모든 환경이 맞지 않았던 것 같다. 내가 처한 상황에서 최선을 다하며 나의 불완전함을 고쳐 적응하려고 노력하는 것 외에는 달리 할 게 없어보였다. 그래서 내 앞에 놓여 있고 올바른 길임이 명백한 이 틀에 더욱 편안하게 나를 맞추었다. 그리고 2년 반 동안 노력했다. 그러나 매일 생활은 점점 더 무의미해지고 더 비참해졌다. 그 무렵에 나는 잠자는 일 외에 거의 한 게 없다. 잠잘 때만 평안함을 느꼈다. 돌이켜보면 아마도 잠자는 가운데 무의식적으로 나는 도약을 준비하고 있었는지도 모른다. 내가 성장을 향해 도약한 시기는 3학년 봄방학 때 집에 돌아와서다. 그때 나는 학교로 돌아가지 않겠다고 선언했다. 아버지는 말했다.

"그럴 순 없다! 그건 돈으로 살 수 있는 최고의 교육이다. 도대체 지금 네가 뭘 내던지려고 하는지 알기나 하니?"

"저도 그곳이 좋은 학교인 줄은 알아요." 나는 대답했다. "그렇지만 돌아가지 않을 거예요."

"왜 적응하려고 노력해보지 않는 거냐. 한 번 더 노력해보거라." 부모님은 부탁했다.

나는 난감했지만 이렇게 대답했다.

"저도 잘 모르겠어요. 왜 그렇게 싫은지 알 수가 없어요. 그렇지만 그곳이 싫어요. 돌아가지 않겠어요."

"그러면 무얼 할 작정이니? 장래에 대해 확고한 것도 없어 보이는데, 무슨 계획이라도 갖고 있는 거냐?"

다시금 나는 비참함을 억누르며 대답했다.

"모르겠어요. 제가 아는 것은 다시는 그곳에 돌아가지 않겠다는 것뿐이에요."

부모님은 당연히 놀라셨고 결국은 나를 정신과 의사에게 데리고 갔다. 의사는 내가 우울증에 걸려 있으니 한 달 동안 입원하는 것이 좋겠다고 했다. 그러면서 내게 하루의 여유를 주면서 정신병원에 입원하기를 원하는지 결정하도록 했다.

그날 밤 나는 정말 일생에서 처음이자 마지막으로 자살을 생각했다. 정신 병원에 입원하는 것이 아주 좋은 방법이라고 생각했다. 정신과 의사가 말한 대로 나는 우울증에 걸려 있었으니까. 형은 엑시터에 적응했는데 왜 나는 안 되는 걸까? 그토록 적응하지 못하는 것은 전적으로 내 잘못이었다. 그래서 나 자신이 문제아이며 무능하고 가치가 없다고 생각했다. 심지어 나는 미쳤을지도 모른다는 생각까지 들었다. 아버지도 그렇게 말하지 않았던가. "너는 틀림없이 미쳤어. 그렇게 좋은 교육을 어쩌자고 내버린단 말이냐?" 학교로 돌아간다면 나의 장래는 안전하고 확실하고 적절하며 건설적이고 명백히 보증될 텐데. 그렇지만 그것은 내가 아니었다. 내 존재의 심연에서부터 나는 그것이 내 길이 아니라는 것을 알았다.

그러면 내 길은 무엇이란 말인가? 필립스 엑시터 아카데미로 돌아가지 않는다면 내 앞에 놓인 것이란 미지의 것, 결정되지 않은 것, 불안하고, 불확실하고, 성역화되지 않고, 예상할 수 없는 게 전부였다. 누구든지 그런 길을 택하는 사람은 미친 게 틀림없다. 나는 공포에 떨었다. 그러나 인생에서 가장 깊이 절망하던 바로 그때 무의식 속에서 내 목소리가 아닌 어떤 영적인 신의 계시 같은 소리가 울려왔다.

"인생에 있어서 유일하고 진정한 안전이란 생의 불안정을 맛보는 데 있는 것이다."

정신 나간 말이고 모든 거룩한 것과는 거리가 멀었지만 나는 내가 되기로 결심했다. 나는 푹 잤다. 그리고 아침에 정신과 의사를 만나 절대로 엑시터에 돌아가지 않을 것이고 입원할 준비가 되었다고 말했다. 나는 미지의 세계로 도약했던 것이다. 나는 내 운명을 손안에 쥐었던 것이다.

성장의 과정은 대체로 미지의 세계로 향하는 여러 번의 작은 도약들로 이루어지며 아주 점진적으로 일어난다. 그 예로 여덟 살 사내아이가 처음으로 자전거를 타고 혼자 시골 가게에 가는 모험을 할 때 또는 열다섯 살의 소년, 소녀가 첫 데이트를 하러 나가는 것 등을 들 수 있다. 이런 것들이 진정한 모험인지를 의심하는 사람은 여기에 따르는 불안도 이해하지 못할 것이다. 아주 건강한 아이들을 살펴보아도, 새롭고 어른스러운 활동에 과감히 뛰어들고 싶어 하면서 동시에 멈칫거리고, 뒤로 물러나 움츠리고, 안전하고 익숙한 것에 집착하고, 의존하고, 어린애 같은 행동에 머물려는 것을 볼 수 있다. 다소 미묘한 정도지만 이와 똑같은 양면성을 성인에게서도 발견할 수 있다. 특히 나이 든 사람들은 오래된 것과 잘 알고 익숙한 것에 집착하는 경향이 있다. 내게는 마흔 살이 되어서도 거의 매일 일상사를 다른 방법으로 처리하는 모험을 해볼 수 있는 기회, 즉 성장할 기회가 있었다. 나는 여전히 성장하고 있으나 내 욕심만큼 그리 빨리 자라지는 못한다. 우리가 선택하고자 하는 모든 조그마한 도약 중에는 커다란 것들도 있다. 예를 들면 내가 자라며 익힌 전체적 생활양식과 가치를 버리고 학교를 그만두었을 때처럼 말이다. 많은 사람은 이런 거대한 도약을 절대로 택하지 않는다. 그래서 결국 실제로 전혀 성장하지 못하는 것인지도 모른다. 그들은 외양과는 달리 심리적으로는 아직도 부모의 아이로 남아 물려받은 가치에 따라 살고, 주로 부모의 승낙과 반대에 따라 움직이고(부모가 오래전에 사망해 땅에 묻힌 경우에도), 감히 운명을 자기 손안에 쥐어보지 못한다.

이렇게 커다란 도약은 십 대 청소년기에 가장 흔히 일어나지만, 어느 연령에서나 생길 수 있다.

아이가 셋 있는 서른다섯 살의 부인이 있었다. 독재적이고 남을 무시하며 융통성 없고 우월감에 젖은 사람과 결혼한 그 부인은 점점 고통스러워하며 남편과 결혼에 의존하는 자기 삶은 살아 있는 죽음이라는 것을 깨달았다. 남편은 그들 관계의 본질을 변화시켜보려는 부인의 모든 시도를 막았다. 하지만 부인은 남편의 반대와 이웃의 비난을 무릅쓰고 용감하게 이혼해 홀로 아이들과 지내는 막연한 미래를 택하는 모험을 감행했다. 이 모험 덕에 생애 처음으로 자신의 주인이 된 듯한 자유를 느낄 수 있었다.

심장 발작 이후 우울증에 걸린 쉰두 살의 사업가가 있었다. 그는 돈 버는 데 급급했고 더 높은 자리에 오르는 데만 관심을 두고 살아온 지난날을 돌이켜보았고, 마침내 그것이 의미 없다는 것을 발견했다. 오랜 생각 끝에 그는 지배적이고 끊임없이 비판적인 어머니로부터 인정받고 싶은 욕구 때문에 그렇게 산 것을 깨달았다. 다시 말해 어머니 눈에 성공한 자식이 되고자 사력을 다해 열심히 일한 것이다. 그는 사치스러운 생활을 포기하기 싫은 아내와 자녀들의 분노를 용감하게 무시했고 그뿐만 아니라 평생 처음으로 어머니의 반대에 맞서고 뛰어넘어 시골로 이사했다. 그곳에서 조그마한 상점을 열고 옛 가구를 복원하는 일을 했다.

이러한 큰 변화, 이러한 독립과 자기 결심으로 뛰어드는 일은 어떤 연령에서든지 엄청나게 고통스럽고 대단한 용기를 요구한다. 그런데도 심리 치료의 결과 이런 일들은 흔히 일어나곤 한다. 성취에 따르는 위험 부담이 엄청나다고 느끼면 사람들은 가끔 심리 치료를 받고자 한다. 치료가 위험을 경감시켜주어서가 아니라 용기를 북돋우고 가르쳐주기 때문이다.

그런데 사랑에 수반된 자기 확장은 새로운 차원으로 자신을 확대한다는 사실 외에, 성장과 사랑은 무슨 관련이 있을까? 첫째로, 앞의 사례와 모든 주요 변화는 자기 자신을 사랑하는 행동이다. 바로 자신을 소중하게 생각하는 그 이유 때문에, 내 욕구에 맞지 않는 학교와 사회적 환경에 비참히 남기를 원치 않았던 것이다. 또한 서른다섯 살의 부인도 자기 자신을 존중했기 때문에 자유를 속박하고 인간성을 짓밟는 그런 결혼 생활은 더 이상 참을 수 없다고 판단한 것이다. 사업가 역시 자신을 아꼈기 때문에 어머니의 기대에 부응하기 위해 미친 듯 일하던 것을 그만두었다. 둘째로, 사랑은 자신을 위해 그렇게 크고 의미 있는 변화를 일으키는 동기를 제공한다. 그뿐만 아니라 변화를 위해 모험을 감행할 용기의 초석이 된다. 나의 경우, 확실히 부모님이 어릴 때 사랑해주고 소중히 여겨주었기 때문에 나는 충분히 나 자신에게 안정감을 가질 수 있었다. 그 안정감을 기반으로 부모의 기대에 항거했고 부모님이 가르쳐준 삶의 방식을 과감히 떨쳐버릴 수 있었던 것이다. 내 경우만 해도 그렇다. 이런 행동을 하는 나는 무능하고 쓸모없고 미쳤을지도 모른다고 생각했지만, 그런 느낌을 참을 수 있었다. 그와 동시에 마음속 더 깊은 곳에서는 아무리 남과 다르다 해도 스스로 좋은 사람이라고 느꼈기 때문이었다. 미친 짓처럼 보일지라도 다른 사람과는 달리 과감히 행동할 때 나는 어려서 부모가 수없이 들려준 사랑의 메시지에 반응하고 있었다. 그 메시지는 이러했다.

"너는 아름답고 사랑스러운 아이다. 너답게 사는 게 좋아. 네가 너다운 한 무엇을 하든지 우리는 너를 사랑한다."

나 자신을 사랑하는 마음에 반영된 부모님의 변함없는 그 사랑이 없었다면 미지의 것 대신에 익히 아는 것을 택했을 것이고 고유함의 말살이라는 지독한 대가를 지불하면서 부모가 더 좋아하는 삶의 방식을 계속 따랐을 것이다. 마지막으로, 온전한 자아와 심리적 독립과 고유한 개성이라는 미지의 세계로 도약할 때만이 사람은 자유로이 정신적 성숙을 향해 더 숭고한 길을 따라 전진하여 가장 높은 차원에서 사랑을 보여줄 수 있다. 결혼하는 것이나 직업을 갖는 것이나 아이를 갖는 것이 부모나 다른 사람의 기대 또는 사회 전체를 만족시키기 위한 것이라면, 그것은 본질적으로 얄팍한 행동이 될 것이다. 부모의 기대에 맞게 사랑스러운 태도로 행동해서 아이를 사랑한다면 그 부모는 아이의 보다 미묘한 욕구에 둔감할 것이고 보다 섬세하게 때로 정말 중요한 방식으로 사랑을 표현할 수 없을 것이다. 가장 지고한 사랑은 전적으로 자유로운 선택이며, 이는 순응하는 행위가 아니다.

사랑이라는 모험: 헌신

크든 작든 책임감을 느끼는 것은 모든 진정한 사랑의 관계에 초석이고 기반이다. 책임감이 강하다 해서 꼭 성공적인 관계를 이룰 수 있는 건 아니지만 사랑을 확실히 하는 데에는 어떤 다른 요인보다 도움이 된다. 처음에는 책임감이 적어도 시간이 지나면서 커질 수 있다. 책임 의식이 생기지 않는 관계는 부서지기 쉬우며 틀림없이 병적이 되거나 만성적으로 약해질 것이다. 우리는 막중한 책임감을 느끼는 것이 아주 힘들다는 것을 망각할 때가 많다.

앞에서 사랑에 빠진다는 본능적 현상이 꼭 무슨 마술 망토를 걸친 양 눈을 멀게 만들어 결혼이라는 일대 모험을 감행할 용기를 준다고 이야기한 바 있다. 내 경우를 보면, 아내가 식장에서 나와 함께 단상 앞에 서 있기 전까지는 상당히 침착했다. 그런데 아내가 내 옆에 서자 전신이 떨리기 시작했다. 그때 너무 두려워 떠는 바람에 예식과 피로연에 대해선 거의 아무것도 기억하지 못한다. 어쨌든 사랑에 빠진 상태에서 진정한 사랑으로의 전환을 가능하게 만드는 것은 결혼식 후에 갖는 책임의식이다. 그리고 아내가 임신한 후 생겨난 책임감은 우리를 생물학적인 부모에서 심리학적인 부모로 전환시켰다.* 진정한 사랑의 관계라면 그 안에 언제나 책임감이 내재해 있다. 다른 사람의 영적 성장에 진심으로 관심 있는 사람이면 누구나 의식적으로든 본능적으로든 오로지 지속적인 관계를 통해서만 그러한 성장을 북돋워줄 수 있다는 걸 안다. 버림받을지도 모른다는 두려움에 시달리는 막연한 불안 속에서 아이들이 정신적으로 성숙하게 자랄 수는 없다. 부부가 의존과 독립, 지배와 복종, 자유와 충성 등 결혼의 보편적 문제에 투쟁하는 행동 자체가 관계를 파괴하지 않으리라는 확신이 없다면 어떤 건전한 방법으로도 이러한 문제들을 해결할 수 없다.

책임감의 문제는 대부분의 정신적 장애가 지닌 주요한 문제다. 그리고 심리 치료 과정에서도 아주 결정적인 사안이다. 성격 장애를 겪는 사람은 책임감이 약하며, 장애가 심해질수록 책임지는 능력을 전적으로 상실한다. 책임감에 얽매인다는 사실이 두려워서라기보다 도대체 책임감이 무엇인지 잘 몰라서 그렇다. 어린 시절 부모가 책임의식을 보여주지 않았기 때문에 아이들은 책임감을 제대로 경험하지 못하고 성장한 것이다. 그들에게 책임감은 시야 밖에 있는 추상적인 것이고 충분히 인식할 수 없는 현상을 의미한

* 생물학적 부모 역할과 심리학적 부모 역할의 구별이 중요하다는 사실은 골드스타인Goldstein과 프로이트Freud와 솔니트Solnit의 공저, 《아이의 최고 관심사를 넘어서》(맥밀란 사, 1973)에 훌륭히 서술되고 구체화되어 있다.

다. 그 반대로 신경증 환자는 일반적으로 책임감의 본질에 대해서는 알고 있다. 그러나 이에 대한 공포 때문에 때로 마비된 사람이다. 보통 어렸을 때의 경험은, 부모가 충분한 책임을 다해주었으므로 그에 대한 보답으로 부모에게 책임을 다하도록 길러졌다. 그러나 그 후에 죽음이나 이별 또는 장기간의 결별 때문에 부모의 사랑이 멈추면, 아이가 보답받지 못하는 책임감은 참을 수 없이 괴로운 경험이 되어버린다. 그때는 새로이 책임감을 가져야 한다는 사실이 두려워지는 게 당연하다. 그러한 상처는 나중에 책임에 대한 더 근본적이고 만족스러운 경험을 하게 될 때만 치료된다. 이런 이유로 무엇보다 책임감이 심리 치료의 관계 형성에서 주춧돌이 되는 것이다.

장기 치료 환자를 맞을 때면 내 역할의 막중함에 가끔 몸서리칠 때도 있다. 근본적인 치료를 위해 심리 치료사는 부모가 자녀를 순수하게 사랑하듯이 수준 높은 의식과 강한 책임감으로 새 환자와의 관계에 임해야만 한다. 수개월 혹은 수년 동안 치료하다 보면 치료사의 책임감과 지속적인 관심은 아주 여러 형태로 시험대에 오름과 동시에 반드시 환자에게 드러난다.

레이철이라는 냉정하고 예의 바른 스물일곱 살의 젊은 여성이 결혼한 지 얼마 안 되어 나를 찾아왔다. 남편 마크는 레이철의 불감증 때문에 그녀를 떠나버렸다.

"내가 불감증이라는 것을 알아요"라고 그녀는 인정했다.

"시간이 지나면 마크에게 뜨거워질 거라고 생각했는데, 전혀 그렇지 않았어요. 마크뿐만이 아니에요. 그 누구하고도 섹스를 즐긴 적이 없답니다. 사실대로 말씀드리면, 내가 정말 그걸 원하는지도 모르겠어요. 한편으로는 원하죠. 왜냐면 언젠가 행복한 결혼생활을 하고 싶으니까요. 나는 정상이 되고 싶어요. 정상적인 사람들은 섹스에서 굉장한 것을 발견하는 것 같은데요. 그런데 또 다른 나는 지금 이렇게 사는 것에도 만족한답니다. 마크도 항상 '긴장을 풀고 노력해봅시다'라고 말했지만, 그렇게 할 수 있었다 해도 긴장을 풀고 느긋해지는 걸 내가 원치 않는 것 같아요."

치료에 들어간 지 3개월 후, 나는 치료실 의자에 앉기도 전에 그녀가 적어도 두 번씩은 "고맙습니다"라고 한다는 것을 지적했다. 대기실에서 나를 만날 때, 그리고 문을 열고 치료실로 들어올 때 또 한 번.

"공손한 게 무슨 잘못인가요?" 그녀는 물었다.

"그 자체로는 아무 문제가 없어요." 나는 대답했다.

"그러나 특별히 이 경우는 아주 불필요한데, 당신은 마치 손님처럼 행동하고 있어요. 그리고 당신 자신이 여기서 환영받는 건지 확실치 않은 것처럼 행동하고 있어요."

"내가 여기선 손님이잖아요. 여긴 선생님 치료실인걸요."

"그건 사실이에요." 나는 말했다.

"그래도 여기서 보내는 시간을 위해 당신이 1시간에 40달러를 지불하는 것도 사실이거든요. 이 시간과 공간을 산 것이므로 당신은 그에 대한 권리가 있어요. 당신은 손님이 아니에요. 이 치료실, 이 대기실 그리고 우리가 함께 보내는 시간이 당신의 권리입니다. 당당히 당신의 것이에요. 이런 권리를 위해 돈을 지불했는데, 왜 내게 감사를 합니까?"

"그렇게 생각하신다니 정말 믿을 수가 없군요!" 그녀는 부르짖었다.

"내가 아무 때나 당신을 여기서 내보낼 수도 있다고 생각하는군요." 나는 응수했다. "당신이 어느 날 아침 여기 왔는데 내가 '레이철, 당신과 함께 일하는 것이 귀찮아서 당신을 다시는 만나지 않기로 결정했습니다. 잘 가시고 모든 일이 잘되기를 바랍니다'라고 말할지도 모른다고 생각하는 겁니다."

"네, 그렇게 느껴요" 하고 레이철은 동의했다.

"지금껏 한 번도 어떤 것을 내 소유라고 생각해본 적이 없어요. 적어도 사람에 있어서는 그랬어요. 그런데, 선생님은 나를 내쫓을 수 없단 뜻인가요?"

"물론, 그렇게 할 수도 있지요. 그렇지만 나는 그러지 않을 것이고 또 그러고 싶지도 않아요. 내가 윤리적인 사람이라서가 아닙니다. 자, 보세요, 레이철." 나는 계속 말했다.

"당신의 경우처럼 장기 치료를 맡을 때는 그 대상에게 책임을 다할 것을 약속한 것입니다. 그래서 당신에게 책임을 다하고 있는 겁니다. 1년이든, 5년이든, 10년이 걸리든 어쨌든 필요할 때까지 당신과 함께 노력할 것입니다. 당신이 이 치료를 끝낼 때는 치료가 다 됐다고 느껴서일지 아니면 그 이전이 될지는 모르겠습니다. 그러나 어느 쪽이든 당신이 바로 우리 관계를 끝낼 사람입니다. 내가 죽기 전까지는 당신이 원하는 한 이 치료는 계속될 겁니다."

레이철의 문제를 이해하기는 어렵지 않았다. 치료를 시작할 무렵 전 남편인 마크가 이런 말을 했다.

"내 생각엔 레이철의 어머니가 이 문제와 큰 관련이 있는 것 같습니다. 어머니는 정말 대단한 분이시죠. 그분은 제너럴 모터 사의 훌륭한 사장이었을지 모르지만 아주 좋은 어머니였던 것 같지는 않아요."

과연 그러했다. 레이철은 어머니가 만들어놓은 규칙대로 따르지 않으면 당장에 쫓겨날지 모른다고 생각하면서 자랐고 어떻게 보면 지배당한 셈이다. 오로지 책임을 다하는 부모에게서만 받을 수 있는, 아이로서 자기 위치가 안전하다고 느끼게 하기보다 어머니는 계속 반대의 것을 얘기해준 것이다. 레이철은 고용인에게나 하는 말들을 들으며 자랐다. 레이철의 위치는 단지 만들어야 할 것을 만들어내고 기대에 따라 행동해야만 보장되었던 것이다. 이처럼 집에서의 위치가 안전하지 않았는데 어떻게 나와의 관계에서 안전함을 느낄 수 있었겠는가?

부모가 책임을 다하지 않아서 받은 상처는 몇 마디 말이나 몇 마디 피상적인 다짐으로는 치유될 수 없다. 계속해서 더욱 심층적으로 반복해 치료받아야 한다. 예를 들어 이런 식의 단 한 번의 치료는 일 년이 훨씬 지난 뒤에야 가능했다. 나는 레이철이 내 앞에서 전혀 울지 않는다는 사실을 집중해서 다루었다. 이것은 그녀 스스로 '느긋해지는 것'을 허용할 수 없다는 사실을 증명하는 것이었기 때문이다. 하루는 자신이 무척 고독하다고 얘기할 때였다. 그 고독은 그녀가 계속 긴장을 늦추지 않고 조심했기 때문에 생긴 것이었다. 나는 순간 그녀가 막 울음을 터뜨릴 시점이어서 내가 살짝 고삐를 당겨줘야 한다는 것을 감지했다. 그래서 일반적인 치료를 시도했다. 그녀가 누워 있는 긴 의자로 다가가 머리를 부드럽게 쓰다듬으면서 중얼거렸다.

"불쌍한 레이철, 가엾은 레이철."

그러나 그런 제스처는 즉시 실패로 돌아갔다. 레이철은 바로 몸이 굳어지더니 눈에 물기를 거두고 일어나 앉았다. 그녀는 "할 수 없어요. 나 자신을 편안하게 놔줄 수가 없어요"라고 말했다. 그 다음 치료 시간에 레이철은 눕지 않고 긴 의자에 앉았다. "자, 이제는 선생님이 얘기할 시간이에요"라고 그녀는 말했다.

"무슨 말이죠?"라고 나는 물었다.

"선생님이 나의 잘못된 것을 다 얘기해주셔야 합니다."

나는 어리둥절했다. "아직도 당신 말이 무슨 뜻인지 이해 못 하겠어요, 레이철."

"이게 우리의 마지막 치료 시간이에요. 선생님은 내게 무엇이 잘못됐는지 그리고 왜 더 이상 저를 치료할 수 없는지 다 말씀해 주셔야 해요."

"도대체 무슨 말을 하는지 전혀 감을 잡을 수가 없군요"라고 나는 말했다.

그러자 이번에는 레이철이 당황하면서 이렇게 말했다.

"그러니까 지난번 치료 시간에 선생님은 제가 울기를 원하셨지요. 그걸 오랫동안 원하셨어요. 지난번에 선생님은 온갖 것을 다 하셨지만 그런데도 저는 울지 않았어요. 그러니 이제 저를 포기하실 거예요. 저는 선생님이 원하시는 것을 할 수가 없는걸요. 그러니까 오늘이 우리의 마지막 시간이 되겠지요."

"당신은 정말, 내가 당신을 쫓아낼 거라고 믿는군요. 그렇죠, 레이철?"

"그럼요, 누구라도 그럴 거예요."

"아녜요, 레이철. 모두 그런 건 아니에요. 어머니는 그랬을지 모르지만 나는 당신의 어머니가 아니에요. 이 세상 모든 사람이 다 어머니 같지는 않답니다. 당신은 내 고용인이 아니에요. 당신은 내가 원하는 것을 하기 위해 여기 있는 것이 아니에요. 당신이 원하는 때에 당신이 원하는 것을 하려고 여기 있는 겁니다. 나는 당신을 재촉할 수는 있지만 힘을 행사하지 않아요. 나는 절대로 당신을 쫓아내지 않을 겁니다. 당신이 원하는 한 언제든지 여기에 와도 좋아요."

사람들은 어린 시절에 부모에게서 굳건한 믿음을 받지 못하면 성인이 된 후에 인간관계에서 많은 문제를 갖게 된다. 그중의 하나가 바로, "당신이 나를 버리고 가기 전에 내가 당신을 버릴 것이오"라는 증세다. 이 증세는 여러 가지 모습으로 나타나며, 때로는 위장하기도 한다. 그 한 유형이 바로 레이철의 불감증이었다. 그것이 결코 의식적인 것은 아니었지만 레이철의 불감증이 남편과 이전의 남자 친구들에게 전달하고자 했던 내용은 "네가 언젠가는 나를 버릴 것을 잘 알아. 그러니 나를 너에게 주지 않겠어"라는 것이다. 성적으로나 다른 모든 면에서 자신을 '느긋하게 풀어놓는' 것이 레이철로서는 자신을 바치는 것을 의미했다. 그러나 과거 경험의 지도로 비추어볼 때 그러한 헌신은 보상받지 못할 것이 뻔하기 때문에 그녀는 헌신할 마음이 없었던 것이다.

"네가 나를 버리기 전에 내가 먼저 너를 버리겠다"라는 증세는 레이철 같은 사람이 다른 사람과 친근해질수록 더욱더 강력해진다. 일 년간 일주일에 두 번 치료를 받던 레이철은 내게 대뜸 말하기를 더 이상 일주일에 80달러를 쓸 수 없다고 했다. 그러면서 이혼한 이후로 생활비를 충당하기 어려워서 상담을 종료하든지 일주일에 한 번으로 줄여야겠다고 말했다. 현실적으로 이것은 말도 안 되는 소리였다. 나는 레이철이 직장에서 받는 적당한 월급 이외에 오만 달러라는 많은 유산을 받았고, 그녀의 집안은 그 지역 유지로 소문이 나 있다는 걸 알고 있었다. 보통 때였다면 그녀에게 강력히 따졌을 것이다. 다른 환자보다 치료비 부담에서 자유롭다는 것, 나와 점점 가까워지는 것에서 도망가려고 돈 문제를 핑계 삼는 것을 알았기 때문이다.

그러나 다른 한편 그녀가 물려받은 유산은 단지 돈이라기보다 그녀에게는 더 큰 무엇임을 나는 역시 알고 있었다. 즉, 그 유산은 그녀의 소유이고, 그녀를 저버리지 않을 무엇이고, 책임감 없는 세상에서의 안전한 성벽이었다. 일반적인 경우라면 유산을 좀 헐어서 치료비를 내지 그러냐고 하는 것이 당연했다. 그러나 추측건대 그녀는 그런 모험을 할 준비가 되어 있지 않았고, 내가 그렇게 말하면 정말 도망갈 것이었다. 그때 그녀는 일주일에 50달러씩 낼 수 있다고 하면서 그 50달러는 일주일에 한 번의 치료비로 지불하겠다고 말했다. 나는 그녀에게 25달러로 치료비를 감해줄 테니 한 주에 두 번 상담을 계속하자고 했다. 그녀는 두려움과 불신과 기뻠이 뒤섞인 얼굴로 나를 쳐다보았다.

"정말 그렇게 하시겠어요?" 그녀가 물었다. 나는 고개를 끄덕였다. 긴 침묵이 흘렀다. 결국 그녀는 금방이라도 눈물을 쏟을 것 같은 상태 — 지금까지 본 중에서 가장 심하게 — 가 되어 말했다.

"제가 있는 집 사람이라고, 상점 주인들은 항상 부를 수 있는 최고 가격을 내라고 했어요. 그런데 선생님은 값을 깎아주시는군요. 아무도 제게 그런 적이 없었어요."

사실 레이철은 우리가 서로 책임감을 느끼는 관계로 발전해가도록 내버려둘지 갈등하느라 그다음 해에 여러 번 치료를 중단했다. 그럴 때면 나는 한 주나 두 주에 걸쳐 편지와 전화로 연락해서 다시 치료받도록 설득했다. 그렇게 치료를 시작해서 2년이 될 무렵, 그녀의 문제를 더 직접적으로 다룰 수 있었다. 한번은 그녀가 시를 쓰는 것을 알고 좀 보여달라고 했다. 처음에 그녀는 거절했다. 다시 요청했더니 그때는 동의만 해놓고서 일주일이 가고 이주일이 가도 "잊어버렸다"라는 핑계만 댈 뿐 그것을 가져오지 않았다. 나는 그녀에게 그것을 보류하는 것은 마크나 다른 남성에게 그녀의 성을 보류하는 것과 같다고 지적해주었다. 왜 그녀는 시를 보여주는 것을 자기 자신을 전적으로 바치는 행동과 동일시할까? 왜 그녀는 성적인 것을 함께 나누는 것이 자신을 전적으로 바치는 것이라고 느낄까? 만약 내가 그녀의 시에 아무런 반응을 보이지 않으면 그녀는 전적으로 거부당했다고 느낄까? 훌륭한 시인이 아니어서 내가 우정을 끝낼 것이라고 생각할까? 왜 그녀는 관계가 깊어지는 것을 두려워할까? 이런 식으로 나는 지적했다.

결국 그녀는 내가 책임감을 느끼고 있다는 사실을 인정하면서, 치료 3년째 되던 해가 되어서야 '느긋해지기' 시작했다. 마침내 자기 시를 보여주는 모험도 하고, 낄낄거리고, 소리 내어 웃고, 장난도 쳤다. 이전에는 딱딱하고 격식을 차렸지만, 따뜻하고, 자연스럽고, 마음 가벼운, 즐거운 관계로 발전한 것이다.

"이전에는 다른 사람과 편하게 있는 것이 어떤 것인지 전혀 몰랐어요"라고 그녀는 말했다.

"여기가, 내가 안전하다고 느낀 최초의 장소예요."

상담실과 나와 함께한 시간에서 느낀 안정감을 바탕으로, 그녀는 다른 인간관계를 빠르고 과감하게 시도했다. 그녀는 섹스가 헌신의 문제가 아니라 자기표현, 놀이, 탐색, 배움, 즐거운 방종의 문제라는 것을 깨달았다. 상처를 받으면, 지금까지 전혀 가져보지 못했던 훌륭한 어머니처럼, 내가 항상 곁에 있으리라는 것을 알고, 그녀는 자유롭게 자신의 성이 분출되도록 허용할 수 있었다. 불감증도 사라졌다. 4년째 되던 해 심리 치료를 끝낼 무렵, 레이철은 인간관계가 제공하는 모든 것을 부지런히 즐길 줄 아는, 아주 명랑하고 기꺼이 열정적인 여자로 변모했다.

운 좋게도 나는, 어릴 때 레이철이 겪은 헌신의 부재가 가져온 나쁜 영향을 극복하도록 그녀에게 충분히 헌신할 수 있었다. 그러나 항상 그렇게 성공적이기만 한 것은 아니다. 첫 장에서 전이의 예로 말했던 컴퓨터 기술자가 바로 그 경우다. 그는 내가 모든 것을 쏟아붓기를 원했기 때문에 나는 그의 요구대로 할 수 없었고, 하고 싶지도 않았다. 이처럼 치료사가 환자의 문제를 기꺼이 떠맡겠다는 책임감이 둘 관계의 부침을 이겨낼 만큼 충분하지 않으면 치료는 제대로 이루어질 수 없다. 그러나 치료사의 책임감이 충분하면 그때는 대체로 — 언제나 그런 것은 아니지만 — 환자도 그 영향을 받아 치료사와 치료에 대한 책임감이 자라게 된다. 레이철의 경우는 그녀가 마침내 시를 보여준 그때가 아니었나 싶다. 이상하게도 어떤 환자는 일주일에 두세 시간씩 몇 년에 걸쳐 성실하게 치료해도 여전히 이런 기점에 도달하지 못한다. 물론 어떤 사람은 처음 몇 개월 이내에 도달할지도 모른다. 어쨌거나 그들이 치료되어 건강해지려면 반드시 이 기점에 도달해야 한다. 환자가 마침내 도달할 때 치료사에게는 그때야말로 구원과 기쁨의 놀라운 순간이 된다. 그리고 그 후에 환자는 건강해지는 데 헌신하는 모험을 하게 되며 그렇게 됨으로써 치료는 성공을 거둔다.

치료에 헌신하는 것은 헌신 그 자체뿐만 아니라 자신과 대면하고 변화를 감수하겠다는 데에서 모험이다. 앞에서 진리에 충실한 훈육을 논할 때, 한 사람의 현실에 대한 지도와 세계관을 변화시키는 것과 전이가 얼마나 어려운지를 설명했다. 하지만 자주 새로운 단계와 영역으로 관계를 넓혀나가는, 사랑이 가득한 삶을 살고 싶은 사람이라면 반드시 이런 모험을 감행해야 한다. 한 사람의 영적 성장이라는 여로에는 많은 기점들이 있다. 혼자든 그를 도와주는 치료사와 함께든 간에, 자기의 새로운 세계관에 따라 새롭고 익숙지 않은 행동을 취해야만 그 기점을 통과할 수 있다.

이렇게 새로운 행동을 취하는 것 — 이전에 행동하던 것과 달리 행동하는 것 — 은 아마도 그에게 보통 이상의 모험을 의미할지도 모른다. 수동적 동성애자인 청년이 처음으로 솔선해서 여자에게 데이트를 신청하는 것, 아무도 신임하지 않던 사람이 처음으로 정신분석가를 찾아와 소파에 누워 자기 얘기를 하게 되는 것, 이전에 남편만을 의존해오던 가정주부가 지배적인 남편에게 그가 뭐라든지 직업을 갖겠다면서 자신의 생을 살아야 되겠다고 선언하는 것, 쉰 살의 남자가 어머니에게 자기를 어린애 같은 애칭으로 부르지 말아달라고 요구하는 것, 감정적인 것과는 거리가 멀고 의지력이 대단한 것 같아 보이는 '강한' 남자가 처음으로 대중 앞에서 눈물을 보이는 것, 또는 레이철이 자신을 느긋하게 풀어놓고 처음으로 내 사무실에서 울던 것 등등. 이런 행동과 더 많은 다른 행동을 하기 위해서는 혼자 모험해야 하므로 어떻게 보면 전쟁에 나가는 군인보다도 더 겁나는 상황일 수 있다. 군인은 앞뒤로 총이 겨누고 있어 도망칠 수 없지만, 성장하려고 애쓰는 사람들은 언제라도 좀 더 제한적이던 과거의, 익숙하고 편한 습관으로 되돌아갈 수 있기 때문이다.

흔히들 성공적인 심리 치료사가 되려면 환자와 똑같은 용기와 똑같은 책임감으로 상담에 임해야 한다고 말한다. 치료사도 변화라는 모험에 도전해야 한다는 말이다. 내가 배운 모든 유용한 심리 치료 원칙 중에서 한두 번이라도 어기지 않은 것은 거의 없다. 나는 그러한 모험을 게으름과 훈육 부족이 아니라 두려움과 걱정 속에서 감행했다. 환자의 치료를 위해, 어떤 방법으로든지 정해진 치료사 역할의 안전망에서 나와, 다르고 새로운 것을 시도할 필요가 있어 보였다. 성공적인 상담 사례를 돌이켜보면, 각각 어떤 기점에서 나 자신도 실험대에 올랐던 것이 떠오른다. 그럴 때 치료사가 기꺼이 고통을 받아들여 함께 겪어나가자는 태도를 보이는 것이 바로 치료의 핵심이다. 그리고 환자가 그것을 느낄 때 항상 치유력을 발휘한다. 치료사가 자신을 기꺼이 확장시키고 환자와 함께 고통을 나누고자 한다면 자신도 성장하고 변화한다. 다시 한 번 성공적인 사례를 돌아보면, 나의 태도와 관점에 아주 의미 있고 가끔은 혁신적인 변화를 불러오지 않은 경우는 전혀 없다. 그리고 그렇게 되는 것이 바람직하다. 다른 사람을 진심으로 이해한다는 것은 나 자신 안에 그를 위한 공간을 만들지 않고는 불가능하다. 이 자리를 만드는 것이 바로 '괄호로 묶기'라는 훈육이며 그를 위해서는 자신의 확대와 결국에는 자기 변화가 필요하다.

이러한 원리는 좋은 심리 치료를 위해서만이 아니라 좋은 부모가 되는 데에도 필수다. 아이들의 말을 들어주는 데에도 똑같은 괄호로 묶기와 자신의 확장이 필요하다. 그들의 건전한 요구에 응답해주기 위해 자신을 변화시켜야만 하는 것이다. 그런 변화에 따른 고통을 달갑게 받아들이고자 용기를 발휘해야만 아이들에게 꼭 필요한 부모가 될 수 있다. 그런데 아이들은 계속 자라기 때문에 그들의 요구도 변하게 마련이다. 그러니 우리는 마땅히 아이들과 함께 변하고 자라야 할 의무가 있다.

예를 들어 십 대가 되기까지는 대개의 부모가 아이를 효과적으로 다루는 방법을 잘 안다. 그러나 그다음부터는 성숙하고 달라지는 아이들에 대해 부모의 태도를 바꾸고 수정할 수 없어서 전적으로 무능해진다. 그 결과 좋은 부모의 영향력을 완전히 상실하는 경우를 주변에서 흔히 볼 수 있다. 그리고 사랑의 다른 모든 경우에서처럼 좋은 부모가 되는 데 따르는 괴로움과 변화를 자기 희생이나 순교로 보는 것은 옳지 않다. 오히려 부모가 아이보다 그 과정을 통해 얻는 것이 더 많다. 변화하고 성장하는 고통을 이겨내겠다는 의지가 없고, 성장하는 아이에게서 배울 의사가 없는 부모는 부지불식간에 노쇠의 길을 택한 것이다. 그렇게 되면 아이와 세상은 그런 부모를 저 멀리 뒤에 남겨놓을 것이다. 아이에게서 배운다는 것은 대개의 사람이 의미 있는 노년을 준비하는 데 가장 좋은 기회다. 슬프게도 대부분은 이러한 기회를 잡지 않는다.

사랑이라는 모험:
충고

사랑에 있어 마지막으로 가장 중요한 모험은, 겸손한 자세로 파워를 발휘하는 위험을 감수하는 것이다. 가장 흔한 예가 사랑하는 마음으로 충고하는 행동이다. 누군가에게 충고할 때 근본적으로 우리는 이렇게 말하고 있다.

"너는 잘못됐고, 내가 옳아."

부모가 아이를 "너 지금 잔꾀를 부리고 있어"라고 야단친다면, 결국 이렇게 말하는 셈이다.

"잔꾀 부리는 것은 나쁜 짓이다. 나는 옳고 잔꾀도 부리지 않으니 그것을 비난할 자격이 있는 거야."

남편이 부인에게 불감증에 대해서 따질 때 그는 이렇게 말하고 있다.

"당신은 너무 차가워. 나는 성적으로나 모든 면에서 정상이야. 그러니까 섹스를 할 때 당신이 더 열정적으로 반응하지 않는 건 당신 잘못이야. 당신이 성적으로 문제가 있는 거야. 내 문제가 아니야."

가족에게 충분한 시간을 내지 않는 남편에게 따질 때 아내는 이렇게 말한다.

"일에만 지나치게 몰두하는 것은 잘못이에요. 직장을 다니지는 않지만 사리 판단은 당신보다 내가 더 정확해. 내 생각엔 당신이 가족을 위해 시간을 더 투자하는 게 옳다고 봐요."

"내가 옳고 당신이 잘못했으니 당신이 달라져야 한다"라고 말하면서 따지는 것은 누구나 전혀 힘들이지 않고 할 수 있다. 부모와 배우자와 또 다양한 역할 속에서 사람들은 옳고 그름을 따지고 즉흥적으로 내뱉으면서 무심코 늘 이렇게 행동한다. 대부분 이러한 비판과 충고는 대체로 화가 나거나 짜증이 났을 때 충동적으로 행해진다. 하지만 이러한 행동은 상대방을 깨닫게 해주기보다는 더욱 혼란에 빠트리는 경우가 더 많다.

참으로 사랑하는 사람은 그렇게 쉽게 비판하거나 충고하지 않는다. 참으로 사랑하는 사람에게는 때로 그런 행위가 오만하게 보인다. 잘잘못을 따지는 것은 적어도 현재 거론되는 문제에 관한한 도덕적으로나 지적으로 더 우위를 차지하는 셈이기 때문이다. 그러나 진정한 사랑은 상대방의 개성과 자아의 독립성을 존중해준다(이것에 대해서는 후에 더 이야기할 것이다). 참으로 사랑하는 사람은 사랑하는 대상의 개성과 나와 다름을 존중하기 때문에 실제로 "내가 옳고, 너는 잘못됐다. 너한테 무엇이 좋은지 내가 너보다 더 잘 안다"라고 생각하기를 거부한다. 그러나 현실이 그렇듯이 때로 누군가 상대방에게 무엇이 좋은지를 더 잘 알고 당면 문제에 관해 더 우월한 지식이나 지혜를 갖고 있기도 하다. 이럴 때에는 둘 중 더 지혜로운 사람이 상대방의 문제를 일깨워줄 의무가 있다. 그러므로 사랑하는 사람은 자주 딜레마에 빠진다. 사랑하는 상대의 삶을 사랑하는 마음으로 존중하는 것과 상대를 잘 끌어줄 필요가 있어 보일 때, 사랑이 넘치는 리더십을 발휘할 책임 사이에서 갈등하는 것이다.

이러한 딜레마는 고통스러운 자기 성찰로써만 해결될 수 있다. 즉, 사랑하는 사람은 자신의 '지혜'가 정말 가치 있는 것인지, 리더십을 발휘해야 하는 당위성 뒤에 숨겨진 동기가 어떤 것인지 엄중하게 점검해야 한다. '내가 정말 사태를 정확하게 파악하고 있는 건가, 아니면 애매한 짐작만으로 이러는 걸까? 정말 그를 이해하고 있는 것일까? 그가 선택한 길이 현명한 것인데도 그렇지 않다고 보는 생각은 나만의 편협한 관점이 아닐까? 내 사랑이 새로운 방향으로 가도록 하는 게 나 자신을 위한 것은 아닐까?' 등등. 이러한 것은 모두 진정으로 사랑하는 사람이라면 계속 자문해야 할 질문이다. 이렇게 가능한 한 객관적으로 자신을 철저하게 성찰하는 것은 겸손이나 온유의 본질이다. 14세기 영국 익명의 수도자는 가르침에서 이렇게 말한 바 있다. "온유한 것은 사람이 자신을 있는 그대로 진실하게 알고 느끼는 것 이외의 다른 아무것도 아니다. 자신을 있는 그대로 진실하게 보고 느끼는 사람이면 누구나 진정 온유함에 틀림없다."*

---

* 《무지의 구름》, 이라 프로고프Ira Progoff 번역, 줄리안 출판사, 1969, p.92.

다른 인간에게 충고하거나 비판하는 데는 두 가지 방식이 있다. 본능적, 즉흥적으로 자신이 옳다고 확신하면서 비판하는 경우와 양심적으로 자신을 의심하고 돌아보는 과정을 통해 자신이 옳다는 믿음 아래 비판하는 경우다. 첫째는 오만한 방법으로 가장 흔하게는 부모, 부부, 교사와 사람들이 일상에서 취하는 태도다. 이것은 대체로 성공적이지 않을뿐더러 성장보다는 적개심과 의도하지 않은 결과를 초래한다. 둘째는 겸손한 방법으로, 주위에서 흔히 볼 수 있는 방식은 아니다. 이것은 진정으로 자아를 확장해야 하는데 성공 확률이 더 높고 내 경험상, 이 방법은 절대로 파괴적이지 않다.

상당수의 사람들은 즉흥적인 오만함으로 타인을 비판하거나 충고하는 본능적 성향을 억제하는 법을 배웠다. 그러나 감히 파워를 행사하려 하지 않고 온유함이라는 도덕적 피난처에 숨어선 그 이상 나아가려 하지 않는다. 평생 우울성 신경증으로 힘들어한 중년의 환자 아버지가 그런 경우다. 환자의 어머니는 다혈질의 폭력적인 여성으로 신경질과 속임수로 집안을 좌지우지했고 딸 앞에서 남편에게 손찌검을 하기 일쑤였다. 그러나 목사였던 아버지는 절대로 그에 대들며 싸우는 일이 없었다. 하물며 딸에게도 어머니가 한쪽 뺨을 때리면 다른 뺨도 내놓으라고 타일렀다. 그러면서 그리스도의 자비의 이름으로 끊임없이 순종하고 존경을 다하라고 했다. 치료를 시작했을 때 환자는 온유함과 '사랑'을 지닌 아버지를 존경하고 있었다. 그런데 오래지 않아 아버지의 온유함은 나약함 때문이며 수동적인 태도로 — 어머니가 인색하고 자기중심적이어서 적절한 부모 역할을 못한 것처럼 — 부모 노릇을 제대로 못한 것임을 인식했다. 그녀는 결국 아버지가 어머니의 악독한 행동으로부터 자기를 보호하기 위해 아무런 조처도 취하지 않았고 그 악행에 맞서기 위해 아무것도 안 한 것을 알게 되었다. 그래서 결국 그녀는 어머니의 독살스러운 술책에 자신을 짜맞추고 아버지의 가식적인 겸손을 행동 모델로 배울 수밖에 없었던 사실을 깨달았다. 영적 성장을 촉진하기 위해 대항이 필요할 때 대항하지 못하면 사랑하는 데 실패했음을 의미한다. 이러한 실패는 무심한 비판이나 비난, 애정을 박탈하는 적극적인 행위가 초래하는 실패와 똑같다. 부모가 아이를 사랑한다면 참을성 있고 사려 깊게 그러나 활발하게 이따금씩 아이들에게 따지고 비판해야 한다. 또한 이와 같은 맥락에서 부모도 아이들로 하여금 부모에게 따지고 비판할 수 있도록 허락해야 한다. 사랑하는 부부 사이에도 결혼 관계가 상대의 영적 성장을 촉진시키도록 하려면 서로에게 지속적으로 따져야 한다. 남편과 아내가 서로에게 최고의 비판자가 되지 않으면 어떤 결혼도 참으로 성공했다고 할 수 없다.

친구 관계도 마찬가지다. 보통 친구 사이란 갈등이 없는 관계여야 한다는, 그래서 "네가 등을 긁어주면, 나도 네 등을 긁어줄게"라는 식의 좋은 매너로, 오로지 호의와 칭찬을 서로 주고받는 것만 중요한 관계라는 생각이 일반적이다. 피상적이고 친밀감을 회피하는 이런 관계를 흔히들 우정이라고 부르지만, 여기엔 우정이라는 단어를 갖다 붙일 가치가 없다. 다행히 요즘엔 친구 관계의 개념이 진지하고 깊어지고 있다. 서로 애정을 갖고 충고하는 것이 성공적이고 의미 있는 인간관계에 있어서 매우 중요한 요소가 된 것이다. 그렇지 않다면 그 관계는 허망하거나 피상적이다.

충고나 비판은 리더십이나 파워를 행사하는 형태다. 파워를 행사한다는 것은 의식적으로든 무의식적으로든 미리 정해진 방식대로 사람이나 일의 진행에 영향력을 행사하려는 시도 그 이상도 그 이하도 아니다. 우리가 다른 사람에게 충고하고 비판하는 것은 그의 삶의 방향이 바뀌기를 원하기 때문이다. 물론 충고나 비판이 아니라도 일의 진행에 영향을 끼치는 보다 우월한 방법들도 사실 있다. 예컨대 암시를 준다든지, 비유를 든다든지, 상과 벌을 준다든지, 질문을 한다든지, 금지 또는 허락을 한다든지, 새로운 경험의 기회를 만든다거나 다른 사람과 함께 조직을 만드는 등등 영향력을 행사하는 방법에 대해서는 몇 권의 책을 쓸 수도 있다. 그러나 우리의 목적을 위해서는 다음의 말로 충분할 것이다.

사랑하는 사람은 이러한 방법에 관심을 가져야 한다. 다른 사람의 영적 성장을 돕고 싶다면 주어진 상황에서 이를 가장 효과적으로 달성하는 방법을 고민해야 하기 때문이다. 예를 들어 사랑하는 부모라면 아이를 위해 무엇이 가장 좋은 것인지 안다고 확신하기 전에, 먼저 자기 자신과 가치관을 자세히 들여다보아야 한다. 확신이 서면, 그다음에는 아이의 성격과 능력을 깊이 생각해야 한다. 그러고 나서 칭찬을 한다든지, 관심을 높인다든지, 이야기를 한다든지 또는 다른 형태의 영향력보다는 직접 충고하는 것에 아이가 더 호의적으로 반응하는지를 결정해야 한다. 당사자가 감당할 수 없는 것을 충고하는 건 기껏해야 시간낭비인 데다 오히려 해로운 영향을 끼친다. 말을 잘 알아듣게 하고 싶으면 듣는 사람이 이해할 수 있는 언어로 말하고 듣는 사람이 실행 가능한 범위에서 말해야 한다.

확실히 사랑을 품고 영향력을 행사하는 데는 많은 노력이 요구된다. 그러면 왜 여기에 모험이 존재할까? 사랑하면 할수록 그는 더욱더 겸손해진다. 그런데 겸손해질수록 영향력을 행사하는 데 오만해질까 봐 더 두려워진다. 바로 이것이 문제다. 내가 무엇이기에 인간사를 좌우한단 말인가? 내게 무슨 권한이 있기에 아이, 남편(또는 아내), 우리나라 또는 인류에 대해 무엇이 최선인지 감히 결정할 수 있나? 누가 내게 감히 자기 판단을 믿고, 이 세상을 의지대로 이끌라는 권한을 주었는가? 내가 무엇이기에 하느님 행세를 하는가?

바로 이것이 위험이다. 파워를 행사할 때마다 우리는 세계와 인류에 영향을 미친다. 그렇게 우리가 하느님 행세를 하는 것이다. 대개의 부모, 선생, 지도자들 — 권력을 행사하는 우리 대부분 — 은 이것을 인식하지 못한다. 진정한 사랑을 해내자면 완전한 자기 인식이 필요하다. 그러나 이러한 인식 없이 파워를 행사하는 오만함으로 하느님 행세를 한다는 사실을 우리는 모른다. 그걸 모르는 것이 다행일 수 있지만 그래서 파괴적으로 될 수 있다.

참으로 사랑하고 사랑에 필요한 지혜를 얻고자 노력하는 사람들은 행동이 곧 하느님 행세라는 것을 안다. 그러나 그렇다 해서 행하지 않으면 무력과 무능만이 남는다는 것 또한 알고 있다. 사랑은 우리 역할이 하느님의 것과 같다는 사실과 그것의 엄청난 의미를 충분히 인식하며 행동할 것을 요구한다. 이런 의식으로 사랑하는 사람은 하느님의 역할에 따른 책임감을 느끼면서 부주의하게 행동하지 않으며 실수 없이 신의 뜻을 실현하고자 애쓴다. 우리는 이제 또 하나의 역설에 이르렀다. 즉, 오로지 겸손한 사랑을 통해 인간은 감히 하느님이 될 수 있다는 것이다.

사랑은 훈육되는 것

자기 훈육의 힘은 사랑에서 나오며 이것은 의지의 한 유형이라고 지적한 바 있다. 따라서 자기 훈육은 사랑을 행동으로 표현한 것이며, 진정으로 사랑하는 사람은 누구나 자기 훈육에 따라 행동한다. 진정한 사랑의 관계 역시 훈육이 바탕이 된 관계라고 결론 내릴 수 있다. 내가 정말 다른 사람을 사랑하게 되면 나는 분명히 그의 영적 성장에 최대한 기여하도록 행동의 우선순위를 정할 것이다.

지적이고 예술적이며 보헤미안적인 방랑벽을 지닌 한 부부가 있었다. 그들은 4년간 결혼 생활을 했는데, 거의 매일 소리소리 지르면서 접시를 내던지고 얼굴을 할퀴며 싸웠다. 그리고 매주 바람을 피우고 매달 헤어지곤 하며 지냈다. 치료를 시작한 지 얼마 되지 않아 그들은 이 치료가 자기 훈육을 증진시켜주는 방향으로 이끌어 결과적으로는 무질서한 관계를 줄여줄 것이라는 사실을 정확히 인지했다.

"그런데 선생님은 우리 관계에서 정열이 사라지기를 원하십니까?" 하고 그들은 말했다.

"선생님의 사랑과 결혼에 대한 관념은 정열이 차지할 자리를 남겨주지 않는군요."

그러고 나서 곧바로 그들은 치료를 그만두었다. 3년이 지난 후, 그들은 다른 치료사와도 몇 차례 상담했으나 매일 소리 지르며 싸우고 변함없이 무질서한 결혼 생활을 계속하고 있다는 이야기를 들었다. 그들의 개인적인 삶은 계속해서 비생산적으로 흘러간 것이다. 그들의 결합이 어떤 의미에서는 아주 화려하다는 것은 의심할 여지가 없다. 그러나 그것은 어린아이의 그림에 나타나는 원색과도 같은 것이다. 도화지에 아무렇게나 물감을 뿌려놓은 것 같아서 매력이 없진 않지만 대체로 어린아이의 작품에서 나타나는 공통적인 특징을 드러낼 뿐이다. 렘브란트의 잔잔하고 절제된 색조에서도 같은 색깔을 발견할 수 있다. 하지만 그것은 무한히 풍부하고 독특하며 의미 있는 무엇이다. 정열이란 아주 격한 느낌이다. 느낌이 통제되지 않았다는 사실은 그것이 절제된 느낌보다 훨씬 더 깊다는 것을 지칭하지는 않는다. 반면에 정신과 의사들은 "얕은 시냇물은 시끄럽지만, 깊은 강물은 소리 없이 흐른다"라는 옛 격언의 진리를 잘 알고 있다. 감정을 잘 조절하고 평정을 유지한다고 해서 그가 정열적이지 않다고 간주할 수는 없다.

감정의 노예가 되어서도 안 되겠지만, 자기 훈육이 감정을 짓눌러 완전히 제거하는 것을 의미하는 것 또한 아니다. 나는 자주 환자들에게 감정은 그들의 노예이며, 자기 훈육의 기술은 노예를 소유하는 기술과 같다고 말한다. 그 이유는 첫째, 인간의 감정은 에너지의 원천이다. 감정은 일상의 업무를 수행할 수 있게 만들어 주는 노동력, 다시 말해 노예의 노동력을 제공한다. 감정이 우리를 위해서 일하므로 우리는 감정을 존중해야 할 것이다. 노예 소유자는 흔히 다음의 두 가지 실수를 저지르는데 이 실수는 지도력의 양극단 형태를 띤다. 한 유형은 노예를 훈련시키지 않고 아무 규율도 정해주지 않는다. 어떤 제한도 없고 방향도 제시하지 않으며 누가 상관인지도 분명하지 않다. 시간이 흘러가면 노예들은 일을 그만두고 집 안에 들어와 술 창고를 약탈하고 가구를 부술 것이다. 그리하여 주인은 자신이 오히려 노예들의 노예가 되어, 앞서 예시한 성격 장애와 방랑벽을 지닌 부부처럼 혼돈 속에서 살아가는 자신을 발견하게 될 것이다.

그런데 이와 정반대의 리더십(죄의식을 가진 신경증 환자가 흔히 자기 감정을 대하는 태도)도 똑같이 자기 파괴적이다. 이 경우 노예 주인은 그의 노예(감정)가 자기 지배 밖으로 나갈지도 모른다는 두려움에 사로잡혀 있다. 그래서 노예들이 아무런 문제도 일으키지 않도록 규칙적으로 매를 들어 항복하게 하고 어떤 문제의 징조가 보이면 심하게 벌을 준다. 이런 방법을 적용하면 결과적으로 심한 대우 때문에 의지가 메말라버려 노예들은 점점 더 제 기능을 못하게 된다. 그렇지 않으면 그들의 성격이 점점 더 반항적으로 바뀐다. 이런 과정이 장기간 계속되면 마침내 주인의 예감은 현실이 된다. 노예들이 반란을 일으켜 주인을 집 안에 둔 채로 집을 불태워버린다. 이것이 정신병과 과도한 신경증(노이로제)의 기원이다.

인간의 감정을 적절하게 다루는 데에는 복잡하지만 (그래서 절대 단순하거나 쉽지 않다) 균형 잡힌 중용의 길이 있다. 그것은 끊임없는 판단과 지속적인 조절을 필요로 한다. 여기서 주인은 그의 감정(노예들)을 존중하고, 좋은 음식, 집, 의료 혜택 등을 제공하며 그들의 목소리에 귀를 기울이고 대답해주며, 격려하고, 건강을 걱정하면서 규율을 정해주고, 규제하며, 분명한 의사결정도 해주고, 방향을 다시 잡아주기도 하고, 가르치기도 하면서, 더불어 누가 윗사람인가를 의심할 여지없이 분명히 해준다. 이것이 건전한 자기 훈육의 길이다.

훈육받아야 할 감정 중에 사랑의 감정이 있다. 이미 지적했듯이 이것은 그 자체로서는 진정한 사랑이 아니라 순간적인 애착과 관련된 감정이다. 그러나 장차 그것이 가져다줄 창조적 에너지를 위해서 사랑의 감정은 존중되고 양육돼야 한다. 이것을 제멋대로 가게 놔두면 그 결과 진정한 사랑이 아닌 혼란과 비생산성을 낳는다. 진정한 사랑은 자아의 확장을 포함하기 때문에 막대한 양의 에너지가 요구된다. 그러나 좋든 싫든 우리가 에너지를 축적할 수 있는 양은 하루 24시간에 비례한다. 쉽게 말해 모든 사람을 사랑할 수는 없는 것이다. 사실 우리는 전 인류를 사랑하고픈 열망에 사로잡힐 수 있으며, 그러한 열망이 소수 특정한 개인에게로 방향을 잘 잡으면 그 대상을 진정으로 사랑할 수 있는 충분한 에너지의 원천이 되기도 한다. 그런데 현실은 상대적으로 소수에게 진정한 사랑을 베푸는 것이 우리 능력 안에서 할 수 있는 전부다. 능력의 한계를 넘어 사랑하려는 것은 우리가 줄 수 있는 것 이상을 제공하는 것이다. 회복할 수 있는 단계를 넘어 다가오는 모든 사람을 사랑하려는 시도는 우리가 도우려는 바로 그 사람에게 기만행위이며 해로운 행동이다.

결과적으로 아주 운이 좋아서 많은 사람이 우리 관심을 원하는 위치에 있다고 할지라도 그들 중에서 진정으로 사랑할 수 있는 사람만 선택해야 한다. 이 선택은 쉽지 않다. 어쩌면 이것은 신과 같은 파워를 떠맡았을 때 종종 그러하듯 고문받는 것처럼 고통스러울지도 모른다. 그러나 선택은 반드시 이루어져야 한다.

이 선택은 많은 요인을 고려해야 하는데, 첫째로 사랑받을 사람은 그 사랑으로 인해 영적 성장을 이룰 가능성이 있어야 한다. 이러한 능력에는 저마다 각각 차이가 있다. 이 사실에 대해서는 뒤에 다시 논의하기로 하자. 그러나 의심할 여지없이 뚫을 수 없는 갑옷으로 무장한 듯 마음의 문을 꽁꽁 닫아걸어, 영적 성장을 북돋워주려고 아무리 노력해도 결국 거의 실패가 확실한 사람들도 많다. 사랑의 혜택을 누릴 수 없는 사람을 사랑하려는 시도는 에너지 낭비이며 메마른 땅에 씨를 뿌리는 것과 같다. 진정한 사랑은 고귀하다. 그러므로 진정한 사랑을 할 수 있는 사람들은 자기 훈육을 바탕으로 가능한 한 생산적인 방향으로 집중적으로 사랑을 발산해야 함을 안다.

너무 많은 사람을 사랑하는 데 따르는 문제와 정반대의 문제 역시 고찰할 필요가 있다. 어떤 사람들은 동시에 한 사람 이상을 사랑하는 것이 가능하며, 진정한 사랑의 관계를 동시에 여러 사람과 유지하는 것도 가능하다. 이것은 몇 가지 이유에서 문제가 된다. 그중 하나는 "천생연분은 미리 정해져 있다"라는 서구의 낭만적인 사랑의 신화다. 이 논리에 의하면 정해진 짝 이외에는 어느 누구도 짝이 될 수 없다. 즉, 이 신화는 사랑하는 관계에서 배타성 — 특히 성적인 면에서 — 을 전제한다. 균형만 제대로 유지한다면 이 신화는 인간관계를 안정적이고 생산적으로 만드는 데 유용할 것이다. 대부분 사람은 배우자와 자녀와 진정한 사랑을 나누는 데에도 능력의 한계에 부딪치기 때문이다. 만약 가족과 진정한 사랑의 관계를 이룬 사람이 있다면 그는 대개의 사람이 일평생을 통해 성취할 수 있는 것보다 더 많은 것을 성취했다고 할 수 있다.

반대로 어떤 사람은 가족과 진정한 사랑을 나누지도 못하면서 가정 밖에서 사랑의 관계를 찾으려고 한다. 진정한 사랑을 베풀 줄 아는 사람이라면 제일 먼저 결혼을 통해 이룬 가족과 부모 관계에 책임을 느껴야 한다. 물론 어떤 사람은 사랑의 능력이 풍부해 가족 안에서 사랑의 관계를 성취하고도 에너지가 남아서 더 많은 관계를 성공적으로 이룰 수도 있다. 이런 사람들에게 배타적인 사랑의 신화는 분명 적용 대상이 아닐 뿐만 아니라, 가족 밖의 사람들에게 자연스럽게 줄 수 있는 사랑의 능력을 쓸데없이 제한한 것일 뿐이다. 이러한 제한은 극복될 수 있다. 그러나 '범위를 넓히기만 해서 사랑이 엷어지는 것'을 피하기 위해서는 자신을 확장할 때 엄청난 자기 훈육이 필요하다. 조지프 플레처Joseph Fletcher가 친구에게 한 말은 바로 이러한 아주 복잡한 문제(여기서는 간단히 언급하는 것으로 그친다)에 대한 것이었다. 감독교회 신학자이고《새로운 도덕*The New Morality*》의 저자인 그는 이렇게 말했다.

"자유로운 사랑이란 이상이다. 불행히도 그 이상을 실현할 능력을 지닌 사람은 거의 없다."

그의 말은, 자기 훈육 능력이 매우 커서 가족 안에서나 밖에서나 진정한 사랑을 하는 건설적인 관계를 유지할 수 있는 사람은 거의 없다는 것이다. 자유와 훈육은 사실 사랑의 보조자들이다. 진정한 사랑에 대한 훈육이 없으면, 자유란 예외 없이 파괴적이고 사랑과는 거리가 멀어진다.

지금쯤이면 어떤 독자는 내가 훈육의 개념에 푹 젖어서 칼빈처럼 처량한 금욕 생활 방식을 주장하는 것이라고 결론 내릴지도 모른다. 계속해서 자기를 훈육하라! 계속해서 자기를 성찰하라! 의무! 책임! 어쩌면 신청교도주의라고 부를지도 모르겠다. 어떻게 부르든, 진정한 사랑을 위해서는 이에 따른 모든 훈육을 기꺼이 감수해야 하며, 그것만이 근본적인 기쁨으로 삶을 인도할 것이다. 다른 길을 택해서 가보라. 환희의 진귀한 순간을 발견할지도 모르지만 그 순간은 허무하게 달아나버리고 점점 더 붙잡기 어려워질 것이다. 진정으로 사랑할 때 나 자신은 확장하며, 나 자신을 확장할 때 성장하는 것이다.

더 많이 사랑할수록 더 오래 사랑할수록 나는 커진다. 진정한 사랑은 자신을 다시 채우는 것이다. 다른 사람의 영적 성장을 도우면 도울수록 나 자신의 영적 성장도 더욱더 촉진된다. 나는 전적으로 이기적인 인간이다. 절대로 다른 사람을 위해서 무언가를 하지 않는다. 나 자신을 위해서 하는 것이다. 내가 사랑을 통해 성장함에 따라 내 기쁨도 증가하고 지금보다 더 뚜렷해질 것이다.

아마 나는 신청교도가 맞을 것이다. 그러나 나는 역시 즐거움을 추구하는 사람이다. 존 덴버가 〈사랑은 어디에나〉에서 노래한 것처럼.

> 사랑은 어디에나 있어. 나는 그걸 알지.
> 당신은 되고자 하는 대로 될 거야. 계속 그렇게 해봐.
> 인생은 완벽해. 나는 그걸 믿지,
> 와서 나와 함께 사랑의 게임을 해요.

사랑은 분리다

다른 사람의 영적 성장을 촉진하는 행동이 자신의 성장도 촉진시킨다 할지라도, 진정한 사랑의 주요 특징은 언제나 자신과 타인의 구별이 유지되고 보존된다는 것이다. 진정한 사랑을 하는 사람은 항상 상대를 전적으로 나와 다른 정체성을 가진 사람으로 인지한다. 또한 사랑하는 사람의 이러한 개별성과 독립성을 늘 존중하고 심지어는 격려한다. 하지만 이러한 개별성을 인식하고 존중하지 못할 때, 그것은 많은 정신 질환과 불필요한 고통의 원인이 된다.

다른 사람의 개별성을 인지 못 하는 극단적인 형태가 바로 나르시시즘narcissism이다. 솔직히 말해서 나르시시즘의 사람들은 아이나 배우자나 친구가 감정적인 면에서 자신과 분리된 독립적인 개체임을 깨닫지 못한다. 나르시시즘이 어떤 것인지 처음 이해하기 시작한 것은 바로 정신분열증 환자였던 수전의 부모와 상담을 통해서였다. 수전은 당시 서른한 살이었다. 그녀는 열여덟 살 이후, 여러 차례 자살을 기도했고, 지난 13년 동안 계속 여러 병원에 입원했으며 정신 요양원에도 있었다. 그러나 정신과 의사들의 훌륭한 치료 덕택에 결국 상태가 호전되기 시작했다. 수개월에 걸쳐 함께 상담하는 동안 그녀는 사람을 믿는 능력이 향상되었고 어떤 사람이 믿을 만하고 어떤 사람이 그렇지 못한가를 구분할 수 있게 되었다. 또한 자신이 정신분열증이라는 사실을 받아들여 이 병을 다스리기 위해서는 남은 일생 굉장한 자기 훈련을 해야 할 필요가 있다는 사실도 받아들였다. 자신을 존중하는 것, 남들이 끊임없이 자신을 돌봐주는 것에 의존하지 않고 스스로를 보살피는 것이 필요하다는 사실도.

이렇게 큰 진전이 있었기 때문에 수전이 병원을 떠나 생애 처음으로 성공적인 독립생활을 유지하는 것이 가까워진 것 같았다. 그 무렵 나는 수전의 부모를 만났는데, 오십 대 중반인 부부는 매력적이고 부유한 사람들이었다. 나는 매우 기쁜 마음으로 수전의 큰 진전을 설명했으며 또 내가 왜 낙관적인지 그 이유를 자세히 설명하려고 했다. 그러나 놀랍게도 설명을 시작하자마자 수전의 어머니는 조용히 울기 시작하더니 희망적인 이야기를 하는데도 울음을 그칠 줄 몰랐다. 처음에 나는 그것이 기쁨의 눈물이라고 생각했다. 그러나 부인의 말을 듣고 나니 그녀가 정말로 슬퍼하는 것이 분명해졌다.

마지막으로 나는 "이해할 수 없군요. 오늘 아주 희망적인 것을 말씀드렸는데 부인은 슬프게 흐느끼고 계신 것 같으니 무슨 영문입니까?"라고 물었다.

"그래요, 저는 굉장히 슬퍼요." 그 부인은 대답했다.

"우리 불쌍한 수전이 겪어야 할 고통을 생각하니 정말 울 수밖에 없답니다."

그래서 나는 수전이 병으로 고생이 많았지만, 그 고통으로부터 배운 것도 많았다는 것과 그래서 이제 병에서 벗어나고 모든 고비를 넘겼으니 다른 누구보다도 덜 고통받으며 잘살 거라고 길게 설명했다. 그녀가 정신분열증과 싸우며 얻은 지혜 덕분에 다른 어떤 사람보다 고통을 덜 겪으리라는 것은 사실이었다. 그러나 부인은 계속해서 조용히 눈물을 흘렸다.

"여전히 영문을 모르겠습니다, 부인." 나는 말했다. "지난 13년 동안 적어도 열두 번은 수전의 정신과 의사와 이 같은 상담에 참여하셨고 제가 알기로는 그중 어느 상담도 이처럼 낙관적인 적은 없었습니다. 슬프기도 하지만 기쁨도 느끼지 않으세요?"

"나는 오로지 수전이 얼마나 힘든 삶을 살아야 하는지, 그 생각밖에 할 수 없어요." 부인은 눈물을 흘리며 대답했다.

"자, 보세요. 부인." 나는 얘기했다.

"수전에 대해서 무슨 얘기를 해드려야 부인께 힘이 되고 기쁨이 될까요?"

그러나 부인은 "불쌍한 수전의 인생은 고통으로 가득 찼어요"라고 하며 계속 훌쩍훌쩍 울었다.

문득 나는 그녀가 수전이 아니라 자신 때문에 울고 있다는 것을 깨달았다. 부인은 자신의 괴로움과 고통 때문에 울고 있었다. 면담은 수전을 위한 것이었지 부인을 위한 것이 아니었으나 부인은 수전의 이름으로 자신의 서러움을 토해내고 있었던 것이다. 어떻게 그럴 수 있을까? 그때 나는 부인이 수전과 자신을 구분하지 못하고 있음을 깨달았다. 그 부인이 느꼈던 것을 수전도 틀림없이 느꼈을 것이다. 부인은 수전을 이용해 자신의 욕구를 표현했던 것이다. 물론 의식적이거나 악의적으로 이같이 행동한 건 아니다. 감정적인 면에서 수전을 자신과 분리된 독립체로 인식할 수 없었던 것이다. 수전이 곧 부인 자신이었다. 부인의 마음에는 수전이 자신만의 다른 삶을 가진 별개의 인격체로서 존재하지 않는다. 아마 수전뿐만 아니라 다른 사람들도 마찬가지였을 것이다. 머리로는 자신과 별개의 존재로 인식했지만, 더욱 깊은 의식 속에서는 그녀에게 개별적인 사람이란 존재하지 않았다. 마음속 깊은 곳에는 세계 전체가 그 자신이요, 세상에는 자기 혼자만 존재한다고 새겨져 있었던 것이다.

그 후 나는 정신분열증에 걸린 아이의 어머니가 그 부인처럼 비정상적인 나르시시즘에 빠져 있음을 자주 발견할 수 있었다. 정신분열증 환자의 어머니는 항상 나르시시즘적이라든가 나르시시즘적인 어머니는 정상적인 아이를 길러낼 수 없다는 의미가 아니다. 정신분열증은 대단히 복잡한 장애로 유전적 소인도 있고 또 환경적 원인도 있을 수 있다. 그러니 수전의 어린 시절이 어머니의 나르시시즘 때문에 얼마나 혼란스러웠을까 상상할 수 있다. 실제로 그런 어머니가 아이와 어떻게 교류하는가를 관찰해보면 이러한 혼란을 객관적으로 볼 수 있다.

어느 날 오후, 부인이 우울해하고 있을 때, 수전이 A를 받은 그림을 들고 집에 돌아왔다고 해보자. 어머니에게 그림 솜씨가 늘었다고 자랑스럽게 이야기하자마자 부인은 아마도 이렇게 대답했을 것이다.

"수전, 가서 낮잠이나 자거라. 공부를 열심히 하느라고 너무 지친 것 같구나. 학교 제도는 엉망이야. 도대체 아이들 생각을 안 하니 말이다."

또 어느 날 오후 부인의 기분이 매우 좋을 때 수전이 울며 집에 돌아왔다고 해보자. 수전은 하굣길 스쿨버스에서 몇 명의 짓궂은 사내아이들 때문에 울었다. 이제 부인은 이렇게 말했을 것이다.

"존슨 씨가 그렇게 좋은 기사시니 참으로 다행이구나, 그렇지 않니? 그분은 너희 모두에게 친절하고 소란도 잘 참으시는구나. 크리스마스 때 잊지 말고 그분한테 좋은 선물을 해야 된다."

나르시시즘적인 사람들은 타인을 타인으로 인식하지 못하고 자신의 연장이라고 생각하기 때문에 감정 이입 능력이 모자란다. 감정 이입이란 바로 다른 사람이 느끼는 것을 느낄 수 있는 능력이다. 나르시시즘적인 부모는 감정 이입 능력이 결핍돼 있어서 보통 감정적인 면에서 아이에게 적절하게 반응하지 못하고 아이의 감정을 인정하거나 확인하지 못한다. 그래서 그런 부모 밑에서 자라는 아이는 자신의 느낌을 어떻게 인식하고 받아들여야 할지, 더 나아가서는 어떻게 관리할지 몰라 심각한 곤란을 겪는다.

대체로 수전 어머니 정도로 나르시시즘적이지는 않더라도, 대다수의 많은 부모가 어느 정도는 아이들이 '타인'이며 자신만의 개성을 지닌 독립체임을 적절히 인정하거나 충분히 이해하지 못한다. 그런 예들은 많다. 부모가 아이에 대해서 "우리를 똑 닮았어요"라든지 또는 아이에게 대놓고 "너는 정말 짐 아저씨와 똑같구나"라며 마치 아이가 자신이나 가족의 어떤 유전적 복사물인 것처럼 이야기한다. 그런데 사실 유전인자의 결합을 보면 모든 아이들이 부모와 상당히 다르고 또 조상 모두와도 다르다. 운동선수인 아버지가 학자 타입의 아들에게 축구를 하라고 하고, 학자 아버지가 운동을 좋아하는 아들에게 책을 읽으라고 강요하기 때문에 아이들은 불필요한 죄책감과 혼란을 느낀다.

한 장군 부인이 열일곱 살 딸에 대해서 "샐리는 집에 있을 때면 제 방에 하루 종일 틀어박혀서 슬픈 시만 쓴답니다. 병적이죠, 선생님? 그리고 그 애는 사교계에 정식 데뷔하는 파티를 여는 것을 절대 반대하는군요. 정말 병이 있는 건 아닌지 염려돼요"라고 불평한다. 그런데 막상 만나보니 샐리는 매력 있고 생기발랄하며 우등생이고 친구들도 많았다. 나는 상담 후 샐리는 아주 건강하니 부모님이 자신과 똑같은 사람이 되라고 압박하는 것을 좀 자제하시라고 말했다. 그러자 부모는 샐리의 다름을 일탈이라고 기꺼이 말해줄 정신과 의사를 찾아 나섰다.

청소년들은 부모가 자기를 순수하게 훌륭한 사람으로 기르고 싶어서가 아니라, 부모의 이미지가 나빠질까 봐 두려워서 훈육한다고 자주 불평한다.

"우리 부모님은 계속해서 긴 머리를 자르라고 야단입니다"라는 것이 몇 년 전쯤 청소년들의 말이다. 그러면서 이렇게 말을 잇는다. "부모님은 왜 긴 머리가 나쁜지에 대해서는 설명하지 않아요. 그저 다른 사람들에게 머리 기른 아이를 보이기 싫어서 그러는 거지요. 정말로 우리는 조금도 생각해주지 않아요. 부모님의 염려는 모두 자기 자신의 이미지뿐이랍니다."

청소년들의 그런 항의는 당연하다. 일반적으로 부모는 아이들의 독특한 개성을 감지하지 못하고 그 대신 자신의 일부로 여긴다. 이는 마치 좋은 옷과 예쁘게 깎인 잔디와 멋진 광택 나는 자동차를, 세상에서의 지위를 나타내주는 자신의 일부로 여기는 것과 같은 맥락이다. 이것은 부모에게 흔한, 가볍지만 파괴적인 나르시시즘의 형태다. 칼릴 지브란은 이것을 다음과 같이 표현했다. 아마도 지금까지 아이를 기르는 것에 관한 것 중에 가장 멋진 시가 아닐까 생각한다.

> 당신의 아이는 당신의 아이가 아니다.
> 그들은 그 자체를 갈망하는 생명의 아들, 딸이다.
> 당신을 통해 태어났지만 당신에게서 온 것은 아니다.
> 당신과 함께 있지만 당신의 소유물이 아니다.
> 당신은 그들에게 사랑은 줄지라도, 생각을 줄 수는 없다.
> 그들은 자신의 생각을 갖고 있기 때문이다.
> 그들의 육신은 집에 두지만 그들의 영혼을 가둘 수는 없다.
> 그들의 정신은 당신이 갈 수 없는 미래의 집에 살며,
> 당신의 꿈속에는 살지 않기 때문이다.
> 그들을 애써 닮으려 해도 좋으나,
> 그들을 당신과 같은 사람으로 만들려고 해선 안 된다.
> 인생은 거꾸로 가지 않으며 과거에 머물러선 안 되기 때문이다.

당신은 활이 되어
살아 있는 화살인 아이들을 미래로 날려보내야 한다.
궁수는 영원의 길 위에 있는 표적을 겨냥하고
하느님은 그의 화살이 날렵하게 멀리 날아가도록
그분의 능력으로 당신의 팔을 구부린다.
궁수의 손에 들어간 힘을 당신은 기뻐하리라.
날아가는 화살을 사랑하는 것처럼,
하느님은 그 자리에 있는 활도 사랑하시기 때문이다.*

사람들은 보통 가까이 있는 사람들이 자신과 분리된 개체임을 제대로 이해하지 못한다. 이것은 부모 노릇뿐만 아니라 결혼을 포함한 모든 친밀한 관계도 방해한다. 얼마 전의 일이다. 어떤 부부 모임에서 한 회원이 말하는 걸 들었는데, 아내의 '목적과 역할'은 집을 깨끗이 치우고 남편을 잘 먹이는 데 있다는 얘기였다. 그가 뻔뻔한 남성 우월주의자라는 사실에 기가 막혔다. 나는 다른 회원들에게 배우자의 목적과 역할을 어떻게 인식하는지 말해달라고 요청했다. 그렇게 함으로써 그에게 이런 내 기분을 드러내고 싶었다. 깜짝 놀란 것은, 남녀 할 것 없이 여섯 사람이나 아주 비슷하게 답변했다는 것이다. 그들 모두 남편과 아내의 목적과 역할을 자신과 관련해서 정의했다. 배우자가 자신과는 근본적으로 분리된 존재이고 결혼과는 별도로 다른 삶을 가질 수 있다는 것을 모두가

---

* 《예언자》, 알프레드 A 크노프 사, 1951, pp.17~18.

인식하지 못했다.

"아주 슬픈 일입니다." 나는 탄식했다. "그러니까 모두 결혼 생활에 어려움을 겪는 겁니다. 각각 실현시켜야 할 개별 운명이 있다는 것을 인식하기 전까지는 당신들 모두 계속해서 난관에 부딪쳐야 할 거예요."

내 발언에 모임 사람들은 심하게 질책 받은 듯 매우 혼란스러워했다. 그러면서 다소 호전적으로 내 아내의 목적과 역할에 대해 정의해보라고 요구했다. 나는 이렇게 대답했다.

"릴리가 할 수 있는 한 최대한 성장하는 것이고 그것은 내 이익을 위해서가 아니라 그녀 자신과 하느님의 영광을 위해서 그렇게 되어야 합니다."

하지만 이 개념은 한동안 그들에게 생소하게 남아 있었다.

가까운 사람들 사이의 분리 문제는 오랜 세월 동안 인류를 괴롭혀왔다. 그러나 이것은 결혼 생활보다는 정치적인 면에서 더 주목을 받아왔다. 예를 들어 순수한 공산주의도 앞에 얘기한 부부들의 이야기와 다르지 않은 철학을 표방한다. 즉, 개인의 목적과 역할이란 관계, 집단, 다수, 사회를 위해 봉사하는 것이다. 단지 국가의 운명만이 고려되고, 개인의 운명은 아무 의미도 없다고 믿는 것이다. 반면에 순수한 자본주의는 관계, 집단, 다수, 사회를 희생하더라도 개인의 운명을 지지한다. 과부와 고아들은 굶주릴지 모르지만 사업가는 자기가 주도한 일의 모든 열매를 즐기는 것을 방해받아서는 안 된다. 분별력이 있는 사람이라면 분리에 관한 이 두 가지 단순 이론이 모두 성공적이지 않음을 알 수 있을 것이다.

개인의 건강은 사회의 건강에 의존하듯이 사회의 건강도 그 사회에 속한 개인의 건강에 의존한다.

부부를 다룰 때 아내와 나는, 결혼을 산을 오르기 위한 베이스캠프에 비유했다. 등산을 원하는 사람에게는 반드시 좋은 베이스캠프가 필요하다. 그곳에서 머물고 양식을 공급받고 다시 다른 정상을 찾아 모험을 나서기 전에 몸을 돌보고 쉬어야 한다. 등산에 성공하는 사람들은 적어도 실제로 산에 오르는 시간만큼 — 그 이상은 아닐지라도 — 베이스캠프에서 이것저것 살피며 마음을 써야 한다. 그들의 생존은 견고하고 잘 정비된 베이스캠프에 달려 있기 때문이다.

결혼에 있어서 공통으로 남편이 만드는 전통적인 남성의 문제가 있다. 일단 결혼하면 남편은 모든 에너지를 산에 올라가는 데 쓰고 베이스캠프인 결혼은 전혀 돌보지 않는다. 또한 아무 때나 휴식과 기분 전환을 위해서 돌아왔을 때 — 자기는 결혼 유지를 위해 아무런 책임도 떠맡지 않으면서도 — 그것이 완벽한 상태로 거기에 있기를 바란다. 이러한 '자본주의자'의 태도로 문제를 다루는 사람은 조만간 실패할 것이다. 그가 돌아와서 발견하게 되는 것은, 잘 보살피지 않아 황폐해진 베이스캠프거나 소홀히 대했던 아내가 신경과민으로 병원에 입원했거나 다른 남자를 만나 도망갔거나 또는 어떤 식으로든지 캠프지킴이로서의 직책을 거부하는 상황이 되어버렸다는 사실이다.

이와 마찬가지로 공통으로 아내가 만드는 전통적인 여성의 문제가 있다. 일단 결혼하면 일생의 목적을 이루었다고 느끼는 여성이 있다. 그녀에게 결혼이란 베이스캠프가 아니라, 산 정상 그 자체다. 그녀는 남편의 성취욕이나 갈망, 가정생활 밖의 경험 등을 제대로 이해하거나 공감하지 못한다. 그래서 남편을 질투하고 가정에 더 많은 에너지를 쏟으라고 끊임없이 닦달한다. '공산주의'식 해결책과 마찬가지로 이런 태도는 부부 사이를 숨 막히고 어리석은 관계로 만들며, 남편은 함정에 빠져 갇혔다는 기분에 '중년의 위기'를 느껴 탈출을 시도할지도 모른다.

여성해방운동은 무엇이 유일하고 이상적인 해결책인지 분명히 그 길을 제시해준다. 진정한 결혼은 공동 협조 체제로서 상호간의 협조와 배려, 시간과 에너지가 필요하며, 영적 성장의 정상을 향한 여정에 들어선 서로에게 힘이 되기 위해 존재한다. 남성과 여성 둘 다 가정을 돌봐야 하고 둘 다 각자의 생에 도전해나가야 하는 것이다.

십 대 소녀이었을 때 시인 안 브래드스트리트Ann Bradstreet가 남편에게 얘기한 사랑의 말을 접하고 전율한 적이 있다.

"둘이 하나가 되면 우리가 된다."

그러나 자라면서 나는 부부간의 결합은 서로가 분리된 개체라는 점을 깨달음으로써 풍요로워진다는 사실을 인식하게 되었다. 흔히 그러하듯이 외로움에 겁먹어 서로 하나가 되는 결혼을 추구한 사람들은 훌륭한 결혼 생활을 이끌어내지 못한다. 진정한 사랑은 다른 사람의 개별성을 존중할 뿐만 아니라 서로 분리 또는 상실의 위험에 직면하면서까지 독립성을 길러주려고 애쓴다. 인생의 궁극적인 목적은 개인의 영적 성장이며 정상에 오르는 이 고독한 여행은 혼자서 할 수밖에 없다. 성공적인 결혼이나 사회의 지지 없이는 이 중요한 여행을 달성할 수 없다. 결혼과 사회는 그러한 개인의 여행을 지지하기 위해 존재한다.

진정한 사랑의 모든 경우가 다 그러하듯, 다른 사람의 성장을 위한 '희생'은 결과적으로 그와 동일하거나 그 이상의 자기 성장을 보장해준다. 즉, 혼자서 올라간 정상에서 자기를 도운 사회 또는 가정으로 귀환하는 것은 다시 그 결혼과 사회를 새로운 단계로 올리는 데 이바지한다. 이런 식으로 개인과 사회의 성장은 서로서로 의존하나, 성장하려고 할 때에는 항상 그리고 필연적으로 외로울 수밖에 없다. 칼릴 지브란의 예언자는 다시 한번 결혼에 관해 이야기한다.

그러나 당신 부부 사이에 빈 공간을 만들어서,
그대들 사이에서 하늘의 바람이 춤추게 하라.

서로 사랑하라. 그러나 서로 구속하지는 마라.
오히려 당신들 영혼의 해변 사이에 출렁이는 바다를 두어라.
각각의 잔을 채워라. 그러나 한 잔으로 마시지는 마라.
각자의 빵을 주어라. 그러나 같은 덩어리의 빵은 먹지 마라.

함께 노래하고 춤추며 즐거워하라. 그러나 각각 홀로 있어라.
현악기의 줄들이 같은 음악을 울릴지라도 서로 떨어져 홀로 있듯이.

마음을 주어라. 그러나 상대방의 세계는 침범해 들어가지 마라.
생명의 손길만이 당신의 심장을 품을 수 있기 때문이다.
그리고 함께 서라. 그러나 너무 가까이 붙어 서지는 마라.
사원의 기둥들은 떨어져 있어야 하며,
떡갈나무와 사이프러스 나무는
서로의 그늘 속에서는 자랄 수 없기 때문이다.

—《예언자》 중에서

사랑은 정신 치료다

나는 15년 전에 정신의학 분야에 입문했다. 그런데 지금은 그 동기와 그때의 생각을 기억하기 어렵다. 분명히 나는 사람들을 '돕기'를 원했다. 의학의 다른 분야에서 사람들을 돕는 과정은 기술을 요구한다. 하지만 나는 그것에 익숙하지 못했고, 그것이 너무 기계적인 것같이 보여 적성에 맞지 않았다. 나는 또한 사람들을 찌르고 가르는 것보다 사람들과 이야기하는 것이 더 재미있다고 생각했으며, 근본적으로 몸의 기이한 변화나 몸에 들끓는 세균보다는 마음의 기이한 변화가 더 흥미로웠다.

정신과 의사가 어떻게 사람들을 돕는지는 전혀 몰랐지만, 그들은 환자를 다루는 데 유용한 신기한 말과 기술을 갖고 있어 정신의 매듭을 신기하게 풀어줄 것 같았다. 아마도 나는 마술사가 되고 싶었던 것 같다. 나는 정신과 의사의 일이 환자의 영적 성장을 돕는 것과 관련 있다는 생각은 눈곱만큼도 하지 않았고, 단언컨대 나 자신의 영적 성장도 포함되리라고는 전혀 생각하지 못했다.

수련의로서 처음 10개월간 훈련을 받는 동안 나는 아주 불안해하는 입원환자들을 맡았는데 그들은 나보다는 약이나, 전기 치료, 양질의 간호에서 더 많은 도움을 받는 것 같았다. 그러나 나는 계속해서 상호 작용 기법과 전통적인 마법의 언어들을 배웠다. 이 과정을 마친 후 비로소 신경증 환자를 만날 수 있었다. 장기 외래 심리 치료를 위한 환자였다.

첫 환자는 마르시아라는 여성이었다. 마르시아는 일주일에 세 번 나를 만나러 왔는데 참으로 힘들었다. 그녀는 내가 원하는 것을 말하지 않았고 내가 원하는 방식으로 이야기를 하지도 않았다. 때로는 침묵으로 일관했다. 어떤 점에서 우리의 가치관은 아주 달랐다. 서로 부딪치는 가운데 우리는 각각 자신의 가치관을 어느 정도 수정하게 되었다. 그러나 나의 모든 방법과 태도, 말에도 불구하고 힘든 갈등은 계속되었다. 마르시아의 증세는 나아질 기미가 없었다. 오히려 나와 상담을 시작한 직후 지나치게 난잡한 행동 패턴을 보이기 시작했고 몇 달 동안 줄어들 줄 모르는 '나쁜 행동'을 숱하게 풀어놓았다. 마침내 이렇게 일 년이 지난 후 그녀는 이렇게 물었다.

"제가 형편없다고 생각하세요?"

"그 말은, 당신을 어떻게 생각하는지 말해달라는 얘기 같은데요."

나는 영리하게 시간을 벌면서 대답했다.

그녀는 바로 그것을 원한다고 말했다. 이럴 때 뭐라고 말해야 하나? 어떤 마법의 말과 기술과 태도가 나를 도와줄 수 있을까?

나는 이렇게 말할 수도 있었다. "왜 그걸 묻지요?" 또는 "내가 당신을 어떻게 생각할 것 같아요?" 또는 "마르시아, 내가 당신을 어떻게 생각하느냐가 아니라 당신이 자신을 어떻게 생각하느냐가 중요한 것입니다." 그러나 이렇게 우회적으로 대답한다는 것이 비겁하게 여겨졌고, 그녀는 일 년 동안 일주일에 세 번씩 나를 보러 왔으니 적어도 내가 자기를 어떻게 생각하는지 솔직한 대답을 들을 자격이 있다는 확신이 들었다.

하지만 나는 이런 경험이 없었다. 그 사람을 어떻게 생각하는지 면전에서 정직하게 이야기하는 마법의 말이나 기술은 어느 교수도 가르쳐준 적이 없었다. 이것은 훈련 기간에도 전혀 배운 적이 없는 환자와의 상호 작용이었다. 이 방법이 언급된 적이 없다는 바로 그 사실은 그것이 승인되지 않은 행동이고, 훌륭한 의사라면 그 상황을 허용하지 않을 것이라는 의미를 내포했다. 어떻게 행동할 것인가. 가슴이 마구 뛰는 상태에서 나는 아주 위태로워 보이는 줄타기를 했다. 이렇게 말했다. "마르시아, 당신은 일 년 넘게 나를 보러 오고 있습니다. 그러나 이 기간에 평탄하지 않았습니다. 많은 시간 동안 우리는 힘들게 갈등했습니다. 그 힘든 갈등이 때로는 둘 다에게 지루하기도 했고 신경을 날카롭게도 했고 화나게도 했지요. 그런데도 당신은 상당히 노력하며 계속 만나러 왔어요. 이것은 참으로 번거로운 일인데도 매달, 매주, 상담 때마다 나를 찾았어요. 더 성장하기로 결심하고 더 나은 사람이 되려고 아주 열심히 노력할 마음이 없었다면 그렇게 못 했을 겁니다. 그렇게 자신을 위해 열심히 노력하는 사람이 형편없게 보일 리 있겠어요? 그러니 대답은 '아니요'입니다. 당신을 형편없는 인간이라고 생각지 않습니다. 사실 나는 당신에게 정말 감탄하고 있습니다."

이후 그녀는 열두 명이나 되는 애인 중에서 한 명을 결정하고 의미 있는 관계를 맺어 만족스러운 결혼도 하게 되었다. 다시는 절대 난잡한 생활을 하지 않았다. 그리고 자신의 장점을 말하기 시작했다. 우리 사이의 비생산적인 갈등은 사라지고 우리의 상담은 믿을 수 없을 만큼 급속한 진전을 보이며 잘 진행되었고 즐거워졌다. 신기하게도 그녀에 대한 순수한 긍정적인 생각을 드러냄으로써 — 진정 그러면 안 된다고 생각한 행동이었는데 — 위태로운 줄타기는 대단한 치료 효과를 가져왔고 함께하는 상담에 전환점이 되었다.

이것은 무엇을 의미할까? 성공적인 정신 치료를 위해 할 일은, 우리가 환자를 좋게 생각한다고 말해주라는 뜻인가? 그렇지 않다. 우선, 치료는 항상 정직해야 할 필요가 있다. 나는 솔직히 마르시아에게 감탄했고 그녀를 좋아한다. 둘째로, 오랫동안 그녀를 상담했고, 치료를 통해 우리는 꽤 친해졌으므로, 나의 감탄과 호의는 그녀에게 정말 중요했다. 그런데 본질적으로 중요한 것은 내가 그녀를 칭찬하고 감탄한다고 말해주었기 때문에 이러한 극적 전환이 이루어진 게 아니라는 사실이다. 그녀와 내 관계가 이미 꽤 오랫동안 진행되어왔고, 그녀 스스로 내가 자기를 잘 알고 있다고 느꼈으며 또 내가 정직한 사람임을 그녀가 알고 있다는 것, 즉 우리 관계의 본질적인 성격이 그런 전환점을 마련해준 것이다.

젊은 여성 헬렌의 치료에서도 이와 유사한 극적 전환이 있었다. 헬렌을 일주일에 두 번 만나 9개월간 치료했지만 별로 눈에 띌 만한 성과가 없었고, 여전히 그녀를 긍정적으로 생각할 수 없었다. 이렇게 오랫동안 시간을 보내면서도 나는 헬렌을 거의 파악 못하고 있었다. 오랫동안 치료해오면서 환자가 도대체 어떤 사람인지, 또 해결할 문제의 성격이 어떤지 파악하지 못한 것은 헬렌이 처음이었다. 그녀 때문에 혼란스러웠고 문제를 파악해보려 며칠 밤을 전전긍긍하기도 했으나 성공하지 못했다. 하지만 결론적으로 확실해진 것은 헬렌이 나를 신뢰하지 못한다는 것이었다. 그녀는 내가 자기에게 정말 관심 있는 게 아니라, 단지 자기의 돈에만 흥미가 있다고 큰소리로 불평했다. 9개월간의 치료가 진행된 어느 날 상담 중에 그녀는 이런 식으로 말했다.

"선생님은 상상도 할 수 없으실 거예요. 제게 흥미도 없고 그래서 제 느낌에 그렇게 둔감하시니 선생님과 이야기하면 얼마나 좌절감이 드는지 아세요?"

나는 대답했다. "헬렌, 좌절감은 우리 둘 다 느끼는 것 같아요. 이렇게 얘기하면 어떻게 생각할지 모르겠는데, 제가 10년 동안 정신 치료를 해오면서 가장 좌절감을 느낀 경우가 당신이랍니다. 이렇게 오랫동안 제대로 방향을 못 잡은 사람은 처음이에요. 아마 헬렌 생각이 옳은 것 같아요. 당신과 일하기에 나는 적당한 사람이 못 되는가 봅니다. 모르겠어요. 솔직히 포기하고 싶지는 않지만 정말 당신에 대해서는 혼란스럽고, 도대체 무엇이 잘못됐는지 알고 싶어 미칠 지경입니다."

내 말을 들은 헬렌의 얼굴에 눈부신 미소가 번졌다.

그러면서 헬렌은 "선생님, 저를 진정으로 염려하시는군요"라고 말했다.

"네?" 나는 물었다.

"진정으로 저를 염려하신다고요. 그렇지 않다면 그렇게까지 좌절하실 리가 없잖아요."

그녀는 마치 모든 것이 뚜렷해진 것처럼 말했다.

바로 그다음 면담부터 헬렌은 이전에 감추고 있던 것, 거짓말했던 것들을 털어놓기 시작했다. 그 결과 일주일 만에 나는 그녀의 근본적인 문제를 명확히 이해하고 진단할 수 있었고 어떻게 치료를 진행할 것인지도 알게 되었다.

헬렌의 경우도 깊은 관심을 갖고 함께 치열하게 노력했기 때문에 내 대답이 그녀에게 의미 있고 중요했던 것이다. 우리는 이제 심리 치료를 효과적이고 성공적으로 만드는 본질적인 요소를 알았다. 그것은 '무조건 긍정적인 말을 해주는 것'도, 마법의 말과 기술과 태도도 아니다. 그것은 인간적인 관심과 노력이다. 치료사가 환자의 성장을 돕기 위해 자신을 확장하고자 하는 마음, 즉 기꺼이 위험을 감수하고, 진심으로 사무적이 아닌 개인적 감정 차원에서 관계를 형성하고, 실제로 환자와도 자신과도 싸우고자 하는 마음이다. 간단히 말하면 성공적이고 의미 있는 심리 치료의 근본 요소는 사랑이다.

서구에서는 심리 치료에 관해 수많은 책이 쏟아져 나온다. 그런데 그것들이 정작 사랑의 문제는 간과하고 있다는 사실은 놀랍고 믿을 수 없을 정도다. 힌두교의 수도승들은 사랑이 그들의 힘의 원천임을 솔직하게 인정한다. 그러나 서양에서는 이 문제를 가장 잘 다루고 있다는 문헌에서조차 성공적인 치료사와 그렇지 못한 치료사를 분석하면서, 성공적인 치료사의 특징은 '따뜻함'과 '감정 이입'이라고 기술하는 정도가 고작이다.

근본적으로 우리는 사랑이라는 주제 앞에서 난감해하는 것 같다. 여기엔 수많은 이유가 있다. 그중 하나는 이번 장에서 다룬 다른 혼돈과 더불어 서구 문명에 만연한 진정한 사랑과 낭만적인 사랑의 혼돈 때문이다. 또 다른 이유는 우리가 '과학적인 의학'에서 이성적인 것, 눈에 보이는 것, 측정할 수 있는 것을 선호하기 때문이다. 심리 치료 분야의 진화는 대체로 이 '과학적인 의학' 덕분에 이루어졌다. 사랑이란 눈으로 볼 수 없고 완전하게 측정할 수도 없고 이성을 초월한 현상이기 때문에, 그 자체가 과학적 분석의 대상이 될 수는 없다.

또 다른 이유는 정신 분석가는 초연하게 거리를 두어야 한다는 강력한 정신 분석의 전통 때문이다. 그 전통은 프로이트 자신보다도 그 후계자들이 만든 것 같다. 이와 같은 전통에서는 환자가 치료사를 향해 갖는 사랑의 느낌을 일반적으로 '전이'라 하고, 치료사가 환자에게 갖는 사랑의 느낌은 '역전이'라고 한다. 이런 호칭은 이러한 느낌들이 비정상적인 것이며 해결의 실마리를 제공하기보다는 문제의 일부가 되므로 피해야 한다고 암시한다. 모두 매우 불합리한 생각이다. 전이는 앞 장에서 언급했듯이 부적절한 느낌, 인식, 반응을 지칭한다. 그런데 치료사는 비판 없이 환자의 이야기를 진심으로 몇 시간이고 들어주고, 어쩌면 환자가 이전에는 경험해보지 못한 방식으로 환자를 받아주며, 절대로 환자를 이용하려 하지 않고, 고통을 덜어주는 데 도움이 되어왔다. 그러므로 환자가 이런 치료사를 사랑하는 것은 전혀 이상한 일이 아니다. 사실 전이의 본질은 많은 경우 환자가 치료사와 사랑하는 관계로 발전하는 것을 막는 데 있다. 그런데 치료를 위해서는 환자가 성공적인 사랑의 관계를 경험할 수 있도록 — 때로는 처음으로 — 전이를 이용하여 작업한다. 마찬가지로 환자가 심리 치료의 훈육을 받기로 결정하고 치료에 협조하며 기꺼이 치료사에게서 배울 마음을 갖고, 이런 관계를 통해 성공적으로 성장하기 시작할 때, 치료사가 환자에게 사랑의 감정을 갖게 되는 것도 이상할 것이 없다.

집중적인 심리 치료는 여러 가지 면에서 부모 역할을 대신하는 과정이다. 심리 치료사가 환자에게 갖는 사랑의 느낌은 좋은 부모가 아이에게 갖는 사랑과 조금도 다를 바가 없다. 오히려 치료를 성공적으로 이끌려면 환자를 사랑하는 것이 필수다. 치료가 성공하려면 치료사와 환자의 관계는 서로 사랑하는 관계가 되어야 한다. 치료사가 환자에게 보여주는 진정한 사랑과 동시에 사랑의 감정이 생기는 것은 불가피하다.

대부분 정신적인 병은 성공적인 성숙과 영적 성장을 위해 부모에게서 받아야 했을 사랑의 결핍이나 결함 때문에 생긴다. 그러므로 심리 치료를 통해 치유되기 위해서는 환자가 받지 못했던 진정한 사랑의 최소한만이라도 심리 치료사에게서 받아야 하는 것이다. 만약 치료사가 환자를 진정으로 사랑할 수 없다면 진정한 치료가 생겨나지 않을 것이다. 화려한 경력을 갖춘 숙련된 치료사일지라도 환자에 대한 사랑을 통해 자신을 확장하지 못하면 어떠한 치료도 성공할 수 없을 것이다. 반대로 화려한 경력도 없고 훈련도 충분히 못 받은 평범한 치료사일지라도 사랑의 큰 능력을 발휘한다면 최고의 정신과 의사들과 맞먹는 큰 성과를 거둘 것이다.

사랑과 섹스는 밀접하게 상호 연관돼 있으므로 둘 사이의 성적 관계를 잠깐 언급해야겠다. 이 문제는 현재 언론에서 상당히 주목받고 있다. 환자와 치료사는 사랑하고 친밀한 관계를 형성하는 것이 필요하므로 두 사람이 서로 성적인 매력을 강하게(때로는 아주 강하게) 느낄 수 있다. 그러한 감정에서 성적으로 성취해버리고 싶은 욕구가 거세게 일어날 수도 있다.

어떤 심리 치료사들은 환자와 성적인 관계를 가진 치료사에게 돌을 던진다. 그러나 내 생각엔 그렇게 비난하는 사람들이야말로 오히려 환자를 진정으로 사랑하지 않는 치료사이며 그렇기 때문에 사랑에 따르는 강력한 성적 욕구를 실제로 이해할 수 없다. 나아가 깊이 생각하고 분석했을 때 성적 관계가 환자의 영적 성장에 진전을 가져온다는 결론이 나오는 경우라면, 나는 한 발 더 나아가 그런 관계를 가질 것이다. 그러나 15년간 정신 치료를 해오면서 그런 경우는 없었다. 그리고 그런 경우가 실제 존재하리라고 생각하기는 힘들다.

왜냐하면 첫째로, 앞에서 언급한 대로 좋은 치료사의 역할은 무엇보다 좋은 부모의 역할인데 몇 가지 아주 강력한 이유 때문에 좋은 부모는 자녀와 성적 관계를 맺지 않는다. 부모가 해야 할 일은 아이를 돕는 것이지, 자기만족을 위해 아이를 이용하는 것이 아니다. 마찬가지로 치료사는 환자를 도와야지, 치료사 자신의 욕구를 위해서 환자를 이용하면 안 된다. 부모의 직책은 아이가 독립해 나갈 수 있도록 격려하는 것이며, 치료사와 환자의 경우도 똑같다. 그러므로 환자와 성적 관계를 가진 치료사라면, 자신의 욕구를 만족시키기 위해 환자를 이용하지 않았다 할 수 있을지, 혹은 그렇게 해서 환자의 독립심을 독려했다 할 수 있을지 모르겠다.

많은 환자가, 특히 아주 매력이 넘쳐 보이는 대부분 환자가 부모에게 성적 집착을 갖는다. 이는 분명히 그들의 자유와 성장을 저해한다. 마찬가지로 치료사와 환자 사이의 성적 관계는 그들을 자유롭게 풀어놓기보다는 환자의 미숙한 집착을 더 강화하는 것 같다. 얼마간의 증거자료와 이론이 이를 강력하게 뒷받침한다. 관계가 성적으로 발전하지 않았을지라도 치료사가 환자와 '사랑에 빠지는' 것은 해롭다. 이미 보았듯이 사랑에 빠지면 자아 경계가 무너지며, 개인 사이에 존재해야 할 정상적인 독립심을 약화시키기 때문이다.

환자와 사랑에 빠진 치료사는 환자의 욕구에 객관적일 수가 없고 환자와 자신의 욕구를 구분할 수 없어진다. 치료사들은 환자에 대한 사랑 때문에라도 그들과 사랑에 빠지지 않도록 주의해야 한다. 진정한 사랑은 사랑하는 사람을 독립된 개체로 존중해야 하므로, 진정한 사랑을 하는 치료사라면 환자의 인생은 자신과 분리돼 있으며 또 분리되어야 함을 인정하고 받아들일 것이다. 어떤 치료사에게 이것은 치료실을 벗어나면 둘의 인생이 결코 엮여선 안 된다고 받아들여질 것이다. 이러한 입장을 존중하긴 하지만 한편으론 불필요할 정도로 엄격한 것 같다. 내 경우, 치료가 끝난 환자와 알고 지낸 것이 환자에게 확실히 해가 됐던 적은 있지만, 환자였던 사람과 알고 지내는 것이 나뿐만 아니라 그들에게도 분명 유익해 보였던 경우도 몇 번 있었다. 또한 운이 좋아서 몇몇 매우 친한 친구들도 성공적으로 정신 분석을 마칠 수 있었다. 그러나 환자와 상담 시간 외에 연락하며 지내는 것은 치료사와 환자라는 관계가 공식적으로 종결된 후라 할지라도 아주 조심스럽게 철저히 자기 성찰을 거친 후에만 실행하는 것이 좋다. 치료사는 환자와의 접촉을 통해서 자기 욕구를 채우느라 환자의 욕구에 손상을 준 것은 아닌지 생각해보아야 한다.

심리 치료가 진정한 사랑의 과정이어야만 한다(성공하려면 반드시 그래야 된다)는 개념은 전통적인 정신 의학계에서는 다소 이단으로 취급된다. 그렇다면 동전의 이면이라고 할 수 있는 다음의 견해, 즉 심리 치료가 진정하게 사랑하는 것이라면 사랑은 항상 심리 치료처럼 해야 한다는 것도 마찬가지로 이단이다. 배우자를 순수하게 사랑하고, 부모, 아이, 친구를 진정 사랑한다면, 또 그들의 영적 성장을 지지하기 위해 우리 자신을 확장시킨다면 우리가 그들에게 심리 치료를 하고 있다는 말인가? 내 대답은 "그렇다"이다.

때때로 칵테일파티에서 사람들은 내게 말한다.

"선생님은 전문가적인 삶과 사회적 삶을 구분하기가 정말 어려우시겠어요. 결국, 자기 가족과 친구들을 분석하고 다닐 순 없는 것이잖아요. 안 그래요?”

이런 질문은 대체로 시간 때우기식의 대화일 뿐, 그들은 진지한 답변에 흥미도 없으며 제대로 이해하지도 못할 것이다. 그러나 때로 그런 상황은 내게 즉석에서 심리 치료를 가르치거나 실행할 기회를 준다. 그래서 나는 직업과 개인생활을 분리하려고 시도조차 하지 않고 앞으로 그러고 싶지도 않은 이유를 설명한다. 만약 나의 아내, 아이들, 부모, 친구가 어떤 환상, 거짓, 무지, 불필요한 장애 등으로 고통받는다면 환자들에게 하듯 나 자신을 확장하여 가능한 한 그런 상황을 고쳐줄 의무를 갖는 것은 당연하다. 콕 집어서 이들이 나와 계약을 하고 심리 치료를 위해 돈을 지불하지 않았다고 해서 가족과 친구들에게 도움과 지혜와 사랑을 베풀지 말아야 하는가?

그렇지 않다. 부릴 수 있는 모든 재주를 총동원해서 내가 사랑하는 사람들에게 내가 아는 것을 가르쳐주고, 내 힘이 닿는 한 정신적인 성장의 여정에 내가 줄 수 있는 모든 도움을 주도록 노력해야 한다. 그렇게 할 기회가 왔는데 그것을 잡지 않는다면 어떻게 좋은 친구, 좋은 아버지, 좋은 남편 또는 좋은 아들이 될 수 있겠는가? 나 또한 내 친구들과 가족이 할 수 있는 범위에서 내게도 똑같은 도움을 베풀기를 기대한다. 때로는 빗나가는 비판일 수도 있고, 어른처럼 사려 깊은 충고가 아닐지라도 나는 내 아이들에게서 많은 것을 배운다. 아내도 내가 그녀를 이끌어주는 만큼 나를 이끈다. 내가 택한 길이 현명한지 안전한지, 애정 어린 관심을 갖고 솔직히 반대해주지 않는다면 나는 친구를 친구라고 부르지 않을 것이다. 그들의 도움이 없는 것보다는 있는 편이 내 성장의 속도를 올리지 않을까? 진정으로 사랑하는 관계는 어떤 관계든 서로 심리 치료적이다.

물론 나도 항상 이런 가치관에 따라 살아온 건 아니다. 한동안 나는 아내의 비판보다는 아내의 칭찬을 더 좋아했다. 그녀의 힘을 길러주려고 노력하기보다는 의존성을 길러주려 했다. 남편과 아버지로서의 내 이미지는 가족 부양자의 이미지였다. 내 책임은 집에 돈을 벌어주는 것으로 끝이었다. 내가 원하는 집이란 편안한 장소이지 도전의 장소는 아니었다. 그 당시였다면 심리 치료사가 자기 친구와 가족에게 치료 기법을 적용하는 것은 위험하고 비윤리적이며 파괴적이라는 주장에 동의했을 것이다. 그러나 이렇게 동의하는 데에는 내 직업을 오용하게 될지도 모른다는 두려움과 더불어 나의 게으름도 큰 동기로 작용했을 것이다.

심리 치료는 사랑과 마찬가지로 일이다. 하루에 8시간 일하는 것이 16시간 일하는 것보다 더 쉽다. 당신의 지혜를 구하며, 그것을 얻으려고 당신이 있는 곳을 찾아오며, 당신의 관심을 위해 돈을 지불하고, 한 번에 50분이란 한정된 시간 동안만 당신을 필요로 하는 사람을 사랑하는 것이, 당신의 관심을 당연하게 여기며, 당신을 권위 있는 존재로 생각하지 않으면서 끊임없이 요구만 하고, 당신의 가르침을 간청하지도 않는 사람을 사랑하는 것보다는 훨씬 쉽다. 가족이나 친구들을 상담하는 것은 진료실에서와 똑같은 정도의 치밀한 노력과 자기 훈육이 요구되지만, 조건은 더 나쁘다. 그래서 가족이나 친구들에게는 더 큰 노력과 사랑이 필요하다. 물론 그렇다고 해서 다른 치료사들이 이 말을 지금 당장 배우자와 자녀에게 심리 치료를 하라는 간곡한 권유로 받아들이지 않길 바란다.

어떤 사람이 영적 성장의 여정에 있다면 그 사람은 사랑할 능력이 점점 자라고 있는 것이다. 그러나 그것은 항상 제한되어 있으므로, 사랑할 수 있는 능력 이상으로 심리 치료를 감행해서는 안 된다. 사랑이 없는 심리 치료는 실패하기 쉽고 해롭기까지 하다. 당신이 하루에 6시간 사랑할 수 있다면 당장에는 그것으로 만족하라. 당신의 역량은 이미 대개의 사람보다 더 크기 때문이다. 영적 성장으로 가는 길은 멀고, 능력을 향상하기 위해서는 시간이 필요하다. 친구나 가족에게 심리 치료를 실행하는 것, 서로 모든 시간을 바쳐 사랑하는 것은 우리의 이상이며 성취해야 할 목표이지만 바로 얻어지는 것은 아니다.

앞에서 말했듯이 진정으로 사랑할 수 있다면 대단한 훈련을 받지 않아도 일반인도 성공적인 심리 치료를 실천할 수 있다. 그러므로 가족과 친구에게 심리 치료를 시행해야 한다는 말은 전문적인 치료사들만을 대상으로 한 것이 아니다. 그 말은 모든 사람에게 적용된다.

때로 환자들이 언제 치료가 종결될 것인지를 물으면, 나는 "당신 자신이 좋은 치료사가 될 수 있을 때"라고 대답한다. 이 대답은 가끔 집단 요법에서 가장 유용하다. 거기에서는 환자들이 서로에게 심리 치료를 시행하고, 성공적으로 심리 치료사의 역할을 못할 때는 이를 지적해줄 수도 있다. 그런데 많은 환자는 이런 대답을 좋아하지 않는다. 어떤 이는 실제로 이렇게 말할 것이다.

"그건 정말 큰일이에요. 그것은 사람들과의 관계에서 항상 생각을 해야 한다는 말이니까요. 나는 그렇게 많이 생각하기를 원치 않아요. 그렇게 열심히 노력하고 싶지도 않고요. 나는 그저 즐겁게 지내고 싶답니다."

모든 인간의 상호 작용은 배우거나 가르치는(치료를 주거나 받는) 기회이므로 이를 통해 배우지도 가르치지도 않는다면 좋은 기회를 지나치고 마는 것이라고 지적하면, 환자들은 흔히 이와 비슷하게 대답한다. 대부분 그러한 고고한 목적을 성취하거나 그렇게 열심히 노력하면서 살고 싶지 않다고 말할 때 그들의 말은 정확히 맞는 말이다. 대다수 환자는 매우 숙련되고 사랑할 줄 아는 치료사들에게 상담받는데도 그들의 잠재된 능력을 완전히 성취하기에는 매우 모자라는 지점에서 치료를 종결한다. 그들은 영적 성장이라는 길을 따라 짧게 또는 상당한 거리까지 여행한 셈이지만, 여행을 완수하지는 못했다. 그것은 너무 어려워 보인다. 그들은 보통 사람으로 만족할 뿐 신이 되기 위해 고군분투하지 않는 것이다.

사랑이라는 미스터리

사랑은 미스터리라는 것, 그리고 여태껏 그것을 도외시해왔다는 점에 대해서는 앞에서 언급했다. 지금까지 여기서 거론된 질문에 대해 답변해보았다. 그러나 대답하기 쉽지 않은 다른 질문들이 있다.

일련의 이러한 질문들은 지금까지 논의된 문제에서 논리적으로 파생된 것들이다. 예를 들어 자기 훈육이 사랑을 토대로 발달한다는 사실은 분명해졌다. 그러나 사랑 자체는 어디서 오는가의 문제는 여전히 풀어야 할 과제다. 그걸 물으면 역시 사랑의 부재는 무엇이 원인인지도 물어야 한다. 나아가 사랑의 결핍은 정신질환의 주요 원인이 된다는 것과 결과적으로 심리 치료에 있어서 사랑은 기본적인 치료 요소라는 것이 제시되었다. 사실이 그렇다면, 왜 어떤 사람은 사랑이 없는 환경에서 태어나고 자랐으며 끊임없이 버림당하고 무지막지하게 매를 맞았는데도, 사랑 넘치는 심리 치료의 도움도 없이 어떻든 어린 시절의 경험을 뛰어넘어,

성숙하고 건강한, 때에 따라서는 성자와도 같은 사람이 될 수 있는가? 반대로 어떤 환자들은 분명히 다른 사람보다 병이 심한 것도 아니고, 가장 유능하고 애정이 넘치는 치료사한테서 심리 치료를 받았는데도 부분적으로나 전적으로 치료에 실패하는가?

이런 질문에 대한 대답은 은총에 관한 마지막 장에서 다룰 것이다. 그리고 이에 대한 설명은 나 자신을 포함한 그 누구도 완전히 만족시키지 못할 것이다. 그러나 여러분에게 조금이나마 깨달음을 줄 수 있기를 바란다.

사랑에 대한 논의에서 의도적으로 생략하거나 얼렁뚱땅 넘겨버린 주제와 관련된 질문들도 있다. 내가 사랑하는 사람이 처음으로 내 눈앞에 알몸을 보였을 때 전신을 관통한 느낌, 그것은 경외였다. 왜 그랬을까? 만약 성이 본능 이상의 그 무엇도 아니라면 왜 나는 '흥분한다'거나 욕망의 굶주림만을 느끼지 않았을까? 단순한 욕망의 굶주림만으로도 인류의 번식은 충분히 보장되고도 남았을 것이다. 그런데 왜 경외감이 들었을까? 성이 왜 존경의 느낌과 복잡하게 얽혀 있단 말인가? 또한 무엇이 아름다움을 결정하는 것일까?

진정한 사랑의 상대는 사람이어야만 된다고 얘기했다. 그 이유는 사람만이 성장을 가능하게 하는 영혼을 지니고 있기 때문이다. 그러면 목공의 대가가 완벽하리만치 아름답게 만든 공예품에 대해선 어떠한가? 또는 중세 시대 최고로 아름다운 마돈나의 조각상들은 어떠한가? 고대 그리스의 델피에 있는 마차를 탄 동상들은? 이런 무생물체도 작품을 만든 예술가의 사랑을 받았지 않았나? 이 예술품의 아름다움은 창조자의 사랑과 어떠한 관계가 있지 않을까? 자연의 미에 대해서는 어떠한가? 때때로 우리가 '창조'라고 이름 짓는 그 자연은? 왜 우리는 아름다움을 느끼거나 기쁨을 느낄 때 슬퍼지거나 눈물이 흘러내리는, 이상하고 이치에 안 맞는 반응을 보이는가? 음악의 어떤 대목이 악기로 연주되거나 노래로 불릴 때 그다지도 우리를 감동시킬 수 있단 말인가? 여섯 살 난 아들이 병원에서 편도선 수술을 받고 집에 돌아온 그 밤, 아직 아플 텐데도 피곤해서 거실에 누워 있는 내게 다가와 등을 문질러주자 나는 왜 눈이 젖어오는 감동을 느꼈을까?

아직 논의되지 않은 가장 이해하기 어려운 차원의 사랑은 분명히 존재한다. 이런 것들(그리고 더 많은 것들)에 대한 질문은 사회생물학으로 답할 수 없다고 생각한다. 자아 경계에 대한 지식을 주는 일반 심리학이 조금은 도움이 될지 모르겠다. 그러나 아주 조금뿐일 것이다. 이런 것을 가장 많이 아는 사람들은 종교인 중에서도 신비주의학파 사람들이다. 이런 문제들에 대해 어렴풋이나마 통찰력을 얻으려면 이들과 종교라는 주제의 도움을 받아야 한다.

그래서 이 책의 나머지 부분은 종교의 어떤 측면들을 다루려고 한다. 매우 제한된 방식이지만 다음 장에서는 종교와 성장 과정과의 연관성을 논의할 것이다. 마지막 장에서는 은총이라는 현상에 초점을 두고 그것이 성장 과정에서 어떤 역할을 하는가를 다루려 한다. 종교에 있어서는 수천 년 동안 익숙한 개념이지만, 은총은 심리학을 포함한 과학에는 아주 이질적이다. 어쨌든 은총이라는 현상을 이해하면 인간의 성장 과정을 완전히 이해하는 데 근본적인 도움이 되리라고 믿는다. 부디 다음에 계속되는 논의가 종교와 심리학자 사이에 접점을 서서히 확대하는 데 이바지하게 되기를 바란다.

THE
ROAD
LESS
TRAVE

THE ROAD LESS TRAVELED

3부

성장과 종교

서로 다른 우주의 세계관,
그리고 종교

인간은 훈육, 사랑, 삶의 경험을 통해 성장하므로 세계와 그 안에서의 자기 위치에 대한 이해도 당연히 빠르게 성장한다. 반대로 훈육, 사랑, 삶의 경험을 통해 성장하지 못한다면 사람들의 이해도 성장하지 못한다. 그 결과 인생이 도대체 어떤 것인가를 이해하는 폭과 깊이에는 사람마다 놀라울 정도로 다양한 편차가 존재한다.

이러한 이해가 곧 종교다. 비록 그것이 제한적이거나 원시적이거나 혹은 부정확하다 할지라도 인간이면 누구나 어떠한 세계관을 갖고 있으므로 누구나 종교를 갖고 있다고 말할 수 있을 것이다. 널리 인식되지는 않았지만, 이것은 가장 중요한 사실이다. 즉, 누구나 종교를 갖고 있다.

나는 우리가 종교를 너무 편협하게 정의하기 때문에 괴로워진다고 생각한다. 즉, 우리는 종교란 반드시 신을 섬겨야 하며 어떤 의식이나 예배 집단을 갖고 있어야만 한다고 믿는다. 교회를 안

다니거나 초월적 존재를 믿지 않는 사람에 대해서는 종교적이 아니라고 말하기 쉽다. 심지어 나는 학자들이 이렇게 말하는 것도 들었다. "불교는 진정한 종교가 아니다"라든가 "유니테리언파 사람들은 신앙에서 종교를 배제했다"라든가 "신비주의는 종교라기보다는 철학이다" 등등.

우리는 종교를 커다란 원목에서 잘라낸 한 조각처럼 일률적으로 보려고 한다. 이런 단순한 개념 때문에, 성향이 전혀 다른 두 사람 모두 자기가 기독교인이라고 말할 때 우리는 당혹스럽다. 또 때로는 꼬박꼬박 미사에 참여하는 가톨릭 신자보다 무신론자나 유대교도가 기독교 윤리에 더 철저한 의식을 갖고 있을 수 있다는 사실에 혼란스러울 수도 있다.

심리 치료사들을 지도하다 보면, 그들은 환자가 어떤 식으로 세상을 보는지에는 별 관심이 없다는 사실을 알게 된다. 이렇게 된 데에는 몇 가지 이유가 있겠지만, 만약 환자가 자기는 신의 존재를 믿지 않아서 혹은 교회에 나가지 않아서 종교적이 아니라고 스스로 생각한다면, 종교를 갖고 있지 않은 것과 같으므로 그 문제에 관해선 더 이상 꼼꼼한 조사를 할 필요가 없다고 생각하는 치료사들이 있다. 그러나 사실 모든 사람은 드러나건 드러나지 않건 간에 세계의 본성에 대한 생각과 신념을 갖고 있다.

근본적으로 세계란 혼돈스럽고 무의미한 것이라고 생각하는 환자는, 즐길 수 있는 것이라면 아무리 사소한 것이라도 그때그때 즐기는 것이 현명하다고 느낀다. 또 세계란 비정하게 먹고 먹히는 곳이라고 믿는 환자는 그 속에서 생존하기 위해 자신 또한 무자비한 사람이 되어야 한다고 믿을지도 모른다. 또 세계는 근본적으로 선한 것이며 따라서 거기에서는 좋은 것만 생겨나므로 장래에 대해 불안해할 필요가 없다고 느끼는 사람도 있다. 또한 어떻게든 세상은 살아지게 마련이라고 생각하는 사람도 있다. 또 어떤 사람은 조금이라도 나쁜 짓을 하면 얻어맞고 쫓겨나는 곳이라고 생각한다.

사람들의 세계관은 저마다 다르다. 정신 치료 과정에서 대개의 치료사들은 이내 환자가 어떻게 세계를 보고 있는지를 인식할 것이고, 치료사가 찾아보려고만 한다면 보다 빨리 인식할 수도 있을 것이다. 환자의 세계관은 항상 문제의 근본적인 부분을 차지하고 있으므로, 치료사는 근본적으로 이를 알아야 하고 치료를 위해선 필수적으로 그들의 세계관부터 교정해야 한다. 그래서 나는 내가 지도하는 치료사들에게 "환자의 종교를 찾아내십시오. 혹 종교가 없다고 하더라도 찾아내야 합니다"라고 말한다.

보통 사람들은 종교나 세계관을 기껏해야 단지 불완전한 상태로 의식할 뿐이다. 환자는 자신이 세계를 어떻게 보고 있는지를 인식하지 못한다. 때로는 어떤 종류의 신앙에 사로잡혀 있으면서도 자기는 그와는 다른 종교를 갖고 있다고 생각하기도 한다.

매우 성공한 엔지니어였던 스튜어트는 오십 대 중반에 심한 우울증에 빠졌다. 사회적으로 성공한 모범적인 남편에 아버지였음에도 그는 자신을 쓸모없고 사악한 사람이라고 생각했다. "내가 죽으면 세상은 더 좋은 곳이 될 거야"라고 그는 말했다. 그래서 두 번이나 자살을 기도했다. 어떠한 현실적인 설득과 노력도 자신이 쓸모없는 인간이라는 생각을 고쳐줄 수 없었다. 불면증이나 불안과 같은 심각한 우울증 증세와 더불어 그는 음식물을 삼키는 것도 매우 고통스러워했다.

"음식이 맛이 없기 때문만은 아닙니다." 그는 말했다.

"목구멍에 칼날이 똑바로 꽂혀 있는 것 같아요. 그래서 국물 이외의 것은 삼킬 수가 없습니다."

특별한 병원 검사도 이런 증세의 원인을 찾아내지 못했다. 그런데 그는 종교를 대수롭지 않게 여기며 이렇게 말했다. "나는 무신론자며 평범하고 단순한 사람입니다. 나는 신학자가 아닙니다. 나는 단지 볼 수 있고 만질 수 있는 것만 믿습니다. 친절하고 사랑이 넘치는 하느님께 어떤 믿음을 가졌더라면 지금보다 더 행복할지 모르겠지만, 솔직히 말해서 그런 놀음에는 속이 뒤집힌답니다. 어렸을 때는 충분히 누렸지만 이제 그런 것에서 떠나 멀리하게 된 것이 얼마나 다행인지 모릅니다."

스튜어트는 중서부의 아주 작은 마을에서 태어나 완고한 근본주의파 목사와 똑같이 완고한 근본주의파 부인의 아들로 자랐다. 그러나 어떤 계기 때문에 그는 집과 교회를 한꺼번에 떠나버렸다. 치료를 시작한 지 수개월이 지나자 그는 짧은 꿈을 자세히 말해주었다.

"배경은 어렸을 때 살던 미네소타의 집이었습니다. 아직도 거기서 어린애처럼 살고 있는 것 같았어요. 그런데도 지금 내 나이와 똑같다는 느낌도 들었어요. 밤중에 한 남자가 집으로 들어왔습니다. 그가 목을 자르려고 하는 것이었어요. 그를 본 적이 없는데 이상하게도 나는 그가 누구인지를 알고 있었답니다. 고등학교 때 데

이트했던 여자 친구의 아버지였어요. 그게 다예요. 결말도 없어요. 그가 목을 자르려 한다는 것을 알고 두려움에 놀라 깨어난 거죠."

나는 스튜어트에게 꿈속에 나타난 그 남자에 대해서 아는 것을 모두 이야기해보라고 했다.

"사실 더 이야기할 수 있는 게 아무것도 없답니다"라고 그는 말했다. "그를 전혀 만난 적이 없습니다. 그 사람 딸과 단지 한두 번 데이트했을 뿐인걸요. 데이트라야 고작 교회의 청소년부 예배가 끝난 다음에 집까지 같이 걸어간 것뿐이랍니다. 걸으면서 어떤 숲 뒤의 캄캄한 데서 살짝 그녀에게 키스를 한 번 한 적이 있습니다."

스튜어트는 좀 어색한 웃음을 지으면서 계속 말했다.

"만난 적이 전혀 없었는데도 어쩐지 그가 누구인지를 알아볼 수 있을 것 같았어요. 그녀의 아버지는 우리 마을의 역장이었습니다. 여름날 저녁 가끔 기차역에 나가 기차가 들어오는 것을 보곤 했을 때 만난 적이 있었겠지요."

그 말에 내 마음에 무엇인가 떠올랐다. 나도 어렸을 때 나른한 여름 저녁이면 기차가 지나가는 것을 바라본 적이 있었다. 기차역은 활력이 넘치는 곳이다. 그리고 역장은 모든 활동의 지휘자였다. 그는 거대한 기차가 어디에서 와서 우리 작은 마을에 닿는지를 알았고 또 어디를 향해 달려가는지도 알고 있었다. 어떤 기차가 정거하고 어떤 기차가 땅을 뒤흔든 채 경적을 울리며 지나가는지도 알았다. 그는 스위치를 올렸다 내렸다 하면서 신호를 보냈다. 우편물을 받기도 하고 보내기도 했다. 그리고 이런 일들을 하지 않을 때는 사무실에 앉아 더 멋진 일들을 했다. 조그마한 열쇠로 신비로운 리듬의 언어를 두드리면서 전 세계로 통신을 보내고 있었다.

"스튜어트" 나는 말했다. "당신은 무신론자라고 했는데, 그 말을 믿습니다. 당신의 마음 한쪽은 하느님이 존재하지 않는다고 믿고 있으니까요. 그렇지만 나는 당신 마음의 다른 한쪽은 하느님을 믿고 있는 게 아닐까 의심스러워지려고 해요. 위험스러운 하느님, 목을 베는 하느님을 말이죠."

내 의심은 옳았다. 함께 상담하는 과정에서 때로는 주저하고 저항하려고 애썼지만, 스튜어트는 점차 자신 안에 이상하고 얄궂은 신앙이 존재한다는 것을 인식하기 시작했다. 그는 무신론을 뛰어넘어 어떤 가상, 즉 세계는 악의 힘이 조정하고 방향을 결정한다는 것, 그 힘은 목을 벨 수 있을 뿐 아니라 그를 범죄자로 처벌할 수도 있다는 가상을 믿고 있었다. 우리는 또한 서서히 그의 '범죄'에 중점을 두기 시작했다. 그것은 사소한 성적 사건으로, 역장의 딸에게 '몰래 키스한 것'으로 상징되는 작은 일이었다. 결국은 모든 것이 명백해졌다. 우울증에 관련된 다른 이유와 마찬가지로 스튜어트의 소위 '목을 베는 꿈'은 그의 속죄를 의미했다. 상징적으로 스튜어트는 자신의 목을 베었다. 그렇게 함으로써 하느님이 말 그대로 자신의 목을 베는 것을 방지할 수도 있을 것이라고 희망한 것이다.

사악한 신과 악한 세계에 대한 스튜어트의 관념은 어디서 온 것일까? 사람들의 종교는 어떻게 발달하는 것일까? 인간의 특수한 세계관을 결정하는 것은 무엇일까? 여기에는 복잡한 요인이 뒤섞여 있다. 그러나 그 문제들을 상세히 다루지는 않으려고 한다. 종교의 발달에 있어서 가장 중요한 요인은 사람들의 문화이기 때문이다. 만약 유럽 사람이라면 그리스도가 백인이라고 믿을 것이고, 아프리카 사람이라면 흑인이라고 믿을 것이다. 어떤 인도인이 베나레스나 뭄바이에서 태어나 자랐다면 힌두교도가 되기 쉬울 것이고, 힌두교의 비관적인 세계관을 갖게 될 것이다. 만약 미국에서 태어나 인디애나에서 자란 사람이라면, 힌두교보다 기독교를 믿기 쉬우며 힌두교도보다는 다소 낙관적인 세계관을 지니게 될 것이다. 우리는 주변 사람들을 따라서 믿는 경향이 있으며, 어린 시절 자아 형성 과정에서 들었던 세계의 본질을 그대로 진리라고 받아들인다.

그러나 문화에서 가장 중요한 부분은 바로 가족이라는 사실을 — 심리 치료사를 제외하고는 — 잘 모른다. 성장 발달에 가장 기본이 되는 문화는 가족 문화이고, 부모는 그 '문화의 지도자'인 것이다. 더욱이 가족 문화의 영향 중 가장 중요한 것은 부모가 말해준 신과 사물의 본질이 아니라, 부모가 행동으로 보여주는 세계다. 즉, 부모가 서로에게 또는 가족에게, 가장 기본적으로는 자신에게 어떻게 행동하는가 하는 것이다. 즉, 세계의 본질에 대한 배움은 자라면서 가족이라는 작은 우주에서 경험하는 것으로 결정된다는 것이다. 부모의 말로 세계관이 결정된다기보다는 오히려 부모의 행동으로 창조해내는 특수 세계가 바로 그것을 결정한다.

"목을 베는 하느님의 관념을 갖고 있다는 걸 인정합니다." 스튜어트는 말했다. "그런데 그것이 도대체 어디서 온 것일까요? 우리 부모님은 진심으로 하느님을 믿고, 그에 대해 얘기하셨지요. 그 하느님은 사랑의 하느님이었어요. 예수님은 우리를 사랑하고 하느님도 우리를 사랑하며, 우리는 하느님과 예수님을 사랑하고……. 사랑, 사랑, 사랑, 이것이 내가 들은 소리의 전부예요."

"당신은 행복한 어린 시절을 보냈습니까?" 나는 물었다.

스튜어트는 나를 물끄러미 쳐다보았다.

"어처구니없는 소리는 좀 그만두세요."

"내가 행복하지 않았다는 것을 다 아시면서……. 아시다시피 나는 처참했어요."

"왜 처참했지요?"

"그것도 잘 아시면서. 선생님은 내 어린 시절이 어떠했는지 잘 아시지 않습니까? 난 죽도록 매를 맞았답니다. 부모님은 혁대, 나뭇가지, 빗자루, 솔 등등 무엇이든 손에 잡히는 것으로 나를 때렸지요. 내 행동은 무엇이든 매 맞을 이유가 있었어요. '하루에 매 한 대가 의사를 멀리 하게 만든다'라는 것, 또 그것이 선량한 크리스천을 만들어낸다고 하지 않습니까."

"목을 조르거나 베려고 한 적은 없었습니까?"

"아뇨, 하지만 내가 주의하지 않았더라면 분명히 그렇게 했을 겁니다."

그는 오랫동안 침묵을 지켰다. 스튜어트의 얼굴은 매우 침울해졌다. 한참 후에 그는 무거운 소리로 말했다. "이제 이해가 가는군요."

이처럼 소위 '괴물 하느님'을 믿는 사람은 스튜어트뿐만이 아니다. 이렇게 신에 대해서는 유사한 관념을 지닌, 그리고 존재의 본질에 대해서도 이와 비슷하게 암울하거나 위협적으로 생각하는 환자는 수없이 많다. 놀라운 것은, 괴물 하느님을 흔하게 볼 수 있는 것은 인간의 마음에서만은 아니라는 점이다. 이 책의 1부에서, 어렸을 때 아이의 눈에는 부모가 신적 존재이고, 따라서 아이는 부모의 일처리 방식을 곧 우주를 통틀어 그래야만 하는 당위로써 인식한다고 말했다. 하느님의 성격에 관한 첫째 견해는 바로 부모의 성격을 투사한 것 또는 부모의 성격을 혼합한 것에 지나지 않는다. 부모가 사랑하고 용서하는 사람들이면, 사랑하고 용서하는 하느님을 믿게 되기가 쉽다. 부모가 혹독하게 벌주는 사람들이면, 그와 마찬가지로 괴물 같은 하느님을 떠올리며 성장하기 쉽다. 또한 부모가 잘 돌봐주지 않는다면, 세상도 나를 돌보지 않는다고 생각하게 된다.*

종교관이나 세계관은 대부분 특수한 어린 시절의 경험에 의해 결정된다는 사실이 문제의 핵심을 바로 볼 수 있게 한다. 즉, 종교

---

*가끔 환자의 '최초 기억'에서 어린 시절의 본질과 그에 따른 세계관을 파악해낼 수 있다. 그래서 나는 가끔 이렇게 묻는다. "기억할 수 있는 제일 첫 번째가 무엇인지 얘기해보십시오." 그러면 그들은 저항하면서 너무나 많은 어린 시절의 추억이 있다고 말한다. 그래도 그중 하나를 택해서 얘기해보라고 강요하면 가지각색의 대답이 나오는데, "어머니가 나를 안고 밖으로 나가서 아름다운 석양을 보여준 것이 생각납니다"로부터 시작해서, "부엌 바닥에 앉아 오줌을 싸서 바지가 젖은 바람에 어머니가 숟가락을 쳐들고 흔들며, 소리소리 지르던 일을 기억합니다"라는 것까지 있다. 이런 첫 번째 기억들은 스크린에 나타나는 영상들처럼 빨리 스쳐갈 수 있다. 그것이 바로 어린 시절의 본질을 상징하는 정확한 기억이기 때문이다. 이런 최초의 기억들은 환자의 가슴 깊이 숨어 있는 존재의 본질에 대한 생각과 정확히 일치한다.

와 현실 사이의 관계가 어떠한가 하는 것이 문제다. 이것은 곧 소우주의 문제요, 또 대우주의 문제다. 정말 주의하지 않으면 목이 잘려 나갈 정도로 위험한 세상이라는 스튜어트의 세계관은 어린 시절, 가정이라는 작은 우주에서 볼 때는 완벽하게 현실적이다. 다시 말해서 그는 두 악한 어른들의 지배하에서 살았다. 그러나 모든 부모가 악한 것도, 모든 어른이 악한 것도 아니다. 더 큰 세계관으로 보면 세상에는 많은 다른 종류의 부모가 있고, 많은 다른 사람과 사회, 문화가 있다.

현실적인 종교나 세계관을 발전시키려면, 다시 말해 최대한 현실과 그 안에서의 자기 역할에 부합되는 종교와 세계관을 발전시키려면, 계속 이해를 갱신하고 더 넓은 세계에 대한 새로운 지식을 얻기 위해 지속적으로 이해의 범위를 확장시켜야 한다. 이것이 바로 지도 만들기와 전이의 문제로, 이 책의 1부에서 깊게 논의한 바 있다. 스튜어트가 가진 현실에 관한 지도는 가족이라는 소우주 속에서는 정확한 것이었다. 그러나 그는 어른의 세계에까지 그 지도를 전이시켰다. 성인 세계에까지 전이된 지도는 부적절하며 결함투성이였던 것이다. 대부분의 종교는 얼마간은 어린 시절에서 전이된 산물이다.

우리는 대부분 자기 능력보다 더 좁은 이해 범주에서 산다. 그러므로 개인을 둘러싼 특수한 문화, 부모, 어린 시절의 경험 등이 이해의 범주에 미치는 영향을 피할 수 없다. 따라서 인간 세계가 이렇게 혼란으로 가득 차 있다는 것은 놀라운 일이 아니다. 인간은 서로를 상대해야만 하는 상황에 놓여 있으면서도 현실의 본질에 관해 굉장히 다른 견해를 가지고 있다. 그리고 그 견해란 각 개인이 이미 경험한 작은 우주관에 기초를 두고 있기 때문에 저마다 자기 견해가 옳다고 믿으면서 산다. 더욱이 우리는 대개 자기 세계관을 충분히 인식하지 못할 뿐 아니라, 그것이 유래한 자기 경험이 독특한 것임을 깨닫지 못한다.

브라이언트 웨지라는 정신과 의사는 국제 관계 분야의 전문가로 미국과 소련과의 협상을 연구했다. 그 결과 인간 존재와 사회, 세계의 본질에 관한 소련인과 미국인의 기본 가정假定의 윤곽을 파악할 수 있었다. 이 가정들이 양측의 협상 태도를 좌지우지하고 있는데도 양측 모두 상대방이 다른 가정에서 행동한다는 사실은 물론 자기 측의 가정도 제대로 몰랐다. 그러므로 소련과 미국 모두 상대방의 협상 태도를 미치광이 짓이라고 보거나 고의에서 나온 악랄한 행동으로 간주한 것은 필연적인 결과일 수밖에 없다.*

우리는 속담에 나오는 세 명의 장님과 같다. 각각 자기가 만지는 코끼리의 일부분을 코끼리 전체의 본질이라고 주장하는 것과 마찬가지다. 그래서 우리는 서로 다른 작은 우주의 세계관을 갖고 논쟁하며 그래서 이러한 모든 전쟁은 성전聖戰이 되고 마는 것이다.

---

* 브라이언트 웨지Brant Wedge와 시릴 머롬세이우Cyril Muromcew, "소련 군축 협상의 심리적 요인" 〈갈등해소지〉, 9, No.1 (1965, 3), 18-36. (참조: 브라이언트 웨지, "미소 협상에 관한 기록" 〈적대관계, 침략행위, 전쟁에 관한 긴급 회의록〉, 미국사회정신의학회, 1961년 11월 17일~18일).

과학은 회의의 종교다

영적 성장이란 작은 우주에서 출발해 보다 더 큰 우주로 들어가는 여행이다. 초기 단계(이 책이 가장 관심을 기울이고 있는 부분)에서 그것은 인식의 여행이지 신앙의 여행은 아니다. 이전의 경험으로 이루어진 작은 우주에서 탈피하고 또 자신을 전이에서 해방시키기 위해 반드시 배워야 한다. 계속 인식망을 확장하고 시야를 넓혀가야 하는데, 그것은 새로운 정보를 철저하게 소화하고 통합함으로써 가능하다.

인식을 넓히는 과정이 바로 이 책의 주된 주제다. 앞에서 사랑은 자기 확장이라고 정의하면서, 사랑의 모험 중에서도 새로운 미지의 세계로 뛰어드는 것이 중요하다고 지적했다. 그리고 훈육에 관한 1부의 마지막에서 새로운 것을 배우려면 오래전에 형성된 낡은 자신을 포기하고 낡아빠진 지식을 죽여야 한다고 지적했다. 넓은 시야를 발달시키기 위해서는 기꺼이 좁은 시야를 죽여야만 한다. 단기적으로 볼 때는 그렇게 하지 않는 것이 더 평안할 것이다. 즉, 있던 곳에 그대로 머물러 있고, 여전히 작은 우주관으로 그려진 지도를 사용하고, 깊이 간직해온 생각을 말살시키는 고통 등은 피하는 것이다. 그러나 영적 성장의 길은 반대 방향에 놓여 있다. 우리는 낡은 사고방식을 근본적으로 회의하며, 두렵고 익숙하지 않은 것을 적극적으로 모색하고 이전에 배워 소중히 간직해온 가치관에 과감히 반기를 듦으로써 영적 성장을 시작한다. 성스러움으로 가는 길은 '모든 것'을 회의하는 것에서 시작된다.

매우 현실적인 의미에서 보면, 과학에서부터 시작한다. 부모라는 종교를 과학으로 대치함으로써 시작할 수 있다. 우리가 부모의 종교에 반항하고 거부해야 하는 이유는 그 세계관이 우리가 능력껏 성취할 수 있는 세계관보다 더 좁기 때문이다. 다시 말해 우리 경험을 충분히 잘 이용하고, 여기에 성인의 경험과 또 앞으로의 신세대 경험까지 추가되면 우리는 더 넓은 세계관을 갖게 된다. 완전한 형태로 대물림되는 종교란 있을 수 없다. 생동적이며, 가능한 한 최선의 것이 되기 위해 종교는 철저하게 개인적이어야만 한다. 이 말은 현실이라는 가혹한 시련을 경험하면서 불처럼 타오르는 회의와 의문을 통해 빚어지고 굳어진 개인적인 것이라야만 한다는 의미이다. 신학자인 알란 존스Alan Jones는 《그리스도에게로의 여행*Journey Into Christ*》에서 이렇게 말했다.

> "우리 문제 중의 하나는 자신만의 고유한 삶을 만들어온 사람이 거의 없다는 점이다. 우리에 관한 모든 것은 간접적인 것 같고, 심지어 감정까지도 그렇다. 많은 경우, 제 역할을 하려면 우

리는 간접적인 정보에 의존해야만 한다. 나는 의사, 과학자, 농부의 말을 신뢰한다. 그들은 내가 잘 모르는 어떤 부분에 대해 살아 있는 지식을 소유하고 있기 때문이다. 신장에 대한 상태, 콜레스테롤의 영향, 또 닭을 기르는 데 관해서라면 간접적인 지식만으로도 살 수 있다. 그러나 삶의 의미, 목적, 죽음 등이 문제될 때 간접 지식은 소용없다. 간접적인 하느님에 대한 간접적인 신앙으로는 생존할 수 없다. 살아남기 위해서는 자신만의 개인적인 언어와 특수한 체험이 있어야 한다."

그러므로 정신 건강과 영적 성장을 위해서는 자신의 종교를 발달시켜야 하며 부모의 종교에 의존해서는 안 된다. 그런데 도대체 이 '종교로서의 과학'이란 무엇일까? 과학을 일종의 종교로 보려는 이유는 과학이 여러 중요한 신념을 가진 매우 복잡한 일종의 세계관이기 때문이다. 이 중요한 신념에는 다음과 같은 것이 있다. 즉, 우주는 실재하며, 따라서 관찰할 수 있는 객관적 대상이다. 인류가 우주를 관찰하는 것은 가치 있는 일이다. 우주는 이해 가능하다. 즉, 우주는 어떤 법칙을 따르고 있으므로 예측할 수 있다. 그러나 인간은 형편없는 검사관이다. 편견이나 미신을 추종하며, 있는 그대로가 아니라 원하는 것만 보려는 경향이 강하다. 그러므로 정확히 고찰하고 이해하기 위해 반드시 과학적 방법이라는 훈육을 따라야 한다. 이러한 훈육의 핵심이 바로 경험이다. 그러므로 실제로 경험하지 않는 한 우리는 안다고 할 수 없다. 과학적 방법의 훈육은 경험으로 시작되지만, 단순한 경험 그 자체만을 믿을 수는 없다. 그것을 믿기 위해서는 그 경험이 실험 형식으로 반복되어야 한다. 더욱이 그 경험은 정당성이 입증되어야 하는데, 다른 사람도 똑같은 처지에서 똑같은 것을 경험해야 한다는 얘기다.

여기서 중요한 단어는 실제 · 조사 · 지식 · 의심 · 경험 · 훈육이다. 이들은 우리가 일상적으로 사용하는 단어들이다. 과학은 회의의 종교다. 어린 시절의 경험에서 비롯된 소우주로부터 도피하기 위해 그리고 문화라는 소우주에서 도피하기 위해 또 부모가 물려준 반쪽짜리 진리로부터 도피하기 위해 우리는 지금까지 배워온 것에 회의를 품어야 한다. 이것이 기본적인 태도다. 과학적인 태도를 취한다는 것은 소우주의 경험을 대우주의 경험으로 변경시킨다는 뜻이다. 우리는 과학자가 되는 것에서부터 시작해야 한다.

이미 그러기 시작한 많은 환자는 "나는 종교적이지 않습니다. 나는 교회를 안 다닙니다. 나는 더 이상 교회와 부모가 얘기해준 많은 것을 믿지 않습니다. 나는 부모가 가졌던 신앙을 버렸습니다. 아마도 나는 그다지 영적이지 못한 것 같습니다"라고 말한다. 영적인 존재가 아니라고 생각하는 이들에게 사실은 그렇지 않다고 말해주면 그들은 흔히 충격을 받는다. 그때 나는 이렇게 말한다.

"당신은 종교를 가지고 있습니다. 그것은 심오한 종교입니다. 당신은 진리를 숭배하고 있습니다. 당신은 자신의 성장 가능성을 믿고 있습니다. 즉, 정신적인 성장 가능성을 믿습니다. 당신의 종교는 아주 강력하므로, 도전에 따르는 괴로움과 무지를 극복하는 고통을 기꺼이 감수하는 것입니다. 당신은 치료라는 모험을 선택했고, 당신이 행하는 이 모든 것은 당신의 종교로 인한 것입니다. 부모보다 덜 영적이라는 말이 사실인지는, 단언할 수 없겠습니다. 그 반대로, 실은 당신이야말로 부모보다 영적으로 진화했고 당신의 영성靈性은 비약적인 발전을 이루어 훨씬 더 위대해지지 않았나 싶습니다."

일종의 종교로서의 과학이 다른 많은 세계관을 능가할 정도의 발전적 도약을 이룰 수 있는 것은 그것의 국제적 성격 때문이다. 이는 세계적인 과학자들의 공동체를 일컫는다. 이 공동체는 하나의 진정한 공동체로 가고 있는데, 진정한 의미의 국제적 형제애를 두 번째로 잘 보여주는 가톨릭교회보다 더 각별한 공동체가 되고 있다. 모든 지역의 과학자들은 일반인보다 훨씬 수월하게 상대방과 대화할 수 있다. 어느 정도 자신이 속한 문화의 소우주를 성공적으로 극복해낸 것이다. 얼마간 그들은 현명해지고 있는 것이다.

얼마간이다. 나는 과학적인 태도의 사람들이 갖는 회의적인 세계관은 맹신, 지역의 미신, 검증되지 않은 가정 등에 기초를 둔 세계관보다 발전된 것이라고 믿는다. 또한 과학적인 태도의 사람들은 이제 막 영적 성장이라는 여행을 시작한 것에 불과하다고 생각한다. 특히 그들이 갖는 하느님의 실재에 대한 견해는 단순한 농부들이 맹목적으로 조상의 신앙을 추종하는 것과 거의 마찬가지로 편협하다고 생각한다. 과학자들은 하느님의 실재 문제를 다룰 때 큰 어려움을 겪는다.

고도의 회의주의적 입장에서 살펴볼 때 하느님에 대한 믿음이라는 현상은 매우 회의적으로 보인다. 우리는 독단주의와 더 나아가 전쟁과 종교 재판과 종교 대학살을 보게 된다. 또한 위선을 본다. 형제애를 부르짖으면서 신앙의 이름으로 살인하고 늘 자기 주머니를 채우려 하며 수단 방법을 가리지 않고 혹독한 행위를 자행하는 그러한 위선을. 우리는 가지각색의 종교적 예식과 상징을 보면서 당혹감을 느낀다. 이러한 신은 팔과 다리가 각각 여섯 개인 여신이기도, 왕좌에 앉은 남자이기도, 코끼리이기도, 무의 본질을 나타내는 자이기도, 다신多神들, 집안의 수호신, 삼위일체, 통일체 등등이기도 하다. 우리는 무지, 미신, 집착 등을 본다. 하느님의 믿음에 대한 실증적인 자료는 참으로 빈약해 보인다. 하느님에 대한 신앙이 없었더라면 인간은 더 나아졌을지도 모르며, 하느님이란 단지 공중에 둥둥 떠다니는 과자일 뿐만 아니라 독이 든 과자일지도 모른다는 의심마저 생긴다. 하느님이란 인간의 마음에 자리한 환상이라고 결론짓는 게 합리적이지 않을까. 파괴적인 공상 그리고 하느님에 대한 신앙은 꼭 치료받아야 할 인간 정신 병리의 보편적인 형태라고 결론 내리는 것이 합리적일 듯싶다.

그래서 우리는 질문을 하게 된다. 하느님을 믿는 것은 병일까? 그것이 전이의 표현일까? 부모라는 소우주에서 유래된 세계관을 부적당하게 대우주적 세계관으로 투사한 것일까? 또는 그러한 신앙이란 더 높은 단계의 인식과 성숙을 갈구함에 따라 버려야 할 원시적이고 어린애 같은 생각의 한 형태일까? 이런 질문에 과학적으로 대답하려면 실제 임상 자료로 돌아갈 필요가 있다. 하느님에 대한 신앙은 심리 치료 과정을 통해서 어떻게 변할 것인가?

캐시의 경우

캐시는 내가 보아온 누구보다도 심한 공포증을 가지고 있었다. 그녀의 방에 제일 처음에 들어갔을 때 캐시는 방구석에 앉아 무엇인가 주문을 외우는 것 같은 소리를 내면서 혼자 중얼중얼하고 있었다. 문가에 서 있는 나를 바라보더니 그녀의 눈은 공포로 점점 커졌다. 그녀는 통곡하면서 몸을 구석에 처박고, 마치 그 벽을 뚫고 나가려는 것처럼 계속해서 몸을 벽으로 밀어붙였다. 나는 말을 걸었다.

"캐시, 나는 정신과 의사입니다. 당신을 해치지 않을 거예요."

그러고는 의자를 가져다가 그녀와 얼마간 거리를 두고 앉아 기다렸다. 그래도 그녀는 계속 구석으로 파고들었다. 그러더니 한참 후에 긴장이 풀렸는지 흐느끼기 시작했다. 얼마 후 그녀는 울음을 멈추고 다시 주문을 외기 시작했다. 나는 무엇이 잘못됐느냐고 물었다. "나는 죽을 것입니다"라고 불쑥 말하더니 그녀는 계속 주문을 외웠다. 내게 할 말이 없었던 것이다. 계속해서 주문만 읊어댔다. 5분마다, 아니면 탈진한 듯싶으면 잠깐 멈췄다가 몇 분간 훌쩍이고 다시 주문 외우기를 되풀이했다. 어떤 질문을 해도 그녀는 주문 외우기를 계속하면서 "나는 죽을 것입니다"라는 말만 되풀이했다. 마치 자기의 죽음을 주문 외우기로 막을 수 있다고 생각하는 것 같았다. 그 때문에 쉬거나 잠을 잘 수 없었던 것이다. 그녀의 남편 하워드는 경찰이었는데, 나는 그에게서 최소한의 도움밖에 얻지 못했다. 캐시는 스무 살이었다. 그들은 2년간 결혼 생활을 해왔다. 그들의 결혼 생활에는 아무 문제가 없었다. 캐시는 자기 부모와도 가깝게 지냈고 이전에 정신병을 앓은 적도 없었다.

이것은 정말 갑작스러운 일이었다. 갑자기 이런 증상을 보인 날 아침까지도 그녀는 완벽하게 아무렇지 않았다. 캐시는 남편을 차에 태워 직장에 데려다주었다. 그런데 2시간 후 캐시의 언니가 하워드에게 전화를 했다. 캐시를 찾아갔을 때 언니는 동생이 이상하다는 것을 알아차렸다. 그들은 캐시를 병원에 데려갔다. 캐시는 최근 조금도 이상하지 않았다. 한 가지만 제외하고는. 거의 4개월 동안 그녀는 사람들이 모인 곳에 가기를 두려워했다. 그래서 하워드는 그녀를 차 안에서 기다리게 하고 대신 슈퍼마켓에서 장을 보았다. 그런데 그녀는 혼자 있는 것도 두려워하는 것 같았다. 그녀는 기도를 많이 했다. 하워드가 그녀를 만난 이후 줄곧 기도했었다. 그녀의 가족은 매우 신앙심이 깊었다. 어머니는 적어도 일주일에 두 번은 미사에 참석했다. 결혼한 이후부터 캐시가 미사에 가지 않은 것은 이상한 일이었다. 하워드는 그것이 기뻤다. 그러나 캐시는 여전히 기도에만은 열심이었다.

신체적 건강 상태에 대해 하워드는 "아주 좋은 편이었지요. 캐시는 병원에 입원한 적이 없답니다. 수년 전에 어느 결혼식장에서 기절한 적이 한 번 있지만"이라고 말했고, 피임에 관해서는 "피임약을 먹고 있었지만, 한 달 전에 중지했어요"라고 말했다. 한 달 전, 캐시는 남편에게 피임약을 그만 먹겠다고 얘기했다. 피임약이 위험하다는 등의 글을 읽었다고 했다. 남편은 그녀의 말에 별로 신경 쓰지 않았다고 한다.

나는 캐시에게 다량의 진정제를 처방하고 밤에 충분히 잘 수 있도록 했다. 그러나 그녀의 태도는 그대로였고 아무것도 변하지 않았다. 쉴 새 없이 기도하거나 죽음이 임박했음을 확신한다고 되풀이해서 이야기할 뿐이었다. 공포를 느끼는 것도 여전했다. 마침내 4일째 되던 날 나는 최면제를 주사했다. "이 주사를 맞으면 졸음이 올 것입니다, 캐시"라고 말했다. 나는 계속 말했다.

"그렇지만 잠들지는 않을 거예요. 죽지도 않을 거고요. 다만 기도를 멈춰줄 겁니다. 매우 편안해질 것이고요. 내게 얘기할 수 있게 될 것입니다. 병원에 오던 날 아침에 무슨 일이 있었는지 말해주세요."

"아무 일도 없었어요." 캐시는 대답했다.

"차로 남편을 직장에 데려다주었지요?"

"네, 그러고 나서 집으로 돌아왔어요. 그리고 내가 죽을 거라는 걸 알았어요."

"그날 집으로 돌아올 때 매일 아침 남편을 직장에 데려다주고 올 때처럼 모든 것이 그대로였나요?"

캐시는 다시 기도하기 시작했다.

"기도를 그만두세요, 캐시" 하고 나는 명령조로 말했다. "당신은 매우 안전합니다. 조금 맥이 풀리고 노곤한 느낌이 들 뿐입니다. 자, 캐시! 그날 아침 집으로 돌아오는 길에 뭔가 평소와 다른 것이 있었지요? 그 다른 것이 무엇이었는지 얘기해야 합니다."

"다른 길로 돌아왔어요."

"왜 그랬지요?"

"빌의 집 앞을 거쳐서 왔어요."

"빌이 누구죠?" 나는 물었다.

캐시는 다시 기도를 시작했다.

"당신의 남자 친구입니까?"

"그랬지요. 내가 결혼하기 전에는……."

"빌이 보고 싶지요, 그렇죠?"

캐시는 통곡했다.

"오, 하느님. 나는 죽을 겁니다."

"그날 빌을 만났나요?"

"아뇨."

"그렇지만 그를 만났으면 했지요?"

"나는 죽을 거예요." 캐시는 대답했다.

"빌을 다시 만나보고 싶어 하는 것 때문에 하느님이 당신을 벌하실 거라고 생각합니까?"

"네."

"그래서 당신이 죽을 거라고 믿는 거로군요?"

"네." 다시 한번 캐시는 기도를 시작했다.

나는 10분 동안 그녀를 그대로 두고 그사이 생각을 종합해보았다.

그리고 결국 이렇게 말했다.

"캐시, 당신은 하느님의 마음을 잘 안다고 믿기 때문에 죽음을 확신하는 것이지요. 그렇지만 그건 잘못입니다. 왜냐하면 당신은 하느님의 마음을 알지 못하기 때문이에요. 당신이 아는 것은 누군가 하느님에 대해서 이야기해준 것을 들은 것에 불과합니다. 게다가 들은 얘기 중 대부분은 잘못된 이야기입니다. 하느님에 대해 모든 것을 다 안다고 할 수는 없지만 나는 당신보다는, 또 당신에게 하느님을 얘기해준 사람들보다는 더 잘 알고 있어요. 예를 들자면, 나는 당신같이 부정한 생각을 하는 사람들을 매일 보고 있는데, 그들은 하느님한테서 벌을 받지 않습니다. 그들이 계속해서 나를 보러 오기 때문에 안답니다. 나와 얘기하고, 그들은 점점 기뻐합니다. 당신이 더 기뻐하게 될 것과 마찬가지로요. 우리는 함께 이 문제를 풀어 나갈 것이기 때문입니다. 당신은 자신이 나쁜 사람이 아니라는 것을 배워야 합니다. 당신은 진리와 당신 자신과 하느님에 대해서 배울 것입니다. 그러면 훨씬 기분이 좋아질 거예요. 그렇지만 지금은 잠을 자야 합니다. 잠에서 깨어날 때는 더 이상 죽을까 봐 두려워하지 않게 될 것입니다. 그래서 내일 아침 다시 나를 볼 때는 나와 이야기할 수 있을 것이고, 우리는 하느님에 대해서 또 당신 자신에 관해서도 이야기를 나눌 것입니다."

다음 날 아침 캐시는 좀 나아 보였다. 하지만 아직도 죽지 않을 것이라는 사실을 믿지 못했다. 그러나 지금 당장 죽을 것이라는 생각은 더 이상 하지 않았다. 많은 날이 지나갔다. 그사이 그녀는 자기 이야기들을 조각조각 들려주었다. 고등학교 3학년 때 그녀는 하워드와 성관계를 가졌다. 그는 결혼하기를 원했고 그녀도 동의했다. 그런데 2주일 후, 친구의 결혼식에서 갑자기 자신이 결혼을 원치 않는다는 생각이 들었다. 그녀는 기절했다.

그 후로 그녀는 자신이 정말로 하워드를 사랑하는지 혼란스러웠다. 그러나 이미 그와 혼전 관계를 가졌고 만약 하워드와 결혼해 그들의 관계를 신성하게 하지 않는다면 그 죄가 더욱 커질 것이라고 믿었다. 그렇기 때문에 반드시 결혼해야 한다고 느꼈던 것이다. 또한 그녀는 아이를 원치 않았다. 적어도 하워드를 사랑한다는 것을 확신하기 전까지는 아이를 갖지 않을 생각이었다. 그래서 피임약을 먹기 시작했으며, 그것은 또 다른 죄가 되었던 것이다. 그녀는 이런 죄들을 차마 고백할 수가 없어서 결혼 후 미사에 가는 것을 멈췄다.

또 그녀는 하워드와 성관계를 즐겼다. 그러나 결혼식을 올린 그날부터 하워드는 캐시에게 성적 흥미를 잃었다. 그는 이상적인 배우자로서 선물을 사주고, 예의를 갖춰 대하며, 야근을 많이 했기 때문에 캐시는 직장을 갖지 않아도 되었다. 그런데 성 문제에 관해서만은 애걸해야 할 정도로 무관심했다. 2주일에 한 번 정도 부부 관계를 갖는 것이 전부였다. 캐시에게는 성관계만이 끊임없는 권태를 풀어주는 탈출구였다. 이혼은 생각 밖의 일이었다. 그것은 죄였다. 생각할 수도 없는 것이었다.

그 결과 캐시는 성적인 환상을 품기 시작했다. 아마도 그녀는 열심히 기도하면 이런 생각들이 없어질 것이라고 여겼던 것 같다. 그래서 시간마다 5분간 의식적으로 기도하기 시작했다. 그렇게 되니 그런 행동은 하워드의 눈에 띄었고 그는 그녀를 놀렸던 것이다. 그래서 그녀는 기도하는 것을 숨기기로 마음먹고, 남편이 집에 있을 때 못한 양을 채우기 위해, 그가 없는 낮 동안이면 더 많이 기도했다. 이는 기도를 더 자주 하든가 더 빨리하든가, 양자택일을 의미했다. 그녀는 둘 다 하기로 했다. 그녀는 이제 30분마다 기도를 했는데, 5분간의 기도에 속도를 두 배로 올렸다.

그러나 성적 부정不貞에 관한 환상은 계속됐으며 그것은 점점 더 잦아졌고 고질이 되었다. 밖에 나갈 때마다 남자를 보게 될지도 모르니 사람들이 모인 장소를 무서워하기에 이르렀다. 그녀는 다시 미사에 참석해야겠다고 생각했다. 그러나 미사에 나가 신부에게 자신의 환상을 고백하지 않는다면 죄를 짓는 것이 된다는 점을 인식했다. 그래서 미사에 참석할 수도 없었다. 그녀는 다시 기도의 속도를 평상시의 두 배로 높였다. 이것을 용이하게 하기 위해서 하나의 음절을 외우면 그것이 어떤 특정한 기도문 전체를 대신하는 정교한 기도 체계를 만들기 시작했다. 이것이 그녀의 주문의 시작이었다. 얼마 안 가서 그녀는 이 기도문을 완전히 통달해 5분 동안 수천 가지의 기도를 읊조릴 수 있었다. 처음에는 기도문을 완전히 통달하는데 바빠서 부정의 공상이 사라져버린 것 같았다. 하지만 이제 그것에 익숙해지자, 환상들은 전보다 더 강한 힘으로 밀려왔다. 그녀는 이 환상을 행동으로 옮길 궁리를 했다. 그래서 옛 남자 친구인 빌에게 전화를 해볼까, 생각했다. 오후에 술집에 가보는 것도 생각했다. 이러다가는 정말 그런 짓을 하게 될지도 모른다는 공포에 사로잡혀 캐시는 피임약을 끊었다. 임신에 대한 두려움이 이런 행동들을 저항하는 데 도움이 되기를 바라면서. 그러나 그 욕망은 점점 더 강해졌다.

어느 날 오후, 그녀는 자위행위를 하기 시작한 자신을 발견했다. 그녀는 공포에 사로잡혔다. 그것은 아마도 모든 죄악 중 최악의 죄일 것이었다. 찬물 샤워가 도움을 준다는 얘기를 들었던 그녀는 견딜 수 있는 한 가장 차가운 물로 샤워했다. 그것은 하워드가 집에 돌아올 때까지는 도움이 되었다. 그러나 다음 날이면 모든 것이 다시 되풀이되었다.

결국 마지막 날 아침, 캐시는 자신이 상상해온 그대로를 행하기로 했다. 하워드를 직장에 데려다주고는 빌의 집으로 차를 몰았다. 그리고 차를 집 앞에 세우고 기다렸다. 아무 일도 일어나지 않았다. 빌의 집에는 아무도 없는 것 같았다. 그녀는 차에 기대서서 유혹적인 포즈를 취해보기도 했다.

"제발." 그녀는 조용히 간청했다.

"빌이 나를 좀 보게 해주세요. 제발 그가 나를 알아보게 해주세요."

여전히 아무 일도 일어나지 않았다.

"제발 누구든지 나를 좀 봐줘요. 누구와라도 그 짓을 해야겠어요. 오, 하느님. 나는 창녀예요, 나는 바빌론의 창녀예요. 오, 하느님. 나를 죽여주세요. 나는 죽어야만 합니다."

캐시는 차에 올라타 전속력으로 아파트를 향했다. 면도칼을 쥐고 손목을 베려고 했다. 그러나 그럴 수가 없었다. 그렇지만 하느님은 하실 수 있다. 하느님은 하실 것이다. 하느님은 마땅한 벌을 주실 것이다. 하느님이 끝장을 내주실 것이다.

"오, 하느님! 정말 무서워요. 무서워 죽겠으니 빨리 좀 해주세요. 무서워 죽겠어요."

그녀는 기도하면서 기다렸다. 그녀의 언니가 본 것이 바로 이 모습이었다.

이 모든 이야기는 수개월 동안 많은 괴로움을 겪은 다음에서야 알게 되었다. 문제의 대부분이 죄에 대한 개념에 있었다. 캐시는 자위행위가 죄라는 것을 어디서 배웠을까? 누가 그것이 죄라고 이야기해주었을까? 왜 자위행위가 죄가 되는가? 왜 부정이 죄인가? 무엇이 죄를 만드는가? 등등.

심리 치료보다 더 흥미진진하고 특권을 누리는 직업은 없다고 생각한다. 그러나 평생 지켜온 생각들에 조직적으로 하나씩 도전해야 할 때 그 직업은 지루한 일이 될 수 있다. 가끔 이러한 도전은 심지어 모든 이야기가 드러나기 전에 일부 성공을 거둘 때도 있다. 예를 들면 캐시가 성적 환상과 자위행위의 유혹과 같은 이야기를 상세하게 이야기하기 시작한 것은 자기 죄의식의 정당성과 이러한 행위를 죄로 여기는 자기 생각을 의심하기 시작한 직후였다. 이러한 의문을 던지면서 그녀는 가톨릭교회 전체 또는 적어도 자신이 경험한 교회의 권위와 가르침을 의심할 필요가 있었다. 사람들은 가톨릭교회에 쉽게 도전하지 않는다. 그녀가 그렇게 할 수 있었던 것은 나를 동지 삼아 힘을 얻었기 때문이다. 내가 참으로 자기편이고, 참으로 마음속 깊이 그녀에게 지대한 관심을 갖고 있고, 그녀를 악으로 인도하지 않으리라는 것을 차츰 느끼게 되었기 때문이다. 그녀와 내가 서서히 만든 이러한 '치료의 우호 관계'는 모든 성공적인 심리 치료에 필수적인 요소다.

이 작업의 많은 부분은 외래로 진행되었다. 캐시는 최면제 주사를 맞고 상담한 지 일주일 만에 퇴원했다. 그러나 4개월간의 집중 치료 끝에서야 죄에 대한 자신의 관념을 얘기할 수 있었다.

"내가 가톨릭교회의 감언이설에 속았나 봐요."

이 시점에서 상담의 새로운 단계가 시작됐다. 우리는 다음 질문을 풀기 시작했던 것이다. 즉, 어떻게 이런 일들이 생겼는가, 왜 그녀는 자신이 감언이설에 넘어가 모든 재고품을 무더기로 사도록 했을까? 어떻게 해서 그녀는 스스로 더 깊이 생각하지 못하고 지금까지 교회에 도전하지 못했을까?

"교회에 대한 의문은 금물이라고, 어머니가 그러셨어요"라고 캐시는 말했다. 그래서 우리는 캐시와 부모와의 관계를 캐기 시작했다.

아버지와는 아무런 관계가 없었다. 그는 아무하고도 관계가 없었다. 아버지는 일을 했다. 그가 한 것이라곤 그것이 전부였다. 그는 일하고 또 일했다. 집에 돌아오면 맥주를 들고 의자에 앉아 잠들곤 했다. 금요일 밤만 빼고. 금요일이면 맥주를 마시러 외출했다. 어머니는 집안 살림을 꾸려나갔다. 혼자서, 아무한테서도 간섭이나 도전을 받지 않고, 서로 의견 충돌을 일으키는 일도 없이, 묵묵히 살림을 꾸려나갔다. 어머니는 친절했으나 완고했다. 베풀 줄은 알았지만 절대로 양보하지는 않는 성격이었다. 겉으로 보기에는 평화로웠지만 서로 융화되기 어려웠다.

"얘야, 그것을 해선 안 된다. 착한 소녀들은 그러지 않아요."

"얘야, 그 신발은 안 신는 게 좋겠다. 좋은 집안 소녀들은 그런 신발을 안 신는단다."

"네가 미사에 가고 싶은지 아닌지는 중요하지 않단다. 주께서 우리가 미사에 가기를 원하셔."

점차로 캐시는 교회라는 커다란 힘 뒤에 숨겨진 어머니의 거대한 힘을 깨닫게 되었다. 어머니는 매우 부드러웠지만 너무도 지배적이었으므로 반항은 꿈도 못 꿀 일이었다.

그러나 심리 치료는 대개 순조롭게 진행되지 않는다. 그녀가 퇴원한 지 6개월이 지난 어느 일요일 아침, 하워드는 캐시가 아파트 욕실에 문을 잠그고 들어앉아 다시 기도를 시작했다고 전화를 걸어왔다. 그는 내 지시대로 캐시를 설득해 즉시 병원으로 데려왔다. 캐시는 처음 만났을 때처럼 무엇엔가 몹시 놀라 있었다. 이번에도 역시 하워드는 무엇이 또 캐시를 그렇게 만들었는지 이유를 전혀 몰랐다. 나는 캐시를 진료실로 데리고 들어갔다.

"기도는 그만해요, 캐시" 하고 나는 명령했다. "그리고 무슨 일인지 말 좀 해봐요."

"말할 수 없어요."

"할 수 있어요, 캐시."

캐시는 기도를 하느라 숨을 쉬기도 어려워 보였다.

"아마 선생님이 그 진실의 약을 다시 주신다면 할 수 있을지도 모르겠어요"라고 캐시가 제안했다.

"아니에요, 캐시." 나는 대답했다. "지금 당신은 혼자서도 해낼 수 있는 힘을 지녔어요."

그녀는 울부짖었다. 그러고 나서 나를 쳐다보더니 다시 기도를 시작했다. 그녀가 나를 보았을 때, 나는 그녀가 나에 대해 미친 듯이 분노하고 있다는 것을 눈치챘다.

"당신은 나한테 화나 있군요. 그렇죠?" 하고 물었다.

그녀는 기도를 계속하면서 고개만 가로저었다.

나는 다시 얘기했다. "캐시, 당신이 왜 나한테 왜 화가 났는지 그 이유를 열두 가지도 넘게 생각해낼 수 있어요. 하지만 당신이 얘기하지 않는 한 내가 어떻게 알겠습니까. 나한테 말할 수 있지요? 괜찮으니 말해봐요."

"나는 죽을 거예요." 그녀는 몹시 괴로운 듯이 말했다.

"아니, 그렇지 않아요. 캐시, 죽지 않을 겁니다. 나는 당신이 나에게 화를 낸다고 해서 당신을 죽이지는 않아요. 화를 내도 괜찮아요."

"나는 앞으로 살아갈 날이 그리 길지 않을 거예요."

이 말은 무엇인가 이상하게 들렸다. 내가 기대했던 말이 아니었다. 어쩐지 부자연스럽게 들렸다. 그러나 나는 무슨 말을 해야 좋을지 몰라서 이말 저말 반복만 하고 있었다.

"캐시, 나는 당신을 사랑해요." 나는 말했다. "당신이 나를 미워하고 있을지라도 나는 당신을 사랑합니다. 내가 당신을 사랑하고,

당신이 미워하는 것까지도 사랑하는데 어떻게 당신이 나를 미워한다고 벌을 줄 수 있겠습니까?"

"내가 미워하는 것은 선생님이 아니랍니다." 그녀는 훌쩍거렸다. 그때 나는 아차, 하고 떠오르는 게 있었다.

"너의 날들이 오래지 않을 것이다. 이 땅 위에서 오래지 않을 것이다. 그렇지요, 캐시? 너의 어머니와 너의 아버지를 공경하라. 그리하여 너의 날들이 이 땅 위에서 오래 갈지어다. 다섯째 계명, 그들을 공경하라 그렇지 않으면 죽는다. 그것이 바로 이유지요, 그렇지요?"

"그녀가 미워요." 캐시는 중얼거리듯 말했다. 그러고 나서 더 크게, 마치 자기 목소리에 용기를 얻은 듯 큰소리로 무시무시한 말을 했다. "그녀가 미워요. 어머니가 미워요. 어머니는 전혀 내게 주지를 않았어요…… 주지 않았어요…… 전혀 내게 '나를' 주지 않았어요. 절대로 내가 나이기를 허락하지 않았어요. 나를 자기처럼 만들었어요. 어머니는 나를 만들었어요. 나를 만들었어요. 나를 만들었다고요. 어머니는 내가 나 자신이 되는 걸 조금도 허락하지 않았어요."

실제로 캐시의 치료는 아직 초기 단계였다. 매일 수많은 공포가 그녀 앞에 당당히 찾아왔다. 그것도 다양한 방식으로 엄습해 와서는 앞에 우뚝 서는 것이었다. 어머니가 자신을 완전히 지배했다는 사실을 깨달았고, 왜 자신이 그런 지배를 그대로 받아들였는가 하는 문제에 직면했다. 어머니의 지배에서 벗어나 자신의 가치를 정립하고 스스로 결정을 내리는 과정에 있는 지금, 다시 두려워진 것이다. 어머니에게 결정권을 주는 것이 더 안전했고, 어머니의 가치관과 교회의 가치관을 그대로 받아들이는 것이 더 편했다. 즉, 홀로 자신의 존재를 끌고 나가는 것이 훨씬 더 많은 노력이 필요했다. 나중에 캐시는 이렇게 이야기했다.

"선생님, 과거의 나와 지금의 나를 바꾸지 않을 거예요. 그런데 때로는 아직도 그때를 갈망할 때가 있답니다. 그때의 생활이 더 수월했기 때문이지요. 적어도 어떤 면에서는요."

좀 더 독립적으로 행동할 수 있게 되자, 캐시는 하워드를 남편으로서 실패자라고 지적했다. 하워드는 태도를 고치겠다고 약속했지만, 아무런 변화도 일어나지 않았다. 캐시는 그에게 압력을 가했다. 하워드도 불안과 고민으로 시달리게 되었다. 그는 이미 다른 심리 치료사에게 치료받고 있었다. 그는 자기 내부에 동성애적 느낌이 깊이 자리 잡고 있다는 것, 또 캐시와 결혼함으로써 이에 대항하고 있다는 점을 다루기 시작했다.

캐시는 매우 매력적인 여성이었다. 그 때문에 그는 그녀와의 결혼을 '큰 횡재'이자, 남성으로서의 자질을 세상에 증명하는 데 유용한 상품으로 생각했다. 그러나 그녀를 사랑하지는 않았다. 그는 이런 사실을 인정하고, 캐시는 기꺼이 이혼에 동의했다. 이혼 후 캐시는 큰 의류 상점에 판매원으로 취직했다. 캐시는 일과 관련된 수없이 작고 독자적인 결정들을 나와 함께 힘들지만, 천천히 풀어나갔다. 점점 자신감을 갖게 됐고 확고한 자기 주관도 생겼다. 그녀는 재혼해서 아이를 낳을 것을 염두에 두며 많은 남자와 데이트했고 당당히 자기 생활을 즐겼다. 얼마 후 그녀는 상점의 보조 구매 담당자가 되었다.

치료를 마친 후 캐시는 구매 전문 담당자로 진급했다. 최근에는 더 큰 상점으로 직장을 옮겨서 아주 기쁘다고 했다. 또한 더 이상 교회에 다니지 않으며, 자기를 가톨릭 신자로 생각하지 않는다. 자기가 하느님을 믿는지 아닌지 잘 모르지만, 솔직히 말해 하느님에 대한 문제가 그녀의 인생에 그다지 중요한 것 같아 보이지는 않는다.

캐시의 경우를 이렇게 길게 설명한 이유는, 이 사례가 종교적 양육과 정신 병리와의 관계를 나타내주는 전형적인 경우이기 때문이다. 수백만 명의 캐시들이 존재한다. 나는 가끔 우스갯소리로, 가톨릭교회가 나를 정신과 의사로 먹고살게 해준다고 말한다. 침례교회나 루터교회, 장로교회 또는 다른 어떤 교회도 마찬가지다. 물론 교회가 캐시 신경증의 유일한 원인은 아니다. 어떤 의미에서 교회는 바로 캐시의 어머니가 부모로서의 지배권을 확고하게 굳혀가는 데 사용된 도구에 불과했던 것이다.

부권의 부재로 더욱 가속화된 어머니의 지배적인 성격이 신경증의 근본적인 원인이라고 보는 게 더 정확할 것이다. 그러나 교회도 그 책임을 면할 수 없다. 캐시가 다닌 가톨릭 학교의 그 어떤 수녀와 신부도 종교의 교리에 의문을 품거나 스스로 생각하도록 가르쳐주지 않았다. 지나치게 교리만 가르치거나, 비현실적일 정도로 엄격하게 적용하거나, 교리가 오용되었을지도 모른다는 부분에 대해 교회에서 관심을 둔 증거는 전무하다.

캐시의 문제를 분석하자면, 전심을 다해 하느님을 믿고 십계명과 죄의 개념을 믿었지만, 종교와 세계에 대한 이해는 그저 물려받은 것일 뿐, 자기 욕구와 이해에 맞게 선택한 것은 아니라는 점이 문제였다. 그녀에게는 질문한다거나 도전한다거나 또는 스스로 생각할 능력이 없었다. 그런데도 캐시가 다닌 교회는 그녀가 적응을 잘하는 훌륭한 인간이 되도록 도와준 적은 없었다. 오히려 교회는 대개 주어진 것을 아무런 의심 없이 받아들이는 것을 좋아하는 듯하다.

캐시 같은 사례를 많이 접하면서 심지어 어떤 심리 치료사들은 종교를 적으로까지 인식하게 된다. 그들은 종교 그 자체를 일종의 신경증이라고까지 생각한다. 즉, 종교는 본래 타고난 비합리적 사고들의 종합체로 이것은 사람의 마음을 쇠사슬로 채우고 정신적인 성장을 향한 본능을 억압하는 데 종사한다는 것이다. 합리주의자요, 뛰어난 과학자였던 프로이트는 사물을 대략 그러한 관점에서 본 것 같다. 현대 정신 의학에서 가장 영향력이 큰 인물인 그의 이러한 태도는, 곧 종교를 신경증으로 보는 데에도 큰 영향을 끼쳤다. 그래서 정신과 의사들은 자신을 고대 종교의 미신과 비합리적이며 권위적인 태도의 파괴적인 힘에 대결하는, 고귀한 투쟁에 갇힌 현대 과학의 기사라고 생각하고 싶어 한다. 사실을 말하자면 심리 치료사들은 낡아빠진 종교적 사고와 명백하게 파괴적인 관념에서 환자의 마음을 해방시키기 위해 많은 시간과 노력을 경주해야 한다.

마르시아의 경우

그러나 모든 경우가 캐시와 똑같지는 않다. 많은 다른 유형이 있으며, 어떤 것은 매우 보편적이기도 하지만 어떤 것은 아주 특수한 양상을 띠기도 한다. 마르시아는 장기 치료 환자 중에 아주 초기에 내가 만났던 환자였다. 굉장히 부유한 이십 대 중반의 여성 마르시아의 경우, 무욕증無慾症 때문에 치료가 필요했다. 그녀는 이유 없이 늘 불행하고 우울했다. 확실히 그녀는 즐거움과는 전혀 무관한 사람처럼 보였다. 아주 부유하고 대학 교육까지 받았는데도, 그녀는 천박하고 더럽고 나이 먹은 이민 여성처럼 하고 다녔다. 치료하던 첫해 내내 잘 맞지도 않는 청색, 회색, 검정 또는 갈색 등의 옷을 주로 입었으며 같은 색의 아주 더럽고 낡은 천으로 된 가방을 들고 다녔다.

그녀는 외동딸이었고 부모는 둘 다 매우 성공한 대학교수였다. 부모는 모두 사회학자였는데, 종교는 '공중에 둥둥 떠다니는 과자'라고 믿는 사람들이었다. 그들은 마르시아가 십 대 때 여자 친구와 교회에 나간 것을 갖고 놀렸다. 처음 상담에 임할 때까지, 마르시아는 부모의 생각에 동의했다. 그녀는 자신만만하게, 자기가 무신론자라고 말했다. 감상적인 무신론자가 아니라 참된 무신론자로, 하느님이 실존했다는 또는 심지어 지금 실존하는지도 모른다는 망상에서 도피할 수 있다면 인류는 더욱 발전할 것이라고 믿는다고, 의기양양하게 말했다. 그러나 흥미롭게도 마르시아의 꿈은 새들이 방으로 날아 들어오고 그 주둥이에 두루마리가 물려 있는데 그 안에는 괴상한 형태의 고대 언어로 쓰인 난해한 메시지가 있다는, 종교적인 상징들로 가득 차 있었다.

그러나 나는 이런 무의식적인 면을 갖고 마르시아에게 따지지 않았다. 2년의 치료 과정이 지나는 동안 한 번도 종교 문제를 다루지 않았다. 우리가 중점을 둔 것은 부모와의 관계에 대해서였다. 아주 지적이며 합리적인 부모는 경제적으로는 기꺼이 도움을 주었으나 감정적으로는 이상하게도 항상 엄격했고 먼 거리를 두었다. 감정적인 거리에 덧붙여 부모는 모두 자기 생활에만 투자하고 있었기 때문에 마르시아를 위해서는 시간과 에너지를 조금밖에 내어줄 수 없었다.

그 결과 평안하고 온전한 가정을 갖기는 했어도 마르시아는 속담에서처럼 '불쌍한 부잣집 소녀' 같은 심리적 고아였다. 그러나 그녀는 이를 직시하기를 두려워했다. 내가 당신은 부모 때문에 심각한 상처를 입고 있다고 말했을 때, 그녀는 이 사실을 받아들이지 않았다. 또 당신은 고아처럼 옷을 입는다고 지적했을 때는 분개했다. 이것이 바로 새로운 유행이며, 나는 그것을 비판할 아무런 권리가 없다고, 심하게 반발했다.

그녀를 치료하는 데 있어서 진전은 괴로울 정도로 더뎠지만, 그만큼 극적이기도 했다. 성공적인 치료의 결정적 요소는 우리가 서서히 함께 쌓아올린 따뜻하고 친근한 관계였다. 이것은 부모에게서는 결코 경험해보지 못한 것이었다.

치료가 2년째를 넘어가던 어느 날 아침이었다. 상담하러 들어오는 마르시아는 새 핸드백을 들고 있었다. 낡은 천 가방의 3분의 1밖에 안 되는 크기에 아주 밝은 색이었다. 그 후로 그녀는 한 달에 한 번 정도 밝은 주홍, 노랑, 연한 청색, 녹색 등 새로운 색깔의 가방을 사기 시작했다. 옷차림도 그렇게 바뀌었다. 이제 막 피어난 꽃이 그 꽃잎들을 서서히 흔드는 것 같았다. 마지막 바로 전 상담 시간에 그녀는 얼마나 기분 좋은지에 관해 혼잣말하듯 이렇게 말했다.

"참 이상하지요. 제 안쪽만 변한 것이 아니라 바깥쪽도 모두 다 변한 것 같아요. 내가 아직 여기에 있으며, 같은 집에 살고, 같은 일을 하는데도 온 세상이 다르게 보여요. 느낌도 전과는 아주 다르답니다. 제가 무신론자라고 이야기했던 것이 기억나요. 왜 그렇게 말했는지 저도 잘 모르겠어요. 솔직히 말씀드리면 저는 무신론자가 아닌 것 같아요. 이젠 때때로 세상이 옳게 느껴지고 그럴 때면 제 자신에게 '하느님은 정말로 계시는 게 분명해. 하느님 없이 어떻게 세상이 이렇게 옳을 수 있겠어?' 하고 말한답니다. 참 우습죠? 이런 것들을 어떻게 이야기해야 할지 모르겠어요. 아주 큰 사진의 작은 일부분처럼 어딘가 커다란 것에 연결되어 있는 것 같이 느껴져요. 그 그림을 잘 보지는 못하지만, 그것이 거기에 있다는 것을 알아요. 또 그것이 선하다는 것도, 제가 그것의 일부라는 것도 알고 있습니다."

앞서 말한 캐시는 치료를 통해 하느님의 개념이 절대시되는 유신론에서 하느님은 무의미하다는 무신론으로 철저하게 탈바꿈했다. 이와 반대로 마르시아는 하느님이라는 개념을 무의미하게 여겼지만 꽤 의미 있게 생각하는 상태로 옮겨갔다. 똑같은 과정, 똑같은 치료사였지만 정반대의 결과를 낳았다. 그러나 결과는 둘 다 성공적이었다. 이것을 어떻게 설명할 수 있을까?

이를 설명하기 전에 또 다른 유형을 살펴보자. 캐시는 치료사가 그녀의 종교적 관념을 적극적으로 공략하여 하느님에 대한 개념의 영향을 극적으로 감소시키는 방향으로 노력한 경우다. 그런데 마르시아는 그 개념이 오히려 영향력을 키우기 시작했다. 치료사가 없었다면 그들의 종교적 개념은 어떤 방법으로도 바뀌지 않았을 것이다. 하지만 그 같은 치료가 정말 필요한 것일까 하는 회의가 생길지도 모른다. 치료사가 환자의 무신론이나 불가지론에 적극적으로 도전해서 고의로 환자를 인도할 필요성이 있는 걸까?

테오도르의 경우

나를 찾아왔을 때 테드는 서른 살의 은둔자였다. 그는 7년간을 깊은 숲속 조그마한 오두막집에서 살았다. 서너 명의 친구가 있었으나 그리 가깝지는 않았다. 3년 동안 그는 단 한 번도 데이트를 하지 않았다. 가끔 대수롭지 않은 목공 일을 했으나 대개는 고기잡이, 독서 등을 하며 하루하루를 보냈고, 나머지 많은 시간은 별로 중요하지 않은 일들을 결정하는 데에 썼다. 즉, 저녁에 무엇을 해 먹을까 어떻게 요리할까 또는 어떻게 하면 비싸지 않은 도구를 살 수 있을까 하는 등등의 문제였다. 사실 물려받은 유산이 있어서 그는 꽤나 부유했다. 또한 지적으로도 총명했다.

첫 면담에서 무기력한 모습을 보이며 그는 말했다.

"내 인생에서 더 건설적이고 더 창조적인 일을 해야 한다는 것을 알고 있습니다. 그런데 나는 가장 사소한 결정도 할 수 없으니 하물며 큰 결정을 어떻게 하겠습니까? 나는 경력을 쌓아야 합니다. 대학원에 진학해서 공부한 후 전문적인 직업을 가져야 합니다. 그런데 그 어떤 것에도 열정을 가질 수 없으니 어떡하죠? 모든 직업을 생각해보았습니다. 교사, 학자, 외교관, 의학, 농업, 생태학 등등. 그러나 그 무엇에도 전혀 흥미가 없어요. 하루나 이틀 정도는 흥미를 느낄지도 모릅니다. 그런데 어떤 분야든 대처할 수 없는 문제들이 있는 것 같습니다. 인생도 그런 것 같아요."

테드는 열여덟 살에, 대학에 입학하면서 문제가 시작되었다고 말했다. 그때까지는 모든 것이 좋았다. 그는 안정적이고 유복한 집에서 두 형과 함께 매우 정상적인 어린 시절을 보냈다. 부모는 서로에게 대단한 사랑을 보이지는 않았지만, 테드에게는 애정을 보여주었다. 그는 성적도 좋았고, 사립학교에서 만족스럽게 지냈다.

그런데 한 여성과 열정적으로 연애를 했는데 — 아마도 이것이 위기의 시작이었는지도 모른다 — 대학에 입학하기 일주일 전 그녀는 그를 떠났다. 매우 낙심한 그는 대학 1년을 술로 보냈다. 그럼에도 여전히 좋은 성적을 유지했다. 그 후 여러 차례 연애를 하기는 했지만, 매번 어느 정도에 이르면 더 이상 진전되지 못하고 실패하곤 했다. 급기야 성적이 떨어지기 시작했다. 그는 논문의 주제도 결정할 수 없었다. 3학년 때는 친한 친구 행크가 교통사고로 죽었지만 그 충격을 참아냈고, 그해에 술도 끊었다. 그러나 결정을 내리는 문제는 더 악화되었다. 그는 졸업 논문을 무엇에 관해서 쓸지, 그 주제도 선택할 수가 없었다. 학과 과정을 다 마친 후 학교 근처에 방을 하나 빌렸다. 졸업에 필요한 것은 단지 짧은 논문 한 편을 제출하는 것이었다. 누구나 한 달 정도면 쓸 수 있는 것이었다. 그러나 그는 3년이 되어서야 겨우 마칠 수 있었다. 그러고는 아무것도 하지 못했으며, 급기야 숲으로 들어가 살게 된 것이다.

테드는 자기 문제가 성적인 것에 근거하고 있다고 확신했다. 결국 문제는 실연에서 비롯되었다고 생각하게 된 것이다. 그래서 그는 프로이트가 쓴 책은 거의 다(정신과 의사인 나보다도 훨씬 더 많이) 읽었다. 6개월 동안 테드와 나는 어린 시절의 성적인 경험을 추적했다. 그런데 특별한 점을 찾지 못했다. 그러는 동안 그의 성격 중 여러 재미있는 면들이 나타났다. 그중 하나는 그가 열정이 전혀 없다는 것이었다. 화창한 날씨를 원했다가도 막상 날씨가 좋으면 어깨를 움츠리며 이렇게 말했다.

"사실, 어떤 차이도 없어요. 따지고 보면 오늘은 어제와 같을 뿐이죠."

호수에서 낚시하다가 굉장한 대어를 낚기도 했지만, 그는 이렇게 말했다.

"혼자 먹기에는 너무 크고, 나누어 먹을 친구도 없었기 때문에 고기를 다시 물에 던져버렸어요."

이처럼 열정이 없는 것은 일반적인 속물근성과도 연관이 있었는데, 마치 그는 세상의 모든 것을 다 알고 있지만 그 안의 모든 것이 못마땅할 뿐이라는 태도였다. 그의 눈은 냉소자의 눈이었다. 이렇게 교만을 부림으로써, 감정적으로 영향을 줄지도 모를 모든 것들을 그 자신에게서 멀리 떼어놓으려 했던 것이다. 끝으로 테드는 굉장히 비밀을 즐기는 경향이 있었다. 이것은 치료를 아주 더디게 만들었다. 문제의 실마리가 될 중요한 사건들은 힘겹게 캐내야 했다. 한번은 그가 꿈 이야기를 했다.

"나는 교실에 있었습니다. 어떤 물건이 있었는데 — 그게 무엇인지는 모르겠지만 — 그걸 상자 안에다 넣었습니다. 그 물건 주위에다 상자를 만들어 둘러쌓았고, 그 안에 무엇이 들어 있는지 아무도 모르게 했습니다. 상자를 죽은 나무 안에 집어넣고 아주 가늘게 나무로 만든 나사못을 박아서 쓸모없는 나무껍질처럼 꾸몄어요. 그러고 나서 교실에 앉아 있는데 갑자기 그 나사못이 나무껍질과 함께 날아가 버리지 않을까 걱정되었습니다. 퍽 초조했지요. 나는 숲으로 달려가서 나사못을 꽉 조였고, 아무도 그 나사못과 나무껍질을 구별할 수 없게 했습니다. 그런 다음에야 마음이 놓여서 교실로 돌아왔습니다."

많은 다른 사람들과 마찬가지로 학급과 교실은 테드의 꿈에서 치료를 상징하는 것들이다. 그는 내가 신경증의 핵심을 발견하는 것을 원치 않은 것이 분명했다.

치료를 시작한 지 6개월, 드디어 면담 중에 테드의 갑옷에 조그마한 틈이 생기기 시작했다. 그는 그 전날 밤을 아는 사람의 집에서 보냈다.

"정말 끔찍한 밤이었습니다." 테드는 한탄했다. "나더러 자기가 새로 산 레코드를 들으라는 것이었습니다. 닐 다이아몬드의 영화 〈갈매기의 꿈*Jonathan Livingston Seagull*〉의 배경 음악이었지요. 그건 정말 고문을 받는 것처럼 괴로웠습니다. 어떻게 교육받은 사람들이 그런 불쾌한 점액 같은 것을 좋아하는지, 심지어 그런 걸 음악이라고 부르는지 이해 못 하겠어요."

나는 그의 교만한 태도가 다른 어느 때보다 격렬하다는 것을 알아챘다.

"〈갈매기의 꿈〉은 종교적인 이야기지요"라고 말하면서 다시 물었다. "그 음악도 역시 종교적이었나요?"

"그것을 음악이라고 한다면 그만큼 종교적이라고 할 수 있을 겁니다."

"아마 그것이 종교적이어서 당신 비위를 거스른 건 아닌가요?" 하고 나는 암시를 주었다.

"예, 나는 확실히 그런 종류의 종교를 달가워하지 않는 것 같습니다."

"그런 종류의 종교란 무엇이죠?"

"감상적인 것이죠, 구역질나게." 그는 거의 내뱉다시피 말했다.

"그럼 다른 종류의 종교는 어떤 것이 있나요?"

테드는 아주 당황해했다.

"별로 뭐, 다 그런 거겠죠. 일반적으로 종교에는 흥미가 없어서 말이죠."

"언제나 그런 식이었나요?"

그는 힘없이 피식 웃으며 말했다. "아뇨. 머리가 깨지 못했던 청소년 때는 퍽이나 종교에 심취했지요. 고등학교 최고 학년 때엔 학교 기숙사에서 우리가 운영하던 조그마한 교회의 집사까지 했는걸요."

"그런데 어떻게 되었지요?"

"무엇이 말입니까?"

"당신 종교가 어떻게 되었냐고요." 나는 다시 물었다.

"아마 성장하면서 저절로 종교를 멀리하게 된 것 같아요."

"왜 멀리하게 되었죠?"

"무슨 의미인가요?"

테드는 확실히 짜증스러워하기 시작했다.

"어떻게 그것을 멀리하게 되었냐고요? 그냥 그렇게 됐지요. 그것뿐입니다."

"언제 그것을 극복할 수 있었나요?"

"모르겠어요. 그냥 그렇게 된 거지요, 뭐. 대학에 입학한 후로는 전혀 교회에 나가지 않았다고요."

"전혀 안 갔어요?"

"전혀."

"고등학교 최고 학년이었을 때는 교회의 집사였다고 했지요?"

이어서 나는 말했다.

"그해 여름 연애에 실패했고 그다음에는 전혀 교회에 간 적이 없다고요? 그것은 돌연한 변화였군요. 혹시 여자 친구가 당신을 떠난 것이 종교관에 무슨 영향을 주었다고는 생각지 않나요?"

"모르겠어요. 아무 생각도 나지 않아요. 다른 많은 친구도 나와 똑같이 다니던 교회를 그만두었어요. 우리는 종교에 매혹당하지 않을 나이가 되었기 때문이겠죠. 어쩌면 제 여자 친구가 어떤 영향을 주었는지도 모르지만, 안 그럴 수도 있지요. 그걸 어떻게 압니까? 내가 아는 건 단지 종교에 흥미가 없어졌다는 것뿐입니다."

두 번째 변화의 기점은 한 달 후에 왔다. 우리는 테드가 어떤 일에도 열성이 부족하다는 것에 중점을 두고 있었다. 이 결함은 테드 자신도 이미 자각하고 있는 바였다.

"무언가에 열정적이었던 것은 내 기억으로는 대학 3학년 때였어요. 가을 학기 말, 영국 현대시 수업 과제에 심취했었어요."

"그 논문은 무엇에 관한 것이었지요?"

"정말 그걸 기억해낼 수 있을 것 같지 않군요. 하도 오래전이라서요."

"천만에, 원하기만 하면 기억할 수 있어요." 나는 힘을 주며 말했다.

"글쎄요. 제럴드 홉킨스와 관련된 것임이 틀림없다고 생각되는데요. 그는 진정한 현대시의 선구자라고 할 수 있어요. 〈알록달록한 아름다움〉이라는 시를 중심으로 과제를 다뤘던 것 같습니다."

나는 서재로 가서 대학 시절에 사용했던 먼지 앉은 영국 시집을 들고 돌아왔다. 〈알록달록한 아름다움〉은 819쪽에 있었다. 나는 그것을 읽었다.

> 알록달록한 사물들을 보면서 하느님께 영광을
> —얼룩소같이 두 색깔로 된 하늘을 보면서,
> 헤엄치는 송어의 장밋빛 반점을 보면서,
> 막 캐낸 붉은 석탄 같은 떨어진 밤, 콩새의 날개,
> 나눠놓고 갈라놓은 들판—움푹 파인 땅, 놀고 있는 밭, 경작하고 있는 땅,
> 그리고 모든 장인, 그들의 장비, 연장, 도구.
> 모든 반대되는 것, 본래의 것, 여분의 것, 이상한 것들,

빠르기도 하고 느리게, 달콤하게도 시게도,
눈부시기도 하고 어두침침하게,
변하기 쉽고 얼룩투성이가 된(누가 그 방법을 알겠는가?) 모든
것들,
그분이 만든 아름다움은 변함이 없어라,
하느님을 찬미하노라.

나는 눈물이 글썽해져서 말했다. "이 시 자체가 열정에 대한 시지요."

"네."

"또 아주 종교적인 시고요."

"네."

"가을 학기 말에 이에 대한 논문을 썼으니, 그러면 아마도 1월이었겠군요."

"네."

"내 계산이 정확하다면 당신 친구 행크가 죽은 것은 다음 달인 2월이었죠?"

"네."

엄청난 긴장이 느껴졌다. 제대로 하고 있는지 확신할 수 없었다. 잘되기를 바라면서 나는 계속했다.

"당신은 열일곱 살에 진정으로 사랑한 여자 친구에게 실연을 당하고 교회에 대한 열정을 포기했습니다. 그리고 3년 뒤 가장 친한 친구가 죽자, 모든 것에 대한 열정을 포기했습니다."

"내가 포기한 게 아니에요. 나한테서 모든 열정을 빼앗아 간 것이지요."

이제 테드는 감정이 너무나 격해져 되는 대로 소리를 질렀다. 그렇게 흥분하며 감정적으로 대응하기는 처음이었다.

"하느님이 당신을 거절했으니, 당신도 하느님을 거절했다는 말입니까?"

"나라고 그렇게 못 할 게 어디 있습니까? 더러운 세상, 이 세상은 정말 언제나 더러워요."

"당신의 어린 시절은 행복했다고 생각되는데요?"

"아니에요. 그것도 더러운 것이었어요."

그의 말이 맞았다. 겉으로는 평온해 보였으나 어린 시절 테드의 집은 끊임없는 혈투가 벌어지는 전쟁터였다. 두 형은 그와 비교도 안 되는 악질로, 테드를 못살게 굴었다. 부모는 또한 자기 일에 너무 바빴고 또 서로 미워하기에 바빠서 아이들의 문제를 대수롭지 않게 여겼다. 그래서 그를 보호해주지 않았던 것이다. 그럴 때면 시골로 도망가 혼자 산책하는 것이 테드로서는 최대의 위안이었다. 이로써 알 수 있는 것은, 은자적인 태도의 뿌리가 열 살 이전에 시작되었다는 것이다. 다소 잔인하다 할 만한 일들은 있었지만 학교의 기숙사 생활은 그런대로 그에게는 위로가 되었다. 세상에 대한 원한들을 이야기하면서, 테드의 분노와 그 분출은 더욱더 고조되었다.

그 후 몇 달이 지나서 그는 어린 시절의 고통과 행크의 죽음으로 인한 고통에서뿐만 아니라 수천 가지나 되는 사소한 죽음과 거절과 상실의 고통에서 벗어났다. 삶 전체가 죽음과 고통, 위험과 폭력의 소용돌이같이 보였다.

치료를 시작한 지 15개월 후에 전환점이 왔다. 테드는 면담 시간에 작은 책 한 권을 가져와서 말했다.

"내가 항상 많은 비밀을 갖고 있다고 얘기하셨는데, 사실 그렇습니다. 어젯밤에 옛날 물건을 정리하다가 대학 2학년 때 쓴 일기장을 발견했답니다. 나는 그걸 검토해보려고도 하지 않았습니다. 아마 선생님은 수정하지 않은 10년 전 그대로를 원하실 거라고 생각했지요."

나는 그렇다고 말했다. 그리고 이틀 밤에 걸쳐서 일기를 읽었다. 상처로 인한 속물근성이 만든 은둔자라는 삶의 방식이 그때부터 깊숙이 자리 잡았음을 확인한 것 외에 뭔가 새로운 것을 드러내준다고는 하기 어려웠다. 그런데 짧은 이야기 하나가 눈에 띄었다. 1월의 어느 일요일, 혼자 하이킹을 갔다는 것과 심한 눈보라를 만나 어두워진 후 몇 시간이 지나서야 기숙사에 돌아왔다는 내용이었다. '나는 일종의 짜릿함을 느꼈다'라고 그는 기록했다.

'안전한 내 방으로 돌아온 것에 대해서였다. 그것은 지난여름 거의 죽을 뻔했던 경험과 비슷한 것이었다.'

그다음 날 대화 시간에 나는 어떻게 죽을 뻔했는지를 얘기해보라고 요청했다.

"아, 제가 얘기하지 않았던가요?"라고 그는 말했다.

내게 이미 얘기했다고 주장할 때는 그가 그것을 감추려는 뜻임을 잘 알고 있었다.

"또 비밀을 가지려고 하는군요?" 나는 말했다.

"아닙니다. 확실히 전에 얘기했던 것 같은데요. 제가 얘기한 것이 틀림없습니다. 어쨌든 그 사건은 별로 중요한 일이 아니었어요. 기억하시지요? 대학 1학년과 2학년 사이 여름에 플로리다에서 일했다고 했잖아요. 그때 태풍이 있었답니다. 아시다시피 저는 폭풍을 좋아합니다. 태풍이 한창일 때 부두에 나갔는데 그때 거대한 파도가 나를 휩쓸어갔어요. 그러고는 다른 파도가 다시 저를 밀어 올렸지요. 그게 전부였습니다. 순식간에 일어난 일이었어요."

"태풍이 한창인데 부둣가에 나갔다고요?" 나는 의심스럽다는 듯 물었다.

"얘기했지요, 폭풍을 좋아한다고요. 저는 그 근본적인 분노에 접근하기를 원했답니다."

"그건 이해할 수 있지만……" 하고 나는 말했다. "아무리 폭풍을 좋아한다고 해도, 나라면 자신을 그런 위험에 던질 것 같진 않은데."

"그렇지만 제게는 자살 충동이 있다는 것 아시잖아요." 테드는 거의 장난조로 대답했다.

"그해 여름에 저는 정말 자살할 것 같은 기분이었습니다. 분석해보니, 솔직히 말씀드리면 의식적으로 자살하려고 부둣가에 나갔을지도 모른다는 생각도 들어요. 그 당시 저는 확실히 삶에 흥미를 느끼지 못했고 자살할 가능성이 농후했음을 인정합니다."

"그때 당신 몸이 휩쓸려 들어갔다고요?"

"네, 무슨 일이 일어나는지 거의 알지 못했답니다. 물이 산더미처럼 덮쳐와 앞도 볼 수 없었답니다. 아주 큰 파도가 덮쳐 저를 쓸어가 물속에서 어찌할 바를 몰랐죠. 저를 구하기 위해 아무것도 할 수가 없었어요. 제가 죽을 것이라는 게 확실했습니다. 저는 공포에 질렸어요. 한 1초나 되었을까, 물결에 휩쓸려 다시 뒤로 밀리는 느낌이었습니다. 그러고는 한순간에 부두의 콘크리트 바닥에 내던져졌답니다. 나는 부둣가로 기어가서, 겨우 뭍으로 돌아왔습니다. 멍이 좀 들었지요. 그것이 전부예요."

"그래, 그 경험을 어떻게 느끼고 있지요?"

"무슨 의미입니까? 제가 그것을 어떻게 느끼느냐고요?" 테드는 저항하듯이 물었다.

"내가 묻는 바로 그대로요. 어떻게 느끼지요?"

"목숨을 구한 것에 대해서요?" 그는 반문했다.

"그래요."

"글쎄, 아마 운이 좋았다고 느꼈겠지요."

"행운이라고?" 나는 물었다.

"그저 하나의 행운이라고? 당신을 부둣가로 밀어낸 파도가 우연이란 말입니까?"

"그렇죠. 그것뿐이에요."

"어떤 사람들은 그걸 기적이라고 부를 겁니다." 나는 지적했다.

"제 생각엔 그건 단지 운이 좋았을 뿐인걸요."

"단지 운이 좋았을 뿐이라고요?" 나는 그를 자극하듯 그 말을 반복했다.

"그렇다니까요. 제기랄, 저는 운이 좋았던 것뿐이에요."

"그것참 흥미 있군요. 테드." 나는 말했다.

"언제든지 고통스러운 일이 생길 때면 하느님에게 맞서 욕하고, 세상이 더럽고 몹쓸 곳이라고 욕하면서 무슨 좋은 일이 생기면 그저 행운이라고 생각한다는 말이지요? 조그만 비극이 하나 일어나도 그것은 하느님 탓이고, 기적적인 축복이 일어난 것은 그저 행운이었다고……, 어떻게 생각해요?"

행운과 악운에 대한 자신의 모순적인 태도에 직면하면서 테드는 세상의 정의에, 궂은일뿐 아니라 좋은 일에 또 어두운 면과 밝은 면 등에 점점 더 집중하기 시작했다. 그가 경험한 행크의 죽음과 또 다른 죽음들의 고통을 해소해 나가면서 그는 생의 다른 면을 고찰하기 시작했다. 그는 고통의 필연성을 용납했고 실존의 역설적인 본성, 곧 '얼룩진 것들'을 흔쾌히 받아들이게 되었다.

이러한 수용적 태도가 생긴 것은 물론 따뜻하고 사랑이 있고 점점 즐거워지는 우리 관계 덕분이었다. 그는 변하기 시작했다. 시험 삼아 다시 데이트를 하기 시작했고 조금이나마 열정을 보이기 시작했다. 그의 종교적인 성향도 만개했다. 그는 도처에서 생과 사, 창조와 파괴, 재생의 신비들을 보았다. 신학책도 읽었다. 〈지저스 크라이스트, 슈퍼스타〉 음악을 듣고 복음 성가를 들었으며 《갈매기의 꿈》도 샀다.

치료 2년여가 지난 어느 날 아침, 테드는 이제 스스로 삶을 꾸려 나갈 때가 왔다고 말했다.

"대학원에서 심리학을 공부해보려고 합니다. 선생님은 제가 선생님을 그대로 모방하려는 것이라고 말씀하시겠지만 꼭 그런 것만은 아니에요."

"그러시군요."

"제가 해야 할 가장 중요한 일이 무엇일까를 생각해보았습니다. 학교로 돌아가면 가장 중요한 것을 공부했으면 합니다."

"가장 중요한 거요?"

"나는 인간의 정신이 제일 중요하다고 결론지었습니다. 그래서 건강하지 못한 정신을 치료하는 것이 중요하다고 생각하게 되었어요."

"인간의 정신과 심리 치료라, 그것이 가장 중요하다고요?" 나는 질문했다.

"글쎄요, 어찌 생각하면 하느님이 가장 중요하군요."

"그럼, 왜 하느님을 공부하지 않지요?"

"무슨 말씀이세요?"

"하느님이 가장 중요하다면, 왜 하느님을 공부하지 않느냐는 말입니다."

"죄송합니다. 선생님의 말씀을 이해할 수가 없군요?" 테드는 말했다.

"그건 당신 스스로가 이해하는 것을 막고 있기 때문이지요" 하고 나는 대답했다.

"정말 이해 못 하겠어요. 인간이 어떻게 하느님을 공부할 수 있습니까?"

"학교에서 심리학을 공부하듯이, 학교에서 하느님을 공부하면

되지요." 나는 대답했다.

"신학교를 말씀하시는 것입니까?"

"네."

"목사가 되는 것을 말씀하시는 겁니까?"

"네, 맞습니다."

"그건 안 되지요. 저는 할 수 없습니다." 테드는 겁에 질렸다.

"왜 안 되지요?"

테드는 교묘하게 말을 돌렸다. "심리 치료사와 목사 사이에는 필연적으로 어떤 차이가 있는 것은 아니거든요. 제 말은 목사도 치료를 많이 한다는 겁니다. 그래서 심리 치료는, 일종의 목회와 같습니다."

"그런데 왜 당신은 목사가 될 수 없나요?"

"선생님은 제게 압력을 가하고 계십니다." 테드는 불끈하면서 말했다.

"제 인생은 제 결정에 달린 것이지요. 인생을 어떻게 살 것이냐 하는 것은 순전히 제게 달렸으니까요. 치료사는 환자를 대신해서 무엇을 선택해주는 것이 아니지 않습니까? 제가 저를 위해 선택할 것입니다."

"이것 좀 봐요" 하고 나는 말했다.

"나는 당신을 위해서 어떤 선택을 해주는 게 아닙니다. 내 일은 순전히 분석자의 역할일 뿐이죠. 당신 앞에 열려 있는 여러 대안을 분석하고 있을 뿐입니다. 그런데 무슨 이유에선지 그런 대안 중 하나를 보려고 하지 않는군요. 당신은 가장 중요한 일을 하고 싫어 하는 사람입니다. 그리고 바로 하느님을 가장 중요한 존재로 느낍니다. 그런데 하느님이라는 인생의 대안을 보게 하려고 끌어당기니까 당신은 그것을 배제하려 합니다. 그것을 할 수 없다고 말했지요. 할 수 없다면, 그걸로 됐습니다. 그런데 왜 할 수 없다고 느끼는지, 왜 그 대안은 배제하려고 하는지, 그것에 관심을 갖는 것은 내 영역입니다."

"나는 그저 목사가 될 수가 없답니다." 테드는 자신 없는 목소리로 말했다.

"왜 안 되지요?"

"왜냐하면요…… 왜냐하면 목사가 되는 것은 공개적으로 하느님의 사람이 되는 것을 의미하니까요. 하느님에 대한 신앙을 대중 앞에 공개해야만 된다는 말입니다. 나는 공개적으로 하느님께 열정적으로 몰두해야 해요. 그걸 제대로 해낼 자신이 없다는 것입니다."

"그렇지요. 당신은 그것을 몰래 해야만 하지요. 그렇지요?" 하고 나는 말했다.

"그것이 당신의 신경증입니다. 당신은 그것을 꼭 비밀로 간직해야만 한다는 것이지요. 사람들 앞에서 열정을 내보일 수가 없습니다. 당신의 열정을 장 속에다 틀어박아 두어야만 한다는 거지요. 그렇죠?"

"이봐요." 테드는 고함쳤다.

"선생님은 제가 어떤지 모르십니다. 나 같은 사람이 어떻게 살고 있는지 모르세요. 무엇이든지 열정을 갖고 말하면 항상 형들이 그걸 놀리곤 했단 말입니다!"

"보아하니 당신은 아직도 열 살이로군요." 나는 핀잔을 주었다. "그리고 형들이 아직도 당신 주위에 있고."

테드는 좌절한 나머지 울음을 터뜨렸다.

"그것뿐만이 아니에요." 그는 울면서 말했다.

"바로 부모님이 그렇게 나에게 벌을 주었어요. 무엇이든 잘못할 때마다 내가 사랑하는 것을 빼앗아 버렸어요. '자, 보자. 테드가 제일 좋아하는 게 뭐지? 오, 그래. 다음 주에 아주머니께 가기로 했구나. 너는 정말로 거기 가는 것을 좋아하지. 그러니 네가 잘못한 대가로 아주머니를 보러 갈 수 없다고 해야겠어. 바로 그거야. 그리고 그다음은 활과 화살이야. 너는 정말 그것들을 좋아하지 않니? 그러니까 이걸 빼앗는 거야.' 간단해요, 아주 간단한 방법이었어요. 내가 좋아하는 것이면 다 빼앗아버리기만 하면 되었으니까요. 나는 사랑하는 것을 모두 잃었어요."

그렇게 해서 우리는 테드의 신경증의 가장 깊은 핵심에 도달했다. 자신은 지금 열 살이 아니라는 것, 또 부모와 함께 있는 것도 아니며 형들과 가까이 있는 것도 아님을 상기하면서, 조금씩 조금씩 그는 스스로 삶에 대한 열정과 사랑 그리고 하느님에 대한 사랑을 불러일으켰다. 그는 신학교에 진학하기로 했다.

그가 떠나기 몇 주 전, 그로부터 전 달의 치료비를 수표로 받았다. 무언가 눈에 띄어서 보니, 그의 서명이 더 길어진 것 같았다. 자세히 들여다보았다. 이전에는 항상 '테드Ted'라고 서명했다. 그런데 이번에는 '테오도르Theodore'라고 적혀 있었다. 나는 그 변화를 그에게 상기시켰다.

"그걸 알아보시기를 바랐어요." 하고 그는 말했다.

"아마 저는 아직도 비밀을 갖고 있나 봅니다. 그렇지요? 어렸을 때 우리 아주머니께서 말씀하시기를 테오도르는 '하느님을 사랑하는 자'라는 뜻이니 자랑스럽게 여겨야 한다고 하셨습니다. 저는 자랑스러웠습니다. 그래서 형들에게 그 얘기를 했지요. 그런데 형들은 그걸로 나를 또 놀렸어요. 나를 계집애 같다고 하면서요. '계집애 같은 애야, 왜 제단에 가서 키스하지 않니? 왜 찬양대장한테 가서 키스하지 않니?'라고 놀렸죠." 테드는 웃음 지었다.

"그런 거 전부 아시죠? 그래서 나는 이름 때문에 쑥스러웠답니다. 하지만 몇 주일 전부터 더 이상 그렇게 느끼지 않게 되었어요. 그래서 이제는 정식 이름을 사용하는 것이 좋겠다고 결정했습니다. 결국 나는 하느님을 사랑하니까요. 그렇지 않습니까?"

아기와
목욕물

앞의 사례들은 다음 질문의 대답으로 나온 것들이다. 신에 대한 믿음은 정신 병리의 현상인가? 만약 어린 시절에 배운 것, 지역적인 관습과 미신의 진흙탕 속에서 뛰쳐나오기 위해서라면 이것은 반드시 짚고 넘어가야 할 문제다. 그런데 이 사례들을 보면 그 답이 절대로 단순하지가 않다.

그 답이 어떤 때는 "그렇다"이다. 교회와 어머니가 캐시에게 가르쳐준 하느님에 대한 맹목적인 신앙은 분명히 그녀의 성장을 더디게 했고 영혼에 독이 되었다. 신앙을 회의하고 그것을 박차고 일어났을 때 그녀는 더 넓고 만족스러우며 생산적인 삶으로 과감히 걸어 들어갔다. 바로 그제야 자유로이 성장하게 되었다.

그러나 또 어떤 때는 그 답이 "아니다"이다. 마르시아는 어린 시절의 차갑던 소우주에서 벗어나 더 넓고 따뜻한 세계로 들어가면서 하느님에 대한 신앙 역시 그녀 안에서 조용히, 자연스럽게 자랐다. 그리고 테드가 버렸던 하느님에 대한 신앙의 부활은 영혼의 해방과 부활이 가져다주는 당연한 결과물이었다.

같은 질문의 긍정적인 대답과 부정적인 대답 앞에서 어찌해야 할까? 과학자들은 진리를 찾으면서 열성적으로 질문을 해나간다. 그렇지만 그들도 인간이므로, 다른 모든 사람과 마찬가지로 그들의 답이 정확하고 명백하며 또 간단하기를 원할 것이다. 단순한 해결을 바라는 과학자들이 하느님의 실재를 회의하게 될 때는 두 가지 함정에 빠지게 마련이다. 그 첫째가 아기를 목욕물과 함께 내버리는 것이다. 그리고 둘째는 좁은 동굴 속에 갇힌 것처럼 시야가 좁아지는 것이다.

확실히 현실적으로 하느님을 둘러싼 주위에는 많은 더러운 목욕물이 있다. 성전聖戰, 종교 재판, 동물 제물, 인간 제물, 미신, 파문, 교리주의, 무지, 위선, 독선, 강직, 잔인, 책 불사르기, 마녀 불태우기, 성무 집행聖務執行 금지, 공포, 복종, 병적인 죄의식, 정신 이상 등등. 그런데 이 모든 것이 하느님이 인간에게 행한 것인가 아니면 인간이 하느님에게 저지른 것인가? 하느님에 대한 신앙이라 믿었던 것들이 사실 파괴적인 교리주의에 불과하다는 것은 분명하다. 그러면 인간이 하느님을 믿는 경향이 문제일까, 인간이 독단적인 게 문제일까? 주변의 무신론자를 알고 있는 사람이라면 누구나 어떤 신앙인이 자기 신앙에 독단적인 만큼 그도 독단적일 수 있다는 사실을 잘 알 것이다. 우리가 제거해야 하는 것은 하느님에 대한 믿음인가 아니면 독단주의인가?

과학자들이 아기를 목욕물과 함께 버리기 쉬운 또 다른 이유는 이미 지적했듯이 과학 자체가 하나의 종교이기 때문이다. 최근에 과학적인 세계관을 갖게 되었거나 또 그것으로 개종한 지 얼마 안 되는 과학자는 기독교의 십자군이나 알라의 군대와 조금도 다를 바 없이 광신적이다. 이런 현상은 신에 대한 믿음이 무지, 미신, 강직, 위선 등과 밀접하게 관련된 문화나 가정 출신의 사람이 과학에 입문했을 때 더욱 두드러진다. 그런 경우 지적인 동기뿐만 아니라 감정적인 동기에서 기존 신앙의 우상을 깨뜨린다. 과학자들의 성숙도를 재는 지표는, 과학도 어떤 다른 종교와 마찬가지로 독단으로 빠질 수 있다는 것을 인식하고 있느냐에 있다.

나는 영적인 성장을 위해 지금까지 배운 것을 회의하는 과학적인 태도를 길러야 한다고 강력하게 주장해왔다. 그러나 과학 자체의 주장은 가끔 문화의 우상이 되므로, 우리는 이들에 대해서도 마찬가지로 회의적이 되어야 한다. 성장한 뒤에는 하느님에 대한 믿음에서도 벗어날 수 있다. 그러나 그와 반대로 성장함에 따라 하느님에 대한 믿음으로 깊이 들어갈 수도 있음을 이야기하고자 한다. 회의적인 무신론이나 불가지론이 인간이 도달할 수 있는 최고의 인식 상태라고는 말할 수 없다. 이와 반대로 하느님에 대한 허위 주장과 거짓 개념들의 배후에는 진정한 하느님의 존재를 증명하는 개념들이 숨어 있을 수도 있다. 이것이 바로 신학자 파울 틸리히Paul Tillich가 '하느님을 초월한 신'이라고 언급했을 때 의미한 바이고 또 지적인 기독교도들이 "하느님은 죽었다. 하느님이시여, 영원하시라"라고 부르짖은 이유다. 영적 성장은 어떻게 해야 가능할까? 첫째로 미신에서 나와 불가지론에로 그러고는 불가지론에서 나와 하느님에 대한 정확한 지식에로 인도되는 것일까? 이 과정에 대해서 바로 900년 전 수피 아바Sufi Aba는 이렇게 말했다.

> 사원과 교사校舍들이 부스러지기 전까지
> 우리의 신성한 일은 성취되지 않을지어다.
> 믿음이 배척당하기 전까지
> 그리고 배척이 믿음으로 되기 전까지
> 진정한 이슬람교도는 없을 것이다.*

영적 성장의 길이 회의적인 무신론이나 불가지론에서 하느님을 믿는 정확한 신앙으로 인도되는 것이든 아니든 간에, 문제가 되는 것은 마르시아나 테드같이 지적으로 아는 게 많고 회의적인 사람들이 신앙의 방향으로 성장하게 된다는 것이다. 여기서 지적해야 할 것은, 그들이 이 신앙으로 성장하게 된 것은 캐시가 신앙을 버림으로써 성장할 수 있었던 것과는 다르다는 것이다. 회의하기 이전의 하느님은 회의를 거친 후의 하느님과 전혀 다르다.

앞에서 이미 설명한 것처럼 세상에 단 하나의 유일한 종교란 있을 수 없다. 다수의 많은 종교들이 있고, 여러 차원의 믿음이 있다. 어떤 종교는 누군가에게 건전하지 않지만, 다른 종교는 건전할 수도 있다.

과학자인 정신과 의사나 심리 치료사들에게 이 모든 것은 특별히 중요하다. 사람들의 성장 과정을 직접적으로 취급하기 때문에

---

* 이드리에스 샤Idries Shah《수피의 길》(듀튼 사, 1970) p.44에서 인용.

그들은 누구보다 더 믿음의 건전성 여부를 판단하도록 요구받는다. 엄격하게 프로이트적 전통을 지키지는 않더라도 심리 치료사는 일반적으로 회의적인 태도를 지닌다. 그러므로 이들은 하느님에 대한 어떤 열광적인 믿음은 병적인 것으로 생각하는 경향이 짙다. 때에 따라서는 이런 경향이 지나쳐 편견을 가질 때도 있다.

얼마 전에 대학 선배 한 분을 만났다. 그는 수년 동안 수도원에 들어갈지를 신중히 고려하고 있었다. 또한 몇 해 전부터 심리 치료를 받아온 상황이었다.

"그렇지만 치료사에게 수도원이나 내 종교적 신앙의 깊이에 대해서는 이야기할 수 없었어"라고 그는 고백했다. 그리고 "그가 나를 이해할 것 같지 않아"라고 덧붙이기까지 했다.

나는 이 선배를 잘 알지 못했기 때문에, 그에게 수도원이 어떤 의미를 갖는지 또는 수도원에 가고 싶은 욕망이 신경증적인 것인지 예측할 길이 없었다. 그러나 나는 이렇게 얘기하고 싶었다.

"선배는 치료사에게 그 얘기를 꼭 해야 합니다. 환자는 치료를 위해 모든 것을 공개할 필요가 있으니까요. 이처럼 심각한 문제라면 더 그렇죠. 선배는 치료사가 객관적이라고 믿어야 합니다." 그러나 나는 그렇게 말하지 못했다. 왜냐하면 그의 치료사가 객관적인지, 그리고 참으로 환자가 의미하는 그대로를 이해할 만한 역량을 지녔는지 제대로 확신이 서지 않았기 때문이다.

종교를 단순하게 생각하는 정신과 의사는 어떤 환자에게는 오히려 해로울 수 있다. 모든 종교가 선하고 건전하다고 여겨도 마찬가지다. 아이를 목욕물과 함께 내버리듯, 모든 종교를 병적인 것으로 여긴다면 그것도 역시 해롭기는 마찬가지다. 그리고 마지막으로 환자의 종교 문제에 개입하는 것이 옳다고 믿으면서도, 문제가 복잡하다는 핑계 아래 완전한 객관성이라는 장막 뒤에 숨어 종교에는 개입하지 않으려는 태도도 환자에겐 해롭다.

치료자가 객관성을 버려야 한다는 말이 아니다. 객관성과 그들 자신의 영성 간에 균형을 맞추는 것이 쉬운 일이라고 말하는 것도 아니다. 그렇지 않다. 반대로, 모든 심리 치료사는 종교적인 문제에 연루되기를 피하기보다는 훨씬 더 세련되도록 자신을 밀어붙여야 한다는 얘기다.

과학이라는
터널 속에 갇히다

가끔 정신과 의사들은 기이한 시야 장애를 지닌 환자를 대하게 된다. 이 환자들은 바로 앞의 아주 좁은 영역만 볼 수 있다. 그들은 초점을 맞춘 것 외에는 왼쪽이나 오른쪽에 있는 그 어떤 것도 볼 수 없으며, 위나 아래에 있는 것도 못 본다. 나란히 있는 두 개의 사물도 동시에 볼 수 없고, 오직 한 가지 물건만 보며, 다른 것을 보려면 고개를 돌려야 한다. 그들은 이러한 증세를, 터널 속에서 오직 끝부분에 있는 작고 명료한 빛만 볼 수 있는 경우에 비유한다. 육체적으로는 그 증세를 설명할 만한 아무런 장애도 발견할 수 없다. 어떤 이유에서인가 그들은 눈에 직접 보이는 것 또는 그들이 주의하고 선택해서 보는 것 이외의 것은 보고 싶어 하지 않는 것 같다.

과학자들이 아이를 목욕물과 함께 내던져버리는 중요한 이유는 아이를 못 보았기 때문이다. 많은 과학자가 하느님이 실재한다는 증거를 보지 못하는 것도 그들이 같은 종류의 좁은 시야를 가졌기 때문이다. 이것은 스스로 만들어놓은 심리적인 눈가리개로서, 자신이 영혼의 영역으로 주의를 돌리는 것을 막고 있다.

이러한 과학적 터널 시야를 지니게 되는 여러 이유 중 두 가지를 논의해보고 싶다. 이들은 과학적 전통의 성격에서 기인한 것으로, 첫째는 방법론의 문제다. 과학은 경험과 정확한 관찰과 검증 가능성을 매우 중요시하므로 특히 측정을 강조한다. 무엇을 측정하는 것은 어떤 면에서는 그것을 경험하는 것이므로 아주 정확히 관찰할 수 있으며, 다른 사람도 반복해서 정확한 관찰을 할 수 있다. 실제로 측정이라는 방법을 사용하면서 과학은 우주 사물을 이해하는 데 거대한 진보를 이루었다. 그리하여 측정은 과학적인 우상이 되어버렸다. 그 결과 과학자들은 회의주의는 물론이고 측정할 수 없는 것은 바로 거부해버리는 태도를 기르게 되었다. 이것은 마치 이렇게 말하는 것과도 같다.

"측정할 수 없는 것은 알 수 없다. 알 수 없는 것에 대해서는 걱정할 필요 또한 없다. 그런고로 우리가 측정할 수 없는 것은 관찰해볼 가치도 없다."

이러한 태도 때문에 많은 과학자들이 사물 중에 만질 수 없는 것은 모두 회의와 관찰의 대상에서 제외시켜버렸다. 물론 하느님에 대한 문제들도 포함된다.

연구하기에 쉽지 않은 것들은 연구할 가치도 없다는, 기이하지만 아주 일반화된 이런 가정은 비교적 최근에 발달한 몇몇 분야에 의해 도전받기 시작했다. 바로 과학적 연구 방법들이 점차 복잡하게 발전한 것이다. 전자 현미경, 스펙트럼 사진 측정기 또 컴퓨터 같은 하드웨어와 통계학적 기술 같은 소프트웨어 등을 사용함으로써 수십 년 전만 해도 측정하지 못했던, 점점 복잡해지는 현상을 측량할 수 있게 되었다. 과학적 시야가 팽창하고 있다. 그러므로 우리는 곧 이렇게 말할 수 있을 것이다.

"우리의 시야 밖에 있는 것은 이제 아무것도 없다. 무엇이든 연구하기로 마음만 먹으면 항상 그 방법을 찾을 수 있다."

터널 속에 갇혀 사물을 바라보는 것 같은 과학적인 태도에서 벗어나게 해준 또 다른 발전은 현실의 역설(패러독스)에 대한 최근의 발견이다. 100여 년 전만 해도 역설은 과학자들에게는 오류를 의미했다. 그러나 빛, 전기 자장, 양자 역학, 상대성 이론과 같은 현상을 탐구하면서 물리학은 지난 세기를 걸쳐 무르익어, 어떤 단계에 이르면 현실은 역설이 된다는 것을 점증적으로 인정하게 되는 지점에까지 이르렀다. 그래서 로버트 오펜하이머는《과학과 상식*Science and the Common Understanding*》에서 이렇게 썼다.

> 우리는 가장 간단해 보이는 문제에도 전혀 대답할 수 없거나, 얼핏 보기에는 물리학 이론에서 절대 긍정할 수 없는 이상한 선문답을 연상케 하는 대답을 하곤 한다. 예를 들어 만약에 전자의 위치가 그대로인지 아닌지를 묻는다면 우리는 '아니다'라고 해야 한다. 또 이것이 시간과 함께 변하고 있는지를 묻는다면 이에 대한 답도 '아니다'라고 해야 한다. 그렇다고 전자는 쉬고 있는 것이냐고 묻는다면 역시 '아니다'라고 말해야 한다. 그러나 또 그것이 움직이는 가운데 있느냐고 묻는다면 우리는 또 '아니

다'라고 해야만 한다. 부처도 인간의 사후 세계에 관한 질문을 받았을 때 그렇게 대답했다. 그러나 17~18세기 과학의 전통에 비추어보면 그것은 결코 정답이라고 말할 수 없는 것들이다.

신비주의자는 수 세기 동안 역설에 관해 이야기한다. 과학과 종교가 서로 만나는 접점이란 과연 가능한 것일까? "인간은 죽을 운명과 영생의 운명을 동시에 갖고 있다" 또는 "빛은 하나의 파동이고 동시에 또 하나의 입자다"라고 말할 수 있을 때 우리는 같은 언어로 이야기할 수 있게 된다. 영적 성장의 길은 종교적 미신에서 과학적 회의주의로 진행되는데 이것은 궁극적으로 우리를 진정한 종교적 세계로 인도하게 될까?

종교와 과학의 통합이 시작된 것은 현재 우리의 지적 생활에서 가장 중요하고 통쾌한 일이다. 그러나 이것은 시작에 불과하다. 대부분 종교인과 과학자들은 아직도 스스로가 만든 좁은 틀 속에 머물러 있으며, 그 좁은 시야로 인해 광대한 세상을 제대로 보지 못한다. 예를 들어 기적에 대한 양쪽의 태도를 고찰해보자. 대개의 과학자들에게는 기적이라는 사고마저 불합리한 것이다.

지난 400여 년 동안 과학은 여러 '자연법칙', 예를 들면 '두 물체 간의 인력은 그 무게에 비례하고, 그 물체 간의 거리에는 반비례한다' 또는 '에너지는 만들어질 수도 없고 파괴될 수도 없다'와 같은 법칙을 해명해왔다. 그러나 자연법칙을 발견하는 데 성공한 과학자들은 측정을 우상화한 것처럼 자연법칙도 우상화했다. 그 결과 자연법칙으로 설명할 수 없는 사건은 어떤 것이든 과학적인 관점에서는 절대 일어날 수 없다고 여긴다. 방법론에 대해서도 과학은 이렇게 말한다. "연구하기 매우 어려운 것은 연구 가치가 없다." 그리고 자연법칙에 관해서도 과학은 이렇게 말한다. "이해하기 어려운 것은 실존하지 않는다."

이에 비해 교회는 다소 너그러운 편이다. 종교적 관점에서 이해할 수 없는 것은 기적이라고 하며, 이 기적은 실존한다고 본다. 그러나 교회는 기적의 존재를 믿기만 할 뿐 그 기적을 아주 가까이 관찰하는 데는 별 관심이 없다. "기적은 과학적으로 검토될 필요가 없다"라는 것이 종교계의 태도다. 그들은 "단순히 하느님의 역사하심으로 믿어야 한다"라고 말한다. 종교인은 그들의 종교가 과학에 흔들리기를 원치 않는다. 이것은 과학자들이 종교 때문에 과학이 흔들리기를 원치 않는 것과 같다. 예를 들어 병이 기적같이 치료된 경우, 가톨릭교회에서는 성인들의 존재를 입증하는 데 이용해왔고 많은 개신교 종파에서는 그러한 사건들은 거의 기본적인 요소다. 그런데 교회는 의사들에게 이렇게 제안하지 않는다. "우리와 함께 이러한 놀라운 현상들을 연구해보시겠습니까?" 의사들도 신앙인들에게 이렇게 말하지 않는다. "그런 일들을 과학적으로 같이 검토해보지 않겠습니까?"라고.

오히려 의사들은 기적으로 치료되는 것을 부인한다. 기적으로 치료되었다는 질병이란 본래 존재했던 것도 아니고, 마치 히스테리적 전환 반응 같은 상상에 의한 장애였거나 그렇지 않으면 오진이었을 뿐이라고 주장한다. 그러나 몇몇 순수한 의사와 종교적 진리를 추구하는 사람들은 그러한 현상의 본질이 환자들 안에서 자발적으로 일어난다는 것을 발견했다. 그리고 그것을 분명한 정신 치료의 성공 사례로 검토하기 시작했다.

15년 전, 의과 대학을 졸업할 때 나는 기적은 없다고 확신했다. 그러나 지금 나는 기적이 있음을 확신한다. 내 생각에 이러한 변화는 두 가지 요인이 서로 손을 잡고 작용한 결과다. 그 첫째 요인은, 정신과 의사로서 경험한 것들이 처음에는 아주 평범한 것처럼 보였다. 그런데 깊이 생각해보니 환자들과 함께하며 그들의 성장을 촉진시킨 것은, 논리적으로 설명할 수 없는, 기적이라고 할 수밖에 없는 것임을 깨달았다. 이것은 이전까지의 '기적이 일어나는 것은 불가능하다'라는 생각을 무색하게 했다. 그러면서 나는 기적적인 치유의 가능성을 열어두게 되었다. 이 개방적인 태도가 바로 내 의식에 변화를 불러온 두 번째 요인이다. 이제 나는 일상적인 존재들을 바로 기적이라는 눈으로 바라보기 시작했다. 많은 것을 보면 볼수록 더 많은 기적을 발견할 수 있었다. 이 책을 읽고 여러분이 바로 기적을 인식할 수 있었으면 좋겠다. 이런 능력에 관해 다음과 같은 글이 있다.

> 자아실현이란 고유한 의식에서 태어나고 성숙한다. 이 인식은 많은 사람에 의해서 아주 다양한 방법으로 묘사되어왔다. 예를 들어 신비주의자들은 이것을 신성과 세계의 완전함을 지각하는 것이라고 말한다. 리처드 버크는 우주적인 의식으로 설명하고, 부버는 '나와 너의 관계'라는 말로 표현하며, 매슬로우는 '존재-의식'이라는 말을 붙였다. 우리는 이것을 우스펜스키의 표

현을 빌려 기적적인 것을 지각하는 것이라고 부르려 한다. 여기서 '기적적'이란 이상한 현상뿐만 아니라 또한 일상적인 것을 말한다. 충분하고도 면밀한 주의를 기울이면 우리에게 특별한 자각을 일깨워주지 않는 것이 없기 때문이다.

지배적인 선입견과 개인적 이해에서 벗어나 보면, 세계를 그 안에서 그 자체로 경험하고 그것에 내재하는 위대성을 얼마든지 보게 된다. (……) 기적적인 것을 인식하는 데는 아무런 신앙이나 가정도 필요 없다. 단순히 생에 주어진 것을 세심하게 주의를 기울여 볼 뿐이다. 즉, 무엇이든지 그렇게 존재하는 것을 당연하게 여기지 않고 주의 깊게 보는 것이다. 순수한 기적은 세상 곳곳에서 일어난다. 우리 육체의 섬세한 부분에서, 광대무변한 우주에서 또 이 모든 존재 사이의 긴밀한 관계 속에서. (……) 우리는 정교하게 균형 잡힌 생태계의 일부분으로, 그 안에서 상호의존은 각각의 개별 존재와 밀접하게 연결돼 있다. 우리는 모두 개별적 존재지만, 또한 더 큰 전체의 부분들이고, 설명할 수 없이 광대하고 아름다운 어떤 것으로 통합된다. 기적적인 것을 인식하는 것은 자아실현의 정수이며, 그것을 뿌리로 삼아 인간의 지고한 인격과 경험은 자란다.*

우리는 기적이라고 하면 너무 극적인 것만 연상한다. 불타는

---

* 마이클 스타크Michael Stark, 마이클 워시번Michael Washburn, "표준을 넘어서: 자아실현의 반성적 모델", 〈종교와 건강〉, 16권 1호(1977), pp. 58-59.

숲, 갈라지는 바다, 하늘에서 들리는 우렁찬 소리 등을 기대해왔다. 그 대신 우리는 일상에서 일어나는 매 순간의 사건들을 기적의 증거로, 동시에 과학적인 태도를 유지하면서 들여다보아야 한다. 다음 장에서는 정신 치료 과정에서 일어난 기적들을 살펴보겠다. 이것은 은총이라는 특수 현상을 이해하도록 나를 인도했다.

이제는 주의사항을 언급하면서 마무리를 짓고 싶다. 과학과 종교 사이에 있는 중간 지대란 흔들리는 위험한 장소다. 우리는 기적의 다양한 모습뿐만 아니라 초감각적인 직관과 '영적' 또는 '초자연적인' 현상을 다룰 것이다. 기본적으로 우리는 분별력을 유지하고 있어야 한다. 나는 얼마 전 '믿음에 의한 치료'라는 주제의 학술회의에 참석했다. 거기에서 수많은 강사는 과학적이지 않은 일화를 통해 증거를 제시하면서, 그들 또는 다른 사람들이 치료 능력을 지닌 것은 분명하다고 주장했다. 염증으로 부풀어 오른 환자의 관절 부위에 손을 얹었더니 다음 날 그것이 사라졌다고 해서 이것이 치료사가 치료한 것이라고 볼 수는 없다. 부어오른 관절은 서서히 또는 갑자기 어쨌든 부기가 내리게 마련이고, 어떤 조치를 취하든지 결국은 부기가 가라앉는 게 보통이다. 두 사건이 시간상으로 동시에 일어난 것이, 인과적으로 연관되었다는 의미는 아니다.

이 초자연적인 현상의 전체 영역은 희미하고 모호하므로, 무엇보다도 중요한 것은 이 현상에 건전한 회의주의를 갖고 접근해야 된다는 것이다. 그렇지 않으면 우리는 자신과 다른 사람들을 잘못 인도하게 될 것이다. 사람들을 잘못 인도할 수도 있는 것 중에, 회의주의적 자세 및 엄격한 현실 검증 태도가 결여된 상태에서의 사물 인식이 있다. 이것은 심령 현상의 실재를 공공연하게 찬성하는 사람들에게 빈번히 나타난다. 그런 사람들은 이 분야에 나쁜 영향을 끼친다. 심령 현상은 빈약한 현실 검증으로 많은 사람들의 관심을 끌기 때문에 더 현실적인 관찰자에게는 설사 그렇지 않은 경우라 하더라도 심령 현상 그 자체가 비현실적이라고 결론내리고 싶게 만든다.

사람들은 대부분 어려운 문제에 간단한 답을 찾으려 하고, 별 생각 없이 기대만 부풀어서는 인기 있는 과학 개념과 종교 개념을 결합하려고 한다. 이러한 숱한 결합 사례가 실패했다고 해서, 그러한 결합은 불가능하다거나 어리석은 일이라고 생각해선 안 된다. 그러나 터널 속에서 보는 식의 과학적 태도가 현실을 왜곡시켜선 안 되는 것처럼, 회의를 위한 우리의 비판 능력과 역량도 영적 영역의 눈부신 아름다움에 눈멀어서는 안 된다.

THE
ROAD
LESS
TRAVE

THE ROAD LESS TRAVELED

4부

은총

건강의 기적

놀라운 은총이여! 나같이 타락한 자에게도
구원의 손길 내리시는 다정한 음성!
나는 버려진 자식, 그러나 지금은 집을 찾았네.
눈뜬장님이었으나 지금은 보이네.

나를 두려움에 떨게 하신 그 은총이
두려움을 도로 거두어주셨네.
내가 처음으로 믿음을 가진 순간
그 은총 정말 소중했네!

가시밭길 쑥 넝쿨 다 지나서
나 이제 여기 왔네.
이토록 멀리까지 나를 고이 인도하신 은총이여
이 몸을 천국으로 이끌어주시리.

천년만년 그곳에서 복락을 누릴 때
태양같이 빛나는 우리의 마음
주님 찬미하는 노랫소리는
처음과같이 세세에 영원하리.

이 노래는 초창기 미국의 유명한 복음성가 〈놀라운 은총 Amazing Grace〉이다. 이 성가에서 은총에 관련된 첫 번째 표현은 '놀라움'이다. 놀랍다는 것은 사물이나 사건이 일상적인 과정을 벗어날 때 또는 '자연법칙'으로 예측할 수 없을 때 쓰는 말이다. 이어지는 노랫말은 은총을 일상적인 현상이며 또 얼마간은 예측 가능한 현상으로 설명한다. 하지만 은총은 일반적인 과학이나 '자연법칙'의 개념으로는 이해하기 불가능한 면이 있다. 은총은 여전히 기적적이고 놀라운 그 어떤 것으로 남아 있다.

정신과 의사의 임상에 나타난 여러 양상 가운데 의사들을 놀라게 하는 것이 있다. 그중 하나는 환자들이 정신적으로 건강하다는 놀라운 사실이다. 다른 분야의 의사들은 정신과 의사들이 부정확하고 비과학적인 방법을 사용한다고 비난한다. 그러나 사실 다른 어떤 질병보다도 신경증은 발병 원인이 훨씬 세세하게 밝혀져 있다. 게다가 심리 분석을 통해 환자 개개인별 신경증의 원인과 그 과정을 아주 정밀하게 추적해볼 수 있는데, 이 또한 다른 의료 분야에서는 쉽지 않은 일이다.

언제, 어떻게, 어디서, 왜 그런 특별한 행동이나 신경증 증세가 나타나고 또 진행되었는지를 정확하게 진단해내기란 불가능한 일이 아니다. 또한 어떻게 하면 특정 신경증 환자를 치료할 수 있을지 또는 어떻게 치유되었는지 정확하게 알아내는 것도 가능하다. 다만 알 수 없는 것은 신경증 환자의 증세가 악화되지 않는 이유 — 가벼운 신경증은 중증이 되지 않고 중증 신경증 환자가 완전한 정신 이상자가 되지 않는 것 — 이다. 의학적 통계로는 어떤 정신적 외상을 받으면 신경증 증상이 나타나야 한다. 그런데 그렇지 않은 경우를 우리는 발견한다. 통상적으로 그가 겪은 상처는 현재 그가 앓고 있는 것보다 훨씬 더 심한 신경증을 일으켰어야 한다. 그러나 그렇지 않은 경우도 비일비재하다.

대단히 성공한 서른다섯 살의 사업가가 아주 가벼운 신경증 증상으로 찾아온 적이 있다. 그는 시카고 슬럼가에서 사생아로 태어났다. 어머니는 시각 장애와 청각 장애가 있는 중복 장애자였으나, 어린 젖먹이를 혼자 힘으로 키웠다. 그런데 그가 다섯 살이 되었을 때 주 정부는 그의 어머니가 아이를 제대로 양육할 수 없다고 판단하고 사전 설명이나 예고도 없이 아이를 위탁시켰다. 그는 위탁 가정을 세 군데나 전전하면서 보살핌이나 사랑을 받기는커녕 무관심 속에서 자랐다. 열다섯 살 되던 해, 뇌혈관의 선천성 동맥류가 파열돼 몸의 일부에 마비가 왔다. 그리고 열여섯 살이 되자 그는 마지막 위탁 가정을 나와 혼자 살기 시작했다. 이런 상황이라면 흔히 예상할 수 있듯이, 열일곱 살에는 사소한 폭행 사건을 저질러 감옥살이를 했다. 감옥에서 심리 치료를 받지 못한 것은 물론이다.

6개월간의 감옥살이를 마치고 출감하자 당국은 그를 어느 조그만 회사의 말단 직원으로 취직시켰다. 그 어떤 심리 치료사나 사회사업가라도 그의 장래는 어두울 거라고 예측할 것이다. 그러나 그는 예상을 뒤집고 3년 차가 될 무렵 창사 이래 최연소 과장이 되었다. 5년 뒤에는 동료 여직원과 결혼도 했다. 그 후 자기 사업을 벌여 성공을 거두고 부자가 되었다. 나에게 진료를 받으러 왔을 무렵, 그는 사려 깊고 자애로운 아버지였고 독학으로 학위를 땄으며 지역 유지이자 훌륭한 예술가였다. 이 모든 것들은 어떻게 해서 그리고 언제, 왜, 어디에서 일어났는가? 상식적으로 결코 있을 수 없는 일이다. 우리는 상식적인 틀 안에서 그의 가벼운 신경증의 원인을 정확히 찾아내 치료할 수 있었다. 그러나 그가 예상을 뒤엎고 성공을 거둔 까닭은 조금도 알아낼 수 없었다.

이 사례를 인용한 것은, 그의 외상이 관찰 가능했고 아주 극적이었으며 그가 성공적으로 삶을 영위했다는 것 또한 명백했기 때문이다. 대부분의 경우 유년기의 정신적 외상은 상당히 미묘하고 (비록 대개 그만큼 지독하지만), 건강 상태로도 흔적을 찾기 어렵지만, 그 유형은 기본적으로 같다. 예를 들어 정신적인 면에서 근본적으로 자기 부모보다 더 건강하지 않은 환자는 드물다. 우리는 사람들이 왜 정신 질환에 빠지는지는 잘 알지만, 어떻게 정신적 외상을 이겨내고 건전한 생활을 할 수 있는지는 모른다. 어떤 사람이 자살을 결심한 이유는 정확히 알 수 있으나 동일한 상황, 동일한 원인을 가진 각각의 사람들이 자살을 결심하지 않는 이유는 모른다. 여기서 내가 말할 수 있는 것은, 어떤 보이지 않는 힘이 최악의 환경에 처한 대다수 사람의 정신 건강을 지키고 유지시켜준다는 것이다. 그러나 그 힘이 어떤 식으로 작용하는지는 알 수 없다.

정신 질환이 진행되는 양상은 육체적 질병과는 다르지만, 이런 측면에서는 대단히 유사하다. 즉, 우리는 육체적 질병의 원인에 대해 대단히 많은 것을 알고 있으나 육체가 건강을 유지하는 원인에 대해서는 거의 모른다. 예컨대 의사에게 뇌막염의 원인이 무엇인지 물어보라. 그러면 통상적으로 '뇌막염균'이라고 대답할 것이다. 그러나 여기에는 문제가 있다. 올겨울에 우리 동네 사람들의 목에서 박테리아를 검출해보면, 대략 열에 아홉 사람에게서 그 균을 발견할 수 있을 것이다. 그러나 지난 몇 해 동안 그들 중 뇌막염을 앓은 사람은 없었고, 올겨울에도 있을 것 같지 않다. 이것은 무슨 뜻일까? 뇌막염은 흔치 않은 질병이지만, 그 원인균은 매우 흔한 세균이다. 의사들은 이런 현상을 설명하기 위해 저항이라는 개념을 사용한다. 즉, 우리 인체는 뇌막염균을 위시하여 여러 병균이 침입하는 것에 저항하는 면역 체계를 가지고 있다는 것이다. 이것은 틀림없는 사실이며, 우리는 그러한 면역 체계가 작용하는 방법은 물론 그 종류까지 상세히 알고 있다. 그러나 여전히 커다란 문제가 남는다. 뇌막염으로 죽은 사람들은 몸이 쇠약하거나 면역 체계에 이상이 있어서라고 판명되겠지만, 그들도 이전에는 어떤 결함도 발견되지 않는 건강한 사람이었을 것이다. 어떤 의미로는 그들의 죽음을 뇌막염 탓이라고 해도 무방하겠지만, 그것은 너무 피상적인 관찰이다. 좀 더 깊이 들어가면 그들이 죽은 이유를 알 수가 없다. 정상적으로 생명을 보호하는 기능이 그들의 경우엔 제대로 작동하지 못했다는 게 우리가 말할 수 있는 전부다.

저항이라는 개념은 대체로 뇌막염 같은 세균성 질병에 적용되기도 하지만 다른 측면에서 모든 육체적 질병에 적용할 수 있다. 다만 세균성 질병과는 달리 비세균성 질병의 경우에는 신체의 방어 기제가 어떤 식으로 작용하는가에 대해 거의 알려진 바가 없다. 예컨대 위궤양 증세 하나를 놓고도, 어떤 사람은 좀 가벼운 증상으로 고통받다가 — 대체로 신경성 궤양의 경우 — 완전히 회복되면 두 번 다시 재발하지 않는 반면, 또 어떤 사람은 몇 번이고 경련을 일으키다가 만성위궤양으로 진행돼 평생 고생하기도 한다. 그런가 하면 또 어떤 사람은 맨 처음 경련이 왔을 때 그것을 이겨내지 못하고 죽음에 이르기도 한다. 이렇게 같은 병인데도 결과는 다르다. 왜 그럴까?

대다수 사람이 별 어려움 없이 견뎌내는 질환을 누군가는 개인적 특성 때문에 이기지 못한다고 설명할 수밖에 없다. 어떻게 해서 이런 일이 일어날까? 모른다. 심장병이나 뇌졸중, 암, 위궤양 등과 같은 흔한 질환을 포함한 거의 모든 질병에 대해서 우리는 똑같은 질문을 제기할 수 있다. 최근 병의 상태는 정신의 영향을 받는다고 생각하는 연구자들이 점차 늘어나고 있다. 즉, 정신이 신체의 저항 체계에서 일어나는 여러 가지 실패와 관련이 있다고 믿는 것이다. 그러나 놀라운 사실은 방어 체계가 실패한다는 것이 아니다. 실제로 방어 체계는 잘 가동되고 있다는 것이 놀랍다. 평상시에 우리는 박테리아를 산 채로 먹고 발암 물질들에 침해당하며 지방질과 혈당 때문에 애를 먹고 산성 물질에 침식당한다. 우리가 병들어 죽어가는 것은 그다지 놀라운 일이 아니다. 그럼에도 불구하고 자주 병에 걸리거나 쉽게 죽지 않는 게 더 놀랍다. 여러 가지 정신 질환처럼 육체적 질병에 대해서도 우리는 똑같이 말할 수 있다. 즉, 이 세상에는 어떤 미지의 힘이 있어 최악의 상황에서까지도 육체적 건강을 지켜주고 더욱더 건강해지도록 북돋워준다는 것이다.

사고를 당한 환자들을 살펴보면 더 흥미롭다. 의사와 심리 치료사 중에는 특별히 사고를 잘 일으키는 환자들을 다룬 경험이 많다. 내가 경험한 환자 중 가장 극적이었던 예로, 열네 살 소년이 있었다. 그는 재활 센터에 입원하기 위한 사전 절차로서 나의 진료가 필요했다. 소년의 어머니는 그가 여덟 살 되던 해 11월에 돌아가셨다. 아홉 살 되던 해 11월, 그는 사다리에서 떨어져 팔이 부러졌다. 열 살 되던 해 11월에는 자전거 사고로 두개골 파열과 심한 뇌진탕을 일으켰다. 그리고 열한 살 11월에는 지붕에서 떨어져 엉덩이뼈가 부러졌다. 열두 살 11월에는 스케이트보드를 타다 넘어져 손목이 부러졌다. 열세 살 11월에는 차에 치여 골반에 금이 갔다. 이 소년에게 사고를 일으키기 쉬운 성향이 있음은 분명했다. 그러나 이러한 사고들은 어떻게 해서 일어나는가? 소년은 의식적으로 자기를 다치게 하는 게 아니다. 그리고 어머니의 죽음 때문에 깊은 슬픔에 잠겨 있음을 의식하지도 않았다. 그는 담담한 어조로 '어머니의 모든 것'을 잊었노라고 말할 정도였다. 이런 사고가 왜 일어나는지를 이해하기 위해서, 질병과 마찬가지로 사고에 대해서도 방어 체계라는 개념을 적용시키는 게 필요하다. 즉, 사고 유발 성향과 사고 방어 체계라는 개념 말이다.

어떤 사람이 특정한 시기에 사고를 잘 당한다는 사실은 간단한 문제가 아니다. 마찬가지로 우리 대다수가 자신을 잘 방어하면서 사고 없이 하루하루를 사는 것도 단순한 일이 아니다.

내가 아홉 살 되던 해 겨울이었다. 책가방을 들고 학교에서 돌아오던 나는 신호등이 바뀌는 순간 눈길에 미끄러져 넘어졌다. 그 순간 달려오던 차가 급정거했다. 내 머리는 앞 범퍼 아래, 몸뚱이는 양 바퀴 사이의 차체 밑에 들어갔다. 나는 너무 놀라고 당황한 나머지 벌떡 일어나 차 밑에서 빠져나와 집으로 달려갔다. 그러나 놀랍게도 다친 곳은 없었다. 이것만으로 본다면 이 사고는 대단할 것이 없다. 혹자는 내가 운이 좋았다고 생각할 것이다.

그러나 다른 경우와 비교해보자. 걷거나 자전거를 타고 가다가 차에 부딪쳤을 때, 차를 몰고 가다가 어둠 속에서 보행자나 자전거 탄 사람을 칠 뻔했을 때, 브레이크를 밟았는데 앞차의 불과 1~2인치 뒤에서 멎었을 때, 넘어져서 나무에 부딪힐 뻔했을 때, 창문 밖으로 떨어질 뻔했을 때, 누가 골프채를 휘둘렀는데 머리카락을 살짝 스치고 지나갔을 때 등등. 이것은 무슨 뜻인가? 나는 무슨 행운의 별 아래 태어난 것일까? 여러분도 삶을 한 번 돌아보기 바란다. 대부분 사람도 자기 삶에서 재난이 반복적으로 스쳐 지나고 있으며 실제로 일어난 사고보다 일어날 뻔한 사고의 수가 훨씬 많다는 것을 발견할 것이다. 더 나아가 이러한 생존 방식 또는 사고에 대한 방어 능력은 개인의 의식적인 판단 결과가 아님을 깨닫게 되리라고 확신한다. 이것은 우리 모두가 '행운의 별 아래' 살고 있다는 뜻일까? 앞서 인용한 성가의 한 구절처럼 '이토록 멀리까지 나를 고이 인도하신 은총'이 정말로 존재하기 때문일까?

이 모든 것에 대해 놀라운 점이라곤 없다고, 지금까지의 모든 얘기는 단지 인간의 생존 본능을 표현한 것에 지나지 않는다고 말할 사람도 있을 것이다. 그러나 어떤 것에 이름을 붙인다고 그 사실이 다 설명될 수 있을까? 우리가 본능이라고 부르기 때문에 우리가 생존 본능을 갖고 있다는 사실이 평범한 것 같은가? 본능이라는 것의 근원이나 메커니즘에 대해 우리가 아는 지식은 거의 없다. 실제 사고의 구조를 보면 인간이 살아남으려는 경향은 본능 이상으로 더욱더 기적적이다. 물론 본능은 그 자체만으로도 충분히 기적적이다.

그러나 우리는 본능에 대해 거의 아는 바가 없다. 그런데도 본능이란 그것을 소유한 개인의 영역 안에서 작용하는 것이라고 믿는다. 정신적 · 신체적 질환에 대한 방어 능력을 단지 개인의 무의식이나 육체적 신진대사 과정에 포함된 것으로 생각할 수 있다. 그러나 사고란 개인과 개인 사이 또는 어떤 개인과 그 주변 사물들과 관련되어 일어난다. 아홉 살 때 사고에서 나는 그 차바퀴에 깔리지 않았다. 그것은 내 생존 본능 때문일까? 아니면 그 차의 운전자가 나를 죽이지 않으려는 저항 본능을 가졌기 때문일까? 우리는 어쩌면 자기 생명뿐 아니라 남의 생명까지도 보호하려는 본능을 가졌을지도 모른다.

직접 본 것은 아니지만, 친구 중에는 교통사고로 엉망이 된 차 안에서 조금도 다치지 않은 '피해자들'이 기어 나오는 것을 목격한 사람이 여럿 있다. 그들은 하나같이 무척 놀랍다는 반응을 보이며 이렇게 말했다. "그렇게 부서졌는데도 살아나다니 상상도 못 할 일이야! 다친 데도 없더라고." 이런 일을 뭐라고 설명할 것인가? 오로지 행운에 불과하다 할 것인가? 목격자 중 종교가 없는 친구들은 이 사고에 어떤 행운도 작용할 수 없는 상황이라는 것에 많이 놀란다. "아무도 살아남을 수 없는 상황이었어"라고 그들은 말한다. 종교적이지도 않은 내 친구들은 자기 말의 의미를 깊이 생각하지 않았겠지만, 놀라운 경험을 이런 말로 요약하곤 했다. "아마 하느님은 주정뱅이도 사랑하시나 봐." 또는 "아직 염라대왕 명부에 올라가 있지 않은 모양이야."

여러분 또한 이러한 사건들이 지닌 미스터리를 '순전한 우연'이나 설명할 길 없는 '이변'이나 '운명의 장난'으로 여겨 더 깊이 생각하려 하지 않을지 모르겠다. 그러나 이런 사건을 좀 더 파고 들어가 보면, 본능이라는 개념이 이런 현상을 설명하는 데는 턱없이 부족하다는 것을 깨달을 것이다. 생명도 없는 자동차라는 기계가 자기가 태운 사람이 다치지 않도록 부서지는 본능을 갖고 있단 말인가? 또는 사람들에게 자동차가 부서질 때 자기 몸을 거기에 맞춰 다치지 않게 하는 본능이 있는가? 말도 안 되는 소리다. 사건을 좀 더 정확하게 설명하려고 하면 할수록 본능이라는 개념은 별로 도움이 되지 않는다. 굳이 찾자면 동시 발생이라는 개념이 조금 더 도움이 될 것이다. 그러나 동시 발생의 개념을 고찰하기 전에 우리가 무의식이라고 부르는 인간 정신의 한 부분이 지닌 여러 가지 기능을 살펴보는 것이 좋겠다.

무의식의 기적

새 환자를 만나면 나는 커다란 원을 그려 보인다. 그러고 나서 그 원 안에다 작은 원 하나를 더 그린다. 그 작은 원을 가리키면서 이렇게 말한다. "이것이 당신의 의식 세계입니다. 원의 나머지 부분, 거의 95퍼센트나 되는 이 바깥 부분은 바로 무의식을 나타냅니다. 만약에 당신이 자신을 이해하려고 꾸준히 그리고 열심히 노력한다면 당신 마음속에 숨겨진 이 드넓은 세계를 발견하게 될 거예요. 물론 지금은 이 세계가 어떠한 곳이며 얼마나 상상할 수 없이 많은 것들을 품고 있는지 모르겠지만 말입니다."

이 숨겨진 마음의 존재와 그 풍요로움을 알 방법 중 하나는 물론 꿈을 통해서다. 어떤 저명인사 한 사람이 여러 해 동안 시달린 우울증 때문에 나를 찾아왔다. 그는 일에서 조금도 기쁨을 느끼지 못했는데 그 이유를 모르겠다고 했다. 부모는 가난한 편이었고 유명하지도 않았다. 하지만 그 윗대 조상 가운데는 유명인이 많았다. 그러나 그는 조상에 관해서는 거의 아무런 언급도 하지 않았다. 그의 우울증은 여러 가지 요인 때문이었다. 몇 달이 지나서야 우리는 겨우 '그의 야망'이라는 문제에 비중을 두고 생각하게 되었다. 야망이라는 주제가 처음 대두된 것은, 그가 어느 날 밤에 꾼 꿈 이야기를 했기 때문이다. 그 꿈의 일부는 이랬다.

"거대하고 위압적인 가구들로 가득 찬 아파트에 있었어요. 나는 지금보다 훨씬 젊었지요. 아버지는 나더러 만灣을 가로질러 가서 당신이 건너편 섬에 놓아두고 온 배를 가져오라고 시켰어요. 나는 너무 기뻤고 아버지에게 그 배가 어디쯤 있는지 가르쳐달라고 졸랐답니다. 아버지는 바로 그 거대하고 위압적인 가구가 있는 한 모서리로 나를 데려가서는, 적어도 서랍이 스무 개 또는 서른 개가 달리고 키가 천장까지 닿는 열두 자짜리 장롱을 보여주면서 말씀하셨어요. '네가 이 장롱 구석구석을 잘 살펴보면 그 배를 찾아낼 수 있을 것이다'라고 말입니다."

늘 그렇듯이 처음에는 그 의미가 불분명하다. 나는 그 거대한 장롱을 연상해보도록 했다. 그러자 곧바로 그가 말했다.

"무엇 때문인지 모르겠지만, 아마 그것들이 위압적으로 보였나 보죠. 돌로 된 관이 생각나는군요."

"서랍은요?" 하고 내가 물었다. 갑자기 그가 씩 웃었다.

"아마 나는 조상을 몽땅 없애고 싶은 모양입니다. 그 서랍들은 가족무덤이나 창고를 연상시켰어요. 그 서랍 하나하나가 사람 하나는 충분히 들어갈 만큼 컸거든요!"

꿈의 의미는 분명해졌다. 그는 젊은 시절에 이미 목표를 정했다. 그것은 조상들을 뒤이어 입신양명하는 것이었다. 그러나 그는 그것에 억압을 느꼈으며, 이러한 중압감에서 벗어나고자 조상을 죽이고 싶은 심리적 욕구가 생겨난 것이다.

꿈을 많이 분석해본 사람이면 누구나 이 꿈이 전형적인 것임을 알 것이다. 이 꿈의 전형적인 요소 중의 하나인 그 유용성에 초점을 맞추어 설명해 보자. 그는 자신의 문제를 직면하기 시작했으며, 그 즉시 무의식은 문제의 원인을 설명해주는 드라마를 한 편 만들었다. 그 원인은 전에는 몰랐던 것들이었다. 무의식은 잘 짜인 한 편의 희곡처럼 여러 가지 상징을 이용하여 훌륭하게 이 일을 해냈다. 그를 치료하는 데 이 꿈보다 더 명쾌한 도움을 준 것은 없었다. 그의 무의식이 치료를 도왔고, 실제로도 이 꿈 때문에 치료가 가능했다.

심리 치료사들이 꿈의 분석을 매우 중요하게 생각하는 것은 그것이 큰 도움을 주기 때문이다. 물론 전혀 이해할 수 없는 꿈도 있다. 무의식이 더욱 분명한 언어로 무엇인가를 제시해주기를 바라는 것은 성급한 기대이다. 그러나 앞의 경우처럼 성공적으로 꿈의 의미를 분석했을 때, 그 메시지는 늘 우리의 영적 성장을 북돋우려고 고안해낸 것처럼 보인다.

내 경험에 의하면 여러 가지로 해석될 수 있는 꿈들은 꿈을 꾼 사람에게 유익한 정보를 제공한다. 이러한 도움은 여러 형태로 나타난다. 예컨대 앞으로 닥칠 위험에 대한 경고, 해결할 수 없었던 문제에 대한 해결책, 스스로 옳다고 믿는 일이 사실은 틀렸음을 알려주는 적절한 표시, 또는 반대로 틀릴지도 모른다고 생각한 일이 사실은 옳다는 격려, 자신이 잘 모르는 것에 대한 정보 제공, 방황하고 있을 때의 길잡이, 허둥대고 있을 때 가야 할 길을 가르쳐 주는 이정표 등의 형태로 등장한다.

무의식은 우리가 잠들어 있을 때는 물론이고, 방식은 물론 약간 다르겠지만 깨어 있을 때도 대단히 유효적절한 정보를 제공한다. 이것은 '엉뚱한 생각'이나 심지어는 생각의 파편 같은 형태를 띤다. 꿈과 마찬가지로 우리는 대개 이러한 엉뚱한 생각에 전혀 관심을 두지 않고 의미 없는 것을 대하듯이 무심코 지나쳐버린다. 언뜻 보기엔 무의미하고 우스꽝스럽게 보여도 정신 분석을 받는 환자들에게 마음속에 떠오르는 것은 '무엇이든' 말하라는 것은 이 때문이다.

"우습네요. 이런 엉터리 같은 생각이 자주 떠오르다니, 아무런 의미도 없는데. 한데 이런 것까지 말하란 말입니까?"

환자들이 이렇게 말할 때 나는 뜻밖의 횡재를 했다고 생각한다. 환자가 무의식으로부터 자신이 처한 상황을 잘 설명해주는 귀중한 메시지를 받았다고 생각하기 때문이다. 이러한 '엉뚱한 생각'은 우리 자신에 대한 통찰력을 제공할 뿐만 아니라 다른 사람과 이 세계에 대한 극적인 통찰력을 제공하기도 한다. 무의식에서 제공받은 '엉뚱한 생각'에 의한 메시지의 한 예로, 그리고 후자에 해당되는 예로 내 경험을 이야기할까 한다.

신체적으로 아무 이상이 없는데 어지러워서 금방이라도 쓰러질 것 같다는 젊은 여성을 치료할 때의 일이다. 그녀는 거의 십 대 초반부터 그런 어지럼증에 시달렸다. 그 때문에 제대로 걸을 수도 없어 뻗정다리를 하고 어기적대며 걸었다. 그녀는 대단히 영리하고 깔끔한 성품이었다. 처음에 나는 어지럼증의 원인을 조금도 찾아낼 수 없었다. 그녀는 몇 년째 심리 치료를 받아왔지만 그때까지 별다른 진전이 없었다. 그럼에도 계속해서 치료받고자 했으며, 최근에 나를 찾아온 것이다.

세 번째 상담을 하고 있을 때였다. 그녀가 자리에 편안히 앉아 이런저런 이야기를 하고 있는데, 난데없이 내 마음속에 '피노키오'라는 단어가 떠올랐다. 나는 그녀의 말에 정신을 집중시키려고 애쓰면서 그 단어를 내 의식 밖으로 밀어냈다. 그러나 잠시 후 나도 모르게 이 글자가 마음속에 다시 나타났다. 마치 망막 위에 '피노키오'라는 글자가 새겨진 것 같았다. 나는 깜짝 놀라서 눈을 질끈 감았다 뜨고는 그녀의 말에 집중하려고 애썼다. 그러나 그 글자들은 마치 어떤 의지를 지닌 것처럼 몇 분 지나지 않아 다시 의식 속으로 되돌아와 어떻게든 내 주의를 붙들려고 했다. '잠깐만!' 하고 나는 속으로 외쳤다.

'이 단어가 계속 떠오를 만큼 흥미진진한 것이라면 여기에 주목하는 편이 더 낫겠다. 그리고 또 내 무의식이 무언가 알려주려 한다면 그것을 경청해야 한다는 걸 잘 알잖아.'

나는 주목했다.

'피노키오! 도대체 피노키오란 무슨 뜻이지? 혹시 내 환자와 무슨 관계가 있나? 그녀가 피노키오라고 가정한다면? 잠깐만, 그녀는 무척 귀여워. 꼭 작은 인형처럼 빨강과 흰색과 파랑이 섞인 옷을 입었어. 이곳에 올 때마다 그런 옷을 입지. 나무다리 병정처럼 우스꽝스럽게 걷고. 옳지, 바로 그것이로군. 꼭두각시 인형이야.

맙소사. 피노키오네! 그녀는 꼭두각시 인형이야!'

내 환자가 지닌 문제의 핵심이 순간적으로 떠올랐다. 그녀는 진정한 인간이라고 할 수 없었다. 산 사람처럼 행동하려고 하지만 넘어지기라도 하면 막대기와 끈으로 얼기설기 엮여 있는 자기 몸이 부서져버릴지 모른다고 겁내는, 나무로 만든 꼭두각시 인형에 불과했던 것이다.

이를 입증해줄 만한 사실이 하나둘 드러났다. 잔인하고 제멋대로이던 어머니는 인형의 끈을 제 마음대로 조종하는 조종사였다. 어머니는 어린 딸에게 '한밤중에도' 대소변 가리기를 훈련시키는 자신에게 긍지를 느꼈다. 따라서 이 환자의 의지는 전적으로 다른 사람의 기대를 만족시키기 위한 쪽으로 굳어 있었다. 즉, 다른 사람에게 깔끔하고 단정하고 훌륭하다는 칭찬을 듣기 위해 자신의 욕구를 필사적으로 억압했다. 그리하여 자발적인 동기 부여라든가 자율적 결정을 내릴 능력이 없었다.

내 환자에 대한 심오한 직관은 흡사 초대받지 않은 손님처럼 의식 속에 불쑥 나타났다. 나는 초청한 적도 없고 원했던 적도 없다. 그 출현은 뜻밖이었고 내 일을 방해하는 불필요한 간섭처럼 보였다. 처음에는 그것에 저항해 몇 번이나 의식의 저 문밖으로 차내려고 했다. 이처럼 너무나 낯설어 환영받지 못하는 것이 바로 무의식의 세계이고 그 무의식이 의식 세계에 나타나는 방식이다. 프로이트를 위시한 초기 추종자들이 무의식을 원시적이고 반사회적이며 악마적인 것의 저장소로 취급한 이유도, 부분적으로는 이러한 특성과 이와 연관된 의식의 저항 때문이다.

무의식이 '나쁜' 것으로 여겨지는 까닭은 의식이 그것에 저항하기 때문이다. 바로 이러한 관점에서 사람들은 정신 질환을 무의식에 거주하는, 마음속 깊이 숨어 있는 악마로 생각했다. 이러한 그릇된 관점을 바로잡기 위해 노력한 사람이 바로 칼 융이다. 융은 여러 방법으로 이 일을 수행했다. 그리고 이것을 '무의식의 지혜'라는 말로 표현했다.

내 경험을 보아도 정신 질환은 무의식의 소산이 아니라는 융의 견해는 분명 옳다. 정신 질환은 오히려 의식에서 일어나는 현상이거나 의식과 무의식의 부조화에서 빚어지는 현상이다. 예를 들어 억압이라는 문제를 생각해보자. 프로이트는 많은 환자들에게서 그들이 아직 분명히 깨닫지 못하지만, 그들을 병들게 하는 성적 욕구와 적개심이 무의식 속에 잠재돼 있음을 발견했다. 이러한 욕구와 감정들이 무의식에 있기 때문에, 정신 질환은 무의식 때문이라는 관념이 생겨났다.

그러나 이런 감정은 왜 무의식 속에 처음 생겨났을까? 이것들은 왜 억압되었을까? 대답은 의식이 원치 않았기 때문이다. 그리고 자기 것이 아니라고 부인하기 때문이다. 즉, 문제는 인간이 성적 욕구나 적개심 따위를 지녔다는 그것이 아니라, 의식이 그것을 직면하기를 거부하고 또 그에 따르는 고통의 감수를 외면함으로써 그것들을 저 너머의 어두운 곳으로 밀어넣으려는 바로 그것이다.

무의식이 자신의 존재를 드러내는 세 번째 방법은 우리의 행동을 통해서다. 우리가 조금만 주의를 기울이면 — 그러나 우리는 대체로 자기 행동을 주의 깊게 관찰하기를 싫어한다 — 무의식의 말을 들을 수 있다. 실언과 행동에서의 '실수' 또는 프로이트가《일상생활의 정신 병리학*Psychopathology of Everyday Life*》에서 처음으로 무의식의 소산이라고 언급한 바 있는 '프로이트식 실언' 등이 바로 그것이다. 이런 현상을 설명하기 위해 프로이트가 사용한 '정신 병리'라는 말에는 무의식에 대한 그의 부정적 성향이 다시금 드러난다. 그는 무의식을, 우리를 솔직하게 만들려고 애쓰는 착한 요정으로 보기보다는 덫에 걸리게 하거나 나쁜 짓을 하도록 만드는 악령쯤으로 여겼다. 환자가 정신 요법을 받는 동안 실언하는 것은 치료에 도움이 된다. 환자의 의식은 심리 치료 과정 중 치료에 저항하여 자기의 진정한 본성을 치료사뿐만 아니라 자신의 명료한 의식에게까지 숨기려고 한다. 심리 치료사에게 협조하여 개방과 정직과 진실과 사실을 확보하려고 애쓰는 것은, 다시 말해서 '있는 그대로를 말하기' 위해 투쟁을 벌이는 것은 무의식이다.

몇 가지 예를 들어보자. 꼼꼼한 성격의 여자 환자가 있었다. 그녀는 자신이 분노의 감정을 느끼고 있음을 인지하지 못했다. 그리하여 그 분노를 겉으로 드러낼 수도 없었다. 그런 그녀에게 치료 시간에 조금씩 늦는 습관이 생겼다. 나는 그것이 그녀가 나에게나 치료에 대해 또는 둘 다에 적대감을 느끼기 때문이라고 말했다. 그녀는 이 말에 완강히 부인했다. 자기는 단지 일이 자꾸 생겨서 늦을 뿐이고 우리의 이 일이 무척 재미있으며 해볼 만하다고 생각한다고 주장했다. 그날 저녁 그녀는 한 달 치 치료비를 지불했다. 그런데 그녀가 내민 수표에는 사인이 없었다. 그다음 상담 때 나는 그 얘기를 꺼내며, 화가 나서 그런 수표를 준 게 아닌지 하고 떠보았다. 그녀는 펄쩍 뛰었다.

"말도 안 돼요! 사인하지 않은 수표를 사용한 적은 지금까지 한 번도 없었다고요. 제가 이런 일에 얼마나 꼼꼼한지 잘 아시잖아요? 선생님께 그런 수표를 드리다니, 있을 수 없는 일이에요."

나는 문제의 수표를 보여주었다. 그러자 지금까지의 면담에서 극도로 절제된 모습을 보이던 그녀는 갑자기 울음을 터뜨렸다.

"이게 웬일이지?" 하고 그녀는 울부짖었다. "내가 꼭 두 사람으로 나뉜 것 같다고요!"

내가 보기에도 그녀는 두 쪽으로 쪼개어진 집처럼 보였다. 그녀는 매우 고통스러워하며 적어도 자신의 어느 한 부분은 분노를 품고 있을 가능성을 처음으로 받아들였다. 진보의 첫걸음은 이렇게 시작되었다.

분노 때문에 문제를 느끼는 또 다른 환자의 예를 들어보자. 이 남자는 가족들에게 분노의 마음을 품는 것은 옳지 못하다고 생각했다. 더구나 그것을 표현하는 것은 더욱 나쁘다고 생각했다. 나와 상담하는 날 마침 여동생이 자기 집에 온다면서 여동생을 '완벽하게 기분 좋은 사람'이라고 말했다. 잠시 뒤 그날 저녁 자기 집에서 열릴 조그만 파티에 관해 얘기를 시작했다. 그 파티에는 이웃집 부부와 그의 '처제'도 참석한다는 것이다. 나는 그가 방금 자기 친동생을 처제라고 말했음을 지적했다.

"이게 바로 선생님이 말씀하신 프로이트식 실언이라는 거군요"라고 그는 명랑하게 말했다.

"물론이죠"라고 나는 대답했다. "당신의 무의식이 말하는 것은,

여동생이 동생이 아니고 처제였으면 좋겠다는 거죠. 그녀와 아무 관계도 없었으면 하고 바랄 만큼 몹시 싫고 밉다는 의미랍니다."

"그 애를 미워하진 않아요" 하고 그는 대답했다. "그렇지만 말이 너무 많아요. 오늘 밤에도 쉴 새 없이 혼자 지껄여대겠죠. 그 애 때문에 몹시 창피할 거예요."

이 역시 조그만 시작이었다. 실언이라고 해서 무조건 적개심이나 억압된 '부정적' 감정만을 표출하는 것은 아니다. 실언은 부정적이든 긍정적이든 모든 억압된 감정을 드러낸다. 실언은 우리의 예상과는 정반대의 방식으로, 존재하는 진실을 그대로 드러낸다. 내가 겪은 것 가운데 가장 결정적인 예로, 젊은 여성이 처음 찾아와 한 말을 소개한다. 내가 보기에 그녀의 부모는 둔감하고 차가운 사람들이었다. 경제적으로는 풍족함을 주었으나 진정한 애정과 보살핌으로 딸을 돌보지 않았다. 그녀는 자신을 소개하기를, 남달리 성숙하며 자신만만하고 자유롭고 독립심이 강한 여성이라고 말했다. 그녀의 설명에 의하면 나를 찾아온 것은 이런 이유 때문이었다.

"저는 여가 시간에 뭘 해야 할지 도무지 모르겠어요. 그래서 약간의 심리 치료를 받으면 제 지적 발달에 도움이 될 것 같았어요."

나는 지금 그녀가 왜 갈피를 잡지 못하는지를 물어봤다. 그녀는 임신 5개월째였고 얼마 전에 대학을 그만두었다고 했다. 그녀는 결혼을 원치 않았다. 막연한 생각이지만 아이를 낳은 다음 입양을 시키고 자기는 유럽에 가서 공부를 계속하고 싶어 했다. 그리고 지난 넉 달 동안 아기 아빠를 만나지 못했다고 했다. 나는 임신한 사실을 그에게 알렸느냐고 물었다.

그녀는 "예, 그 사람한테 간단한 편지를 썼지요. 아기로 인해 우리 관계가 태어났다고요"라고 대답했다. 우리 관계로 인해 아기가 태어날 거라는 말이 이렇게 나와버린 것이다. 세상살이에 훤한 것 같은 표정 뒤에 애정에 굶주린 어린 소녀가 있었다. 그 소녀는 모성애가 절박한 나머지 스스로 어머니가 되기 위해서 임신했던 것이다. 나는 그녀의 실언을 일깨워주지 않았다. 그녀는 자신에게 의존 욕구가 있음을, 혹은 그러한 욕구를 가져도 좋다고 인정할 마음의 준비가 전혀 되어 있지 않았다. 그럼에도 불구하고 그 실언은 결과적으로 그녀에게 도움이 되었다. 그 덕분에 나는 그녀가 겉보기와는 달리 속으로는 겁먹은 어린아이인 것을 알았고, 한동안 심신의 보살핌이 필요한 상태라는 것도 알게 되었으니 말이다.

지금까지 예로 든 세 명의 환자는 의식적으로 자신이나 나를 기만하려고 했던 것은 아니다. 첫 번째 환자는 자신은 털끝만치도 분노의 감정 따위 갖고 있지 않다고 생각했다. 두 번째 환자는 가족에게 적개심을 갖는 것은 자기로서는 있을 수 없는 일이라고 믿었다. 마지막 환자는 자기 자신을 세상살이에 통달한 여성과 다를 바 없다고 생각했다. 이런 여러 사실을 종합해볼 때, 사람들이 의식하는 자기 모습은 다소 실제의 그것과는 다르다는 것을 알 수 있다. 사람들은 언제나 자신의 믿음보다 좀 낫거나 못하다. 그러나 무의식은 자기가 어떤 사람인지 잘 안다. 영적인 발달 과정에서 핵심적이고 주된 과제는 자기가 의식하는 자기 모습을 실제의 그것과 일치시켜 가는 일이다. 이 평생의 과업이 심리 치료를 통해 효과적으로 비교적 빨리 성취되어갈 때 사람들은 종종 '새로 태어난' 느낌을 받는다.

"나는 어제의 내가 아니다. 이제 나는 완전히 새로운 다른 사람이다."

환자들은 자기의식의 이 극적인 변화를 진심으로 기뻐한다. 그런 사람들은 앞에 소개한 성가의 구절을 쉽게 이해할 것이다.

"나는 버려진 자식, 그러나 지금은 집을 찾았네. 눈뜬장님이었으나 지금은 보이네."

우리가 자기 자신을 스스로 생각하는 자기 모습이나 일반적인 자의식과 똑같이 여긴다면, 우리보다 더 지혜로운 우리의 일부인 무의식에 대해서도 언급해야 한다. 나는 우선 자기 인식과 자기 표출이라는 측면에서 '무의식은 지혜롭다'라고 말했다. 내 무의식이 환자가 피노키오임을 깨닫게 해준 예에서 볼 수 있듯이, 나는 무의식이 자신뿐 아니라 남을 위해서도 의식보다 훨씬 훌륭한 판단을 내릴 수 있다고 말하고 싶다. 사실 무의식은 모든 면에서 의식보다 지혜롭다.

휴가차 아내와 싱가포르에 처음 갔을 때였다. 날이 어두워진 뒤에야 호텔에 도착했지만, 여장을 풀자마자 우리는 산책하러 나왔다. 조금 걸으니 곧 광장에 도착했는데, 건너편 두세 블록 떨어진 모퉁이에 커다란 건물이 어렴풋이 보였다. "저게 뭐죠?" 하고 아내가 물었다. 나는 무심결에 그러나 확신을 갖고 "싱가포르 크리켓 클럽이에요"라고 말했다. 이 말은 내 입에서 그냥 툭 튀어나왔다. 나는 금방 후회했다. 그렇게 말할 어떤 근거도 없었다. 싱가포르에 온 것도 처음이거니와 크리켓 클럽이라는 걸 본 적도 없기 때문이다. 그러나 놀랍게도 빌딩 앞에 도착해보니, 현관 앞에 '싱가포르 크리켓 클럽'이라고 쓴 놋쇠 명판이 붙어 있었다.

어떻게 이런 일이 있을 수 있을까? 가능한 설명 중 하나가 융의 '집단 무의식' 이론이다. 집단 무의식이란 우리가 개별적으로 경험하지 않고도 선조가 경험한 지혜를 물려받음을 지칭하는 개념이다. 이런 종류의 지식은 과학적 사고방식을 지닌 사람들에게는 기괴하게 여겨질지 모른다. 그러나 사실 우리 일상 언어 중에는 집단 무의식의 존재를 인정하는 것들이 많다.

'인정한다recognize'는 말 자체를 생각해보자. 책을 읽다가 호소력 있는 생각이나 이론을 발견할 때, 말하자면 '뭔가를 생각나게 하는' 글을 만날 때 우리는 그것이 진실임을 인정한다. 그런데 그 생각이나 이론은 전에는 의식적으로 생각해본 적이 전혀 없던 것이다. 바로 이 '인정한다'라는 말은 '다시 안다'라는 뜻이다. 마치 오래된 친구처럼 그 존재를 까맣게 잊고 있다가 새삼스럽게 알게 된다는 의미다.

때로 '어떤 새로운 것'을 배운다는 것은 우리 내부에 이미 모든 지식과 지혜가 갖춰져 있는데 그것을 새삼스럽게 발견해내는 것일지도 모른다는 생각이 든다. 이런 개념은 교육이라는 단어에도 반영돼 있다. 교육을 뜻하는 education은 라틴어 educare에서 파생된 단어다. 글자 그대로라면 '밖으로 드러내다' 또는 '앞으로 이끌다'라는 뜻이다. 즉, 누군가를 교육한다고 할 때, 말 그대로라면 그의 마음속에 뭔가 새로운 것을 넣는 것이 아니라 마음속에서 뭔가를 끄집어내는 것이다. 무의식 속에 있는 것을 의식의 세계로 나오게 하는 것이다. 이처럼 무의식은 모든 지식의 창고다.

그러나 겉보기보다 훨씬 현명한 우리 내부의 무의식은 어디에 그 근거를 두는가? 알 수 없는 일이다. 융의 집단 무의식 이론은 우리의 지혜가 유전된 것임을 시사한다. 기억 현상에 관련된 유전자를 대상으로 한 최근의 과학 실험에서 밝혀진 바로는 유전자는 지식을 유전시킬 수 있다고 한다. 지식이 핵산 코드 형태로 세포 속에 저장된다는 것이다. 지식을 과학적으로 저장할 수 있다는 개념은 인간에게 유용한 여러 지식이 어떻게 해서 조그만 두뇌 속에 저장될 수 있는지에 대한 실마리를 제공한다.

이런 종류의 과학적인 설명은 유전된 지식이나 좁은 범위의 경험적 지식 등을 저장하는 메커니즘을 이해하게 하지만 정작 마음을 괴롭히는 문제들에는 답하지 못한다. 이를테면 그러한 전문적 가설을 좀 더 파고들면—그 가설이 어떻게 구성되었고 또 어떻게 작용하는지 등등—아마도 우리는 여전히 인간의 정신이라는 현상 앞에 경외심으로 설 수밖에 없는 자신을 발견할 것이다. 이런 문제를 파고드는 것은 본질적으로 이 우주의 질서를 사색하는 일과 다르지 않다. 하느님이 군단과 세라핌과 세루빔의 대천사들과 천사들을 거느리고서 다스리는 이 우주의 질서 말이다. 기적 같은 것은 없다고 믿는 그 마음 자체가 바로 기적이다.

우연한 깨달음이라는 기적

지금껏 논의대로, 무의식의 놀라운 지혜는 두뇌의 어떤 부분이 기적에 가까운 방식으로 작용하는 것이라 정의할 수 있다. 그러나 무의식의 작용과 명백히 관련된 '심령 현상'이라 불리는 것에 대해서는 여전히 아무런 해명도 못하고 있다. 신학박사 몬태규 울먼Montague Ullman과 스탠리 크리프너Stanley Krippner는 깨어 있는 사람이 반복적 지속적으로 먼 곳에서 잠자는 사람에게 어떤 영상을 '전송'할 수 있고 그 영상은 잠든 사람에게 꿈의 형태로 나타난다는 연구 결과를 말한 바 있다.* 아직도 초감각적 지각의 존재를 확신할 수 없거나 과학적 타당성에 대해서 회의적인 사람에게는 이 논문을 적극 권유한다. 이러한 전송은 실험실에서만 일어나는 것은 아니다. 예컨대 서로 밀접한 관계에 있는 두 사람이 아주

* "꿈과 텔레파시에 대한 실험: 세 가지 연구에 대한 보고서 2", 〈미국정신의학지〉(1970년 3월), pp. 1282-1289.

똑같거나 비슷한 꿈을 꿨다는 얘길 흔히 들을 수 있다. 어떻게 이럴 수가 있을까? 우리는 그 내막을 알 길이 없다.

그러나 이것은 엄연히 현실에서 벌어지고 있다. 과학적으로도 그 가능성은 충분히 인정된다. 나도 어느 날 밤 일곱 개의 연속적인 영상으로 구성된 꿈을 꾼 적이 있다. 며칠 후 친구와 얘기하다가 나보다 이틀 전에 우리집에서 자면서 그도 나와 똑같은 꿈을 똑같은 순서로 꾸었다는 것을 알았다. 우리는 어째서 이런 일이 일어났는지 그 까닭을 알 수 없었다. 그런 꿈을 함께 꿀 만한 무엇을 함께 경험하거나 함께 알고 있는 것도 없었고 그 꿈의 의미를 해석할 수도 없었다. 그러나 우리는 대단히 의미심장한 일이 발생했음을 깨달았다. 내 정신은 꿈을 구성할 만한 수백만 개의 이미지를 갖고 있다. 그러나 친구와 똑같은 이미지를 똑같은 순서로 추출할 가능성은 거의 없다고 봐야 한다. 이것은 너무나 희귀한 경험이어서 우리는 이것이 우연한 사건이 아니라고 생각했다.

잘 알려진 자연법칙에 비추어보면 거의 있을 수 없는 일들이 오히려 뜻밖에도 자주 일어날 때, 이것을 동시 발생의 원리로 설명한다. 친구와 나는 우리가 그처럼 비슷한 꿈을 꾼 까닭을 알지 못했다. 그러나 한 가지 중요한 사실은 우리가 비슷한 시간에 그 꿈을 꾸었다는 점이다. 시간이라는 것이 이 신기한 사건의 핵심적 요소일지도 모르겠다. 앞서서 사고를 잘 내는 기질과 또 사고에 대한 면역 체계를 설명하면서, 박살난 차에서 다치지 않고 나온다든가 또는 그 차가 망가지기는 하되 사람들은 다치지 않게 부서진다든가 또는 차 사고가 나더라도 사람들이 그 차가 부서지는 모양에 따라 본능적으로 몸을 움직인다는 등의 생각이 얼마나 우스운 것인지를 이야기했다.

자동차가 승객이 다치지 않는 방식으로 파괴된다거나(A), 승객이 자동차의 찌그러지는 형태에 알아서 맞춘다거나(B) 하는 식의 자연법칙이 있다는 말은 들어본 적이 없다. A와 B는 어느 하나가 다른 것과 인과 관계에 있지는 않지만 언제나 동시에 발생한다. 그리하여 차에 탄 사람의 안전을 지켜준다. 동시 발생의 원리는 이런 사건이 왜, 어떻게 일어나는지를 설명해주지는 못한다. 다만 우연으로 돌리기에는 너무 빈번히 이런 식의 희귀한 결합이 발생한다는 정도를 표현하는 데에 지나지 않는다. 이 원리는 기적 그 자체를 설명하지는 못한다. 다만 기적이란 타이밍의 문제이고 놀랍게도 일상적인 현상이라는 것을 설명할 뿐이다.

비슷한 꿈을 거의 동시에 꾸었다고 하는 사건 자체는 — 그 의미가 불명확한 것은 제쳐두고라도 — 순전히 심리적이거나 '초자연적' 현상이기 때문에 이에 관한 통계 자료가 거의 없다. 아마도 심리적이고 비과학적인 현상은 대부분 그 의미가 불명확할 것이다. 그리고 통계가 있든 없든 관계없이, 이런 정신 현상이 지닌 또 다른 주요한 특성은 소위 '운이 좋았다'라는 점에 있다. 분별력 있고 매우 회의적인 명망 높은 과학자가 내게 치료를 받게 되었다. 바로 얼마 전 그는 다음과 같은 사건을 얘기했다.

"지난번 치료를 마치고 난 뒤였어요. 날씨가 하도 좋아서 호수를 한 바퀴 돌아 집에 가기로 했지요. 아시다시피 호수 주변 도로에는 커브가 많잖아요. 아마 열 번째 커브 길에 거의 다다랐을 때였어요. 갑자기 모퉁이 저쪽에서 차 한 대가 달려올 거라는 예감이 들더군요. 생각할 틈도 없이 급정거했죠. 그러자 커브길 저편에서 갑자기 차가 튀어나오더니 중앙선을 넘어 내 차를 아슬아슬하게 스치고 지나가는 거예요. 만약 그때 브레이크를 밟지 않았다면 그야말로 황천길로 직행했을 겁니다. 그런데 거기서 서야겠다는 생각을 어떻게 하게 됐는지 모르겠습니다. 커브가 무척 많은 길이었지만 다른 길에서는 멈출 생각이 안 들었거든요. 게다가 전에도 자주 그 길로 다녔고, 위험하다는 느낌이 든 적은 있었지만 차를 세우지는 않았거든요. 정말 초감각적 지각이란 게 있는 건지 생각했습니다. 이 외에는 달리 설명할 길이 없군요."

동시에 발생하는, 초자연적인 사건이지만 통계적으로는 일어날 것 같지 않은 사건들이 있다. 그런 현상들은 반드시 이로움만 주는 게 아니라 정반대로 해로울 가능성 또한 충분하다. 우리는 아슬아슬하게 사고를 모면한 경우뿐 아니라 기이하게 사고를 당한 경우도 수없이 듣는다.

방법론상 애로는 있겠지만 이 문제도 연구할 필요가 있다. 지금 나는 통계 수치를 들어 분명하게 설명할 수는 없다. 하지만 이로운 결과를 낳는 사건의 발생 빈도가 그 반대의 경우보다는 훨씬 높다는 것을 '육감적'으로 아주 강하게 느낀다. 꼭 사고에서 목숨을 건진다든가 하는 사건뿐 아니라 자신이 성장하는 경험, 삶의 질을 높이는 사건 등을 포함한다면 그 우연찮은 사건들이 초래하는 이로운 결과란 이루 헤아릴 수 없이 많다.

이런 사례에 해당하는 아주 절묘한 예로 칼 융이 꾼 '풍뎅이 꿈'

이 있다. "동시 발생에 대하여"라는 논문에서 말한 것을 여기 전문 인용한다.*

> 내가 드는 사례는 한 젊은 여자 환자와 관련된다. 우리 서로가 노력했는데도 그녀의 마음은 꽉 닫혀 열리지 않았다. 문제는 그녀가 지나치게 이지적이란 데 있었다. 훌륭한 교육을 받은 그녀는 현실에 대해 고도로 세련된 '기하학적' 개념을 갖춘 데카르트적 합리주의로 중무장되어 있었다. 나는 그녀의 지나친 합리주의를 완화해보려고 몇 번을 시도했으나 실패했다. 그리하여 이제는 어떤 예기치 않은 사건이 일어나 그녀가 직접 자기 안에 들어앉은 완고한 지적 껍질을 깨주기를 바랄 뿐이었다.
>
> 어느 날 나는 창을 등진 채 그녀와 마주 앉아서 그녀가 쏟아내는 말의 잔치를 귀담아듣고 있었다. 그녀는 어젯밤 아주 인상적인 꿈을 꾸었다고 했다. 누군가가 그녀에게 황금 풍뎅이를 주었는데 그것은 아주 값비싼 보석이었다. 계속해서 꿈 얘기를 하고 있는데, 내 등 뒤에서 무언가가 유리창을 두드리는 기척이 났다. 돌아보니 어떤 커다란 벌레 한 마리가 어두운 방으로 들어오려고 바깥에서 유리에 몸을 부딪치고 있었다. 너무나 신기한 일이었다. 나는 즉시 유리창을 열고, 날아 들어오는 벌레를 붙잡았다. 풍뎅이였다. 초록과 황금색이 뒤섞인 그 빛깔은 흡사 황금 풍뎅이 같았다. 나는 그 벌레를 그녀에게 건네주며 이렇게

* 《융 문고판》, 조지프 캠벨Joseph Campbell 편(바이킹 출판사, 1971), pp. 511-512.

말했다.

"여기 그 황금 풍뎅이가 있어요."

이 사건은 그녀의 합리주의에 그토록 바라던 구멍을 냈다. 그녀의 얼음장 같은 지적 저항을 무너뜨린 것이다. 이후 치료는 만족스러운 결과를 보였다.

행운을 가져다주는 초자연적인 사건과 관련해 말하고 싶은 것은 '우연한 깨달음serendipity'이라는 현상이다. 웹스터 사전에는 우연한 깨달음을 '가치 있거나 호감이 가는 것을 일부러 애쓰지 않고도 찾아내는 재능'이라고 정의한다. 이 정의에는 몇 가지 숨겨진 요소가 있다. 그중 하나는, 우연한 깨달음을 재능이라고 정의함으로써 어떤 이는 이것을 갖고 있는데 또 다른 이는 그렇지 않을 수 있다는 여지를 준다. 즉, 어떤 사람들은 운이 좋고 어떤 사람들은 그렇지 않다는 것이다. 은총은 일부분'기대하지는 않았지만 소중하고 바람직한 것'에 의해 나타나며 누구에게나 주어진다는 것, 하지만 어떤 사람은 이것을 이용하고 어떤 사람은 그러지 못한다는 것이 4부의 주제다. 융은 풍뎅이를 방 안으로 끌어들여 붙잡아 환자에게 줌으로써 이 은총을 확실히 활용했다. 사람들이 은총을 놓치게 되는 까닭과 은총을 이용하지 못하는 이유 등에 관한 것은 '은총에 저항하는 사람들'이라는 제목으로 다룬다.

그러나 지금은 은총의 혜택을 누리지 못하는 이유가 그 실재를 제대로 인식하지 못해서라는 것을 지적하는 선에서 그치자. 다시 말하면, 우리는 스스로 애써 구하지 않아도 주어지는 것의 소중함을 모른다는 것이다. 원하지 않았던 선물이 주어지면 그 가치를 제대로 모르듯이 말이다. 바꿔 말하면 우연한 깨달음이 발휘되는 사건은 모두에게 일어나지만, 우리는 그것이 우연한 깨달음과 관계가 있는 것임을 그냥 지나치기 쉽다. 그런 사건을 대수롭지 않게 여겼기 때문에 그것을 제대로 활용하지 못하는 것이다.

5개월 전 어느 소도시에 갔을 때 일이다. 약속 시간보다 2시간 일찍 도착한 나는 거기 살고 있는 친구에게 그 집 서재를 좀 이용해도 되겠느냐고 물었다. 바로 이 책의 서두를 다시 쓰기 위한 작업을 하고 싶었다. 그 집에 도착하니 그의 아내가 나를 맞아주었다. 그녀는 내성적이고 거리감이 느껴지는 여자였다. 전부터 나를 썩 좋아하는 것 같지 않았고 사실 몇 차례 거의 오만한 태도로 적대감을 보인 적도 있다. 우리는 약 5분간 어색하게 이야기를 나누었다. 의례적인 대화 중에 그녀는 내가 책을 쓴다는 말을 들었다면서 주제가 무엇이냐고 물었다. 나는 영적 성장에 관한 것인데 아직 제대로 다듬어지지 않았다고 답했다.

그런 다음 서재에 들어가 글을 쓰기 시작했다. 한 30분쯤 지났을 때 나는 예상치 못했던 암초에 부딪혔다. 책임감을 다룬 부분이 너무나 마음에 들지 않았다. 이미 논의한 개념을 의미 있게 하려면 좀 더 정밀한 보완 작업이 필요했다. 그렇지만 더 깊이 들어가면 전반적인 흐름에 방해가 될 것 같았다. 그러나 이 개념의 언급은 꼭 필요하다고 믿었기 때문에 절대로 빼고 싶지 않았다. 1시간 동안을 씨름했지만, 아무런 진전도 보지 못한 채로, 기분만 점점 나빠지고 힘이 쭉 빠졌다.

바로 그때, 친구의 아내가 조용히 서재로 들어왔다. 머뭇거리기는 했으나 따뜻하고 정중한 태도였다. 조금 전과는 판이하게 달랐다.

"스캇, 방해가 되고 싶진 않아요. 혹시 조금이라도 방해가 된다면 말씀하세요."

나는 전혀 그렇지 않다고, 지금 암초에 걸려 도무지 작업에 진전이 없다고 말했다. 그녀는 손에 책을 한 권 들고 있었다.

"우연히 이 책을 찾았어요. 이 책에 관심이 있을 것 같다는 생각이 들어서요. 아닐지도 모르지만 어쩐지 꼭 도움이 될 것 같은 느낌이 들어요. 이유는 저도 모르겠어요."

다른 때 같았으면 귀찮고 성가셔 그 책을 볼 틈이 없다고 거절했을 것이다. 그러나 그녀의 이상하리만치 겸손한 태도가 내 마음을 움직였다. 나는 그녀에게 감사의 말을 전하고 되도록 빨리 읽어보겠노라 말했다.

그 책을 집에 갖고 오면서도 '되도록 빨리'가 언제가 될지는 몰랐다. 하지만 바로 그날 저녁, 나는 어떤 힘에 이끌려 다른 것을 제쳐두고 그 책을 읽기 시작했다. 앨런 휠리스Allen Wheelis가 쓴《사람은 어떻게 변화하나 *How people Change*》라는 얇은 책이었다. 책임감에 대한 내용이 그 책의 대부분을 차지하고 있었다. 그 가운데 한 장은 내가 꼭 하고 싶던 말을 아주 깊이 있고 멋있게 표현했는데, 덕분에 나는 그동안 골머리를 앓아온 부분을 확장시킬 수 있었다. 다음 날 나는 책임감 부분을 짧고 명확한 단락으로 요약한 다음 이 주제를 더 알고 싶은 독자를 위해 각주를 달아 휠리스의 책을 참고하도록 했다. 이렇게 하여 나는 곤경에서 해방되었다.

이것은 대단한 사건이 아니다. 동네방네 나발 불 일도 아니다. 무시해버리는 게 더 좋을지도 모른다. 지금까지도 그런 것 없이 잘 지내왔으니까. 그러나 나는 은총을 입었다. 그 사건은 특별하면서도 동시에 평범하다. 일어날 가능성이 희박하다고 느껴지는 점에서는 특별하지만, 이렇게 전혀 일어날 것 같지 않은 은혜로운 사건들이 실제로 주변에서 늘 일어난다는 점에서는 평범하다. 마치 풍뎅이가 조용히 창문을 두드린 사건처럼, 이러한 사건은 우리 의식의 문을 두드린다. 친구의 아내가 책을 건네준 일 이후로 이와 비슷한 사건은 수도 없이 생겼다. 내게 이런 일은 늘 일어나고 있다. 어떤 것은 의식하고, 어떤 것은 기적 같은 본질을 의식하지 못한 채 받는다. 내가 그중 얼마나 많은 것들을 스쳐 보냈는지는 알 길이 없다.

은총이란 무엇인가

이 장에서 나는 여러 가지 현상을 다뤘다. 그 현상들은 다음과 같은 공통적인 특징을 갖고 있다.

1. 인간의 삶과 영적 성장을 육성한다. 즉, 지지하고 보호하고 고양시킨다.
2. 그것이 작용하는 메커니즘은 이해하기 쉽지 않거나(신체의 면역 체계나 꿈의 경우처럼) 과학적 사고에 따른 자연법칙의 원리에 비추어보면 전적으로 불분명하다(초자연적인 현상들의 경우처럼).
3. 인간 사회에서 빈번히 일어나고, 일상적이며 보편적일 뿐 아니라 대단히 본질적이다.
4. 잠재적으로는 인간의 의식에 영향을 받지만, 그 근원은 의식적인 의지와는 무관하며 의식적 의사 결정을 초월한다.

일반적으로 분리된 것으로 간주하지만, 이것은 어떤 현상의 일부이거나 그것을 표현하고 있다는 사실을 공통으로 보여준다. 그것은 인간의 의식 세계 바깥에서 생겨나 인간의 영적 성장을 돕는 강력한 힘이다. 과학적 연구 방법에 의거하여 전염병 항체라든가 꿈의 상태, 무의식 같은 것 등을 개념화하기 훨씬 전부터 수백 수천 년 동안 이 힘은 종교적인 사람들에 의해서 인지돼왔다. 그들은 그것을 '은총'이라고 불렀다. 그리고 이렇게 찬미했다. "놀라운 은총이여, …… 다정한 음성!"

지나치게 회의적이고 과학적인 사고방식을 가진 우리는 '의식 세계 밖에 존재하지만, 인간의 영적 성장을 돕는' 이 강력한 힘으로 무엇을 해야 할까? 이 힘은 만져볼 수도, 저울에 달아볼 수도 없다. 그러나 분명히 존재한다. 전통적인 자연과학 개념과 맞지 않는다고 터널 속에 갇힌 듯한 편협한 시야로 바라보며 무시해야 할까? 그것은 대단히 위험하다. 은총이라는 현상을 우리의 개념 체계 안에 받아들이지 않는다면, 우주와 그 우주 내의 인간의 위치, 이에 따른 인류 자체의 본성을 완전히 이해하기란 어려울 것이다.

그러나 우리는 이 힘이 어디에 있는지조차 모른다. 인간의 의식에는 존재하지 않는다는 것만 알 뿐, 즉 그것이 없는 곳이 어디인지만 알 뿐이다. 그렇다면 그것은 어디에 있을까? 꿈과 같은 현상을 말할 때 은총은 개인의 무의식 속에 숨어 있을지도 모른다는 생각이 든다. 그러나 또 다른 현상, 예를 들면 동시 발생이나 우연한 깨달음 같은 현상은 이 힘이 개인의 영역을 넘어서 존재함을 가르친다. 은총이 존재하는 곳을 찾는 데 어려움을 느끼는 것은 우리가 과학적인 사고방식을 가졌기 때문만은 아니다. 은총은 하느님에게서 온다고 믿는 종교인들도 그것이 하느님의 사랑임을 굳게 믿기는 하지만, 바로 그 하느님이 어디에 계시는지를 찾기 어렵기는 마찬가지다. 신학에는 전통적으로 이 점에 관한 두 가지 대립된 학설이 있다. 하나는 유출설로 은총은 인간 외부에 있는 하느님에게서 인간에게 흘러든다는 것이고, 다른 하나는 내재설로 인간 존재 안에 있는 하느님이 은총의 근원이라는 학설이다.

대단히 역설적인 이러한 문제는 무엇보다 먼저 모든 사물의 위치를 파악하려는 인간의 욕구와 관련된다. 인간은 모든 사물을 독립된 개체로 인식하려는 뿌리 깊은 속성을 지녔다. 우리는 이 세상이 이러한 구체적 사물, 즉 배, 신발, 봉랍封蠟과 기타의 것들 같은 개체로 구성되어 있다고 인식한다. 또한 어떤 현상을 어떤 특정 범주에 소속시켜 이해하려고 한다. 이것은 이렇고 이러한 개체라는 식으로 규정짓는다. 그것은 이것 아니면 저것이고 동시에 둘이 될 수는 없다. 배는 배일 뿐 신발이 아니다. 나는 나고 너는 너다. 나라는 실체는 나의 정체성이고 너라는 실체는 너의 정체성이다. 정체성이 섞이거나 혼동되면 우리는 아주 당황스러워한다.

그러나 앞에서 살펴보았듯이 힌두교와 불교 사상가들은 분리된 개체라는 관념을 환상이라고 본다. 그들의 용어로는 이를 '마야'라고 부른다. 현대 물리학자도 상대성 이론이나 파동-입자 현상, 전자기 등을 연구하면서 점차 개체라는 측면에서의 개념적 접근은 한계가 있음을 분명히 인식하게 되었다. 개체라는 관념은 어떤 사물을 어떤 장소에 소속시키고 싶어 하는 경향을 낳는다. 심지어 하느님이라든가 은총 등과 같은 문제에서도 마찬가지다. 이런 속성이 이런 문제를 제대로 이해하는 데 방해가 됨을 알면서도 그 버릇은 버리기 어렵다.

나는 개인을 완전히 다른 개체와 분리된 실체로는 생각하고 싶지 않다. 그러나 나의 지적 한계 때문에 개체의 개념을 빌려 개인의 경계를 표현하려 한다. 즉, 개인의 경계란 벽처럼 두꺼운 것이 아니라 세포막이나 울타리같이 적당히 개방돼 있어 다른 개체가 침투하여 넘나들 수 있는 것이라고. 의식이 부분적으로나마 끊임없이 무의식과 상호 침투하듯 우리의 무의식도 우리 바깥에 있는 '정신'에 침투할 수 있다. 그리고 우리에게 스며드는 그 '정신'은 개체로서 우리가 아니다.

14세기(1393년) 노르웨이의 은자 데임 줄리앙Dame Julian은 은총과 개체 사이의 관계를 '침투 가능한 세포막'이라고 한 20세기의 과학적 표현보다 훨씬 우아한 종교적 용어로 묘사해놓았다.

> "우리 몸을 감싸주는 것은 옷, 살을 감싸는 것은 피부, 뼈를 감싸는 것은 살이며, 심장을 감싸는 것은 온몸이듯, 우리의 육신과 영혼은 하느님의 자비에 감싸여 있다. 더구나 훨씬 더 포근하게. 모든 물질적인 것은 언젠가는 낡아서 사라지지만, 하느님의 자비는 언제나 온전하다."*

---

* 《거룩한 사랑의 징후》, 그레이스 워렉Grace Warrack 편(브리티시 북 센터, 1923), 4장.

어쨌거나 기적이 어디에서 오는지 어디에 있는지는 모르더라도 지금까지 이야기한 '기적들'은 인간으로서의 성장이 의식적 의지가 아닌 어떤 힘에 의해 도움받는 것임을 보여준다. 이 힘의 본질을 더 잘 이해하려면 생명 자체의 성장 과정이라는 또 다른 기적을 탐구해볼 필요가 있다. 우리가 진화라고 이름 붙인 바로 그 기적을.

진화의 기적

지금껏 진화를 개념으로써 집중해 설명한 적은 없지만, 이 책의 곳곳에서 여러 가지 방식으로 관심을 기울여왔다. 정신적 성장은 곧 개인의 진화다. 인간의 육체는 생명 주기에 따라 변하지만 진화하지는 않는다. 새로운 육체적 형태란 만들어질 수 없다. 사람은 나이가 들면 육체적으로 노쇠하게 마련이다. 그러나 인간의 영혼은 평생 계속해서 극적으로 변화할 수 있다. 새로운 방식으로 다시 태어나는 것이다. 영적인 능력은 (비록 대부분 그렇지 못하지만) 늙어 죽을 때까지라도 성장할 수 있다. 우리의 일생은 마지막 순간까지 무한한 영적 성장의 기회를 제공한다. 이 책의 초점은 영적 진화에 있지만 육체적 진화 과정도 근본적으로 비슷하기 때문에 영적 성장 과정과 은총의 의미를 더 잘 이해할 수 있는 실마리를 제공한다.

육체적 진화 중에 가장 주목할 만한 사실은 그것이 기적이라는 점이다. 우리가 배운 대로라면 우주에서 진화는 일어날 수 없다.

그런 현상은 절대 있을 수 없다. 자연법칙 중에 가장 중요한 열역학 제2법칙에 따르면 에너지는 언제나 더 정돈된 상태에서 덜 정돈된 상태로, 더욱 고도의 분화 상태에서 더욱 단순한 분화 상태로 흘러간다. 한마디로 말해 우주는 흘러 내려가는 과정이다.

이를 묘사하는 데 종종 인용되는 예는 낮은 곳으로 흐르는 시냇물이다. 이 과정을 거꾸로 돌려놓으려면, 그 시작점으로 되돌리려면, 물을 산꼭대기로 운반하려면, 에너지나 작업(펌프, 수문, 양동이로 퍼 올리기나 다른 방법들)이 필요하다. 그리고 이 에너지는 다른 데서 가져와야 한다. 다시 말해 이 작업을 계속하기 위해서는 다른 에너지 체계에서 에너지를 공급받아야 하는 것이다. 열역학 제2법칙에 따르면 우주는 수백만 년의 세월 동안 아래로 흘러내리다 모양도 없고 질서도 없고 미분화된 '물방울'이 되어 더 이상은 어떤 운동도 일어나지 않을 것이라고 한다. 이러한 완전 해체와 미분화의 상태를 '엔트로피'라고 부른다.

엔트로피 상태를 향해 에너지가 저절로 흘러내리는 것을 '엔트로피의 힘'이라고 한다. 진화의 흐름은 이 엔트로피의 힘과는 정반대다. 진화 과정은 유기체가 단순한 분자 구조에서 더욱 고차적인 복합 구조, 즉 분화되고 정돈된 상태로 나아가는 것이다. 바이러스는 분자 한 개보다 약간 큰 간단한 유기체다. 박테리아는 좀 더 복잡하며 좀 더 분화되었고 세포벽과 여러 종류의 분자들이 분화된 형태이며 동화 작용을 한다.

짚신벌레에는 핵산과 섬모纖毛와 소화 기관 등이 있다. 연체동물은 세포가 단순히 모여 있는 차원이 아니라, 상호 의존하는 여러 종류의 세포들로 구성되어 있다. 곤충과 어류는 복잡한 방식으로 운동하며 집단생활을 가능하게 하는 신경 조직을 갖고 있다. 이런 식으로 진화가 진전될수록 조직은 복잡해지고, 분화하여 마침내는 인간에 이른다. 인간은 엄청난 두뇌피질과 대단히 복잡한 행동 양식을 지닌 그야말로 정상頂上의 존재다. 나는 진화 과정을 기적이라고 말했다. 점점 조직화되고 분화되는 과정인 이상, 진화는 자연법칙에 역행한다. 일반적인 사물의 경로대로라면 이 책을 읽고 쓰는 우리는 존재하지 않아야 한다.*

진화는 피라미드형 도식으로 그릴 수 있다. 가장 복잡하지만 수가 적은 인간은 꼭대기에 있고, 가장 단순하고 수가 많은 바이러스는 바닥을 차지한다.

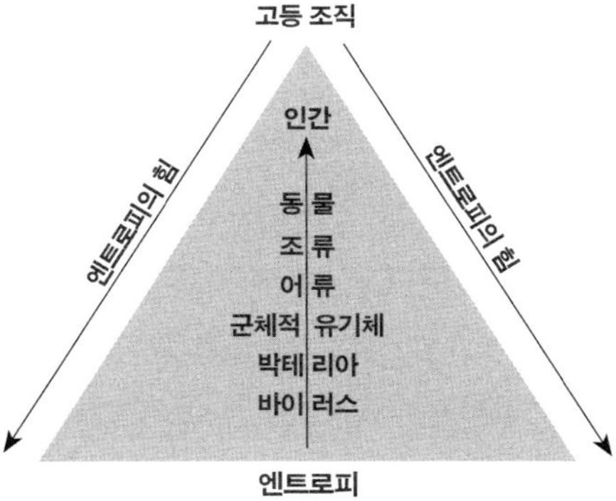

---

* 진화가 자연법칙에 역행한다는 개념은 새롭지도 독창적이지도 않다. 대학 시절 공부 중에 누군가가 "진화는 열역학 제2법칙에 있는 소용돌이"라고 말한 것을 읽었다. 불행히도 그 출처를 찾을 수 없었다. 최근 벅민스터 풀러Buckminster Fuller는 《그리고 지나가게 되었다 — 머물지 않기 위해서》(맥밀란 사, 1976)에서 그 개념을 확실히 언급했다.

꼭대기는 엔트로피의 힘에 대항하여 밀고 올라간 셈이다. 피라미드 속에 그려놓은 화살표는 바로 이 진화의 힘을 상징한다. 이 '어떤 힘'은 수백만 세대에 걸쳐 끈질기게 그리고 성공적으로 '자연법칙'에 도전해온 결과, 그 자체가 일종의 자연법칙이 되었다.

인간의 영적인 진화도 이와 유사하게 도식으로 그릴 수 있다.

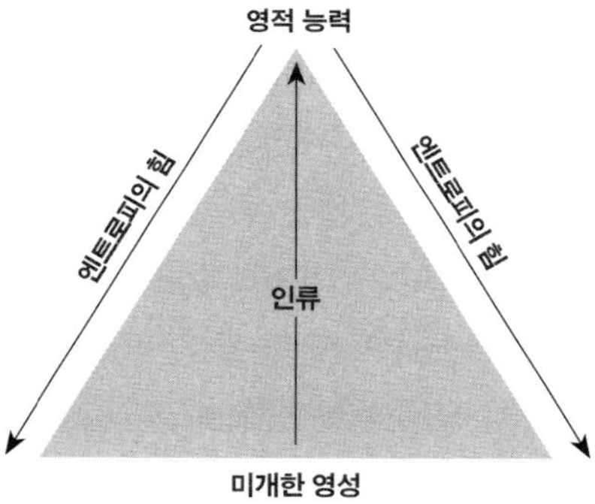

영적 성장 과정은 힘겹고 어렵다는 걸 거듭 강조해왔다. 영적 성장은 쉬운 길을 가고 싶은, 낡은 지도나 관행에 집착하려는, 변화를 싫어하는 본능 등을 극복하고, 습성을 유지하려는 자연의 저항을 이겨내야 이루어지기 때문이다. 이러한 자연의 저항, 즉 영적 삶에서 작용하는 엔트로피의 힘에 관해서는 간략하게 더 이야기할 것이다. 그러나 육체적 진화의 경우처럼 이러한 저항을 극복할 수 있다는 것은 기적이다. 우리는 성장하고, 좀 더 나은 사람이 되는 기적을 만든다. 물론 우리가 모두 그런 것은 아니며 또 쉽게 되는 일도 아니다. 그러나 상당히 많은 사람이 어떤 식으로든 자신과 교양을 증진시키는 데 성공한다. 태어날 때부터 우리가 태어난 진창 속에 안주하지 않고 더 어려운 길을 선택하도록 부추기는 어떤 힘을, 우리는 내부에 갖고 있다.

영적 성장에 관한 앞의 도식은 개인의 존재 방식에도 적용될 수 있다. 모든 사람은 각기 자기 나름으로 성장하고자 하는 욕구를 지닌다. 그리고 그 욕구를 실현하려 할 때는 혼자 힘으로 스스로의 저항과 싸워야 한다. 이것은 인류 전체에도 적용될 수 있다. 개인으로서 우리는 우리가 진보하는 것과 같은 방식으로 우리가 속한 사회를 진화시킬 수 있다. 어린 시절의 우리를 키워준 문화는 어른이 된 우리에 의해 더 나은 방향으로 변화할 수 있다. 이미 성숙한 사람들은 그 성숙의 열매를 혼자 맛보지 않고 세계와 나눈다. 한 개체로서 진화했지만 우리는 등에 인류 전체를 지고 있는 셈이다. 그리하여 인류도 진화한다.

인류의 영적 발전이 상승 과정에 있다는 주장은, 진화라는 꿈의 환상이 깨져버린 세대에게는 비현실적일지도 모른다. 도처에 전쟁과 부패와 오염이 있다. 무얼 믿고 인류가 영적으로 진화하고 있다고 말할 수 있을까? 그러나 내가 말하고자 하는 것이 바로 이것이다. 이러한 환멸은 앞선 세대가 스스로 기대한 것보다 우리가 더 많이 기대한 데서 온다. 오늘날에는 역겹고 한심하게 여겨지는 행동을 옛날에는 당연한 것으로 받아들였다. 이 책의 주요 주제인 자녀의 영적 성장에 대해, 그리고 부모가 가져야 할 책임감에 대해 생각해보자. 이 주제는 현재 관점에서 보면 그다지 놀라울 것이 없다. 하지만 몇 세기 전만 하더라도 사람들의 관심사 밖에 있었다. 비록 오늘날에도 부모 노릇을 제대로 하는 이는 별로 없지만, 몇 세대 전에 비해서는 훨씬 나아졌다. 그 예로 자녀 돌보기의 양상을 다룬 최근의 연구는 이렇게 시작한다.

> 로마법에 따르면 아버지는 자녀에게 절대권을 가진다. 아이를 팔거나 죽일 수도 있었다. 절대권이라는 이 개념은 영국법에도 계승되었으며, 14세기까지 변함없이 이어졌다. 중세에도 자녀는 지금처럼 한 개체로서 인정받지 못했다. 일곱 살밖에 안 된 아이를 작업장에 도제로 보내는 것은 흔한 일이었다. 배우는 것은 부차적이었고, 작업장에서는 고된 노동이 아이를 기다렸다. 아이들은 거의 노예와 다를 바 없는 취급을 당했다. 자녀에게 특별히 관심을 두고, 발전적 과업을 지닌 중요한 존재로서 사랑으로 돌볼 가치가 있다고 생각하게 된 것은 15세기가 되어서였다.*

그러면 개인과 인류 전체의 등을 떠밀어, 무기력이라는 본능적 저항을 이기고 성장하게 하는 이 힘은 어디서 오는 것일까? 우리는 이미 이 힘에 이름을 붙였다. 사랑이라고. 나는 사랑을 '자기 자신이나 타인의 영적 성장을 도울 목적으로 자기 자신을 확대시켜 나가려는 의지'라고 정의했다. 우리는 사랑을 위해 노력하기 때문

---

* 앙드레 더데인André P. Derdeyn, "역사적으로 본 자녀양육권 싸움," 〈미국정신의학지〉, 113권, 12호 (1976년 12월), p. 1369.

에 성장한다. 또한 사랑 그 자체를 위해 노력하는 것은 우리가 자신을 사랑하기 때문이다. 우리는 사랑을 통해 자신을 드높인다. 또한 다른 사람들을 사랑함으로써 그들 또한 드높인다. 자아의 확장이라고 정의할 수 있는 사랑은 바로 진화의 행위다. 그것도 진행 중인 진화다. 모든 생명체에 존재하는 진화의 힘은 인간의 사랑이라는 모습으로 인류 앞에 자신을 드러낸다. 인간애 중에서 사랑은 엔트로피의 자연법칙을 무산시키는 기적적인 힘이다.

알파와 오메가

그러나 '사랑'을 다룬 2부의 끝에서 제기된 의문은 여전하다. 사랑은 어디서 오는 걸까? 오히려 더욱 근원적인 물음으로 확대되었다. 진화라는 전능한 힘은 어디서 오는 것일까? 거기에 덧붙여 은총의 근원에 관한 궁금증만 배가될 뿐이다. 왜냐하면 사랑은 의식이지만 은총은 그렇지 않기 때문이다. '인간의 의식 밖에 존재하면서 인간의 영적 성장을 돕는 이 강력한 힘'은 어디에서 오는가?

이 질문에, 밀가루나 강철 또는 구더기가 어떻게 생기는지를 탐구하는 것 같은 과학적 방법으로 답할 수는 없다. 그것이 만져질 수 없어서가 아니라 현재의 과학이 설명하기엔 너무나 근원적인 질문이기 때문이다. 물론 이 질문이 과학이 해결할 수 없는 질문의 전부는 아니다. 예를 들면 우리는 전기의 특성을 정말 알고 있는가? 에너지의 근원은? 우주는? 아마도 언젠가는 과학이 근본적인 질문들에 답을 내놓을지는 모른다. 그때까지 — 그때가 언제일지 모르겠지만 — 우리는 추측하고, 이론화하고, 가정과 가설을 세울 수 있을 뿐이다.

진화와 은총의 기적을 설명하기 위해, 우리를 사랑하고 우리가 성숙하기를 바라는 하느님의 존재를 가정할 수 있다. 이러한 가설은 많은 사람이 보기에 너무 단순하고 안이해 보일지도 모른다. 너무나 판타지 같고, 유치하고 순진해 보일 수도 있다. 그러나 달리 어떻게 가정할 수 있을까? 터널 속 시야로 데이터를 무시하는 것은 답이 아니다. 질문하지 않으면 답을 얻을 수 없다.

이것이 비록 단순하다 해도, 데이터를 검토하고 의문을 제기한 어떤 사람이라도 이보다 나은 가설은 — 혹은 가설조차 — 내놓기 어려울 것이다. 다른 누군가가 나타나 더 그럴듯한 무엇을 내세우기까지 우리는 사랑을 베푸는 하느님이라는 유치한 가설을 따르든지 이론적 공백을 두든지 둘 중 하나를 선택할 수밖에 없다.

그러나 좀 더 진지하게 생각하면, 사랑의 하느님이라는 일견 단순해 보이는 관념은 결코 안이한 철학이 아님을 알 수 있다.

사랑하는 능력, 성장하고 진화하려는 열망을 하느님이 어떻든 우리에게 '불어넣어 준' 것이라고 상정한다면, 곧이어 우리는 그 목적을 물어야 한다. 왜 하느님은 우리가 성장하기를 바라는가? 우리는 무엇을 향해 성장하는 걸까? 진화의 목적, 종착지는 어디일까? 하느님이 우리에게 바라는 것은 무엇인가? 신학적인 세부사항을 다루는 것은 이 책의 목적이 아니다. 내가 올바른 추측에 근거한 신학의 모든 자격 요건을 지나치더라도 용서하시길 바란다. 아무리 조심스럽게 접근하더라도, 사랑을 베푸는 하느님이란 존재를 가정하고 그것을 진지하게 탐구하다 보면 결국은 한 가지 무서운 결론에 이른다. 하느님이 바라는 것은 우리가 하느님과 같아지는 것이다. 우리는 하느님의 경지를 향해 나아가는 것이다. 하느님이 곧 진화의 목적이다. 하느님이 바로 진화시키는 힘의 원천이자 도착지인 것이다. 이것이 바로 우리가 하느님은 알파며 오메가라고 말하는 의미다. 하느님은 시작이자 끝이다.

무서운 생각이라고 말했지만, 그것은 그래도 다소 온건한 표현이다. 이는 굉장히 오래된 관념이지만 그 오랜 세월 동안 우리는 말할 수 없는 공포 때문에 이 생각을 외면해왔다. 어떠한 관념도 이보다 더 무겁게 마음의 짐을 지우는 것은 없다. 이것은 인류의 역사상 가장 단순하면서도 가장 많은 것을 인간에게 요구하는 사상이다. 그것이 심오하고 까다로워서가 아니라 반대로 지나치게 단순하기 때문이다.

그것은 우리가 그것을 믿는 즉시, 가질 수 있는 모든 것, 바칠 수 있는 모든 것을 요구한다. 신에 관한 관념 중에는 우리가 도달할 수 없는 높은 곳에서 우리를 보살피는 멋진 하느님이 계신다는 오래된 개념이 있다. 반면 우리에게 분명히 신의 진리, 신의 권능, 신의 지혜, 신의 주체성 등을 획득하라고 요구하는 하느님이라는 개념도 있다. 인간이 하느님과 같아질 수 있다는 것을 믿는다면, 이 믿음은 본질적으로 우리에게 모든 가능성을 시도할 의무를 지운다. 그러나 우리는 이러한 의무를 바라지 않는다. 그토록 노력하면서 살고 싶지는 않다. 신과 같은 책임을 짊어지고 싶지도 않다. 언제나 모든 것을 생각해야 하는 책임 같은 건 지고 싶지 않은 것이다.

인간이 신처럼 되는 것은 불가능하다고 생각해버리기만 하면, 영적 성장을 근심할 필요도, 우리 자신의 의식 수준을 높이려고 애쓸 필요도, 사랑을 실천할 필요도 없다. 그냥 되는 대로 주어진 인간으로 지내면 되는 것이다. 하느님은 하늘에 있고 인간은 땅에 있으며 그 둘은 결코 합치될 수 없다면, 우리는 진화라든가 우주의 질서 유지 등 모든 책임을 하느님에게 돌리면 된다. 자기 몫을 다한 다음 행복하고 건강한 자녀와 손자 손녀들과 더불어 안락하고 편안한 노후를 즐기면 그뿐이다. 그 이상의 일로 자신을 괴롭힐 필요가 없다.

물론 이런 목표가 성취하기 쉬운 것은 아니며, 절대로 가볍게 볼 일도 아니다. 그러나 인간이 하느님이 될 수 있다고 믿는다면, 그때야말로 "자, 일을 끝냈어. 목적을 이룬 거야"라고 말하며 쉴 수는 절대로 없다. 우리는 자신을 더욱 지혜롭고 더욱 현명해지도록 밀고 끌어올려야 한다. 이 믿음을 따르면 죽는 순간까지 자기 향상과 영적 성장을 위해 끝없이 노력하기를 게을리할 수 없다. 하느님의 책임은 우리의 책임이다. 하느님이 된다는 가능성을 인간이 끔찍해하는 것도 무리는 아니다.

하느님이 자신처럼 성장하도록 인간을 적극적으로 양육한다는 사상은 우리로 하여금 자신의 게으름에 직면하게 한다.

엔트로피, 게으름 그리고 원죄

이 책은 영적 성장에 관한 책이다. 그러므로 필연적으로 그 반대 측면인 영혼의 성숙을 방해하는 것들도 다루어야 한다. 궁극적으로는 오직 단 하나의 장애물이 있다. 그것은 바로 게으름이다. 게으름을 극복할 수 있다면 다른 모든 장애물은 쉽게 뛰어넘을 수 있을 것이다. 그러나 게으름을 극복하지 못하면 다른 어떤 장애물도 뛰어넘을 수 없다. 그러므로 이 책은 게으름에 관한 책이기도 하다.

이 책의 1부 '훈육'에서는 꼭 필요한 고통을 피하려 하거나 쉬운 길을 택하려는 게으름을 살펴보았다. 2부 '사랑'에서, 사랑하지 않는다는 것은, 곧 자아의 경계를 확장하려 하지 않음을 의미한다고 했다. 게으름은 사랑의 반대말이다. 거듭 강조하거니와 영적 성장을 위해서는 반드시 노력이 필요하다. 이제 게으름의 본성에 관해 보다 넓은 시야를 가지고 살펴보기로 하겠다. 게으름은 바로 우리 모두의 삶에서 나타나는 엔트로피의 힘이다.

나는 오랫동안 원죄라는 개념을 무의미하게 여기고 부정해왔다. 나는 섹스를 특별히 죄악시하지 않았다. 그 밖의 다양한 욕망에 대해서도 마찬가지였다. 종종 맛있는 음식을 지나치게 탐닉했고 그 결과 복통에 시달리곤 했지만, 죄의식 따위가 주는 고통 때문에 시달린 적은 없었다. 물론 이 세상에 죄악 — 사기, 편견, 고문, 잔인성 등 — 이 있음은 인정한다.

그러나 어린 아기들의 내면에 운명적으로 어떤 죄가 숨겨져 있다고는 생각할 수 없으며, 조상이 선악과를 따먹었기 때문에 아이들이 저주받고 있다는 것도 믿을 수 없다. 그러나 점차로 게으름은 세상 도처에 존재함을 깨닫게 되었다. 또 환자를 치료하고자 악전고투하는 동안 최대의 적은 두말할 것도 없이 그들의 게으름임을 깨달았다. 그런 한편 내 자신 속에도 새로운 학문, 책임, 성숙의 영역으로 나 자신을 확대해가는 데 있어 게으름과 유사한 머뭇거림이 있음을 알게 되었다. 나 역시 모든 사람과 마찬가지로 게으름을 지니고 있었다. 바로 이 점에서 뱀과 선악과의 이야기가 갑자기 이해가 됐다.

얘기의 핵심은 해야 할 일을 빠뜨렸다는 것이다. 창세기는 하느님이 '저녁 무렵에 에덴동산을 거니는' 습관이 있음을 보여준다. 그리고 하느님과 인간 사이에는 대화의 통로가 열려 있었다. 그렇다면 아담과 이브는 함께든 따로든, 뱀이 유혹하기 전이거나 후거나, 하느님에게 이렇게 말했어야 하지 않을까.

"왜 선악과를 먹지 말라고 하셨는지 궁금합니다. 우리는 여기 사는 것이 정말 좋아서 은혜를 배반하고 싶지 않은데, 이 율법만은 정말 이해하기 힘듭니다. 설명해주시면 감사할 텐데요."

물론 그들은 그런 말을 하지 않았다. 율법 뒤에 숨은 이유를 알아보려고도 하지 않았고, 하느님의 권위에 의문을 제기하거나 직접 도전하지도 않고, 어른답게 대화해보지도 않고서 그냥 율법을 깨뜨려버렸다. 그들은 뱀의 말은 경청했지만 행동하기 전에 하느님의 말을 되새겨보지 않았다.

왜 그랬을까? 유혹당하고 행동에 옮기기까지 그들은 왜 아무 일도 하지 않았을까? 죄의 본질은 바로 이 아무 일도 하지 않는 것에 있다. 즉, 논쟁의 단계를 생략해버린 것이다. 아담과 이브는 뱀과 하느님 사이에 논쟁을 붙였어야 했다. 그러나 그렇게 하지 않아 하느님 쪽의 답변을 듣지 못했다. 뱀과 하느님 사이의 논쟁은 인간의 마음속에 일어나는 선과 악의 갈등을 상징한다. 마음속에서 선과 악 사이의 논쟁을 붙여보려고 하지 않는 — 또는 힘을 다하여 싸우지 않는 — 그 태도가 바로 죄를 짓는 원인이다. 어떤 일을 하려고 하며 그 이득을 따질 때, 사람들은 대개 하느님 쪽 의견을 따르지 않는다. 자기 내부에 있는 하느님의 말씀, 즉 모든 인간 존재의 마음속에 있는 올바른 지혜를 경청하고 도움을 받으려 하지 않는다. 바로 게으름 때문이다.

자기 내면 안에서 논쟁을 벌이는 것은 일종의 일이다. 시간과 노력이 소모되는 고통스러운 일이다. 게다가 우리가 그 일을 진지하게 수행한다면 — 그래서 '우리 안에 계신 하느님의 말씀'을 진지하게 따르고자 한다면 — 우리 앞에는 좀 더 험난하고 수고로운 가시밭길이 나타나게 된다. 논쟁을 벌이는 것, 즉 심사숙고한다는 것은 고통과 투쟁의 길로 들어섬을 의미한다. 우리 모두 정도의 차이는 있을지라도 누구나 고통은 회피하고 싶어 한다. 우리 모두가 게으른 것이다. 아담과 이브 이래 우리의 모든 조상이 그랬다.

그러므로 원죄는 존재한다. 그것은 우리의 게으름이다. 게으름은 실재하는 현실이다. 그것은 우리들 모두에게 있다. 아기, 어린이, 청소년, 장년, 노인, 게다가 현명한 자든 우매한 자든, 장애인이든 정상인이든 우리 모두에게. 어떤 사람은 다른 누군가보다 덜 게으를지는 모르지만, 그것도 정도의 차이에 불과하다. 야심만만하고 정력이 넘치며 영리한 사람조차도, 냉정하게 자신을 성찰해 보면 자기 속에 게으름이 잠복해 있음을 발견할 것이다. 게으름은 우리를 끌어내리고 정신적 진화를 방해하기 위해 우리 속에 숨은 엔트로피의 힘이다.

어떤 사람은 이렇게 말할지도 모른다. "난 게으르지 않은걸. 나는 일주일에 60시간이나 일하고 있고 아무리 피곤하더라도 저녁이나 주말에는 아내와 외출하고, 애들하고 동물원에 가고, 집안일도 돕고, 그 밖에도 많은 일을 해. 어떤 때는 일, 일, 일이 내 전부인 것 같기도 한데……." 공감할 수 있는 말이다. 그러나 이런 사람조차도 잘 들여다보면 자기 안에서 게으름을 발견할 것이다.

게으름이란 단지 일을 열심히 하지 않는다거나 다른 사람을 위해 헌신하지 않는 것과는 다른 차원의 문제다. 게으름의 주된 형태는 두려움이다. 아담과 이브의 신화를 다시 인용해 설명해보자. 아담과 이브가 하느님의 율법 뒤에 숨은 이유를 묻지 못한 진정한 까닭은 게으름이 아니라 두려움이라고 생각할 수도 있다. 하느님의 분노에 대한 두려움, 무서운 하느님과 마주해야 하는 두려움 말이다. 모든 두려움이 다 게으름은 아니지만 두려움 가운데 상당 부분은 게으름이 원인이다. 즉, 현실을 변화시키는 데 따른 두려움, 현재의 위치에서 더 나아가면 무언가 잃게 될지도 모른다는 두려움이다.

1부 '훈육'에서, 사람들은 새로운 정보를 위협적인 것으로 생각한다는 점을 지적했다. 새로운 정보를 수용한다는 것은 현실에 대한 그들의 지도를 개정하는 데 많은 노력이 필요하다는 뜻이다. 하지만 사람들은 본능적으로 이러한 일을 싫어한다. 결과적으로 사람들은 새로운 정보를 수용하기보다는 그것에 대항해 싸우는 경향이 있다. 이 저항은 두려움 때문에 일어나지만, 그 밑바닥에는 분명 게으름이 숨어 있다. 그것은 반드시 해야 할 일 앞에서의 두려움이다.

2부 '사랑'에서도 나는 자아를 새로운 영역, 새로운 헌신, 책임감, 새로운 관계, 새로운 차원의 존재 등으로 확대하는 모험에 관해 언급했다. 다시 말하지만 여기서 모험이라 하는 이유는 지금 그대로의 자신을 잃어버릴지도 모르기 때문이다. 따라서 새로운 상태의 자신으로 나아갈지도 모를 작업을 수행하는 것은 두려운 일임에 틀림없다. 아담과 이브는 하느님에게 솔직하게 물었을 때 일어날지도 모를 일을 두려워했을 수 있다. 그래서 그들은 쉬운 길로 향했다. 힘들이지 않고도 지혜를 얻을 수 있는 비겁한 지름길을 택했다. 그러면서도 잘되기를 희망했다. 그러나 그렇게 되지 못했다. 하느님께 묻는 것은 많은 일을 해야 함을 의미한다. 그러나 이 이야기의 교훈은 반드시 그렇게 해야 한다는 것이다.

심리 치료사들은 환자가 약간은 괜찮지만, 근본적인 변화라든가 그 변화에 따르는 일은 두려워한다는 것을 잘 안다. 환자 중 열에 아홉은 심리 치료를 시작하고서 미처 다 끝내지 못한 채 그만둔다. 바로 두려움과 게으름 때문이다. 탈락자 가운데 대부분은 진료받기 시작한 지 몇 번 만에 또는 몇 달 만에 그만둔다.

가장 두드러진 탈락 현상은 결혼 생활에 문제를 겪는 사람들에게서 나타난다. 그들은 자신의 결혼이 아주 잘못되었거나 파괴적이어서 정신 건강을 되찾으려면 이혼하든지 아주 고통스러운 과정을 통해 결혼 생활을 재정비해야 함을 처음 몇 번의 진료에서 예감한 사람들이다. 사실 이런 환자들은 진료받기 전에 이미 이런 사실을 어렴풋이나마 알고 온다. 처음 몇 번의 진료가 이미 그들이 알고 두려워하는 사실을 확인시켜준 것이다. 어쨌든 이런 사람들은 혼자 살거나, 관계를 근본적으로 개선하기 위해 배우자와 오랫동안 노력해야 하며, 경우에 따라서는 거의 이혼이나 다름없는 어려움을 겪어야 한다는 사실에 심한 두려움을 느낀다. 그래서 한동안 상담을 받다가 그만둔다. 그들의 핑계는 다양하다.

"비용이 많이 들어 더 이상 진료를 받을 수가 없네요"라든가, 때로는 아주 솔직하게 현실을 인정하기도 한다.

"진료를 계속 받는 게 결혼 생활에 영향을 미칠까 두렵습니다. 이게 도망가는 것인 줄 압니다. 언젠가 다시 상담받으러 오게 될 거예요."

그들은 자신의 고충을 극복하기 위해 엄청난 노력을 각오하기보다는 현재의 고통스러운 현실에 안주하는 쪽을 선호한다.

영적 성장의 초보 단계에 있을 때 사람들은 대체로 자신의 게으름을 인지하지 못한다. 물론 입으로는 "저 역시 다른 사람들처럼 게으를 때가 있어요"라고 말한다. 이것은 자신 안에 있는 게으름이 악마 — 실제로 그럴 수 있다 — 처럼 비양심적이며 눈속임하는 변장에 능하기 때문이다. 게으름은 여러 가지 핑계로 자신을 합리화한다. 따라서 자아의 더 성숙한 부분도 여전히 너무 나약해서 게으름을 쉽게 간파하거나 이와 투쟁할 능력이 안 된다.

내가 상담하는 환자들은 이 지적에 대해 어떤 새로운 지식이라도 얻은 듯 말한다. "이 분야는 많은 사람들이 연구했지만, 아직 이렇다 할 결론이 없다"라거나 "게으름에 빠져 알코올의존증 환자가 돼서 자살한 남자를 알아요"라거나 "새로운 일에 적응하기엔 나는 너무 늙었어"라거나 "선생님은 나를 자신의 복제품으로 만들려고 하시는군요. 심리 치료사가 그래도 되는 겁니까?" 등등의 말로 회피한다. 환자나 학생들이 보여주는 이런 반응은 모두 게으름을 감추려는 몸짓이다. 그것은 의사나 선생을 속이기보다는 자기 자신을 기만하는 것이다. 자기 속의 게으름을 깨닫고 인정하는 것이야말로 게으름을 줄여 나가는 첫걸음이다.

그러므로 영적으로 더욱 성장한 사람은 자신의 게으름을 잘 아는 사람이다. 자신이 게으르다는 것을 잘 아는 사람이야말로 가장 덜 게으를 수 있다. 나는 개인적으로 성숙을 위한 투쟁에서 새로운 통찰력을 얻었다. 그러나 그것은 쉽게 빠져 달아나는 경향이 있다. 아니 그보다는, 새롭고 건설적인 생각이 뇌리를 스치는 바로 그 순간에 나도 모르게 멈칫거리게 된다. 대부분의 시간 동안 이런 귀중한 생각들을 무심코 흘려보내고는 어떻게 할지 당황해 하며 이것들을 찾아 헤맨다. 그래서 나는 주저하고 있음을 깨달으면 영 내키지 않은 쪽으로 걸음을 옮기려고 애쓴다. 엔트로피와의 싸움은 끝이 없다.

우리는 병든 자아와 건강한 자아를 모두 갖고 있다. 신경증에 걸렸거나 심지어 정신 질환이 있다고 하더라도, 겁이 많아 마음이 딱딱하게 굳어 있다 해도, 아직도 우리 마음속에는 보잘것없지만 성장하기를 바라고 변화와 발전을 좋아하고 새롭거나 미지의 것에 마음이 끌리며 일하기를 좋아하고 영적 진화에 따른 위험을 감행할 준비가 된 영역이 당당히 존재한다. 그런가 하면 겉보기엔 건강하고 영적으로 성숙해 보이는 사람에게도 자신을 고양시키기를 원치 않고, 낡고 익숙한 것에 집착하며 변화와 수고를 두려워하고, 그 대가를 생각지 않고 그저 고통 없이 안락하기만을 바라며, 정체되고 퇴보하는 인간이 되는 쪽을 택하려는 영역이 반드시 있다.

어떤 사람은 자아의 건강한 부분이 측은하리만큼 작아서 병든 자아의 게으름과 두려움에 전적으로 지배되기도 한다. 또 어떤 사람들은 빠른 속도로 성장하면서 건강한 자아가 하느님의 경지에까지 자신을 끌어올리려고 애쓴다. 그러나 건강한 자아는 우리 속에 숨은 병든 자아에 대해 경계심을 늦춰서는 안 된다.
바로 이 한 가지 점에서 모든 인간은 똑같다. 즉, 우리 모두 각각의 깊은 곳에는 병든 자아와 건강한 자아 — 당신의 의지에 따라 삶을, 혹은 죽음을 부추길 수도 있는 — 가 동시에 작용한다. 우리 개개인이 인류 전체를 대표한다. 각자 내부에는 하느님의 경지에 이르고자 하는 인류의 끈질긴 소망이자 본능이 자리 잡고 있다. 동시에 인간을 퇴행시키고 그가 태어난 자궁 속과 다를 바 없는 수렁으로 되돌리려는 엔트로피의 힘, 즉 게으름이라는 원죄도 존재한다.

악이란 무엇인가

앞서 게으름은 바로 원죄며, 우리 속에 병든 자아의 형태로 존재하는 악마 같은 것이라고 말했다. 악의 본질에 관한 몇몇 언급은 그러한 상을 원숙하게 만든다. 아마도 악의 문제는 모든 신학의 주제 중 가장 심각한 문제일 것이다. 그러나 다른 많은 '종교적' 문제를 다룰 때처럼, 심리학은 약간의 사소한 예외는 있지만 마치 악이란 존재하지 않는 것처럼 여긴다. 결과적으로 심리학은 이 분야에 대단히 기여했다. 이 부분을 자세히 다루고 싶지만, 주제와 동떨어진 것이므로, 여기서는 악의 본질에 관한 내 나름의 결론을 간단히 언급하려 한다.

첫째, 나는 악이 실재한다는 결론에 도달했다. 악이란 어떤 미지의 힘을 설명하느라고 원시인들이 종교적 상상으로 만들어낸 가공의 존재가 아니다. 선을 증오하며 그것을 파괴하고자 온갖 나쁜 짓을 하는 사람이나 단체가 실제로 있다. 이 일을 행할 때, 그들은 의식적으로 악의를 갖는 정도가 아니라 거의 맹목적이다. 또 자신 속에 존재하는 악을 깨닫지 못하고 알려고 하지도 않는다. 종교 서적에서 묘사한 것처럼 악마는 빛을 싫어하고 본능적으로 그것을 피하기 위해 모든 노력을 기울이고 심지어는 꺼버리려고 한다. 그래서 그들은 자녀를 비롯해 영향력을 행사할 수 있는 모든 사람들 안에 있는 빛을 파괴하려 든다.

악한이 빛을 싫어하는 이유는 빛이 그들의 모습을 스스로 드러내 보여주기 때문이다. 그들은 선을 싫어한다. 그들의 악을 드러내주기 때문이다. 그들은 사랑을 싫어한다. 그들의 게으름을 드러내주기 때문이다. 이렇게 자신을 자각하는 고통을 피하기 위해 그들은 빛과 선과 사랑을 파괴한다. 따라서 나의 두 번째 결론은 악이란 게으름의 극한이라는 것이다. 이미 말했듯이 사랑의 반대말은 게으름이다. 보통의 게으름이란 그저 사랑하지 못하는 것이다. 게으른 사람들은 누가 억지로 시키지 않으면 손가락 하나 까딱하지 않을 때도 있다. 하지만 그것은 단지 사랑 없음의 한 표현일 뿐 아직 악은 아니다.

그러나 진짜 악한은 자기 자신의 확장을 회피하는 것이 수동적 차원이 아니라 적극적인 차원에서 이루어진다. 그들은 게으름을 유지하고 병든 자아를 훼손시키지 않으려고 능력이 닿는 한 무엇이든 행동에 옮긴다. 그래서 다른 사람을 키우기보다는 이러한 목적을 위해 실제로 남을 파괴하게 된다. 영적 성장에 따르는 고통을 회피하는 데 필요하다면 살인까지도 서슴지 않는다. 건강한 영혼을 지닌 사람들 때문에 병든 자아의 유지가 위협받으면 수단과 방법을 가리지 않고 그 건강한 영혼을 파괴한다. 따라서 나는 악이란 영적 성장을 촉진하기 위한 자아 확장을 회피하려는 정치적 권력 행사 — 노골적이거나 은근히 다른 사람에게 자신의 의지를 강요하는 것 — 라고 본다. 단순한 게으름은 사랑이 아닌 것에 불과하지만 악은 사랑을 막는 것이다.

세 번째 결론은 인간의 진화에 있어 적어도 지금 단계에서는 악의 존재가 불가피하다는 것이다. 인간은 자유 의지를 갖고 있고 엔트로피의 힘은 필연적으로 존재한다. 그러므로 어떤 사람은 게으름을 이겨낼 수 있으나 또 어떤 사람은 그것이 힘겨울 수 있다. 엔트로피의 힘이 존재하는 한편에 사랑이라는 진화를 부추기는 힘이 있어, 이 두 상반된 힘으로 대부분의 사람은 비교적 균형을 잘 유지한다. 그러나 한쪽 극단에는 순수한 사랑만 드러나는 사람이 있고 반대편 극단에는 순수한 엔트로피나 악만 드러나는 사람이 있다. 이 둘은 서로 갈등하는 힘이라서 양극단은 부딪칠 수밖에 없다. 선이 악을 미워하듯 악이 선을 미워하는 것은 자연스러운 일이다.

마지막으로 나는 다음과 같은 결론에 도달했다. 엔트로피는 거대한 힘인 반면, 가장 극단적인 악의 형태로 그것이 사회적인 힘으로 쓰일 때는 이상하게도 무능해진다. 나는 악의 세력이 수많은 어린이들의 정신과 영혼을 악랄하게 공격하고 확실히 파괴하는 것을 목격했다. 그런데 악은 인간의 진화라는 큰 흐름에 발동을 걸어주기도 한다. 악이 파괴하는 각각의 영혼 — 아주 많다 — 때문에 악은 다른 사람들을 구원하는 도구 역할을 한다. 즉, 의식하지 못하는 사이에 악은 다른 사람들에게 함정을 피하도록 경고하는 횃불 역할을 하는 것이다.

우리 대부분은 은총으로 말미암아 악의 잔인함에 거의 본능적인 두려움을 갖고 있다. 그래서 악의 존재를 인식하게 되면 그러한 인식을 통해 인격을 연마한다. 악에 대한 자각은 우리 자신을 정화시키는 출발 신호다. 예컨대 그리스도를 십자가에 매단 것은 악이었다. 하지만 그로 말미암아 우리는 그분을 멀리서도 볼 수 있다. 세상의 악에 대항하여 직접 싸움에 가담하는 것이 우리가 성장하는 방식 중 하나다.

의식의 진화

그동안 '알고 있는aware'과 '앎awareness'이라는 말이 되풀이해서 등장했다. 악한은 자신의 상태를 알고 싶어 하지 않는다. 게으름의 자각은 영적 진보를 가늠하는 잣대다. 사람들은 흔히 자기 종교나 세계관을 잘 모르는 경우가 많다. 그래서 종교적으로 성숙해가는 과정에서 자신의 가설假說과 편견에 치우치기 쉬운 경향을 알 필요가 있다. 괄호 묶기와 사랑의 관심을 통해서 우리는 사랑하는 사람과 세상을 더 알게 된다. 훈육의 기본적인 요소는 책임감과 선택의 위력에 대한 인식을 발달시키는 것이다. 그러한 정신적인 부분을 인식하게 만드는 능력을 의식이라고 부른다. 이제 이 시점에서 우리는 영적인 성장을 의식의 성장이나 진화라고 정의할 수 있다.

'의식conscious'이라는 말은 '함께'라는 뜻을 지닌 라틴어 접두사 con과 '안다'라는 뜻을 지닌 scire에서 유래한다. 따라서 의식한다는 것은 '함께 안다'라는 뜻이다. 그러나 이 '함께'라는 말은 무슨 뜻인가? '무엇을' 함께 안다는 말인가? 나는 마음 가운데 무의식적인 부분이 놀라운 지식의 저장소라고 말했다. 우리가 자신을 의식하는 자아로 정의할 때 무의식은 우리보다 더 많은 것을 안다. 새로운 진실을 알게 되는 것은 우리가 그것을 진실이라고 인정하기 때문이다. 즉, 우리가 줄곧 알아 온 것을 다시 아는 것이다. 따라서 의식하게 된다는 것은 무의식과 함께 아는 것이라고 결론 내릴 수 있지 않을까? 의식이 발달한다는 것은 어떤 것 — 무의식은 이미 알고 있는 것 — 을 알 때 우리의 의식이 점점 더 무의식과 함께 알아간다는 것이다. 즉, 의식을 무의식과 일치시키는 과정이다. 이것은 치료사들에게는 낯선 개념이 아니다. 심리 치료사들은 자신의 작업을 '무의식을 의식화하는' 과정 또는 무의식의 영역과 연관시켜 의식의 영역을 확장시키는 과정으로 정의하기 때문이다.

그러나 여전히 우리는 의식적으로 아직 학습되지 않은 이 모든 지식을 무의식이 어떻게 소유하게 되었는지 설명하지 못한다. 여기서 다시 문제는 근원적인 데로 돌아가고 우리는 어떤 과학적 답변도 할 수 없다. 단지 가설을 세울 수 있을 뿐이다. 그리고 다시, 바로 우리와 밀접하게 연관된 — 바로 우리의 일부라고 할 만큼 밀접한 — 하느님이라는 가정만큼 만족스러운 가설은 없다는 생각으로 돌아온다.

은총을 발견할 수 있는 가장 가까운 장소는 바로 당신의 내부다. 지금 지닌 것보다 더 큰 지혜를 바란다면 당신의 내부에서 찾아라. 이 말은 곧 하느님과 인간이 만나는 지점이 적어도 일부나마 의식과 무의식이 만나는 지점이라는 뜻이다. 좀더 쉽게 말하자면 우리의 무의식이 바로 하느님이다. 우리 안에 계신 하느님. 우리는 언제나 하느님의 일부였다. 하느님은 어제도, 오늘도 그리고 내일도, 언제까지나 우리와 함께할 것이다.

어떻게 그럴 수 있느냐고? 무의식이 곧 하느님이라는 개념에 두려움을 느낀다면 그것이 결코 이단적인 개념이 아님을 상기하기 바란다. 그것은 우리 안에 내재하는 성령 또는 성신이라는 기독교적 개념과 근본적으로 같은 개념이다. 하느님과 우리의 관계를 더 잘 이해하기 위해, 우리의 무의식을 겉으로 드러난 의식이라는 작은 식물에 영양을 공급하는 땅속줄기나 믿을 수 없이 크고 풍성한 숨겨진 뿌리 같은 것으로 상상하면 좋겠다. 이러한 비유는 융에게서 빌린 것으로, 그는 자신을 '무한한 신성의 편린'이라고 부르며 이렇게 말했다.

> 내 견해로는, 삶이란 뿌리에서 영양을 공급받는 식물과도 같다. 진정한 삶은 뿌리 속에 감추어져 있어 눈에 보이지 않는다. 땅 위에 나타난 부분은 한여름만을 겨우 지탱한다. 그러고는 시들어 버린다. 스쳐지나가는 환영처럼. 인생과 문명의 끊임없는 흥망성쇠를 생각할 때 우리는 절대 허무라는 관념에서 벗어날 수가 없다. 그러나 영속적인 변화에도 불구하고 계속해서 살아남는 그 무엇에 대한 느낌을 나는 결코 잊은 적이 없다. 우리가 볼 수 있는 것은 꽃뿐이고, 꽃은 곧 시든다. 그러나 뿌리는 남아 있다.*

---

* 칼 구스타프 융, 《기억, 꿈, 사상》, 아니엘라 야페Aniela Jaffe 편(빈티지 북스, 1965), p. 4.

융은 하느님이 무의식 속에 존재한다고 적극 주장하지는 않았다. 그러나 그의 글은 분명히 그 방향을 지향한다. 그는 무의식을 더욱 피상적이고 개별적인 '개인 무의식'과 모든 인류에게 공통적으로 해당되는 더욱 심층적인 '집단 무의식'으로 나누었다. 내게는 이 집단 무의식이 바로 하느님이다. 의식은 개인으로서의 인간이며, 개인 무의식은 개인과 하느님이 만나는 지점이다. 이 지점에 당도하면 개인 무의식에 어느 정도 소용돌이가 생기고 개인의 의지와 신의 의지 사이에는 당연히 투쟁이 일어난다.

앞에서 무의식은 자애로운 사랑의 터전이라고 했다. 나는 그렇다고 믿는다. 그러나 꿈은 사랑의 지혜를 전달하기도 하지만 갈등의 모습을 보여주기도 한다. 꿈은 새로운 활력과 기쁨을 주지만 어수선하고 두려운 악몽으로 괴롭히기도 한다. 이 어수선함 때문에 많은 학자는 정신 질환의 원인이 무의식에 있다고 생각했다. 이는 마치 무의식은 정신 병리의 온상이고, 각종 증후군은 인간을 괴롭히기 위해 지상으로 올라온 지옥의 악마인 양 생각하는 식이다. 그러나 이미 이야기했듯 내 견해는 정반대다. 내 생각으로는 의식이야말로 정신 병리의 온상이고 정신 이상은 의식의 이상이다. 우리가 병드는 것은 의식이 무의식의 지혜에 저항하기 때문이다. 의식과 그것을 치료하려는 무의식 사이에 갈등이 일어나는 것은 의식에 이상이 생겼기 때문이다. 다시 말해 정신 질환은 개인의 의식적 의지가 하느님의 의지, 즉 무의식으로부터 실질적으로 벗어나려고 할 때 일어난다.

영적 성장의 궁극적 목표는 인간이 하느님과 하나가 되는 데 있다고 언급한 바 있다. 즉, 하느님이 아는 만큼 인간도 아는 것이다. 그런데 무의식은 언제나 하느님과 하나다. 그러므로 영적 성장의 목표는 의식적 자아가 신성을 획득하는 것이라고 다시 정의할 수 있다. 우리 개개인이 모두 전적으로 완전히 하느님이 되는 것 말이다. 그런데 이 말은 영적 성장의 목적이란 의식이 무의식에 통합돼 모든 것이 무의식이 된다는 의미일까? 천만의 말씀이다. 우리는 이제야 문제의 핵심에 도달했다. 그것은 의식을 지닌 채로 하느님의 상태에 이르는 것이다. 무의식의 하느님이라는 뿌리에서 자라난 의식의 새싹이 하느님 그 자체로 성장할 수 있다면, 하느님은 전혀 새로운 삶의 형태로 나타날 것이다. 이것이 인간 개체의 존재 이유다. 우리는 의식을 지닌 개인으로서 새로운 방식의 삶을 사는 신이 되고자 태어난 것이다.

의식은 존재 전체 중 실천하는 부분이다. 결정을 내리고 그것을 실천에 옮기는 것이 의식이다. 완전히 무의식적 존재란 갓 태어난 어린 아기와 같아서 하느님과 함께 있기는 하지만 이 세상에 하느님의 존재를 드러내 보일 어떤 행동도 할 수 없다. 앞에서 잠깐 언급했다시피 힌두교나 불교의 일부 신비 사상 중에는 퇴행적인 성격으로 비춰지는 부분이 있다. 자아의 영역이 없는 유아의 상태를 열반에 비유한다거나, 열반에 이르는 목적을 자궁 속으로 되돌아가는 것과 유사하게 여기는 부분도 있다.

그러나 대부분의 신비주의 철학은 정반대의 목적을 지닌다. 자아가 없는 무의식 상태의 아기가 아니라 하느님의 자아가 될 수 있는 성숙한 의식적 자아로 성장하는 것이다. 우리가 자립할 수 있는 성인으로서 세상에 영향을 미칠 독자적 선택의 능력이 있다면, 그리하여 우리의 성숙한 자유 의지를 하느님의 의지와 일치시킬 수 있다면, 하느님은 우리의 의식적 자아를 통해 새롭고도 강인한 삶의 형태를 보여줄 것이다. 따라서 우리는 하느님의 대리자요, 그분의 오른팔이요, 그분의 일부가 될 것이다.

의식적 결정을 통해 이 세상이 그분의 의지에 따르도록 영향을 미칠 수 있다면 우리의 삶 자체가 하느님 은총의 대행자가 될 것이다. 그러면 우리 자신은 하느님 은총의 한 형태가 될 것이고, 인간 속에서 그분을 위해 일하며, 사랑이 없던 곳에 사랑을 심고, 이웃을 우리와 같은 수준의 앎으로 인도하며, 인류의 진보 수준을 끌어올릴 것이다.

권력이란 무엇인가

이제 권력의 본질을 논의할 차례가 되었다. 이것은 대단히 오해의 소지가 큰 주제다. 오해할 만한 이유 중 하나는 이 세상에 두 종류의 권력—정치적인 것과 영적인 것—이 존재하기 때문이다. 종교 신화학은 이 두 가지를 구분하기 위해 몹시 애쓴다. 예를 들면 석가모니가 태어나기 전에 예언자들이 석가의 아버지에게 말하기를, 이 아이는 지상에서 가장 강력한 군주가 되거나 가난하기 짝이 없지만 인류 역사상 가장 위대한 정신적 스승이 될 것이라고 하였다. 이것 아니면 저것이고 둘 다일 수는 없다. 예수의 경우에도 사탄이 '세상의 모든 왕국과 그 영광'을 주겠노라고 제안했다. 그러나 예수는 이 제안을 거절하고 십자가에서 무력하게 죽는 길을 택했다.

정치적 권력이란 은근히 또는 노골적으로 타인을 강요하여 누군가의 의지에 따르도록 하는 능력이다. 이 능력은 어떤 지위에 귀속된다. 예컨대 왕위라든가 대통령직 또는 돈에 귀속되기도 한다. 그러나 그 지위에 올랐거나 돈을 소유한 사람에게 권력이 귀속되는 것은 아니다. 결과적으로 정치적 권력은 선이나 지혜와는 무관하다. 이 지구상에는 매우 어리석고 매우 사악한 사람들이 마치 왕처럼 활보한다. 그러나 영적인 힘은 전적으로 개인에게 내재해 있으며 타인을 억압하는 능력과는 무관하다. 강력한 영적 힘을 지닌 사람도 부유할 수 있고 정치적 지도자의 입장에 설 수 있다. 하지만 그들은 가난한 사람과 별다른 바 없이 살며 정치적 권위도 행사하지 않는다. 그렇다면, 강요할 수 있는 능력이 아니라면 영적 힘은 어떤 능력을 지녔을까? 그것은 인식의 최대치에서 결정내릴 수 있는 능력이다. 그것은 의식이다.

대부분의 사람은 대부분의 순간에 자기가 하는 일을 거의 알지 못하면서 어떤 결정을 내린다. 그들은 동기를 거의 이해하지 못한 채로 또 자기 선택의 결과를 알아보려고도 하지 않고 행동에 들어간다. 잠재 고객을 받거나 거절할 때 우리는 우리가 무엇을 하고 있는지 정말 알고 있을까? 아이를 때릴 때, 아랫사람을 격려할 때, 친구와 놀 때는 어떠한가? 정계에 오래 몸담은 사람이면 누구나 최상의 의도로 시작한 일이 결과적으로 해롭게 되어 실패로 끝나는 경우가 종종 있음을 잘 안다. 그런가 하면 야비한 동기를 갖고 사악한 씨앗을 뿌리지만 결과적으로 건설적인 일이 되는 경우도 있다.

자녀 양육에도 이런 경우가 많다. 불순한 이유로 좋은 일을 하는 것이 선량한 의도로 행한 나쁜 행동보다 결과적으로 훨씬 나을 때도 있다. 확신에 차 있을 때 오히려 어둠 속에 있고, 가장 혼란스럽다고 생각될 때 오히려 빛 속에 있을 때가 많다는 뜻이다.

무지의 바다를 표류할 때 우리가 할 일은 무엇인가? 어떤 사람들은 허무에 빠져 "아무것도 할 수 없어"라고 한다. 그들은 계속 표류할 수밖에 없다고 말한다. 진정한 목표나 의미 있는 행선지로 안내하는 어떤 좌표도 찾을 수 없는 망망대해 한복판에 있기 때문이라고 핑계를 댄다. 그러나 또 어떤 사람들은 길을 잃었다는 사실을 알 만큼 충분히 깨어 있다. 그래서 더욱 위대한 앎의 경지로 나아가 무지에서 자신을 건져 올릴 수 있기를 바란다. 그들의 생각이 옳다. 또 그것은 가능한 일이기도 하다. 그러나 좀 더 위대한 앎의 경지란 어둠 속에서 번쩍 불빛이 빛나는 것 같은 깨달음으로 오는 게 아니다. 그것은 천천히 조금씩 오며, 그 조금이라는 것도 자기 자신을 포함한 모든 사물을 관찰하고 탐구하는 각고의 노력 끝에 얻어진다. 그들은 겸손한 학생이다. 영적 성장의 길은 평생 걸리는 배움의 길이다.

열심히 이 길을 따라가다 보면 지식의 조각들이 모양을 갖추기 시작한다. 점차 사물이 의미심장해진다. 막다른 골목과 실망스러운 순간과 폐기해야 할 관념도 있다. 그러나 우리는 점차 우리 자신의 존재에 대해 깊고 깊은 이해에 도달하게 된다. 그리고 점차 자신이 하는 일이 실제로 어떤 일인지도 자각할 수 있게 된다. 우리는 권력을 얻게 되는 것이다.

영적인 힘을 경험하는 것은 기본적으로 기쁜 일이다. 어떤 일에 정통했을 때 오는 기쁨이 있다. 실제로 전문가가 되어 자신이 하는 일을 진정으로 잘 아는 것보다 큰 만족은 없다. 영적으로 완전히 성숙한 사람은 인생의 전문가다. 그러나 또 다른 더 큰 즐거움이 있다. 그것은 하느님과 교감하는 즐거움이다. 자신이 하는 일이 무엇인지 진정으로 알 때 우리는 하느님의 전지전능하심에 동참하는 것이다. 어떤 상황의 본질과 우리가 어떤 행동을 할 때의 동기, 결과 및 파급효과에 관해 완전히 앎을 얻게 될 때, 우리는 일반적으로 하느님에게만 기대할 수 있었던 수준의 앎에 도달한다. 우리의 의식적 자아는 하느님의 정신과 결합하는 데 성공한 것이다. 우리는 하느님처럼 아는 것이다.

이런 단계의 영적 성장과 위대한 인식 상태에 도달한 사람들은 언제나 즐겁고 겸손하다. 그들은 자신의 비범한 지혜는 무의식에 그 기원을 두고 있다는 것을 알기 때문이다. 또한 그들은 무의식이라는 뿌리와 자신이 연결된 통로를 유념하고 있으며 그 통로를 따라 지식이 뿌리로부터 흘러온다는 것도 잘 안다. 배우려는 노력은 바로 이 연결 통로를 열고자 하는 노력이다. 그들은 무의식이라는 뿌리가 그들만 특별히 가진 부분이 아니라 모든 인류와 모든 생명체와 그리고 하느님의 것임을 인식하고 있다. 자신의 지식과 권능의 근원을 질문받으면 진정으로 힘 있는 사람은 이렇게 대답할 것이다. "그것은 내 권능이 아닙니다. 내가 지닌 이 작은 권능은 더욱 위대한 힘의 조그만 표현일 따름이지요. 나는 단지 일종의 통로일 뿐, 이것은 결코 나의 힘이 아닙니다." 이러한 겸손은 유쾌하다. 하느님과 밀접하게 연결돼 있다는 깨달음 덕분에 진정으로 힘 있는 사람은 자아의 축소를 경험하기 때문이다. "제 뜻이 아니라 당신 뜻이 이루어지게 하소서. 저를 당신의 도구로 써주소서"

라는 것이 그들의 유일한 소망이다. 이러한 자아의 망각은 마치 사랑할 때의 느낌처럼 조용한 환희로 다가온다. 하느님과 밀접하게 연결되어 있다는 것을 앎으로써 외로움이 사라지는 것을 경험한다. 교감이 있는 것이다.

그러나 영적인 힘을 경험한다는 것은 분명 즐겁기는 하지만 한편으로는 끔찍한 일이기도 하다. 더 많이 알수록 어떤 행동으로 돌입하기가 점점 어렵기 때문이다. 나는 이런 상황을 이 책의 1부 결론 부분에서 얘기했다. 휘하 사단을 전투에 참가시킬지를 결정해야 하는 두 장군을 예로 들어서. 자기 사단을 단순히 전략 단위로만 간주하는 장군은 결정을 내린 뒤 편히 잠들 수 있다. 그러나 자기 휘하의 장병 한 사람 한 사람의 목숨을 소중히 여기는 다른 장군은 이 결정이 고민스럽다. 우리는 모두 이 장군들과 같다. 어떤 행동을 취하더라도 그것은 문명의 진로에 영향을 미친다. 어린아이 한 명을 칭찬할 것인가 야단칠 것인가를 결정하는 것조차도 엄청난 결과를 초래할 수 있다. 제한된 지식에 근거해 행동한 후, 결과는 나 몰라라 하기는 쉽다.

그러나 더 많이 알수록 우리는 어떤 결정을 내리기 위해 더욱 더 많은 자료를 흡수하고 이를 결정에 반영해야 한다. 많은 것을 알수록 결정 내리기는 더 복잡해진다. 그러나 알면 알수록 결과를 예측하기는 쉬워진다. 결과가 어찌 될지 정확히 예측할 책임을 떠맡는다면, 그 일의 복잡함에 압도되어 무력증에 빠지게 될지도 모른다. 아무 일도 하지 않는 것은 그 자체가 일종의 행위다. 어떤 상황에서는 그것이 최선의 방책일 수 있지만 다른 상황에서는 재난

이요, 파괴일 수 있다. 그러므로 영적인 힘이란 단순한 앎의 문제가 아니다. 그것은 더욱 더 위대한 앎의 경지로 나아가면서도 여전히 결정을 내릴 수 있는 역량을 유지하는 능력이다. 그리고 하느님과 같은 권능이란 모든 것을 다 알면서 결정을 내리는 힘이다. 그러나 상식적인 생각과는 달리 전지전능함이 의사 결정을 더 쉽게 해주지는 않는다. 그 반대로 결정을 더 어렵게 만든다. 하느님에게 다가가면 갈수록 우리는 하느님에게 더 많이 공감하게 된다. 하느님의 전지전능과 함께한다는 것은 그분의 고뇌를 함께 나눈다는 뜻이기도 하다.

권력에는 또 다른 문제가 있다. 그것은 고독이다.* 적어도 이 점에서는 정치적 권력과 영적인 힘 사이에 유사점이 있다. 영적 진보의 정점에 접근한 사람은 정치권력의 정상에 있는 사람과 비슷하다. 자기 위에 책임을 전가할 사람이나 비난할 사람도, 일을 어떻게 해야 할지 일러줄 사람도 없다. 자신의 고뇌와 책임을 함께 나눌 만한 수준의 사람이 없는 것이다. 오로지 자신에게 책임이 있는 것이다. 영적인 힘의 심오함에서 비롯되는 고독감은 정치권력의 그것과는 차원이 다르다. 정치권력자들은 막강한 지위에 비해 깨달음의 수준은 별로 높지 않을 확률이 높다. 그 때문에 거의 언제나 비슷한 수준에서 대화를 나눌 사람이 있다. 따라서 대

* 나는 고독aloneness과 외로움loneliness을 구별하고자 한다. 외로움은 어느 수준에서든 함께 대화를 나눌 사람이 없는 상태다. 힘이 있는 사람은 그와 대화하기를 열망하는 사람들에게 둘러싸여 있다. 그래서 외로울 틈이 없고 오히려 외로움이 그리울 수도 있다. 그런데 고독은 같은 인식 수준에서 대화할 사람이 없는 상태다.

통령과 왕은 친구와 동지를 가질 수 있다.

그러나 깨달음, 다시 말해 영적인 힘이 최고의 수준에 도달한 사람은 주변에 자기와 대등할 정도로 앎의 깊이를 지닌 사람을 발견하기가 정말 어렵다. 복음서의 가장 신랄한 주제 가운데 하나가 자신을 진정으로 이해할 사람이 없다는 것에 대한 예수의 끝없는 절망이었다. 그가 그토록 노력하고 자신을 개방했지만 열두 제자 가운데 단 한 사람도 자기 수준으로 올라선 사람은 없었다. 가장 현명한 제자조차도 그를 뒤따를 수는 있었으나 따라잡을 수는 없었고, 그의 무한한 사랑은 순전히 혼자 앞서 걸으며 그들을 인도해야 하는 책임감을 덜어주지 못했다.

이러한 종류의 고독은 영적 성장을 향한 여정에서 가장 앞서간 자라면 모두가 겪는 것이다. 이웃에서 점점 멀어짐에 따라 하느님과의 관계는 점점 밀접해진다는 즐거움이 없다면 감당해내기 힘든 짐이다. 의식이 성숙해지고 하느님을 알아가는 교감 속에는 우리를 지탱시켜주고도 남을 즐거움이 있다.

은총과 정신 질환:
오레스테스의 신화

지금까지 정신 건강 및 정신 질환과 관련해 겉보기에는 서로 무관한 듯한 많은 얘기를 했다. "신경증은 마땅히 치러야 할 고통을 회피하려는 데서 온다"라든가, "정신적 건강은 어떠한 희생도 무릅쓰고 진실에 충실한 것이다" 또는 "정신 질환은 개인의 의식적 의지가 무의식적 의지인 하느님의 의지에서 상당히 벗어날 때 일어난다" 등등. 이제 정신 질환의 문제를 더 면밀히 검토한 후 이러한 이야기를 통합해보겠다.

우리는 실제 세계에 살고 있다. 인생을 성공적으로 살기 위해서는 이 세계의 실체를 가능한 한 잘 파악해야 한다. 그러나 그것은 쉽지 않다. 세계의 실상과 또 우리 자신이 세계와 관련 맺고 있는 양상은 고통스러운 것일 때가 많다. 우리는 오직 고통스러운 노력을 통해서만 이것을 이해할 수 있다. 우리는 불쾌한 사실을 의식 밖으로 몰아냄으로써 고통스러운 현실에서 도피한다. 달리 말해서 진실에 대항해 우리의 의식과 인식을 방어하고자 한다. 이런 일은 정신과 의사들이 방어 기제라고 부르는 수단을 통해 수행된다. 우리는 누구나 이러한 방어 기제를 작동시켜 우리의 인식을 제한한다. 게으름과 고통에 대한 두려움 때문에 인식을 방어한다면 세상에 대한 우리의 이해는 실제와 전혀 다른 것이 될 것이다. 행동은 이해에 기초한다. 그러므로 이렇게 되면 우리의 행위까지도 비현실적인 것이 된다. 그 정도가 심각해지면 스스로는 건강하다고 생각할지 몰라도 이웃들은 우리를 '현실 감각이 없는' 사람이거나 정신이상자라 여길 것이다.*

그러나 이렇게 사태가 극단적으로 전개돼 이웃이 이상하게 여기기 전에 무의식은 부적응 반응을 증가시켜 우리에게 경고한다. 무의식은 악몽이나 불안, 우울증, 기타 여러 증상을 통해 이런 경고를 보낸다. 의식은 현실을 부정하더라도, 무의식은 전지전능하므로 진정한 현실을 파악하고 긴장감을 조성하거나 여러 증상을 내보이는 방법으로 우리의 의식에게 뭔가 잘못되었음을 인식시키려고 노력한다. 다시 말해서 정신 질환의 고통스럽고 달갑지 않은 증상은 은총이 모습을 드러낸 것이다. 즉, '의식의 바깥에 존재하면서 우리의 영적 성장을 돕는 강력한 힘'의 소산이다.

나는 이미 1부 '훈육'의 결론 부분에서 우울증을 간략히 지적했

* 정신 질환에 대한 이러한 도식은 어느 정도 지나치게 단순화되었다. 예를 들면 이러한 도식에는 때론 아주 중요하고 심지어는 지배적인 요인인 신체적 · 생화학적인 요인이 고려되지 않았다. 또한 어떤 사람들은 동시대인보다 현실 감각이 더 우월하기 때문에 '병든 사회'에 의해 '제정신이 아니'라는 평가를 받을 수 있다는 것도 안다. 그렇다 하더라도 여기서 제시하는 도식은 대부분의 정신 질환에 적용된다.

다. 즉, 우울증은 고통받는 사람에게 일이 제대로 돌아가지 않으니 조치가 필요함을 알려주는 표시다. 다른 원리를 설명하고자 인용한 여러 사례도 이 경우에 적용된다. 정신 질환이라는 불유쾌한 증상은 사람들이 길을 잘못 들어섰으며 정신이 성장을 멈추고 심각한 위험에 처해 있음을 알려준다. 그러면 여기서 일련의 증상들이 어떤 경고를 의미하는지 예를 들어본다.

예쁘고, 똑똑하며, 새침한 구석도 있는 스물두 살 아가씨 베씨는 심한 불안감에 시달리던 끝에 나를 찾아왔다. 그녀는 가톨릭 신자인 부모의 무남독녀였다. 노동자 계층인 부모는 베씨를 대학에 보내려고 절약에 절약하여 돈을 모았다. 그러나 일 년 동안 대학을 다닌 그녀는 공부를 썩 잘했는데도 학교를 그만두고 옆집에 사는 자동차 수리공과 결혼하기로 했다. 그리고 그녀는 슈퍼마켓 경리로 취직했다. 두 해 정도는 잘 지냈다. 그러나 갑자기 불안이 엄습해왔다. 그녀는 심한 우울증에 빠졌다. 집 바깥에서 남편 없이 혼자 있을 때면 어김없이 불안이 엄습한다는 것을 빼면, 언제 불안 증세가 나타날지 예측할 수가 없었다. 쇼핑할 때나 슈퍼마켓에서 일할 때 또는 그냥 거리를 걸을 때도 불쑥불쑥 불안이 엄습했다. 마침내 그녀의 공포는 극에 달해 기절할 지경이었다. 그녀는 하던 일을 내팽개치고 집으로 달려가든가 아니면 남편이 일하는 자동차 정비소로 달려갔다. 남편과 함께 있거나 집에 있을 때만 안정이 되었다. 이러한 증상 때문에 그녀는 직장도 그만두어야 했다.

병원에 다니면서 약도 먹었지만, 공포는 사라지지도, 약화되지도 않아서 나를 찾아온 것이다.

"뭐가 잘못됐는지 모르겠어요"라고 그녀는 흐느껴 울었다.

"내 생활은 모든 것이 다 괜찮았어요. 남편도 잘해주고요. 우리는 서로 몹시 사랑하거든요. 일하는 것도 즐거웠고요. 그런데 이젠 모든 게 무섭기만 해요. 어쩌다 이렇게 되었는지 모르겠어요. 꼭 미쳐버릴 것 같습니다. 선생님, 제발 모든 것이 옛날처럼 잘되도록 도와주세요."

당연한 일이지만 진료를 받는 동안 베씨는 과거의 모든 것이 생각처럼 그렇게 '잘' 되어간 것만은 아님을 깨달았다. 우선, 천천히 그리고 고통스럽게, 남편이 잘해주기는 하지만 그는 여러 면에서 그녀를 짜증나게 했음이 드러났다. 그의 매너는 빵점이었다. 관심거리는 아주 적었고, 텔레비전을 보는 것이 취미의 전부이다시피 했다. 그는 그녀를 따분하게 했다. 아울러 그녀는 점차 슈퍼마켓의 경리 업무도 자신에게는 지루했음을 깨달았다. 그래서 우리는 왜 그녀가 이런 재미없는 삶을 위해 대학을 떠났는지 그 이유를 캐기 시작했다.

"그곳에서는 날이 갈수록 불편했어요"라고 그녀는 말했다. "애들은 마약 아니면 섹스에 푹 빠져 있었어요. 그것이 옳아 보이지 않았고요. 섹스를 원하는 남자들뿐만 아니라 여자들까지도 나를 의아하게 생각했어요. 나를 너무 순진하다고 생각한 거죠. 나는 나 자신과 교회와 심지어 제 부모님의 가치관에 대해서까지 회의하기 시작했다는 걸 깨달았어요. 그래서 겁이 났던 것 같아요."

베씨는 치료를 통해 대학에서 달아남으로써 회피하려 했던 그

회의의 과정을 다시 시작했다. 마침내 그녀는 대학으로 돌아갔다. 다행히 남편도 그녀와 함께 성장하기를 원해 그 역시도 대학에 들어갔다. 그들의 지평은 급격히 확대되었으며 당연히 그녀의 불안도 사라졌다.

이 예는 다소 전형적이지만 여러 측면으로 분석해볼 수 있다. 베씨를 습격한 불안은 광장 공포증이라는 것인데(글자 그대로 장터에 대한 두려움이지만 보통은 확 트인 장소에 대한 두려움이다) 자유에 대한 그녀의 두려움을 나타내 보여준 셈이다. 그녀는 집 밖에서 남편의 간섭 없이 자유롭게 남과 관계를 맺을 수 있는 자유가 두려웠다. 그것은 그녀의 정신 질환 요체였다. 다른 사람은 자유를 무서워하는 불안감의 엄습 그 자체가 병이라고 말할지도 모른다. 그러나 나는 다른 방법으로 이 문제를 보는 것이 더 유익하고 유용하다는 것을 알아냈다. 돌연한 불안이 급습하기 오래 전부터 그녀는 자유를 두려워했다. 대학을 그만두고 자신의 성장을 억누르기 시작한 것은 바로 이 두려움 때문이었다. 내 생각으로는 증상이 나타나기 3년 전부터 베씨의 병은 진전된 것 같다.

그러나 그녀는 증상을 스스로 억압함으로써 자신에게 가한 타격을 자각하지 못하게 했던 것이다. 그녀로 하여금 마침내 자기 문제를 알게 하고 올바른 성장의 길로 나가게 해준 것은, 그녀가 바라지도 않았고 '우울한 세계로' 떠밀어 '저주받게' 한다고까지 여겼던 그 불안의 엄습이라는 증상이었다. 대부분의 정신 질환에 있어 이러한 패턴은 그대로 적용된다. 증상과 질병은 동일한 현상이 아니다. 질병은 증상이 나타나기 훨씬 전부터 생겨난다. 증상은 병이 아니라 치료의 단서다. 원하지 않아도 증상이 나타난다는 사실은 그것이 은총의 한 양상임을 말해준다. 이것은 하느님의 선물이며 무의식이 전하는 메시지다. 원하기만 하면 자신을 점검하며 재정비할 실마리를 제공해주는 메시지 말이다.

은총이라는 것이 대개 그렇듯 사람들은 이 선물을 거절하고 그 메시지에 관심을 기울이지 않는다. 은총을 거절하는 방법은 다양하지만 결국은 병에 대한 책임을 회피하려는 시도로 모아진다. 사람들은 자신의 증상이 진짜 증세가 아니고 누구나 '이런 정도는 이따금씩' 겪게 마련이라고 여김으로써 증상을 무시하려고 한다. 직장을 그만두고, 운전하기를 회피하며, 다른 도시로 이사를 하고, 특정한 행동은 하지 않는 등등으로 그들은 문제의 핵심을 피해 가려고 한다. 진통제라든가 의사에게서 처방받은 약물 또는 술과 기타 마약 등으로 자신을 마비시켜 증상을 없애려고 한다.

자신이 어떤 증상을 보이고 있음을 인정할 때조차도 대개는 여러 가지 교묘한 방법으로 바깥세상에 — 무관심한 친척, 가짜 친구, 탐욕스러운 기업, 병든 사회, 심지어 운명에게조차 — 책임을 전가한다. 자신의 증상을 자기 책임으로 받아들이는 소수만이 자기 영혼의 혼란이 겉으로 드러난 것임을 깨닫고 무의식이 주는 메시지와 그 은총을 수용하여 치료에 따르는 고통을 감수한다. 베씨를 위시하여 심리 치료에 따르는 고통을 기꺼이 직면하려는 모든 사람에게는 커다란 보답이 온다. 그리스도가 산상 수훈에서 말씀하신 여덟 가지 복의 첫 번째는 이러하다. "마음이 가난한 자는 복이 있나니 천국이 저희의 것이라."(마태복음 5장 3절)

여기서 이야기하는 은총과 정신 질환의 관계는 그리스 신화의 오레스테스와 퓨리스 편에서 무척 아름답게 구현되고 있다.* 오레스테스는 아트레우스의 손자다. 아트레우스는 자신이 신보다 강하다는 것을 입증하려고 음모를 꾸민다. 자신들을 거역한 죄를 물어 신들은 아트레우스의 모든 후손에게 저주를 내림으로써 그를 처벌했다. 이러한 저주 때문에 오레스테스의 어머니인 클라이템네스트라는 남편이자 아들의 아버지인 아가멤논을 살해한다. 이 죄악은 다시 오레스테스의 머리 위에 저주의 멍에를 씌운다. 그리스의 명예 헌장에 의하면 아들은 모든 것에 최우선으로 자기 아버지를 살해한 자에게 복수할 의무가 있었기 때문이다. 그러나 한편 그리스에서 가장 큰 죄는 어머니를 살해하는 것이었다. 오레스테스는 진퇴양난에 빠져 고민했다. 그러다가 마침내 의무를 다하기로 하고 어머니를 죽인다. 신들은 이 죄를 물어 오레스테스에게 퓨리스를 보낸다. 퓨리스는 무시무시한 세 마리의 하피(여자의 얼굴과 몸에 새의 날개를 가진 괴물)로 오직 그의 눈에만 보이고 그의 귀에만 들린다. 그런데 밤이고 낮이고 무시무시한 형상으로 나타나서는 갖은 비난의 말로 그를 괴롭혔다.

어디를 가든 퓨리스가 따라다녔다. 오레스테스는 자기 죄를 보상할 곳을 찾아 땅끝까지 헤맸다. 여러 해 동안 외롭게 반성하고

---

* 이 신화에는 여러 판본이 있고, 판본 간에는 상당한 차이가 있다. 어떤 판본도 완전하지 않다. 여기에 실린 판본은 대부분 이디스 해밀턴Edith Hamilton의 《신화》(멘토 북스, 뉴 어메리칸 라이브러리, 1958)에 나온 것을 요약했다. 나는 롤로 메이Rollo May의 《사랑과 의지》와 T. S. 엘리엇의 희곡 《가족의 재회》에 인용된 것을 보고 이 신화에 관심을 갖게 되었다.

자신을 버린 끝에, 오레스테스는 자기 가문에 떨어진 저주와 퓨리스의 끝없는 추적을 거두어달라고 신들에게 요청했다. 어머니를 살해한 대가는 충분히 치렀다고 믿었던 것이다. 신들의 재판이 열렸다. 아폴론은 오레스테스를 변호하기 위해 자신이 그에게 어머니를 죽이도록 모든 상황을 조작했으니, 오레스테스는 책임이 없다고 말했다. 이때 오레스테스는 펄쩍 뛰면서 반박했다.

"어머니를 죽인 것은 접니다. 아폴론이 아니고."

신들은 놀랐다. 아트레우스 가문 사람 중 신을 비난하지 않고 전적으로 책임을 떠안은 자는 여태껏 없었기 때문이다. 마침내 신들은 오레스테스를 용서하고 가문에 내린 저주를 풀어주었다. 그뿐만 아니라 퓨리스를 사랑의 영들인 에우메니데스로 변신시켜 현명한 조언으로 오레스테스가 영원히 행운을 누릴 수 있도록 했다.

이 신화의 의미는 명백하다. 에우메니데스 또는 '상냥한 자'는 또한 '은총을 가져오는 자'이다. 오레스테스만이 인지할 수 있었던 환각 속의 퓨리스는 곧 그의 증상을 나타내며, 정신 질환이라는 개인적 지옥을 의미한다. 퓨리스를 에우메니데스로 변신시킨 것은 우리가 지금껏 말해왔다시피 정신 질환을 행운으로 바꾼 것이다. 이러한 변화는 오레스테스가 자신의 정신 질환에 기꺼이 책임지려고 한 덕분이다. 끝내는 퓨리스에게서 놓여나긴 했지만, 오레스테스는 그들의 존재가 부당한 형벌이라거나 자신을 이 사회 또는 다른 무엇의 희생양이라고 생각한 적은 없었다.

퓨리스는 아트레우스 가문에 떨어진 원초적 저주의 피할 수 없는 결과였지만, 한편으로 아버지의 죄가 자녀에게 영향을 미치듯 정신 질환도 부모와 조부모로 이어지는 가족사의 문제임을 상징한다. 그러나 오레스테스는 마땅히 그럴 수 있었는데도 부모와 할아버지를 비난하지 않았다. 그런 한편 신들이나 '운명'도 탓하지 않았다. 대신 자신의 상황을 자기 스스로 만든 것으로 받아들이고 그것을 극복하려고 노력했다. 이것은 대부분의 정신 치료가 그러하듯 대단히 오랜 시간이 필요한 과정이다. 그러나 그 결과 그는 치유되었다. 이 치유 과정은 자기 노력에 의한 것이었지만, 그를 괴롭혀온 바로 그것은 지혜를 주는 것으로 변화되었다.

경험 있는 심리 치료사는 이러한 신화가 진료에서도 현실화되는 것을 경험했을 것이다. 그리고 더욱 성공적으로 치유된 환자의 정신과 삶에서 퓨리스가 에우메니데스로 변화하는 것을 목격했을 것이다. 이것은 쉽게 일어날 수 있는 변화가 아니다. 대부분의 환자는 심리 치료 과정 동안 자기 상태와 회복이 전적으로 자기 책임이라는 사실을 깨닫자마자, 처음에는 정신 요법에 아무리 열광하던 사람이라 해도 금방 상담을 그만둬버린다. 다시는 남을 비난하지 않는 건강한 삶보다는 신들을 비난해가며 병든 채로 살기를 선택한다.

상담을 계속하는 소수의 사람은 치료의 한 부분으로 자신에 대한 책임을 전적으로 떠맡아야 함을 배운다. 이러한 가르침 — '훈련'이 더 적합한 표현이다 — 은 몹시 힘들다. 심리 치료사는 상담할 때마다, 달이 바뀔 때마다, 해가 바뀔 때마다, 환자가 책임을 회피하고 있다는 것을 계속해서 또다시 계획적으로 일깨워주어야 하기 때문이다. 자기 자신에게 전적인 책임을 져야 한다는 생각에 환자들은 고집불통인 어린아이처럼 소리 지르고 발을 구른다. 그러나 끝내 그들은 해낸다. 처음부터 모든 책임을 기꺼이 떠맡으려는 자세로 치료를 시작하는 환자는 드물다. 그런 경우에도 여전히 1~2년이 걸리지만 치료는 비교적 짧고, 비교적 무리 없이 진행되며, 흔히 환자와 치료사 모두에게 대단히 즐거운 과정이 된다. 상대적으로 쉽든 어렵든, 또 시간이 오래 걸리든, 그 어떤 경우에도 퓨리스를 에우메니데스로 전환시키는 일이 일어난다.

정신 질환을 직면하고 전적으로 그에 따른 책임을 지고 그것을 극복하려고 스스로 변화를 일으키는 사람은 치유에 성공해, 어린 시절과 선조로부터 비롯된 저주에서 벗어나 전혀 다른 새로운 세상에서 살게 될 것이다. 한때는 문제라고 생각했던 것이 오히려 기회가 된다. 한때는 위험천만의 장애였던 것이 이제는 멋진 도전이 된다. 반갑지 않던 상념들이 유익한 통찰력을 제공하며, 전에는 부정하고 싶던 감정이 활력과 지침의 원천이 된다. 자신이 극복한 그 증상까지 포함해서 한때는 짐으로 여겨진 사건들이 이제는 선물로 느껴진다.

치료를 성공적으로 끝낸 사람들은 "내 우울증과 나를 공격한 불안은 최고의 경험이었다"라고 말한다. 하느님을 믿지 않는 사람도 치료를 받다 보면 이런 현상을 경험할 수 있지만, 성공적으로 치유된 환자들은 그들이 은총을 입었다는 것을 매우 실감한다.

은총에 저항하는 사람들

오레스테스는 심리 치료사에게 가지 않았다. 그는 스스로 치료했다. 고대 그리스에 전문적인 심리 치료사가 있었다고 해도 여전히 그는 스스로 치료해야만 했을 것이다. 이미 말했다시피 심리 치료는 일종의 도구다. 즉, 영적 성장을 위한 훈육과도 같은 것이다. 이 도구를 선택하느냐 거절하느냐는 전적으로 환자의 몫이다. 일단 선택한 다음에도 그 도구를 어떻게 사용하여 어떤 결과를 얻을지는 환자에게 달려 있다. 온갖 종류의 장애 — 예를 들어 돈이 부족하다든가, 정신과 의사나 심리 치료사들에 대한 좋지 못한 경험, 반대하는 친척, 차갑고 거부감이 드는 병원 등 — 를 극복하고 정신 치료를 통해 유익한 결과를 얻는 사람들이 있다.

그런가 하면 어떤 사람들은 힘들이지 않고 심리 치료를 받을 기회가 있어도 이를 거절하고, 심리 치료가 시작된 상태에서도 멍청하게 앉아 있기만 해서 심리 치료사의 능력과 노력과 사랑이 아무리 대단해도 거기서 아무것도 얻지 못한다. 성공적으로 심리 치료를 마쳤을 때 나는 환자를 치료했다고 말하고 싶은 충동을 느낀다. 그러나 나는 내가 촉매제에 지나지 않았음을 잘 안다. 대단히 운이 좋았던 것이다. 심리 치료라는 수단의 도움이 있든 없든 궁극적으로는 사람들이 스스로 치유할 능력이 있는데, 왜 그토록 적은 사람들만이 그런 행운을 잡을 수 있을까? 비록 험하긴 하지만 모두에게 영적 성장의 길이 열려 있다면 왜 그토록 소수만이 이 길을 선택하는 것일까?

그리스도가 "부름 받은 자는 많지만 선택받은 자는 적다"라고 말했을 때 언급하려 한 것이 바로 이러한 물음에 대한 답이 아닐까? 그러나 왜 선택받는 자는 소수이며, 그 소수를 다수와 구별하게 하는 것은 무엇인가? 대부분의 심리 치료사들은 이에 대해 정신 병리의 정도 차이가 그 원인이라고 답변한다. 다시 말해서 사람들은 대다수가 병들어 있으나 좀 더 심하게 병든 사람이 있으며, 그런 사람일수록 치유되기가 힘들다는 것이다.

더욱이 그들은 정신 질환의 심각 정도는 어린 시절에 경험한 애정 결핍의 심각함과 경험 시기 등에 달려 있다고 생각한다. 특히 정신 질환에 걸리는 사람들은 태어나 9개월이 되기 전에 극단적인 애정 결핍을 경험했을 것으로 추측한다. 그들의 병은 여러 처치를 통해 얼마간 회복할 수 있겠지만 완치는 거의 불가능하다고 본다. 성격 장애인들은 유아기에는 보살핌을 잘 받지만, 생후 9개월에서 두 돌이 되는 사이에 애정 결핍을 경험했으며, 그리하여 그들의 병은 정신병보다 심각하지는 않으나 역시 치유되기 몹시 어렵다. 신경증 환자들은 어린 시절에는 부모가 잘 돌봐주었다가 두 돌이 지나 대여섯 살이 될 때까지 보살핌이 부족해서 고통받은 사람들이다. 따라서 성격 장애나 정신병보다는 그 병의 정도가 약하고, 치료하여 완치되기도 더 쉽다고 생각한다.

이러한 설명은 상당히 설득력이 있다. 그리고 여러 가지 측면에서 심리 치료사를 위해 유용한 이론적 기초가 될 수 있다. 경솔하게 비판만 할 건 아니니다. 그러나 이 가설은 총체적 진실을 얘기하진 못했다. 그중에서도 특히 아동기 후반과 청소년기에서 부모의 사랑이 지닌 막대한 의미를 간과했다. 다 자란 다음에 겪는 애정 결핍도 정신 질환의 원인이 된다. 또 성장기에 충분히 사랑을 받으면 유년기의 애정 결핍으로 인한 상처는 대부분 회복될 수 있다. 이러한 견해는 모두 상당한 근거가 있다.

더욱이 앞에서 열거한 것이 수치상으로 예측 가능하다는 장점이 있긴 하지만 — 신경증은 대체로 성격 장애보다 치료하기 쉬우며 성격 장애는 정신병보다 치료하기 쉽다 — 이것이 특정 개인에게 적용될 때는 예측대로 들어맞지 않을 때가 많다. 예를 들어 내가 시행한 정신 분석 치료 중 가장 빨리 성공한 경우는 심각한 정신병 환자였던 한 남자였는데, 9개월 만에 끝났다. 반면에 '그저' 약간의 신경증이 있던 어떤 여자와의 상담은 무려 3년을 끌었는데도 약간의 진전밖에는 보지 못했다.

정신 질환에 대한 앞의 해석에서는 '성장하려는 의지'라는 개별 환자들의 자질적 요소는 별로 고려하지 않았다. 어떤 사람은 위중한 상태인데도 '성장하려는 의지'가 강한데, 이럴 때는 빨리 치유된다. 그러나 반대로 정신 질환이라고 할 수도 없을 만큼 경미한 증상의 환자이면서도 성장하려는 의지가 결여된 사람은 진전이 너무 더디다. 따라서 나는 환자 자신의 의지야말로 정신 치료가 성공하느냐 실패하느냐를 가늠하는 중요한 요소라고 생각한다. 그러나 현대 정신 의학은 이러한 요소를 간과하거나 아주 무시한다.

이러한 성장 의지가 중요하다는 사실을 인식하고는 있지만 과연 이를 이해시키는 데 얼마나 공헌할 수 있을지 나는 자신이 없다. 이 개념은 우리를 미스터리의 언저리로 다시 데려다 놓기 때문이다. 성장하려는 의지는 본질적으로 사랑과 동일한 현상임은 분명하다. 사랑이란 영적 성장을 위해 자신을 확장하려는 의지다. 이 정의에 따르면 진정으로 사랑하는 사람은 곧 성장하는 사람이다. 사랑하는 부모가 자녀에게 사랑하는 능력을 얼마나 키워줄 수 있는지는 이미 말했다. 그러나 모든 사람이 가진 사랑의 능력을 부모의 양육만으로는 키워줄 수 없다는 것도 이미 말한 바 있다. 이 책의 2부가 사랑에 관한 네 가지 질문으로 끝이 났음을 기억할 것이다.

이 가운데 두 가지를 다시 생각해보자. 왜 어떤 사람은 최고의 실력과 애정 넘치는 처치에도 불구하고 제대로 치료되지 못하는가? 또 왜 어떤 사람은 정신 치료의 도움과는 무관하게 어린 시절의 심한 애정 결핍을 극복하고 사랑이 넘치는 사람이 되는가? 내가 이 문제에 만족할 만한 답변을 할 수 없다고 말한 것을 기억할 것이다. 그러나 은총이라는 개념을 도입함으로써 이 문제에 약간의 실마리를 얻을 수는 있을 것 같다.

사람들이 사랑할 수 있는 능력, 즉 성장하려는 의지는 어린 시절의 부모의 사랑뿐 아니라 삶 전체에 미치는 하느님의 사랑인 은총에 의해서도 자라난다는 것을 나는 믿게 되었다. 그 후 이 사실을 증명하고자 애써왔다. 은총은 의식 세계 바깥에 있는 강력한 힘으로서 무의식이라는 대리자뿐만 아니라 부모, 그 외에 사랑을 베푸는 다른 사람들을 통해 작용하며, 우리가 이해할 수 없는 방식으로 온다. 부모로부터의 애정 결핍이라는 외상을 극복하고 인간적으로 부모보다 훨씬 나은 사랑을 베풀 수 있는 것은 은총 때문이다.

그렇다면 그토록 소수의 사람만이 부모에게서 기인한 환경을 극복하고 영적으로 성장하고 진보하는 이유는 무엇일까? 내가 믿기로는 은총은 모든 사람에게 차별 없이 주어진다. 하느님의 사랑은 우리 모두를 감싸고 있으며 다른 누구보다 덜 귀한 사람이란 있을 수 없다. 그런고로 내가 할 수 있는 유일한 대답은 우리 대부분은 은총의 부름에 귀 기울이지 않고 그 도움을 거부하기 때문이라는 것이다. "부름을 받은 자는 많지만 선택받은 자는 적다"라고 한 그리스도의 말씀을 "모든 사람이 은총의 부름을 받지만, 오직 소수의 사람만이 그 부름에 귀 기울인다"라고 풀이하고 싶다.

그러면 다음과 같은 의문이 생긴다. 왜 극소수 사람만이 은총의 부름에 귀 기울이는가? 왜 대부분의 사람이 은총에 저항하는가? 나는 앞에서 질병에 대해 어떤 무의식적 저항을 가져다주는 은총을 언급했다. 그런데 건강에 대해서도 거의 마찬가지로 저항하는 것처럼 보이는 건 왜일까? 이 질문에 대한 답은 이미 나왔다.

그것은 우리의 게으름이다. 즉, 우리 모두에게 저주로 내려진 엔트로피라는 원죄다. 은총이 진화라는 사다리로 우리를 밀어 올리는 궁극적인 힘의 원천이듯이, 엔트로피는 우리로 하여금 그 힘에 저항하여 지금의 편안한 자리에 그냥 머물게 하거나 아주 적은 힘만 써도 되는, 사다리 아래로 내려가도록 부추긴다. 스스로를 가르치고 훈육시켜 진정으로 사랑하며 영적으로 성장하도록 하는 것이 얼마나 어려운지에 대해서는 이미 얘기했다. 이 어려움을 피하고 싶은 것은 당연하다. 이 문제에 관해 엔트로피와 게으름이라는 근본적 문제 말고도 다시 한번 언급할 필요가 있는 현상이 있다. 그것은 권력의 문제다.

정신과 의사뿐만 아니라 문외한이라도 승진 직후의 사람들에게서 종종 발견되는 정신적 문제를 잘 안다. '승진 신경증'이라고 부르는 이 증상은, 군인에게서 특히 두드러진다. 하사나 중사 또는 상사가 되지 않으려는 사병들이 의외로 많다. 그리고 똑똑한 일반 사병 중에는 장교가 되느니 죽는 편이 낫다면서, 능력과 적성에 꼭 맞을 것 같은 높은 지위로 진급이 보장되는 장교 승진 교육을 거부하는 사람들이 아주 많다.

직업에서뿐만 아니라 영적 성장에 관해서는 더욱 그러하다. 은총에의 부름은 더한 책임과 권력이 있는 지위로의 승진이다. 은총을 인식하고 그것의 변함없는 존재를 개인적으로 경험하며 자신이 하느님 곁에 있음을 아는 것은, 은총이 지닌 내적 고요와 평화를 줄곧 경험하고 아는 것이다. 그런 한편 이러한 지식과 인식은 커다란 의무를 지우는 것이기도 하다. 하느님과 가까이 있음을 경험하는 것은 즉 하느님의 의무를 체험하고 그의 권능과 사랑의 대리자가 되는 것이기 때문이다. 은총에의 부름은 사랑으로 세상을 돌보고 수고하는 삶, 봉사와 희생이 요구되는 삶에로의 부름이다. 그것은 영적으로 어린이에서 어른의 상태로 나아가라는 부름이며, 인류의 부모가 되라는 부름이다.

T.S. 엘리엇은 〈성당의 살인*Murder in the Cathedral*〉이라는 시극에서 등장인물 중 하나인 토머스 베케트의 크리스마스 설교를 통해 이 문제를 잘 묘사했다.

> 그러나 이 '평화'라는 말의 의미를 잠시 생각합시다. 세상이 끊임없이 전쟁과 전쟁의 공포에 시달리고 있을 때 천사가 평화를 선포하는 것이 이상해 보입니까? 천사의 목소리는 잘못되었고 그 약속은 실망스럽고 사기처럼 느껴집니까?
> 그러나 우리 주님이 평화에 대해 어떻게 말씀하셨는지를 되돌아봅시다. 그분은 사도들에게 "내 평화를 너희에게 두고 간다. 내 평화를 너희에게 준다"라고 말씀하셨습니다. 그분이 평화를 우리와 같은 의미로 말씀하셨을까요? 이웃 나라와 평화를 유지하는 대영제국, 국왕과 평화롭게 지내는 귀족, 난로에는 불이 타오르고 식탁에는 벗과 더불어 마실 최고급 포도주가 있으며, 아내는 아이들에게 자장가를 불러주는 안정된 가정을 보장하는 평화로운 수입과 같은 의미의 평화일까요? 그분의 제자들은 이런 것들을 알지 못했습니다. 그들은 먼 곳까지 여행했고 산전수전을 겪었으며 고문과 투옥을 당하고 실망했으며 순교까지

했습니다. 그러면 그분의 말씀은 무슨 뜻일까요? 의문이 생긴다면 그분의 다음 말씀을 기억합시다. "내 평화는 세상의 그것과 같지 않다." 그분은 제자들에게 평화를 주었지만, 그 평화란 세상이 주는 것과 다른 것입니다.*

은총이 내려주는 평화에는 책임과 의무와 임무가 뒤따른다. 충분한 자격을 갖춘 하사관들이 장교가 되지 않으려는 것은 놀랄 일이 아니다. 심리 치료를 받으러 오는 환자들이 진정한 정신적 건강에 수반되는 권능의 맛을 모르는 것 또한 놀라운 일이 아니다.

심한 우울증 때문에 일 년 동안 상담 치료를 받은 젊은 여성이 있었다. 그녀는 치료받는 동안 친척들의 정신 병리에 대해서도 많은 것을 배웠다. 그런데 어느 날 지혜롭고, 침착하면서도 수월하게 가족 간의 문제를 처리했다고 몹시 기뻐했다.

"정말 기분이 좋아요. 좀 더 자주 이런 기분을 느꼈으면 좋겠어요"라고 그녀는 말했다.

나는 그토록 기분이 좋은 까닭은 가족과의 관계에서 그녀가 처음으로 힘 있는 자리에 섰기 때문이라고 말했다. 또한 가족이 지금껏 그녀에게 가해온 여러 가지 비현실적인 요구와 잘못된 의사소통 방식을 깨달았고 그리하여 그 상황을 주도할 수 있었기 때문이라는 것도 지적했다. 나는 다른 상황에도 이런 인식을 적용하면 언제나 '상황을 주도하는' 입장에 설 수 있으며, 따라서 그런 좋은

---

* 《시와 희곡 전집, 1909-1950》 (하코트 브레이스, 1952), pp. 198-199.

기분을 더 자주 더 많이 맛볼 수 있다고 말해주었다. 그녀는 갑자기 두려운 표정으로 나를 보았다.

"그러나 그러려면 언제나 생각을 해야 되잖아요!"

우울증의 근원에 있는 무력감을 떨치기 위해서는, 또한 능력을 발전시키고 유지하려면 깊이 생각하는 것이 필요하다는 점에서 나는 그 말에 동의했다. 그녀는 화를 냈다.

"그 망할 놈의 생각을 언제나 해야 한다는 건 참을 수 없어요. 더 골치 아프게 살려고 여기 온 것이 아니란 말예요. 좀 더 긴장을 풀고 자신을 즐기면서 살고 싶다고요. 선생님은 제가 하느님 따위라도 되길 바라시나 보죠!"

슬프게도 바로 얼마 후, 이 잠재적으로 뛰어난 아가씨는 치료받기를 그만두었다. 아직 완치되려면 멀었는데도 정신적으로 건강한 상태가 자신에게 요구할 것들이 두려웠기 때문이다. 이 이야기가 문외한들에게는 이상하게 들릴지 모르지만, 우리 정신과 의사들은 보통 정신적으로 건강한 상태를 두려워하는 사람들을 자주 경험한다. 심리 치료의 주된 업무 중에는 환자를 정신적으로 건강한 상태에 도달하게끔 하는 것뿐만 아니라, 위로하고 위협하고 엄격하게 구는 등 모든 방법을 적절히 뒤섞어서 환자가 일단 도달한 그 지점에서 도망가지 못하게 하는 것도 포함된다. 이런 두려움은 오히려 당연한 것으로, 그 자체만으로는 전혀 병적인 것이 아니다. 힘을 행사할 수 있게 되면, 그것을 오용할지도 모른다는 두려움이 생기기 때문이다.

성 아우구스티누스는 이렇게 썼다. "사랑할 수 있고 부지런하면 원하는 것은 무엇이든 할 수 있다." 심리 치료를 통해 충분히 성숙해진 사람은 이 무자비하고 힘든 세상에서 건강하게 살아갈 수 없다는 감정에서 마침내 벗어난다. 그리고 원하는 것은 무엇이든 할 수 있는 힘을 지니게 되었음을 어느 날 갑자기 깨닫게 된다. 이런 자유를 깨닫는 것은 놀랍고 두려운 일이다. "무슨 일이든 할 수 있다면, 나로 하여금 큰 실수를 하고, 죄를 짓고, 비도덕적으로 변하고, 자유와 권력을 남용하지 못하게 하는 것은 무엇일까? 내 근면함과 사랑은 나를 충분히 통제할 수 있을까?"라고 그들은 생각할 것이다.

자신의 자유와 힘에 대한 자각이, 종종 그렇듯, 은총을 경험하는 것이라면 사람들의 반응 역시도 이러할 것이다.

"주여! 저는 당신이 믿을 만한 가치가 없는 사람입니다."

이런 두려움은 바로 그 자체가 자신의 성실성과 사랑을 이루는 한 부분이며, 따라서 힘의 남용을 막고 자기를 절제하는 데 유용한 수단이 된다. 그러므로 이런 두려움이 없어도 곤란하지만, 은총에의 소명을 떠맡지도 못하고 마땅히 지닐 만한 권능을 회피할 정도로 커져서도 안 된다. 소명을 받은 사람 중에는 자신 속의 그 신성한 목소리를 받아들이기까지 몇 년 동안이나 그 두려움과 씨름한 사람도 있다. 이러한 두려움과 자격 없다는 느낌이 권능을 거부하게 만들 정도로 커지면 신경증적 문제가 발생한다. 이것은 심리 치료의 중심 주제가 된다.

그러나 대부분 사람이 은총에 저항하는 주된 이유는 힘을 남용할지도 모른다는 두려움 때문이 아니다. 성 아우구스티누스의 가르침 가운데 사람들의 속을 거북하게 만드는 것은 "원하는 것을 하라"는 부분이 아니라 "근면하라"는 부분이다. 우리 대부분은 어린이나 청소년처럼 어른다움에 따르는 자유와 권력이 우리 것임을 알면서도 그에 따르는 책임과 자기 훈육은 별로 달가워하지 않는다. 부모나 사회 또는 운명 등이 우리를 억압한다고 느끼지만, 사실은 우리의 현 상태를 대신 책임져줄 윗사람을 필요로 한다. 자신 외에는 탓할 사람이 없는 그런 권력의 정상에 올라간다는 것은 두려운 일이다.

이미 말했다시피 그 정상에 하느님이 함께 계시지 않는다면 우리는 고독에 질려버릴 것이다. 대부분 사람은 권력을 지닌 데서 오는 고독을 견뎌내지 못하기 때문에, 인생이라는 배의 고독한 선장이 되기보다는 책임감이 없는 상태를 선택하려고 한다. 그들은 더 이상 성장할 필요가 없는 어른이라는 자신감을 갖고 싶어 한다.

우리는 성장하기가 얼마나 어려운가에 대해 다양한 방법으로 이야기해왔다. 모순적인 감정에 휘말리거나 머뭇거리지 않고, 새롭고 더 막중한 책임을 갈망하는 어른다운 경지에 도달하는 사람은 극소수다. 대부분은 어느 특정 부분만 어른이 될 뿐이고 완전한 성인이 되기를 거부한다. 영적 성장은 심리적 성숙 과정과 분리될 수 없기 때문이다. 은총이라는 부름의 궁극적 형태는 하느님과 같이 되어 하느님과 함께 책임을 맡으라는 부름이다. 결국 그것은 완전한 성인이 되라는 소명인 것이다. 우리는 개종의 경험이나 돌연히 찾아오는 은총의 순간을 "아, 기쁘다!"라는 사건으로 상상하기 쉽다. 그러나 내 경험에 의하면 그보다는 어느 정도 "제기랄!"이라는 반응 쪽이 더 많다. 소명에 귀 기울이기로 마침내 결심했을 때야 비로소 "주여, 감사합니다"라거나 "저는 자격이 없습니다"라거나 "제가 무엇을 하겠습니까?"라고 할 수 있다.

은총에의 부름에 응답하기가 그토록 어렵다는 것을 감안하면 "부름 받은 자는 많지만, 선택 받은 자는 적다"라는 사실은 쉽게 설명된다. 그러면 남은 문제는 사람들이 심리 치료를 받아들이지 못하는 까닭이 뭘까, 심리 치료가 최상의 방책일 때도 별 도움이 안 되는 건 왜일까, 인간은 왜 은총에 저항하는가 하는 것 등이 아니다.

문제는 그 반대다. 소수의 사람들은 어떻게 해서 그런 어려움을 극복하고 부름에 응하는가? 이들 소수를 다수와 구별 짓는 것은 무엇인가? 나는 이 질문에 답할 수가 없다. 이들은 부유하고 교양 있는 가문 출신일 수도 있고, 가난하고 미신적인 가정에서 태어났을 수도 있다. 부모의 사랑을 듬뿍 받고 자랐을 수도 있지만 부모의 사랑이나 진정한 관심이 근본적으로 결여된 환경 속에서 성장했을 수도 있다. 사소한 적응 장애로 정신과를 찾을 수도 있지만 심한 정신 질환으로 상담하러 올 수도 있다. 나이가 들었을 수도 있고 젊을 수도 있다. 이들은 은총의 부름에 재빨리, 쉽사리 적응할 수도 있고, 싸우고 저주를 퍼부으면서 조금씩 고통스럽게 접근해갈 수도 있다.

오랜 경험을 쌓은 끝에 나는, 치료를 담당할 환자를 스스로 선택하려는 버릇이 줄었다. 내가 무지했던 탓에 진료를 거절했던 분들께 사과한다. 심리 치료 초보자였을 때에는 환자들 가운데 누가 심리 치료에 실패할지, 응답하기는 하나 여전히 부분적인 성장에 그치고 말지 또는 기적적으로 완전한 은총의 상태로 성장할지 등을 예측할 수 있는 능력이 내게 없다는 것을 몰랐다.

그리스도 자신조차도 은총이란 예측할 수 없는 것이라고 니고데모에게 말한 바 있다. "너는 바람 소리를 듣고도 어디서 불어와서 어디로 가는지를 모른다. 성령도 그와 같다. 성령이 하늘로부터의 이 삶을 다음에 누구에게 선사할지 우리는 모른다."* 지금껏 은총이라는 현상을 많이 논의해왔지만, 역시 그 본질은 미스터리임을 인정하지 않을 수 없다.

* 요한복음 3장 8절. 이 번역은《리빙 바이블》에서 가져온 것이다. 킹 제임스 판본보다 더 나아보였기 때문이다.

은총을
맞이하기 위하여

우리는 다시금 역설에 직면한다. 이 책에서 나는 영적 성장을 마치 질서 있고 예측 가능한 과정인 것처럼 말해왔다. 그것을 어떤 지식 분야에서 박사 학위를 따듯 배워서 얻을 수 있는 것처럼 암시하기도 했다. 등록금을 내고 열심히 공부하기만 하면 물론 학위를 딸 수 있다. 나는 "부름 받은 사람은 많지만 선택 받은 사람은 적다"라는 그리스도의 말씀을, 은총에 따르는 데 수반되는 어려움 때문에 극소수의 사람만이 은총의 부름에 주의를 기울이는 것이라고 해석했다. 이러한 해석에 입각하여 우리가 은총에 의해 축복받을 것인지 말 것인지는 선택의 문제라고 했다. 요컨대 은총은 획득되는 것이라고 말했다. 그리고 이것은 사실이다.

그러나 동시에 그것이 전혀 사실이 아니라는 것을 안다. 우리가 은총에 가는 것이 아니라, 은총이 우리에게 오는 것이다. 우리가 차지하려고 아무리 애를 써도 은총이 우리를 비껴갈 수 있다. 그러나 찾으려고 애쓰지 않을 때 우리를 찾아내기도 한다. 의식적으로 영적인 삶을 몹시 갈망하면서도 그 길의 곳곳에서 장애에 부딪히는 경우가 있다. 그런가 하면 겉보기에는 별로 취미 없어 보이는 사람인데도 그의 의지와는 무관하게 영적인 삶으로 강력히 이끌리는 경우도 있다. 어떤 차원에서 은총의 부름에 응하고 응하지 않고는 나 자신이 선택하는 것이지만, 또 다른 차원에서 보면 그 선택을 하는 것은 하느님이라는 사실도 명백해 보인다.

은총을 받아 '하늘로부터 이 새로운 삶을' 선사받은 사람들의 공통된 경험은 자신이 처한 상황에 무척 놀란다는 것이다. 그들은 이 경험을 자기가 찾아 얻은 것이라고 느끼지 않는다. 그들은 본성이 착한 것을 알고는 있으나 그 본성이 자기 의지에 좌우된다고 생각하지는 않는다. 오히려 그 본성의 선량함이 자신보다 훨씬 숙련되고 훨씬 지혜로운 손에 의해 창조된 것이라고 느낀다. 은총에 가장 가까이 있는 사람들은, 그들이 받게 된 은총이라는 선물의 미스터리를 가장 잘 아는 사람들이다.

우리는 이 역설을 어떻게 풀어야 할까? 어려울 것 같다. 아마도 우리가 말할 수 있는 최상의 것은 자신의 의지로 은총을 소유할 순 없다 해도 그것이 기적처럼 올 때 우리 의지로 자신을 열어놓을 수는 있다는 점이다. 우리는 자신을 기름진 땅, 은총을 맞이할 준비된 장소로 준비해둘 수 있다. 만약 자신을 잘 다듬어진, 완전한 사랑을 베푸는 사람으로 만들 수 있다면 신학이라든가 기타 신에 대한 사색에 무지하다고 해도 은총을 받기에는 부족함이 없다.

반면에 신학 공부는 그러한 준비에 있어서 상대적으로 빈약한 도구다. 하지만 은총의 현존에 대한 인식이 영적 성장이라는 험난한 길을 선택한 사람들에게 사려 깊은 보조자 노릇을 할 것이라고 확신해 나는 제4부를 썼다. 이러한 인식은 적어도 세 가지 측면에서 그들의 여행을 쉽게 해줄 것이다. 우선 은총을 이용하는 방법을 가르쳐줄 것이며, 더욱 확실한 방향 감각을 주고, 용기를 북돋워줄 것이다.

은총을 선택함과 동시에 은총에 의해 선택된다는 역설은 우연한 깨달음이라고 하는 현상의 본질이다. 이러한 우연한 깨달음은 '가치 있거나 호감 가는 것을 일부러 애쓰지 않고도 찾아내는 재능'이라 정의할 수 있다. 부처는 애써 해탈하려는 노력을 멈추었을 때 깨달음을 얻었다. 해탈이 그에게 오도록 한 것이다. 그러나 한편 그는 해탈을 얻기 전 적어도 16년 동안 그것을 찾아 헤맸으며 16년 동안 준비해왔기 때문에 해탈이 그에게로 왔다는 사실 역시 누가 의심할 수 있을까? 그는 해탈을 찾아 헤매야만 했으면서 또 그래서는 안 되었던 것이다. 퓨리스가 은총을 가져오는 정령으로 바뀐 것도 비슷한 이유에서였다. 즉, 오레스테스는 신들의 자비를 얻고자 노력했지만 동시에 신들이 자기의 짐을 덜어주리라고는 전혀 기대하지 않았기 때문에 은총을 입은 것이다. 그가 우연한 깨달음이라는 선물과 은총의 축복을 받은 것은 찾아 헤매면서 또 전혀 찾지 않는다는 역설을 교묘히 배합했기 때문이다.

일반적으로 심리 치료를 받는 동안 환자들이 꿈을 이용하는 방식에서 이와 비슷한 현상이 드러난다. 어떤 환자들은 꿈이 문제에 대한 해답을 지니고 있음을 잘 안다. 그 때문에 이 해답을 찾기 위해 재빠르고 기계적으로, 상당히 공을 들여 모든 꿈을 아주 자세한 부분까지도 세밀히 기록하여 심리 치료사에게 가져온다. 그러나 정작 그들의 꿈이 도움이 된 적은 거의 없다. 실제 이들의 꿈이라는 재료는 치료에 방해가 될 때도 있다. 그 모든 꿈을 분석하고 있을 시간이 거의 없다는 것이 한 가지 이유이고, 또 다른 이유는 꿈이라는 재료가 지나치게 많아서 더 생산적인 결과를 얻을 수 있는 작업을 저해할 수도 있기 때문이다. 그리고 그 자료들은 분명치 못하고 흐릿할 수도 있다. 그런 환자들에게는 꿈에서 무언가를 찾아내려는 노력을 중단하고 꿈이 자기에게 오도록 내버려두라고 말해야 한다. 즉, 무의식이 어떤 꿈을 의식 속에 등장시킬 것인가를 선택하도록 내버려두어야 한다는 얘기다.

하지만 이렇게 가르치는 것 자체가 대단히 어렵다. 환자에게 자기 자신의 통제를 얼마간 포기하고서 마음을 느긋하게 바라보는 수동적 자세를 유지하라고 요구하는 셈이기 때문이다. 그러나 일단 환자가 꿈에서 무엇인가를 끌어내려는 의식적인 노력을 포기할 수만 있다면, 기억된 꿈은 양적으로는 줄지만, 그 질에 있어서는 극적이라 할 정도로 증가한다. 그 결과 환자의 꿈은 — 더 이상 찾아 헤매진 않지만, 무의식으로부터 주어진 선물인 — 치료에 결정적인 도움을 준다.

하지만 동전의 반대편을 살펴보면, 꿈이 주는 어마어마한 가치를 전혀 모르거나 이해하지 못한 채 심리 치료를 받으러 온 많은 환자들을 보게 된다. 결과적으로 그들은 꿈이라는 재료 자체가 무가치하거나 중요하지 않다고 생각하고는 의식에서 내몰아버린다. 이러한 환자들은 우선 꿈을 기억하고 그 꿈에 포함된 보물을 감정鑑定하고 인지하는 법을 배워야 한다. 꿈을 효과적으로 이용하기 위해서는 우선 그것의 가치를 늘 의식하고 꿈이 우리에게 왔을 때 잘 이용하도록 애써야 한다. 그뿐만 아니라 때때로 꿈을 찾거나 기대하지 않으려는 노력도 해야 한다. 그것이 진짜로 선물이 될 수 있도록 내버려두어야 한다.

은총의 경우도 마찬가지다. 우리는 이미 꿈이라고 하는 것이, 우리에게 주어진 은총이라는 선물의 여러 형태 중 하나임을 알았다. 은총이 취할 수 있는 다른 여러 형태 — 갑작스러운 통찰력, 예감, 동시 발생적인 것, 우연한 깨달음 — 에 대해서도 똑같이 역설적인 접근이 필요하다. 그리고 사랑에 대해서도 마찬가지다. 누구나 사랑받기를 원한다. 그러나 그러려면 먼저 우리 자신을 사랑스러운 사람으로 만들어야 하며 또한 사랑받을 준비를 갖추어야 한다. 자신을 잘 훈육하고 사랑이 넘치는 사람으로 만들어감으로써 사랑받는 사람이 될 수 있다. 사랑받고자 노력한다고 해서 — 사랑받고자 원한다고 해서 — 사랑받을 수 있는 것은 아니다. 그럴 땐 오히려 의존적이고 거머리 같아져서 진정으로 사랑하는 것과는 더욱 거리가 멀어진다. 그러나 보답을 받으려는 원초적 욕망 없이 자신과 타인을 잘 보살핀다면 우리는 사랑스러운 사람이 될 것이다. 또 굳이 구하려 하지 않았던 사랑의 보답이 우리를 찾아올 것이다. 인간의 사랑이 그러하고 하느님의 사랑도 그러하다.

은총에 관한 이 부분의 주된 목표는 영적 성장을 위한 여행자들이 우연한 깨달음이라는 능력을 배울 수 있도록 돕는 것이다. 또한 우연한 깨달음을 재능 자체가 아닌, 의식 밖의 영역에서 오는 은총을 알아보고 그 선물을 활용하는 학습된 능력으로 다시 정의하려 한다. 이 능력에 힘입어 영적 성장을 향한 여행은 우리의 의식적 의지가 할 수 있는 것보다 훨씬 정확하게 하느님의 보이지 않는 손과 상상할 수 없는 지혜를 따라 바른길로 인도된다. 그렇게 인도됨으로써 여행은 더욱 빨라진다.

이러한 개념들은 부처, 예수, 노자, 그 밖의 여러 성현에 의해 이미 여러 가지 방식으로 제시되어왔다. 이 책의 독창성은 20세기를 살아가는 인간인 내가 내 나름의 특별한 방식으로 같은 이념에 도달했다는 데 있다. 이 현대적인 주석 — 이 책 — 이 제공하는 것보다 더 깊은 이해를 원한다면 어떻게 해서든지 스스로 진보하거나 아니면 고대의 문헌으로 돌아가야 할 것이다. 그러나 더 깊이 이해하기를 원하되 더 자세한 것을 기대해서는 안 될 것이다.

수동성과 의존성, 두려움과 게으름 때문에 가야 할 길을 속속들이 미리 보기를 원하며, 매 발걸음이 안전하고 가치 있다는 것을 보장받고 싶어 하는 사람들이 많다. 그러나 그것은 불가능하다. 영적 성장의 여행은 용기와 주체성, 생각과 행동에서의 독립성을 요구하기 때문이다. 예언자의 말이나 은총의 조력이 유용하긴 하겠지만 그 길은 반드시 혼자 가야 한다. 어떠한 스승도 당신을 거기에 데려다줄 수 없다. 확고한 공식도 없다. 종교 의례는 배움을 위한 보조수단이지 배움 자체는 아니다. 영성체를 하고, 아침 식사 전 성모송을 다섯 번 외고, 동쪽이나 서쪽을 향해 경배를 하고, 일요일 아침에 교회엘 가는 일들이 우리를 목적지까지 데려다주지는 못한다. 어떤 말로도, 어떤 가르침으로도, 영적인 순례자가 자신의 길을 택해야 할 필요성, 즉 노력하고 고뇌하면서 하느님과 하나 되기 위해 고유한 환경을 극복하며 나아가야 할 필요성을 덜어주지는 못한다.

이러한 문제를 진정으로 이해하고 있더라도, 영적 성장을 향한 여행은 너무나 외롭고 어려워서 우리는 종종 낙담한다. 우리가 과학의 시대를 살고 있다는 사실은 한편으로는 유익하지만 다른 한편으로는 커다란 실망을 주기도 한다. 우리는 우주의 기계론적 원리를 믿지만 기적은 믿지 않는다. 과학을 통해서 우리는 우리의 거주지가 수많은 은하계 중 한 은하계, 그 안에서도 길 잃은 별에 딸린 하나의 행성임을 알게 되었다.

우리가 우주의 광대함 속에서 길을 잃은 것처럼, 과학은 우리로 하여금 의지에 속하지 않은 내적인 힘 — 머릿속에 든 화학 물질, 무얼 하는지 자각조차 못 하면서 특정 방식으로 느끼고 행동하게 만드는 무의식 속의 갈등 같은 — 에 의해 무력하게 결정되고 지배받는 존재라는 이미지를 갖게 했다. 과학적 정보가 인간의 신화를 대치하자 인간은 존재의 의미를 상실했다는 느낌으로 괴로워하게 되었다. 과학으로는 측정할 수조차 없는 거대한 우주 속에서, 내면적으로 이해할 수도 없고 눈에 보이지도 않는 심리적 · 화학적 힘에 좌우되는 우리라는 존재가, 개체로서든 종족으로서든, 무슨 의미가 있겠는가?

그러나 바로 그 과학이 어떤 방식으로든 은총이라는 현상이 실재함을 깨닫게 해주는 도구가 되기도 한다. 나는 이러한 깨달음을 전하려고 애썼다. 은총이 실재하고 있음을 일단 깨닫기만 한다면 자신이 무의미하고 무가치하다는 생각은 사라질 것이기 때문이다. 우리 자신과 의식적 의지를 넘어 성장과 진보를 돕는 강력한 힘이 존재한다는 사실은, 자신을 온통 뒤죽박죽 하찮은 존재로 여기는 생각을 뒤집어엎을 만하다. 이러한 힘의 존재는 — 우리가 일단 그 존재를 깨닫기만 하면 — 인간의 영적 성장이 인간 자신보다 더 위대한 어떤 존재에게는 대단히 중요하다는 사실을 확신시켜준다. 이 어떤 존재를 우리는 하느님이라 부른다. 은총이 실재한다는 사실은 하느님의 실재뿐 아니라 하느님의 의지가 개개인의 영혼이 성장하는 데 쏠려 있다는 사실에 관한 명백한 증거다.

한때는 동화처럼 여기던 것이 현실이 된다. 우리는 변두리가 아니라 하느님의 비전과 하느님의 관심의 중심에서 하느님의 눈으로 살아간다. 우리가 아는 이 우주는 하느님의 왕국으로 들어가는 한 개의 디딤돌 역할을 하는 것인지도 모른다. 우리는 더 이상 우주의 길 잃은 미아가 아니다. 오히려 은총의 실재는 인간이 우주의 중심에 있음을 시사한다. 지금의 시간과 공간은 우리가 감행할 여행을 위해 존재한다. 환자들이 자신의 중요성을 확신하지 못하고 우리의 작업에 수반되는 노력이 너무 힘들어 마음 상해 할 때, 나는 가끔 인류는 진화라는 도약을 하는 중이라고 말해준다. "우리가 이 도약에 성공할지 실패할지는 전적으로 당신의 개인적 책임이에요"라고 말한다. 그것은 나 역시 마찬가지다. 이 우주라고 하는 디딤돌은 우리의 길을 준비하기 위해 만들어졌다. 그러나 한 사람 한 사람이 스스로 뛰어넘어야 한다. 은총으로 말미암아 우리는 휘청거리지 않을 수 있고, 은총으로 말미암아 우리는 환영 받고 있음을 안다. 더 이상 무엇을 바라겠는가?

후기

이 책이 처음 출간된 이래 운 좋게도 나는《아직도 가야 할 길》의 독자에게서 많은 편지를 받았다. 아주 놀라운 편지들이었다. 예외 없이 똑 부러지고 조리 있는 편지들에는 굉장한 사랑이 넘쳐났다. 감사를 표시함은 물론, 대부분의 편지가 마음에 드는 시, 다른 저자의 인용구, 지혜로운 한마디, 개인 경험담 같은 추가 선물을 포함하고 있었다. 이 편지들은 내 삶을 풍성하게 했다. 영적 성장이라는 아직도 가야 할 길을 따라 먼 길을 묵묵히 가고 있는 전국 각지의 사람들을 묶어주는 네트워크 — 내가 생각했던 것보다 훨씬 더 광범위한 — 가 있다는 것이 분명해졌다. 그들은 그 여행길에 혼자라는 느낌을 줄여줘서 감사하다고 했다. 나도 같은 생각으로 그들에게 감사한다.

몇몇 독자는 심리 치료의 효과에 대한 나의 믿음에 의문을 제기했다. 나는 심리 치료의 질은 아주 다양하다고 말했다. 나는 여전히 유능한 치료사와의 작업에서 효과를 보지 못한 사람은 그 작업의 수고로움을 받아들일 생각과 의지가 없었기 때문이라고 믿는다. 그러나 아주 소수의(대략 5퍼센트쯤인) 사람들은 무시하고 구체적으로 다루지 않았다. 그들은 심리 치료에 반응하지 않고 깊이 자신을 성찰하면 더 나빠지는 그런 종류의 정신 질환을 가진 사람들이다.

이 책을 철저하게 읽고 이해할 수 있는 사람은 이러한 5퍼센트에 속할 가능성이 아주 희박하다. 어느 경우든지 주의 깊게 때로는 점진적으로, 이러한 소수의 환자를 구분하는 것이 유능한 치료사의 책임이다. 그런 다음, 심리 치료보다는 그들에게 분명 유익할 수 있는 다른 치료 쪽으로 유도하는 것이 좋다.

그러나 누가 유능한 심리 치료사인가? 《아직도 가야 할 길》을 읽은 독자 중에 심리 치료를 받을 마음이 생긴 몇몇 사람들은 어떻게 하면 치료사의 실력을 판단하고 올바른 치료사를 선택할 수 있을지를 편지로 물어왔다. 첫 번째 해주고 싶은 말은 진지하게 선택하라는 것이다. 그것은 당신의 인생에서 가장 중요한 선택 중 하나이기 때문이다. 심리 치료는 주요한 투자다. 돈뿐만 아니라 소중한 시간과 에너지를 투자한다. 주식에 비유하면 고위험 투자다. 만약 제대로 선택하면 당신이 지금까지 꿈꿀 수 없었던 영적 배당금을 두둑이 받을 것이다. 잘못된 선택을 하면 실제로 해가 될 일은 없지만 당신이 쏟아부은 소중한 돈, 시간, 에너지를 대부분 낭비하게 된다.

그러므로 주저하지 말고 여기저기 다녀보고 선택하라. 주저하지 말고 당신의 느낌이나 직관을 믿어라. 치료사와 한 번 상담하고 나면 대체로 싫고 좋고의 '감'을 잡을 수 있을 것이다. 감이 나쁘면 그날의 치료비를 지불하고 다른 곳으로 옮겨라. 이러한 느낌은 대체로 구체적이지 않다. 하지만 그 느낌은 사소하지만, 구체적인 단서에서 오는 것이다. 내가 치료를 받기 시작한 1966년 당시, 나는 베트남전에 참가한 미국의 도덕성에 대단한 관심을 기울이며 비판하고 있었다. 치료사의 대기실에는 반전 논조의 진보 잡지인《성벽Ramparts》과《뉴욕 북 리뷰New York Review of Books》가 있었다. 치료사를 눈으로 보기 전에 벌써 좋은 감이 왔다.

치료사의 정치적 성향과 나이, 성별보다 더 중요한 것은 그가 진정으로 사랑을 가진 사람인가 하는 것이다. 친절한 말로 안심시켜주고 적극적인 태도로 대하지 않더라도 당신은 역시 이를 금방 알 수 있다. 치료사가 사랑이 있는 사람이면 그 또한 조심성 있고, 훈육이 잘돼 있으며, 대체로 말수가 적다. 그러나 당신은 무뚝뚝함의 망토 뒤에 숨겨진 것이 따뜻함인지 차가움인지를 직관적으로 알 수 있다.

치료사는 당신을 환자로 받아들일지를 결정하기 위해 인터뷰를 할 것이므로 거꾸로 당신도 치료사를 인터뷰하는 것은 전적으로 합당하다. 만약 당신과 관련이 있는 것이라면 주저하지 말고 여성해방이나 동성애나 종교와 같은 문제에 대한 치료사의 생각을 물어보라. 당신은 정직하고 솔직하고 진지한 대답을 들을 자격이 있다. 다른 질문의 경우, 예를 들면 치료가 얼마나 걸릴지 또는 피부발진이 심인성인지와 같은 질문에 대해 잘 모르겠다고 대답하는 치료사는 믿어도 좋다. 사실 어느 직종에서건 충분히 교육받고 성공한 사람이 자신의 무지를 인정하면 대개 그는 가장 훌륭한 전문가이고 믿을 만한 사람이다.

치료사의 능력은 그가 가진 자격증들과는 거의 무관하다. 사랑과 용기와 지혜는 학위로 증명될 수 없다. 예를 들어 최고 자격증을 가진 치료사인 '면허를 받은' 정신과 의사들은 아주 지독한 훈련을 거치기 때문에 적어도 돌팔이 의사에게 걸리지 않았다는 확신을 줄 수 있다. 그러나 정신과 의사가 반드시 심리학자나 사회복지사나 목사보다 더 나은 치료사는 아니며 심지어 더 못할 수도 있다. 내가 아는 가장 훌륭한 치료사 중에 두 분은 대학조차 졸업하지 않은 분들이다.

입소문을 당신이 심리 치료사를 찾는 출발지점으로 삼는 것이 좋다. 당신이 인정하는 친구가 어떤 치료사의 치료를 받고 그 결과에 만족했다면 우선 그를 추천받는 것은 어떤가? 또한 당신의 증상이 심하고 육체적인 고통도 병행된다면 정신과 의사를 우선 만나보도록 추천하고 싶다. 의대에서의 훈련 기간 때문에 정신과 의사들은 대개 가장 비싼 치료사지만 모든 관점에서 당신의 상태를 살펴볼 수 있는 적임자다. 상담 시간이 끝나갈 무렵, 정신과 의사가 문제의 범위를 파악하고 난 후, 그 의사에게 괜찮다면 상담비가 덜 드는 비의료인 치료사를 추천해달라고 부탁할 수 있다. 훌륭한 의사라면 대개 기꺼이 그 지역에서 어떤 일반 치료사가 특히 유능한지 말해줄 것이다. 물론 그 의사가 좋은 느낌을 주고 당신을 환자로 흔쾌히 받아들이겠다고 하면 그분과 계속할 수 있다.

만약 재정적으로 쪼들리고 외래 심리 치료에 대한 의료보험이 없다면 유일한 선택은 정부나 종합병원에서 지원하는 정신보건 센터의 도움을 받는 것이다. 그곳에서는 당신의 수입을 감안한 비용 산정에, 돌팔이 의사를 만날 것을 염려하지 않아도 된다. 반면에 센터의 심리 치료는 피상적인 편이고 당신에게 맞는 치료사를 고를 수 있는 선택권이 아주 제한될 수 있다. 그렇지만 종종 아주 효과가 좋을 때도 있다.

이러한 간단한 소개는 아마 독자들이 좋아할 만큼 전문적이지 않을 것이다. 그러나 핵심적인 메시지는 이러하다. 즉, 심리 치료는 두 사람 간에 강도 높고 심리적으로 밀착된 관계를 필요로 하기 때문에 믿을 만한 특정인을 스스로 선택하는 책임을 대신 져줄 사람은 없다는 것이다. 치료사건 환자건 모든 사람은 독특한 개성을 갖고 있다. 당신은 자신의 독특한 직관적 판단을 믿어야 한다. 어쨌든 약간의 위험은 따르게 마련이므로, 행운을 빈다. 모든 문제를 감수하면서 심리 치료를 시작한 것은 용감한 행동이므로, 당신에게 존경을 보낸다.

M. 스캇 펙

옮긴이 | 최미양

숭실대학교 영어영문학과를 졸업하고 서강대학교 대학원 영어영문학과와 숭실대학교 대학원 영어영문학과(문학박사)를 졸업했다.
현재 숭실대학교 베어드학부대학 교수로 재직중이다.
저서로《도리스 레싱의 〈황금빛 노트〉와 상호의존적 자아》(2006)가 있고, 《청지기 리더십》(2005)을 번역했다.

아직도 가야 할 길

초판 1쇄 발행일 2011년 3월 7일
초판 42쇄 발행일 2024년 11월 15일

지은이 | M. 스캇 펙
옮긴이 | 최미양
펴낸이 | 김현관
펴낸곳 | 율리시즈

본문 및 표지 디자인 | 투피피
캘리그라피 | 이상현
책임편집 | 김미성
종이 | 세종페이퍼
인쇄 및 제본 | 올인피앤비

주소 | 서울시 양천구 목동중앙서로7길 16-12 102호
전화 | 02-2655-0166~0167
팩스 | 02-6499-0230
E-mail | ulyssesbook@naver.com
ISBN 978-89-965891-0-5 03180

등록 2010년 8월 23일 제2010-000046호

책값은 뒤표지에 있습니다.